KB090367

스포츠는 영원하다

Sports forever

이한경 · 원융희 지음

백산출판사

스포츠는 즐기면서 하는 운동이 되어야 한다. 스포츠는 우리 사회구조에 있어 필요불가결한 부분이며, 스포츠를 통하여 동적 표현의 가치를 얻을 수 있도록 해야 한다. 또한 에너지와 적개심을 발산시킬 수 있으며 사회적으로 허용된 배출구를 제공해야 한다. 등산 같은 스포츠는 또한 사회적인 압박으로부터 도피할 수 있는 긍정적인 수단이 되어야 한다. 스포츠를 통해서 신체의 단련과 정신수양을 도모할 수 있으며, 스포츠를 행함으로써 절망과 환상의 나태함을 극복하는 데 도움이 되는 자극과 동기유발을 얻을 수 있도록 해야 한다.

즉, 스포츠를 배운다는 것은 새로운 기술을 익히고 자신의 능력을 확대시키는 방향으로 전환되어야 하며 스포츠 활동에서 이루어지는 신체적, 정신적 노력과 긴장해소의 결합은 생활의 다른 면에 긍정적이고 행복한 태도를 갖게 하는 데 도움이 되기 때문이다.

이러한 이유에서 오늘날의 가계 소비동향에서 식품·가구·피복 및 신발류 등의 비율은 계속 감소하는 반면, 교통·통신·교양·오락 기타 소비지출의 비율은 성장일로를 거듭하면서 구조적인 변화의 양상을 띠고 있다. 한마디로 기본적인 의식주 관련비용은 저하되고 여가·관광·스포츠 관련 분야와 교육관련 분야의 비용지출이 현저하게 상승하고 있다. 또 소비지출을 서비스, 비내구재, 내구재로 분류해 보면 서비스지출의 비율이 계속 상승하고 있음을 알 수 있다.

이 중에서도 여가관련 업종을 세분하면 첫째, 감상레저·게임 등의 오락관련 시장 둘째, 문화교실, 취미용품, 서적 등의 취미·학습시장 셋째, 숙박시설, 외식, 교통비, 해외여행 등의 놀이·관광시장 넷째, 스포츠시설, 스포츠용품 등의 스포츠시장 다섯째, 노인계층을 대상으로 한 노인산업시장의 형태로 크게 분류할 수 있다.

여기에서 각 시장마다 예측의 주안점을 고찰하면 오락관련 시장은 가치관의 다양화, 개성의 중시 등을 배경으로 오락형태가 세분화되고 취미, 학습시장은 창조활동·문화활동의 성격을 띠며 성장이 예상된다. 놀이·관광시장은 다양한 개인의 욕구가 충족될 것을 기대하면서 체재형 형태로 옮겨갈 것으로 예측되고 스포츠관련 시장 또한 형태나 규모 면에서 다양하여 건강지향과 삶의 내적인 충족욕구의 일환으로 스포츠인구가 크게 증가되리라 보여진다.

이러한 시대상황에서 스포츠의 전체적인 현상을 파악하여 스포츠가 영속적으로 발전할 수 있는 계기의 틀을 마련하는 것이 시급하게 되었다.

여기에서는 이에 대한 해답을 제시하게 될 것이며, 스포츠 활동이 여가활동으로서의 운동뿐만 아니라 개인에게는 생애 스포츠의 종목과 인식의 고취를 통하여 '제2의 행복추구'를 달성할 수 있는 기회가 되도록 하는 데 주안점을 두었다.

2009년 10월 24일
용인대학교 부아산자락 연구실에서
이한경·원용희 씀

1

스포츠의 이해

y

스포츠는 영원하다

1 스포츠의 이해

I. 문제의 제기

인간은 왜 스포츠에 참여하는가? 일반적으로 우리가 스포츠를 하는 이유는 즐거움, 승리, 건강을 위해서라고 한다. 그러나 이러한 생각에 전적으로 동의하지는 않는다. 스포츠 참여는 스포츠에 대한 기호 때문이며, 또 다른 이유는 시대적 상황과 그 시대가 가지고 있는 가치체계에 의해서 파생되는 의식에도 영향을 받기 때문이라는 것이다.

그래서 현대사회를 소비의 사회라고 보는 장 보드리야르의 견해에서 문제해결의 실마리를 찾는 사람도 있다. 여기서 소비라는 개념은 사물의 유용가치를 말하는 것이 아니라 그 이면에 있는 행복, 위세, 권리 등과 같은 이미지의 기호를 소비하는 것이다. 따라서 우리가 골프나 스키를 다른 운동보다 선호하는 것은 동시대 환경과 일치하는 차이의 기호가치를 가지고 있기 때문이다.

우리 사회는 대량생산과 소비의 사회로 이미지 생산과 그것에 대한 소비의 반복적인 생활이 주류를 형성하고 있다. 물론 스포츠에 참여하는 동기는 여러 가지가 있겠으나 우선 현 시대상황을 고려하여 조망해 볼 때 가장 중요한 동기는 스포츠의 이미지에 기인한다고 보아야 할 것이다. 좀더 상세하게 살펴본다면, 왜 우리가 스포츠에 참여하는가 하는 물음의 해답은 바로 소비사회의 다른 것과 구별되는 차이의 기호가치에서 찾아야 한다는 것이다(이학준, 2004 : 28-29).

특히 스포츠는 다양한 전문 분야 중 세상 사람들에게 가장 주목받는 하나의 분야로 부각되고 있다. 그 이유는 스포츠가 건강유지 등을 위한 수단이라는 전통적인 가치 이외에도, 현대사회에 있어서 점차 증대되고 있는 여가시간과 함께 문화생활의 핵심적인 장(場)을 제공하고 있기 때문이다. 이처럼 스포츠는 개개인의 삶의 질(Quality of Life)을 향상시키는 중요한 매개체로 착용하고 있을 뿐만 아니라, 선진국을 가늠하는 지표로도 이용되고 있다는 것이다(김석희, 2005 : 12).

이제 스포츠가 없는 세상은 인간생활을 매우 삭막하게 할 것이다. 산업화·정보화시대의 두드러진 특징이 인간성 상실이라고 하는데 스포츠가 없는 세상은 이를 더욱 부채질하여 고독한 세상이 되기 십상일 것이다. '일에서 벗어나 논다'는 의미의 스포츠는 우리 생활에 휴식을 제공하고, 기계로부터 한 걸음 물러나게 해 인간의 올바른 모습을 보여주게 할 것이다.

스포츠는 인간이 주제가 되는 행위이어야 하며, 그리하여 스포츠는 인간냄새가 풍기는 맛과 멋이 제공되어야 참된 의미의 가치를 실현할 수 있다는 것이다.

개인에게 있어서도 신체의 움직임이 배제된 스포츠는 곧 신체의 퇴보현상으로 이어져 정신까지도 황폐화시킨다는 것이다.

또한 현대 스포츠의 왜곡된 양상을 고대 그리스, 로마의 역사적 고찰을 통해서 살펴보면 현대 스포츠가 너무나 한쪽으로 편향되어 있기 때문에 바로 스포츠의 정체를 가져왔다는 사실을 알 수 있고, 이와 같은 역사적 교훈을 현대 스포츠에 제시하여 현대 스포츠의 가야 할 길에 대하여 살펴볼 필요가 있는 것이다.

특히 미래학자들은 21C의 유망한 사업이 관광 및 문화사업을 비롯한 여가산업이 될 것이라 예상하고 있으며, 그러한 3차 산업의 성공 여부는 서비스의 질이 중요한 요인으로 작용할 것으로 예상하고 있다. 이제는 체육 및 스포츠도 대중화가 정착됨으로써 여가산업에 매우 중요한 부분을 차지하고 있으며, 스포츠현장에서도 수요자들이 양질의 서비스를 요구하는 실정이 되었다. 일반적으로 제조업에서는 서비스 제공시기를 A/S(After Service) 분야에서 더욱 강조하고 있지만 스포츠현장에서는 홍보와 예약 등에서 이루어지는 사전서비스(B/S : Before Service)와 현장에서 수요자들에게 직접 제공되는 A/S(After Service)가 더욱 중요한 요인으로 작용하고 있다(김홍백, 2008 : 234).

이러한 이유로 인하여 '스포츠, 이런 것이다'라는 본 연구에 내재되어 있는 참된 의미를 이해하여 주었으면 하는 바람이다.

여기에서는 이러한 궁금증에 대한 의문을 해결해 줌과 동시에 미래의 스포츠관에 있어서도 그 지표를 제시하게 될 것이다.

2. 스포츠란?

스포츠의 어원은 프랑스어의 디스포타레(Disportare) 또는 데스포타레(Desportare)이며 오락, 위안, 희열 또는 '각자를 즐겁게 한다', '유쾌히 나돌아 다닌다'는 뜻이었다. 그 후 Disport 혹은 Desport(900~1400년)로 파생되었는데, 그 의미는 즐겁게 논다(to Amuse Oneself), 일을 그만두다(to Cease from Labour), 일에서 떼어 놓다(to Carry Away from Work) 등의 내용이 포함되어 있다.

그러나 간단한 것을 선호하는 영국 사람들은 다른 경우에도 그러하듯이 17세기부터 원어 중 앞의 철자 Dis(Des)를 일상생활에서 사용하는 동안 떼어버리게 되었다. 원어 중 Dis(Des)는 분리를 뜻하는 접두어로서 Away에 해당되고, Port는 운반, 즉 Carry의 뜻을 가지는 것으로 Disport(Desport)는 Carry Away라는 뜻인데, 환언하면 '자기가 해야 할 본래의 일에서 마음을 다른 면으로 옮기는 것'이라는 뜻을 지니고 있다. 즉, '전환한다'라는 뜻이 내포되어 있는 관계로 '일에 시달릴 때 기분전환으로 어떤 활동을 한다는 뜻'이 포함되어 있는 것이다(체육편찬위원회, 1980).

이러한 내용은 웹스터(Webster) 사전이나 다른 사전학자(Lexicographers)들의 연구에서도 엿볼 수 있는 것으로, 이른바 사전학자들은 스포츠의 본질로 기분전환(Diversion), 레크리에이션(Recreation), 오락, 유희(Pastime) 등을 들고 있으며, 이러한 본질적 행동유형은 온건성과 아량(Magnanimity)의 정신에 의해 지배되는 것이라고 하였다(김홍백, 2008 : 45).

현대사회에서 스포츠는 하나의 독자적인 문화를 형성하고 있는데 이와 같은 스포츠문화는 현대만의 특색이 아니라 고대에서 현대에 이르기까지지 문화, 정치, 경제, 윤리적 요인들을 내재하고 있는 문화임이 틀림없다. 그래서 각 민족 특유의 스포츠문화는 그들의 전통의 용광로 혹은 문화가 내면화된 작은 사회라고 규정할 수 있을 정도로 각 지역과 민족의 독자적인 생활양식과 문화생활이 스포츠 속에 잘 보전되어 있음을 알 수 있다.

스포츠는 이제 하나의 문화로서의 모습과 자리를 잡아가고 있다. 그러나 문제는 우리 사회에서 '스포츠'란 말을 너무 많이 오인하여 사용하고 있다는 것이다. 스포츠신문, 스포츠웨어, 스포츠 음료, 스포츠카 등 스포츠와 관련된 합성어를 우리 주위에서 쉽게 찾아볼 수 있다. 과연 스포츠의 개념을 제대로 이해하고 사용하는 것일까? 이와 같은 혼돈된 시대적 상황에서 스포츠란 무엇인가? 스포츠를 안다는 것은 무엇을 의미하는가? 이러한 문제의 제기를 통하여 진정 스포츠를 안다는 것이 무엇을 말하는지를 규명할 필요가 있다.

일상적인 용어에서부터 학술적 용어 사용까지 스포츠, 체육, 사회 체육, 레크리에이션 등의 용어들은 전공자조차도 명확히 용어를 정의 하여 가지고 사용하지 않는 경향이 있다. 이는 용어들이 가지는 유사 개념의 혼돈 때문이다. 그렇다면 스포츠 개념만을 안다고 할 때 스포츠 그 자체를 안다고 할 수 있을까? 아니다. 그렇지는 않다. 스포츠를 안다는 것은 개념, 즉 용어를 정의하여 명제적 정의뿐만 아니라 인간 움직임과 신체활동을 통해 얻어지는 전방성적, 암묵적인 앎을 병행하여 포괄적인 앎을 이룰 때 비로소 안다고 말할 수 있을 것이다. 다시 말한다면 신체활동을 통해 살아 있는 생생한 인식주체적 신체를 통해서 체험되는 앎이라고 볼 수 있을 것이다(이학준, 2004 : 84-85).

그러나 스포츠의 개념을 한마디로 명확하게 정의하기에는 어려움이 따른다. 스포츠의 개념은 시대의 변화나 참여하는 대상에 따라서 그 개념을 달리하고 있기 때문이다.

웹스터 사전에 의하면, 스포츠는 기분전환이나 레크리에이션 그리고 재미있는 Play의 원천이며 특별한 활동(사냥, 수렵)에 참가하여 기쁨을 얻어내는 것이라고 정의하고 있다(Webster's New Collegiate Dictionary, 1831~1981). 국제스포츠체육협의회(International Council of Sport and Physical Education)에서 발표한 스포츠 선언에서는 스포츠를 다음과 같이 정의하고 있다.

- 스포츠는 유희적 성격을 지니고 있으며 자기 또는 타인과의 투쟁이나 자연적 요소와의 대결을 포함한 신체활동을 말한다.
- 만약 이 활동이 경쟁심을 포함한다면 그것은 스포츠맨십에 기초를 두어야 하고 페어플레이(fairplay) 정신이 없이는 진정한 스포츠가 될 수 없다.

신성휴(1993) 등은 스포츠의 개념을 광의적(廣義的)인 개념과 협의적(協議的)인 개념으로 구별하였는데, 광의적인 개념으로서의 스포츠는 플레이로서의 신체활동을 모두 스포츠라고 보는 입장으로, 경쟁적인 스포츠는 물론 야외활동, 댄스, 체조를 포함하는 것이며, 협의적인 개념으로서의 스포츠는 주로 18~19세기에 영국을 중심으로 발생한 근대 스포츠를 말하는데 육상경기, 축구, 테니스, 야구 등과 같은 경쟁적인 스포츠를 총칭하는 것이라고 하였다.

최근 들어서 'Sport for All' 헌장의 새로운 스포츠에 대한 개념은 '여가로 행하여야 할 자유이자 자발적인 신체적 활동'에 대해 강조하면서 스포츠는 다음 네 가지 형태의 활동이 포함되어야 한다고 하여 최근에는 스포츠의 개념을 광의적으로 해석하려는 사람들이 증가하고 있다.

- 경쟁적인 게임 및 스포츠(Competitive Games and Sports)
- 야외활동(Outdoor Pursuits)
- 예술적 운동(Aesthetic Movement)
- 건강운동(Conditioning Activity) 등이다.

코클리(Coakley, 1986)는 스포츠의 정의를 내리기 위해서는 스포츠 활동의 형태, 스포츠 활동의 조건, 참가자의 주관적 성향이라는 요소를 고려해야 한다고 주장하고 있다. 첫째, 스포츠 활동은 인간의 신체활동을 포함하고 있어야 한다. 여기서 신체활동이란 신체의 기능, 신체의 기량 그리고 신체의 발현을 포함하지 않는 활동은 스포츠로 정의하기 어렵다. 둘째, 신체활동이 스포츠로 정의되기 위해서는 특정한 환경에서 발생되어야 한다. 신체활동이 공식적이고 조직적인 조건하에서 발생하는 제도화된 경제적 활동일 경우에 스포츠로 정의될 수 있다. 셋째, 참가자의 주관적인 성향이 스포츠를 정의하는 본질적 요소이다. 스포츠가 내적 동기로만 성립될 여지가 매우 적으며 외적 동기가 내적 동기를 대치할 여지가 크므로 스포츠의 존속 여부는 내·외적 동기의 균형유지에 의해 가능하다고 볼 수 있을 것이다. 이상의 내용을 기준으로 스포츠를 다음과 같이 정의할 수 있다(임번장, 1994).

"스포츠는 내적 또는 외적 요인의 결합에 의하여 동기유발된 개인의 참여에 의해서 이루어지는 활발한 신체 발현을 포함하거나 비교적 복합적 신체기능을 구사하는 제도화된 경쟁적 활동이다."

이렇듯 국내외적으로나 시대별 등으로 구분되어 약간씩의 차이를 보이는 가운데 연구·활용되어 왔다고 볼 수 있다.

요약을 한다면 스포츠는 '스포츠'라는 단어의 유래에서도 알 수 있듯이 '기분전환'이나 '위안'을 뜻하며, 또한 본질적으로 유희적이며, 비노동적인 자유성을 가지는 가운데 페어플레이 정신이 강조되어 왔다고 볼 수 있다. 또한 최근의 스포츠는 신체활동을 통하여 건전한 신체와 정신을 기르고 여가를 선용하는 데 적극적으로 이용되고 있는 점으로 미루어 현대사회에서 스포츠의 개념을 광의적으로 해석하려는 경향이 짙다.

즉, 스포츠에 대한 개념은 직업적인 스포츠 활동에서부터 놀이에 이르기까지 전체적 스펙트럼을 포괄하는 것으로 보고 있다. 또 단지 우연히 참여하거나 놀이적 목적을 가진 사람들뿐만 아니라 진지하고 경쟁적인 스포츠 참가자들까지도 포함시켜야 한다는 것이다.

3. 스포츠의 특성

우리는 스포츠의 의미를 생각할 때 어떤 특정한 스포츠를 떠올리게 된다. 그렇지만 분석적인 관점에서 볼 때 스포츠는 전문화된 게임의 형태로 간주될 수 있다. 즉 스포츠는 실제적인 게임이나 시합으로 간주된다. 이러한 게임현상으로의 스포츠에 내재되어 있는 기본적인 속성에 놀이성, 경쟁성, 그리고 신체적 능력 등이 포함된다. 호이징가(Huizinga, 1955)는 놀이의 기본적인 특성을 다음과 같이 설명하고 있다.

"놀이란 인생에서 중요하지 않은 것으로서 일상생활밖에 존재하지만 참가자가 일상적으로 그리고 집중적으로 몰입하게 되는 자유로운 활동이다. 놀이는 물질적인 이해관계가 없고 활동을 통하여 어떤 이익도 얻을 수 없다. 놀이는 확고한 규칙과 규정된 방법에 의해 시간과 공간의 적당한 범위 내에서 진행된다. 놀이는 그들 자신을 비밀스러움으로 감추거나 변장 또는 다른 방법으로 일상 세계와는 다른 그 무엇을 강조하려는 사회적 집단화의 형성을 조장한다."

경쟁은 둘 이상의 상대가 최고가 되기 위해 겨루는 투쟁이다. 여기에서 경쟁의 상대는 인간과 자연, 생물, 무생물 간의 경쟁관계까지도 포함하여 해석한다. 경쟁관계에는 다음과 같은 형태가 있다.

- **한 사람의 개인과 다른 사람의 경쟁** : 씨름, 레슬링, 복싱, 100m 달리기 등
- **한 팀과 다른 팀과의 경쟁** : 축구, 농구, 핸드볼, 야구, 배구, 하키 등
- **개인 혹은 팀과 다른 자연의 생물체 간의 경쟁** : 투우, 동물사냥 등
- **개인 혹은 팀과 자연의 비생물 간의 경쟁** : 래프팅, 등산, 암벽등반 등
- **개인 혹은 팀과 이상적인 기준** : 신기록을 수립하고자 하는 육상, 수영, 사격 등

끝으로 스포츠와 게임을 구분하는 중요한 속성 중 하나는 신체적 능력이다. 스포츠는 상대방을 이기기 위하여 신체적으로 기술과 훈련을 통해 획득된 능력을 요구하고 있다는 점에서 게임과 구분될 수 있다. 비록 많은 게임들이 최소한의 신체적 기술을 요구하기는 하지만 일반적으로 스포츠에서 요구하는 정도의 신체적 기술을 요구하지는 않는다. 고도의 신체적 기술을 개발한다는 것은 훈련과 학습을 의미하는 것이며, 스포츠경기에서

의 시합과 관련 있는(예컨대 근력, 스피드, 지구력, 정확성 등) 신체능력이 상당히 뛰어난 것을 의미한다. 스포츠와 게임을 구분하는데 신체적 능력이라는 개념을 사용하지만 여전히 어떤 의미에서는 문제가 있다. 예를 들면, 친구 간의 다트경기, 부부 간의 볼링경기, 아버지와 아들 간의 낚시 경기 등은 스포츠가 아닌 게임이라고 할 수 있다. 그러나 이들 경기가 공식적으로 조직되고 후원된 것이라면 스포츠라고 할 수 있을 것이다. 이러한 의미로 볼 때 게임은 독특한 시합이며, 스포츠는 보다 제도화된 형태의 경기라 할 수 있다(김범식 외, 2004 : 14-15).

〈표 1-1〉에서 스포츠의 특징을 관찰해 보면, 스포츠의 다양성을 발견할 수 있다. 예를 들면 스포츠는 일상의 육체적 부하나 노동을 상쇄하는 효과를 가져오고, 운동의 재미를 가져오고, 건강을 증진시키고, 사교활동을 원활하게 하고, 자아의식을 강화시키며, 연대감을 강화시키고, 육체의 힘을 강화시키며, 일반적인 복지를 증진시키는 역할을 한다.

〈표 1-1〉 선별된 스포츠의 특징

스포츠의 본질 및 고유성 (스포츠이기 위한 전제조건)	스포츠와의 직·간접 특징	스포츠와의 직·간접 관련성
육체적으로 인간의 욕구추구 및 의지적인 자기운동	커뮤니케이션과 상호작용	요소 : 놀이, 노동, 섹스, 예술, 문화, 전쟁
사회적 행동 : 가치, 목표, 규범을 동반하는 해결 방법에 관한 조정, 게임 규정, 조치, 관습	성과에 대한 대가의 신속성	운동과 육체의 이상화
성과추구 및 성과원리 : 지구력, 측정, 비교, 평가, 추측	육체 노동 : 특수한 육체의 체험	육체, 정신과 영혼의 조화, 육체와 운동의 회복
육체추구 : 장애, 문제, 갈등의 극복(특히 심리적 기술 투입)	선취 : 움직임의 사고나 언어적인 예상	가치, 목표, 규범의 갈등
스포츠도덕 : 기획균등의 권리	임의적, 반복적	사회적 움직임, 사회 균등으로부터 사회 비균등
	공개적, 변화적, 최상화 가능	긴장에서 긴장 완화

훈련, 유연성, 창의력, 자기주도, 결과의 투명성과 결과론적인 특수한 목표들(기량 상승, 육체조건의 상승, 기쁨, 한계의 경험, 트레이닝, 시합, 인성발달, 스포츠의 특수한 규칙)	자발적, 자결적, 자의적	집중력
	자기경험, 자기표현, 한계경험	조직, 제도 대 자발적, 비형식적
	규율, 훈육, 추측 가능한 제재 조치	
	노력 : 경쟁, 시합, 성공, 실패, 기쁨, 고통, 열정적, 육체적	인품 강조
	놀이, 다양성, 즐김	

스포츠는 주변환경과 직간접적으로 밀접한 관계를 유지하고 있다. 스포츠와의 상관관계 정도가 나타내주는 특징은 인간의 육체뿐만 아니라 정신이 포함 되어 있고 심지어 전쟁이라는 엄청난 스포츠를 통한 왜곡의 현실이 자리잡고 있다. 1969년 온두라스와 엘살바도르 사이의 축구경기가 전쟁으로 비화된 것은 하나의 사례에 불과하다.

스포츠란 건강을 위한 만병통치약이 아니다. 스포츠는 '자살행위'라는 대중인식이 자리잡고 있는 것도 사실이다. 즉, 스포츠는 긍정적인 기능이 있는가 하면 부정적인 기능도 함께 가지고 있다. 아도모(Adomo, 1968)가 이미 1970년대에 스포츠의 기능에 대해서 강하게 비판을 했고 엘리어스(Elias, 1980)는 그의 연구에서 스포츠의 폭력성, 국가의 통제 등을 비판하였다.

스포츠의 미적인 영역은 우리가 알고 있는 단편적인 부분이고 정치적, 경제적 부분에서 혼란이 오는 것이 사실이다. 이원론의 입장을 대변하는 것은 아니지만 스포츠의 역기능도 있다는 것은 상당히 중요한 해석이다.

현대적인 관점에서의 스포츠는 분명히 그 역할에서 일원론이 아니라 이원론 또는 그 이상의 다원론적인 면을 내포하고 있다는 것이다. 스포츠의 기능(Function)과 역기능(Dysfunction)이란 측면에서 볼 때 오히려 다기능적인 측면에서의 스포츠는 가면을 쓴 카멜레온의 얼굴을 하고 있다고 할 수 있다(송형록, 2002 : 9-10).

4. 스포츠 활동

1) 스포츠 활동은 왜 하는가?

스포츠 활동은 신체의 기본적 욕구이다. 인체는 활동하도록 만들어져 있어 만일 그렇지 않을 때에는 기능이 퇴화한다. 활동을 하지 않음으로써 자신의 잠재적 능력보다 낮은 수준에서 활동을 하게 되며 그 결과 생활에서 얻을 수 있는 여러 가지 기회를 상실하게 된다. 일례로 연구결과에 의하면 단련이 안된 신체는 자신이 사용할 수 있는 에너지의 활용에 있어 27%의 효율밖에 안 되지만 이러한 낮은 수치의 효율성은 규칙적인 스포츠 활동을 함으로써 56% 이상으로 끌어올릴 수 있다고 한다. 증가된 효율성은 생활의 모든 면에 큰 영향을 줄 것이다. 활동의 능력이 증가됨에 따라 작업이 덜 피로해지며 여가시간을 더욱 즐겁게 보낼 수 있다.

증가된 인체의 효율성은 또한 질병이나 인체기능의 퇴화를 방지한다. 그래서 건강하고 활동적인 생활이 더욱 연장되며 노화현상을 완화시킨다.

생리학적으로 모든 인체기관은 규칙적인 운동으로 인해 기능이 향상된다. 실시한 운동의 강도와 종류에 따라 크기, 힘, 강도, 지구력, 유연성이 증가하며, 반사와 협응성이 향상된다.

규칙적인 스포츠 활동은 심장질환의 위험을 크게 감소시키고 운동은 심장의 힘, 지구력, 효율성을 증가시킨다. 단련된 사람의 심박수는 분당 60~70회이지만(하루에 86,400~100,800회), 단련되지 않은 사람의 심박수는 분당 80~100이다(하루에 115,200~144,000회). 단련된 사람의 심장은 그러하지 못한 사람보다 훨씬 능률적이며 그래서 피로와 긴장을 덜 느끼게 된다. 운동을 함으로써만 심장혈관기관의 순환능력을 향상시킨다. 더 많은 모세혈관이 활동조직에 형성되어서 영양분과 산소의 공급을 증가시키며, 또한 운동을 함으로써 기관 내의 과잉 지방질을 제거하고 동맥 내의 지방축적을 방지한다. 그래서 혈전증의 위험을 감소시킨다.

운동은 호흡기관의 능력 역시 증가시킨다. 폐활량(한번에 흡입한 공기량)과 환기량(어느 일정한 기관에서 흡입한 공기량)이 모두 증가하며 폐 속에서 일어나는 가스교환의 효율성 역시 증가시킨다.

신경기관 역시 협응성과 반응성이 증가하므로 좋은 결과를 가져온다. 또한 율동적인 운동이나 경기를 통해서 정신적인 긴장을 해소할 수 있다.

[규칙적인 스포츠 활동의 효과]

- **신경기관** : 협응성과 반응성의 향상 - 스트레스 감소
- **심장** : 심박동량의 증가, 관상순환의 증가, 심박수의 감소 - 피로회복 시간의 감소
- **폐** : 호흡량의 증가 - 효율성 증가
- **근육** : 혈액순환의 증가, 크기, 힘과 지구력의 증가 - 산소부채능력의 증가
- **뼈와 인대** : 강도의 증가 - 관절조직이 튼튼해진다.
- **신진대사** : 신체 지방질의 감소 - 혈당량의 감소

위에 열거한 사항 외에도 신체를 단련하면 다음과 같은 이로운 점이 있다. 단련된 사람은 단련되지 않은 사람보다 질병에 걸렸을 때 회복기간이 단축되며 피로를 덜 느끼고 주어진 작업에 보다 적은 에너지를 소비하며 신진대사의 횟수가 줄어들고 숙면할 수 있으며 안색이 좋아지고 건강함을 느낄 수 있고 또한 생활방식이 긍정적으로 된다는 것이다. 그러므로 운동은 신체능력을 증가시키고 여러 가지 유용한 가능성을 제공하는 것이다.

운동으로 인한 긍정적인 생활자세는 흡연과 과식 및 과음 따위의 나쁜 습관을 버리는 데 도움이 되며 또한 그런 습관을 고쳤을 때 몸의 상태가 얼마나 좋아지는지 보여주고 있다.

젊은이들이여 실패를 두려워하지 말고
도전의욕, 모험의 투지를 키우라

그 나라, 그 겨레의 미래는 그들의 젊은 세대를 통해 알 수 있다고 흔히들 말한다. 자라나는 제2세대가 건전하고 진취적이라면 그 장래는 희망적이며 그들이 정신적·신체적으로 건강하지 못하고 퇴영에 빠져 있다면 그만큼 불안이 클 수밖에 없다.

과연 우리의 젊은 세대는 어떠한가. 더러는 풍요 속에, 더러는 온실에서 자란 탓으로 기백이나 투지보다 큰 꿈을 향한 성취욕구가 약한 것은 아닌지. 물론 긍정적인 측면도 많지만 부정적으로 비쳐지는 점도 없지 않다. 그 가운데 대표적인 것이 모험심, 도전정신의 결핍이다. 동서고금을 통해 평화로운 시대에는 투쟁심이 약해진다고 하겠지만 젊음의 특징이라고 할 수 있는 야망이 흐려지는 것 같아 아쉽다. 때로는 젊음의 기백이 있어야 하지 않을까? 그런데 최근 있단 알피니즘의 도약, 특히 세계 최고봉 에베레스트 원정의 개가를 보면서 우리 젊은이들의 도전정신이 살아 있음을 확인하고 흐뭇함을 느꼈을 것이다.

세계적인 알피니스트라고 할 만한 허영호의 남극 등정, 세계에서 세 번째인 한국여성 3인의 등정, 비록 두 명의 희생자를 냈지만 무산소기록을 세운 동국대팀의 성공 등 잇달아 터진 승전보는 정말 대견스럽고 가슴 뿌듯한 일이 아닐 수 없다.

'고산등반'이라는 스포츠의 한 영역, 또 전문 산악인들의 승리로 끝나는 것이 아니라 우리의 젊은 세대에게 보이지 않는 감동과 교훈을 준 것으로 평가하고 싶다. 산이라는 도장을 통해 극한상황을 체험하고 극기심을 북돋우며 대자연의 위대함과 인간의 순수성을 확인할 수 있다는 사실이 매우 중요하기 때문이다. 세상이 메마를수록, 젊은이들이 나약해질수록 극한과 싸우는 모험, 자연을 통한 인간애와 생명의 존엄성을 깨닫는 일련의 고행과정이 얼마나 값진 것인가를 일깨워 주어야 한다.

모든 스포츠가 그렇지만 도전이란 그 결과보다 과정에 의미가 있다. 마치 어떤 산에 올랐느냐보다 어떤 코스를 어떻게 올랐느냐가 중요한 것처럼…….

거창한 세계 챔피언이나 히말라야 고봉 도전이 아니라도 젊음을 걸고 도전할 만한 대상은 우리 생활주변에도 얼마든지 있다. 1993년 5월 독일을 중심으로 한 유럽 여러 나라에서는 주목할 만한 한 이벤트가 있었다. 사회체육 트리밍 운동의 국제본부인 TAFISA가 주최한 제1회 세계챌린지데이 행사가 그것이다. 지구촌의 첫 사회체육올림픽이라고 할 수 있는 이 행사가 과연 얼마나 큰 호응을 얻었는지 알 수 없으나 그 결과보다 이처럼 날을 정하고 세계 곳곳에서 목표를 정하여 도전한다는 그 자체가 가치 있는 것이다.

꿈이 없는 사람은 망한다고 한다. 마찬가지로 도전할 줄 모르는 사람은 생존의 의미를 찾지 못한다. 사람이 꿈과 활력을 잃으면 생명의 힘은 그만큼 소멸된다. 또 도전할 아무런 목표가 없는 사람은 나이가 들었다고 늙는 것이 아니라 도전의 의지와 이상의 잃을 때 비로소 늙는 법이다. 하물며 꿈을 안고 인생을 설계하며 새로운 세계에 도전하는 젊은 세대는 더 말해 무엇하랴. 젊은이들이여 실패를 두려워하지 말고 도전의 의욕, 모험의 투지를 키우라. 저 에베레스트의 용사들처럼…….

[자료 : 이태영, 1993. 6]

2) 건강이란?

인간은 오래 전부터 본능적으로 오래도록 살고자 소망해 왔으며 이 소망을 충족시켜줄 수 있는 바탕이 곧 건강이라 할 수 있는데 이는 건강하지 못하고서는 결코 행복하고 보람찬 삶을 이룩할 수 없기 때문이다. 즉 참된 삶의 영위란 곧 건강이라 할 수 있다.

건강은 좁은 의미에서의 개인적 건강과, 넓은 의미에서의 사회적 건강의 두 측면에서 이해되어야 할 것이다.

개인적 건강이라 함은 인체의 조직과 기관이 형태적·기능적으로 온전하며, 생활환경에 잘 적응할 수 있음은 물론 건강한 신체에 건전한 정신(A sound mind is in a sound body)이 조화적으로 융합된 상태를 의미하며, 사회적 건강이란 끊임없이 변화하는 생활환경 속에서 평화와 안녕을 달성하는 기반으로서 건강한 개인과 건전한 사회가 조화적으로 이룩된 상태를 뜻한다.

그러므로 건강이란 단순히 개인의 육체적인 개념에서뿐만 아니라 정신적, 도덕적, 지적, 영적 및 사회적 건강을 포함한 포괄적 견지에서도 이해되어야 하는 것이다. 따라서 건강의 정의는 세계보건기구(World Health Organization : W.H.O.)가 헌장의 전문에서 밝히고 있듯이, '건강이란 다만 질병이나 허약한 상태에 있지 않다는 것만을 뜻하는 것이 아니라 신체적, 정신적 그리고 사회적으로 완전한 상태(Health is a state of complete physical, mental, and social well-being and merely the absence of disease or infirmity)'를 말하는 것이다. 더불어 오늘날에는 건강의 정의에 성적 건강을 포함시키는 경향이 있는데 이는 현대의 사회적 환경에 비추어볼 때 더욱 중요하다.

한편, 최근 들어 스포츠와 건강의 인과적 관계를 의심하거나 부인하는 연구결과들이 발표되어 '건강스포츠마니아들'을 긴장시키고 있다.

스포츠는 건강에 유익한가 아니면 해로운가? 한편에서는 스포츠와 건강의 인과적 상관관계를 소리 높여 외치고, 다른 한편에서는 양자의 관계를 강력하게 부인하고 있다. 어느 쪽 주장이 옳은가? 여기서 우리가 어느 한쪽의 입장을 옹호하기 이전에 확인할 수 있는 사실은 양쪽 모두 건강의 의미나 스포츠의 효과를 신체적, 생리학 및 의학적 측면에만 국한시켜 논의한다는 점이다. 이와 같이 편협한 접근의 문제점은 오늘날 우리의 건강을 위협하는 요인들을 분석해 보면 보다 명확하게 드러난다.

현대인의 건강을 위협하는 요인을 살펴보면 운동부족과 같은 지극히 신체적이고 생리적인 요인들을 지적할 수 있겠지만, 그에 못지않게 중요한 것은 정신 및 사회적인 요인이다. 인간관계의 합리화과정에서 발생하는 친밀성의 감소는 '대중 속의 고독'을 낳았으며 우리의 정신건강을 해치는 결과를 초래하였다. 작업분화의 결과 파생된 노동의 소외(의미를 상실한 노동과정), 컨베이어벨트처럼 판에 박힌 듯한 일상생활, 목적합리성이 지배하는 현대인의 의식세계와 복잡다단한 현실은 매우 복합적인 방식으로 우리의 건강을 위협하고 있다. 이와 같은 상황에서 재미없고, 지루하며, 외롭게 수행하는 소위 '건강스포츠'는 결코 건강에 도움이 되지 않는다.

스포츠가 건강에 도움이 되기 위해서는 무엇보다도 두 가지의 전제가 충족되어야만 한다. 첫째는 건강관이 바뀌어야만 한다. 오늘날 우리들은 소유지향적 건강관을 갖고 있다. 이와 같은 건강관을 존재지향적으로 바꾸어야만 한다. 둘째, 스포츠가 놀이적 성격을 회복해야만 한다. 스포츠가 건강이라든가 기록, 체력 등과 같은 '합리적인' 목적으로부터 자유로워질 때 스포츠 참여의 '부수적 효과'로서 건강이 찾아올 것이다(송형석, 2006 : 266-267).

(1) 건강의 필요성

인간의 건강은 태어나서 사망에 이르기까지 완전히 보전되는 것은 아니며, 건강은 개인이나 가정, 그리고 사회에 공통적으로 그 중요성을 갖고 있다.

개인이 건강하다고 하는 것은 성장과 발달단계에 있어서 바람직하게 발육하고 있다는 것과 집단 내에서 평균적으로 생활할 수 있는 능력을 갖게 됨은 물론, 개인이 지니고 있는 특질, 즉 개성을 통하여 사회에서 활약할 수 있는 능력을 갖추고 있다는 것을 뜻하며 가정이 건강하다고 하는 것은 그 구성원, 즉 가족이 사회생활을 영위하는 기초가 튼튼함을 의미하고, 사회가 건강하다 함은 개인과 가정이 건강함이며 사회가 개인의 건강을 보호하는 제도나 규칙이 있다면 곧 개인과 가정의 건강수준을 높일 수 있다는 것이다.

사회의 건강도가 아주 높다면 개인의 그것이 다소 낮다 할지라도 환경의 힘으로 충분히 살아갈 수 있으며 특히 노년기의 쇠약해진 사람들에게는 사회의 건강이 더욱 중요성을 갖는다. 따라서 인류사회의 행복과 번영을 위해서 개인은 물론 가정과 사회, 그리고 국가적으로 건강의 필요성과 그 중요성을 갖는 것이다.

(2) 건강의 조건

건강은 인간이 삶을 영위하기 위한 기본 요건이자 근본일 뿐만 아니라 개인이 최고 수준의 건강상태를 유지한다는 것은 그 개인의 행복과 안녕은 물론 건전한 사회를 이룩하는 기초가 되는 것이다. 이와 같은 건강을 유지하기 위해서는 다음과 같은 구체적인 조건이 필요하다.

- 운동능력 즉, 매일매일 일을 수행할 수 있는 신체의 적응성, 체력, 지구력 및 인내력 등을 가지고 있으며, 숙면함으로써 피로를 회복할 수 있고 활발히 운동을 할 수 있어야 한다.
- 심신이 순조롭게 성장·발육해야 한다.
- 식욕이 왕성하고, 즐겁게 먹으며, 영양섭취의 방법을 알고 그 양을 조절할 수 있는 습관과 태도가 형성되어야 한다.
- 치료해야 할 질병이 없거나 있더라도 치료의 필요성이 없고 아무런 고통을 느끼

지 않아야 한다.

- 자세가 항상 바르게 유지되어야 한다.
- 자신의 건강은 물론, 타인의 건강에도 관심을 가지고 협력하는 태도를 가져야 한다.
- 자기의 건강 및 자손의 건강을 증진, 유지시킬 수 있는 과학적인 원리를 이해하고 그 원리에 입각한 행동의지를 가지고 있어야 한다.

[이달의 적합한 운동은 무엇일까?]

1~2월 운동 : 스키·스케이트·실내농구·게이트볼·볼링 등이 적합한 종목이다. 조정력과 다리근력을 강화하는 스키는 기초기술습득이 필수적이다. 스케이트는 발에 맞는 것을 착용하는 것이 중요하며 찰과상에 주의해야 한다. 실내농구에서는 과격한 몸싸움을 자제하고 관절부상을 조심해야 한다. 볼링, 게이트볼은 전 연령층이 쉽게 즐길 수 있다.

3~4월 운동 : 축구·배구·자전거타기·테니스·소프트볼 등을 하기에 적합한 계절이다. 심폐 지구력과 협동심, 민첩성이 요구되는 축구는 격렬한 몸싸움을 자제하고 발목-무릎 관절 부상에 주의해야 한다. 배구는 운동 전후 정리운동이 필요하며 손가락 관절 부상을 조심해야 한다. 자전거를 타면 성인병의 70% 정도는 예방된다는 게 전문가들의 지적이다.

5~6월 운동 : 걷기·배드민턴·조깅·골프 등을 하기에 아주 좋은 시기이다. 노년층에 특히 좋은 걷기는 각종 성인병의 치료법이다. 걷기와 비슷한 효과가 있는 조깅의 경우 비만자들은 피하는 것이 좋다. 좁은 장소에서 남녀노소 누구나 즐길 수 있는 배드민턴은 운동 후 목과 어깨를 풀어주는 정리운동이 필수적이며 골프는 농약과 자외선을 조심해야 한다.

7~8월 운동 : 수상스포츠의 황금기라고 할 수 있다. 대표적인 운동인 수영은 전신을 골고루 발달시키고 특히 관절염환자에게 좋다. 그러나 심장병·고혈압·호흡곤란증이 있는 사람들은 피하는 것이 상식이다. 수구·카누·조정·윈드서핑 등은 심폐기능을 향상시켜 준다. 근력증가의 효과가 공통적이다. 여기에는 항상 수상 안전수칙을 준수해야 하며 특히 음주상태에서의 운동은 금물이다.

9~10월 운동 : 자전거타기·배드민턴·테니스·걷기·조깅·핸드볼·골프 등 대부분의 운동에 가장 좋은 계절이라고 할 수 있다. 운동을 하는 것은 좋지만 자신의 능력에 맞춰서 과도하지 않게 하는 것이 가장 중요하다. 특히 안전사고가 발생하지 않도록 신경써야 한다. 이들 중 핸드볼은 발목, 어깨관절에 충격을 줄 수 있으므로 젊은 층에 한정적으로 하는 것이 바람직하다.

11~12월 운동 : 게이트볼·농구·탁구·핸드볼·롤러스케이트·자전거타기·스키·스케이트 등이 좋다. 게이트볼은 겨울철 실내에서 웅크리기 쉬운 노년층이 즐기기에 안성맞춤이다. 운동에 앞서 준비운동으로 추위에 굳은 몸을 충분히 풀어주는 것이 중요하다. 과거와 달리 쾌적한 시설을 갖춘 스포츠시설들이 많은 만큼 다양한 종목을 즐길 수 있다.

3) 스포츠 활동 내용의 선정

스포츠란 사람들이 즐기면서 운동을 하는 형태이다. 스포츠는 우리 사회구조에 있어 필요불가결한 부분이고 동적 표현의 가치를 얻을 수 있으며 에너지와 적개심을 발산시킬 수 있는 사회적으로 허용된 배출구를 제공한다. 등산 같은 스포츠는 또한 사회적인 압박으로부터 도피할 수 있는 긍정적인 방법이 될 수 있다. 스포츠를 통해 신체의 단련과 정신수양을 도모할 수 있으며, 스포츠를 행함으로써 절망과 환상의 나태를 극복하는 데 도움이 되는 자극과 동기의 유발을 얻을 수 있다.

(1) 신체의 형태

3가지의 기본적인 신체형태가 있는데 세장형, 근육형, 비만형이다. 신체형태는 신체적 능력에 영향을 미치며 그래서 개개인에게 가장 적합한 종목을 선택하는 데도 영향을 미친다. 신체적으로 적합하지 않은 스포츠 종목에서 악전고투하는 것보다 개인의 신체형태에 적합한 스포츠에서 더 많은 것을 얻을 수 있다.

세장형은 지구력과 민첩성이 뛰어나서 훌륭한 크로스컨트리 선수와 농구선수가 될 수 있다. 근육형은 많은 스포츠 종목에 참가할 수 있으며 근력, 지구력, 힘과 민첩성을 골고루 발달시킬 수 있다. 비만형은 스포츠 활동에서 가장 많은 어려움을 느끼는 형태이며 힘이 좀 덜 드는 스포츠 종목에 참가하는 것이 바람직하다.

다음 〈그림 1-1〉은 각기 다른 신체형태에 가장 적합한 스포츠 종목을 나타내고 있다.

선택한 스포츠 종목은 자신에게 가장 유익하고 최대의 즐거움을 주는 것이라야 한다. 첫째로 자신의 연령에 적합한지 살펴본다. 예를 들어, 수영은 미식축구와는 달리 나이든 사람에게 이상적이다. 스포츠 종목의 선택은 자신이 할애할 수 있는 시간과 경비와 이용 가능한 시설에 따라 자동적으로 제한이 된다. 다른 중요한 요소는 자신의 신체형태, 과거의 경험과 현재의 건강상태이다. 기술과 체력이 향상될수록 즐거움, 자신감, 그리고 참가할 수 있는 스포츠 종목의 숫자가 증가할 것이다.

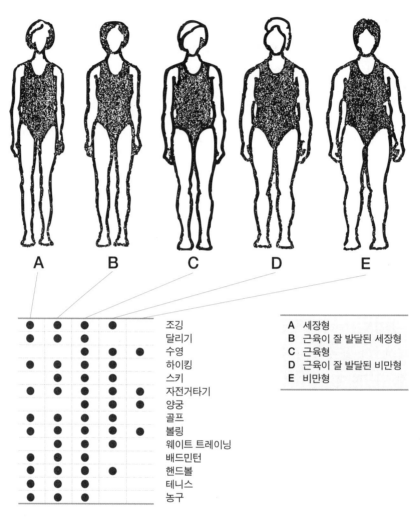

●	●	●	●		조깅
●	●	●			달리기
		●	●	●	수영
●	●	●	●		하이킹
	●	●	●		스키
●	●	●	●	●	자전거타기
		●	●	●	양궁
●	●	●	●		골프
●	●	●	●	●	볼링
	●	●	●		웨이트 트레이닝
●	●	●			배드민턴
●	●	●	●		핸드볼
●	●	●			테니스
●	●	●			농구

A 세장형
B 근육이 잘 발달된 세장형
C 근육형
D 근육이 잘 발달된 비만형
E 비만형

[자료 : 박승한 역, 운동백과사전 1993 : 188]

〈그림 1-1〉 **신체의 형태**

(2) 생리적인 효과

운동을 하게 되면 근력, 근지구력이 발달되고 근육과 관절의 유연성이 증가된다. 그리고 심장순환과 호흡기관(CR)의 지구력이 향상된다. 심장과 호흡기관의 적성(適性)을 발달시키기 위해서는 건강한 성인의 심박수는 운동 시 분당 120회 이상 되어야 하며 최소한 10~15분씩 일주일에 3~4회 운동을 하여야 한다(연령에 따라 변화).

대부분의 스포츠는 근육의 한 특성만 발달시키기 때문에 여러 가지 스포츠 종목에 참가하는 것이 좋다. 그러나 그 효과가 너무 반대되는 종목의 선택은 피해야 한다.

예를 들면 웨이트트레이닝은 근육을 단단하게 하고 폭발적인 힘을 내게 하지만, 수영은 근육을 이완시키고 지구력을 갖게 해주므로 서로 상반되는 작용을 하지만 수영만 하는 것과 달리 좋은 결합이 될 수 있다. 다음의 〈표 1-2〉는 신체 부위에 미치는 각 스포츠 종목의 효과를 보여준다.

스포츠를 배운다는 것은 새로운 기술을 익히고 자신의 능력을 확대시킨다는 것을 의미한다. 스포츠 활동에서 이루어지는 신체적·정신적·노력과 긴장해소의 결합은 긍정적이고 행복한 생활태도를 갖게 하는 데 도움이 된다.

스포츠클럽이나 체육관에 등록하면 보다 규칙적으로 운동할 수 있을 것이다. 적합하고 안전한 시설을 구비한 곳을 선택하도록 한다. 파트너나 팀 동료를 찾기 위해 더 이상 고생할 필요가 없게 되며 공통적인 흥미를 갖고 있는 사람들끼리 친분을 쌓게 되어 사회생활을 윤택하게 할 수 있다.

〈표 1-3〉을 보면 체중감소에 관심을 가진 사람에게는 스포츠 경기가 효과적인 수단으로서, 칼로리 소모를 증가시키고 체격을 날씬하고 단단하게 하는 데 도움이 된다는 것을 발견할 것이다.

⟨표 1-2⟩ 신체 부위별 스포츠 종목의 효과

심폐	등	어깨	팔	복부	엉덩이	다리	스포츠 종목
★	●		●			■●▲	크로스컨트리 달리기
★	■●	▲	■●▲	■●	▲	■●▲	수영
★	●		■●	●	▲	■●	수상스키
	■		▲	■	▲	■▲	체조 : 평균대
	■	▲	■●▲	■	▲	■▲	마루운동
	■	▲	■●▲	■	▲	■▲	조마
	■	▲	■●▲	■	▲		철봉
	■	▲	■▲	■	▲	▲	평행봉
	■	▲	■●▲	■	▲		조환
	■●		■●	■●		■●	역도
★		▲	▲			■●▲	테니스
★	■●		■●▲	■●		■●▲	복싱
★		▲		▲		■▲	펜싱
★	■●	▲	■●▲	■●	▲	■●▲	유도
★	■●	▲	■●▲	■●	▲	■●▲	태권도
★			▲			■●▲	줄당기기
★	■●	▲	■●▲	■●	▲	■●▲	레슬링
		▲	▲			▲	야구
★						▲	농구
		▲	▲			▲	크리켓
★	●		▲			■●▲	하키
★		▲	■●▲			■●▲	라크로스
★	■●		■	■	▲	■●	미식축구 : 태클
★	●				▲	■●▲	운동장
★			■	■	▲	■●	아이스하키
★	■		■			■●▲	럭비
★						■●▲	오스트리아 축구
★						■●▲	축구
★						■●▲	스피드볼
★		▲	■●▲			■●	배구
★	●	▲	■●			●	수구

★ 심장 순환계의 지구력, ■ 근력, ● 근지구력, ▲ 유연성

[자료 : 박승한 역, 상게서, p. 189]

〈표 1-3〉 체중과 칼로리 소모량의 관계

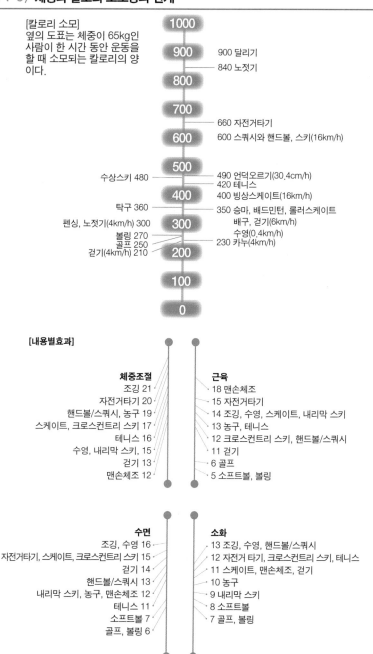

[칼로리 소모]
옆의 도표는 체중이 65kg인 사람이 한 시간 동안 운동을 할 때 소모되는 칼로리의 양이다.

1000

900 ── 900 달리기
     ── 840 노젓기
800

700
     ── 660 자전거타기
600 ── 600 스쿼시와 핸드볼, 스키(16km/h)

500
수상스키 480 ── 490 언덕오르기(30,4cm/h)
             ── 420 테니스
400   ── 400 빙상스케이트(16km/h)
탁구 360 ── 350 승마, 배드민턴, 롤러스케이트
펜싱, 노젓기(4km/h) 300 ── 배구, 걷기(6km/h)
볼링 270 ── 수영(0,4km/h)
골프 250 ── 230 카누(4km/h)
걷기(4km/h) 210
200

100

0

[내용별효과]

체중조절
조깅 21
자전거타기 20
핸드볼/스쿼시, 농구 19
스케이트, 크로스컨트리 스키 17
테니스 16
수영, 내리막 스키, 15
걷기 13
맨손체조 12

근육
18 맨손체조
15 자전거타기
14 조깅, 수영, 스케이트, 내리막 스키
13 농구, 테니스
12 크로스컨트리 스키, 핸드볼/스쿼시
11 걷기
6 골프
5 소프트볼, 볼링

수면
조깅, 수영 16
자전거타기, 스케이트, 크로스컨트리 스키 15
걷기 14
핸드볼/스쿼시 13
내리막 스키, 농구, 맨손체조 12
테니스 11
소프트볼 7
골프, 볼링 6

소화
13 조깅, 수영, 핸드볼/스쿼시
12 자전거 타기, 크로스컨트리 스키, 테니스
11 스케이트, 맨손체조, 걷기
10 농구
9 내리막 스키
8 소프트볼
7 골프, 볼링

가장 중요한 점은 모든 종류의 스포츠 활동이 필요한 운동량을 즐겁게 실시할 수 있도록 의도되었다는 것이다. 스포츠 활동을 하는 데는 즐거움이 주된 요소이므로 특별히 힘든 종목을 선택하거나 과도하게 훈련을 할 필요는 없다. 실질적으로 이러한 경우는 자신에게 해로움을 줄 뿐이다. 어느 스포츠에서나 입문의 초기단계에서 부상을 당하면 그것으로부터 멀어지게 된다.

(3) 전반적인 효과

앞의 도표는 어떤 스포츠 종목이 가장 전반적인 효과를 가져다주는가를 보여주고 있다. 기억해야 할 것은 어떤 스포츠든지 그 종목이 가져다주는 이로움의 정도는 자신이 쏟는 노력에 좌우된다는 것이다. 또한 자신의 요구에 합당한 스포츠 종목을 선택하도록 노력해야 한다. 등산은 달리기처럼 심장순환기능을 크게 향상시키지 못하더라도 어떤 사람은 등산의 긴장해소와 마음을 탁 트이게 해주는 그 무엇에서 더 많은 유익함을 얻을 수도 있다. 자전거 타기는 다리와 심장에 좋고 즐거운 운동이지만 핸들 위에 몸을 구부릴 때는 폐를 확장시키기 어렵다. 다음 앞 도표에서 내용은 얻을 수 있는 최대의 효과를 21로 보고 각 종목을 평가해 본 것이다.

[건강한 스포츠 수행의 전제조건]

스포츠는 당연히 건강에 이롭다는 전제하에서 출발하고 있는 건강스포츠가 개인적, 실천적 차원에서뿐만 아니라 총체적, 반성적 차원에서도 많은 문제를 내포하고 있음을 도외시할 수 없다. 스포츠는 당연히 건강에 이롭지 않다. 스포츠가 건강에 이롭기 위해서는 최소한 다음의 전제가 충족되어야만 한다.

즉, 소유에서 존재로 의식의 전환이 있어야 하며, 조화로운 건강관이 바뀌어야 한다는 것이다.

① '소유(所有)'에서 '존재(存在)'로 의식의 전환

객관화된 건강관은 소유지향적 생활양식의 부수적인 결과이다. 객관화된 건강관으로 말미암아 스포츠에서 건강동기가 빗나가는 결과가 초래될 수 있다. 에리히 프롬은 그의 저서 『소유에서 존재로』에서 우리에게 소유지향적 삶의 방식을 포기하고 존재지향적 삶의 방식을 선택하도록 권하고 있다. 건강 및 스포츠와 관련하여 존재지향적 삶은 어떤 의미를 가질까?

그것은 무엇보다도 "내가 건강을 가질 수 있다"는 믿음의 포기를 의미한다. 건강은 소유의 대상이 될 수 없다. 그것은 총제적인 삶의 과정의 현상으로 인식되어야만 한다.

'나'는 건강을 객체화시키거나 대상화시킬 수 없다. 오히려 건강은 나의 한 부분이며, 주관적인 요소인 것이다. 자아와 건강을 분리해서 생각하지 않는 것이 스포츠 및 건강과 관련한 존재지향적 생활방식의 기본전제이다. 이러한 맥락에서 건강과 관련된 스포츠경험에서 즐거움의 동기가 강조될 필요가 있다. 스포츠를 하면서 얻어지는 즐거움은 몰입과 자아일치 간의 경험을 제공해 준다.

현상학적 연구들은 즐거움으로 가득 차 있는 스포츠경험이 어떻게 자아와 육체의 일치로 이끌어가며 이러한 경험으로부터 어떻게 존재지향적 자기체험이 나타나게 되는지 보여준다. 이러한 연관에서 리트너의 말은 큰 의미를 지닌다. "이러한 의미에서 즐거움은 단순한 즐거움만이 아니라 그것은 인간학적으로 중요하게 되며 …… 자아가 서양적인 합리성의 목표를 회의적으로 보기 시작하면서 즐거움은 동시에 대중적인 균형의 비유가 된다"(Rittner, 1982 : 49). 그렇다면 즐거움은 어떻게 생겨나는가? 이 물음에 명확하게 답변하는 일은 매우 어렵다. 그러나 그것은 개인의 의지에 따라 의도적으로 생겨나기보다는 오히려 자신이 좋아하는 일에 몰입하는 가운데서 우연하게 부수적으로 생겨나는 경우가 많다. 즐거움은 소유지향적인 의도와는 무관하게 생겨나는 것이다. 예컨대 어떤 활동에 몰입되어 있을 때 자기도 모르게 사이에 즐거운 기분이 되는 것이다. 즐거움은 놀이적인 요소이다. 다음 가다머의 인용문은 이 점을 이해하는 데 도움이 될 것이다.

"놀이는 놀이하는 사람의 의식과는 무관한 독자적인 것이다. 놀이는 거기, 바로 거기, 주체성의 대자적 존재가 주체가 되는 지평을 제한하지 않는 곳, 놀이적으로 행동하는 주체가 없는 곳……."(Gardamer, 1965 : 98)

놀이의 주체는 놀이자가 아니다. 놀이는 오직 놀이자를 통해 드러난다. 건강도 동일한 맥락에서 이해될 수 있다. 건강은 소유지향적인 인간의 의도와는 무관하게 나타난다. 건강은 놀이적이고 존재지향적이며 몰입된 스포츠 활동 속에서 부수적으로 우연하게 나타나는 것이다. 스포츠 활동 자체가 목적인 놀이로서가 아니라 건강이라는 목적을 달성하기 위한 수단으로 도구화될 때 스포츠가 담지하고 있는 이와 같은 건강 요소들은 사라지게 되는 것이다.

② 조화로운 건강관의 회복

스포츠와 건강의 관계가 합리적으로 구성되기 위해서는 의식의 변화와 더불어 건강관이 바뀌어야만 한다. 즉 기존의 일면적이고 편협한 건강관이 포괄적이고 조화로운 건강관으로 바뀌어야만 한다. 여기서 말하는 포괄적이고 조화로운 건강관이란 앞서 말한 "ur sit mens sana in corpore sano"이다. 앞서 유베나리스의 시구절을 성급하게 해석한 기존의 건강관이 어떤 문제를 야기할 수 있는지 설명한 바 있다. 잘못된 해석으로 말미암아 건강을 이해하는 안목이 매우 좁아졌다.

여기에서 조화로운 건강관으로 제시하고자 하는 유베나리스의 원래 문장 역시 아무런 문제가 없는 것은 아니다. 예를 들면 헤커는 그 문장이 육체와 정신의 분리를 전제로 하기 때문에 건강에 대한 직접적이고 통합적인 접근이 방해를 받고 있다고 그 문장을 비판하고 있다(Hecker, 1987 : 73). 그러나 유베나리스의 정신과 육체의 개념적 구분을 정신과 육체의 존재론적 구분으로 이해하지 않고 기능적 구

분으로 이해한다면, 다시 말해 이 문장에서 육체와 정신이 존재론적으로 나뉘어
있는 것이 아니라 기능적으로 구분되는 동일한 실체로 파악한다면 해커의 비판은
의미를 상실하게 된다.

실제로 당시에는 생물학적 개념과 심리학적 개념을 즐겨 사용하고 있었다. 유베나리
스의 시구절 "ur sit mens sana in corpore sano"는 저자가 생각하기에 조화로운 건
강관을 상징한다. "ut sit"과 "mens sana in corpore sano" 사이에서 우리는 건강
의 변증법적 요소를 읽어낼 수 있다. 육체적인 강화와 정신 및 심리적 강화는 'ur sit
mens sana in corpore sano' 문장에 주지시켜 주고 있다. "건강이란 평생 동안 늘
새롭게 공을 들여 만들어내야만 하는 조화와 균형의 상태이다. 그것은 고전 의학서
에 나와 있는 순수하게 육체적인 개념의 고정이 아니다."(Hurrelmann, 1988 : 17).

건강은 육체적인 체력 하나만으로 또는 심리적인 즐거움 하나만으로 얻어질 수 있는
것이 아니다. 그것은 육체적인 건사와 심리 및 사회적인 안녕, 감성적 욕구의 충족이
적절하게 조화를 이루고 있을 때 나타나는 현상인 것이다. 다양한 요인들 간의 조화
가 건강에서 가장 중요하다. 유베나리스의 문장에서 'ut sit'은 조화를 찾고자 하는
의지를 나타내는 의미로 이해되어야만 한다. 리트너가 그의 논문 결론부에서 말한
내용은 이 점을 다른 말로 바꾸어 전달해 주고 있다. "스포츠의 건강메커니즘은 스
포츠에 문자 그대로 속해 있는 것이 아니다. 오히려 그것은 조심스럽고 정성스럽게
스포츠로부터 발현해 내야만 하는 것이다."(Rittner, 1985 : 150)라는 리트너의 말은 'ut
sit'의 또 다른 표현인 것이다.

[자료 : 송형석, 체육스포츠이야기, 계명대학교출판부 2006 : 263-266]

5. 21세기 사회와 스포츠

21세기의 스포츠를 생각함에 있어서는, 역시 그것을 지탱하는 사회가 어떻게 변해 가는지 그리고 그 사회의 변화와의 관련성에 대해서 생각할 필요가 있지만 이 일 자체가 용이한 것은 아니다. 그러나 현대사회의 특징을 규명하고 미래사회를 예측한 하나의 주목해야 할 사항은 앨빈 토플러의 『제3의 물결』을 들 수 있을 것이다.

그는 "제1의 물결은 지금부터 약 1만 년 전의 농업혁명이고, 제2의 물결은 300년 전의 산업혁명이며 그 결과, 오늘날의 공업화 사회를 맞이한 것이지만 이 현대의 공업사회가 제3의 물결에 씻겨지고 있으며 지금 세계가 처하고 있는 혼돈은 이 제3의 물결에 의해 발생하고 있는 현상의 일부라고 지적하고 미래사회는 오늘날의 단순한 공업화 사회의 연장상(延長上)에 있는 것이 아니다"라고 서술하고 있다. 그리고 오늘날 공업화 사회에 있어서 몇 개의 대표적인 특색은 다음과 같다.

- 모든 공업국가는 화석(化石)연료에 의존하며 에너지 시스템은 모든 나라가 동일하다.
- 모든 공업국은 대량 생산방식(大量 生産方式)에 따르고 있다.
- 철강, 자동차, 기계와 같은 공업이 기간(基幹)산업으로 되어 있고, 이것들은 모든 에너지집약적, 자본집약적, 환경오염적이라는 공통의 특징을 갖고 있다.
- 모든 공업국가의 유통기구는 백화점, 체인스토어 등 대량분배, 소비 시스템이 지배적이다.

- "교육의 면에서는 매스에듀케이션인 점에서 공통된다"라고 서술하고 또한 "오늘날의 사회는 '규격화, 획일화, 동시화, 중앙집권화, 극대화' 등의 원리, 구조로 일관하고 있지만 제3의 물결에 씻겨지고 있는 사회는 이것과는 전혀 다른 원리에 의거해서 움직이는 사회로 이동하고 있고, 제1의 물결문명, 농업주체 시대의 생산기반은 토지이고 제2의 물결 공업 주체의 시대는, 자본과 노동이 주요한 기반이었지만 이 제3의 물결문명의 생산기반은 오히려 정보와 크리에이티비티에 두어질 것이다"라고도 지적하고 평생(平生)교육의 본연의 자세 자체에도 큰 변화가 나타나고 있다고 서술하고 있다.

여기에서는 그의 주장을 상세하게 인용하는 것은 피하였으나 요컨대 "21세기는 단지 현대사회의 연장선상의 것으로서가 아닌 큰 변화가 나타나는 시대이고 오늘날은 그 변화를 향한 제3의 물결에 씻겨지고 있는 시대이다"라고 하는 그의 주장은 경청할 가치가 있다고 본다.

이와 같이 21세기의 사회는 큰 변화가 예측되고 더욱 확실하게 현대사회와는 다른 상황이라는 것도 생각할 수 있기 때문에 그것들에 대해서 서술해 두고자 한다.

1) 고령화 사회의 도래

우리나라 고령화 추세는 현재도 진행 중이지만, 앞으로 고령자가 총 인구에서 차지하는 비율은 국민의 20% 이상으로까지 증가할 것으로 예측하고 있다. 이와 같은 고령 인구의 증가는 지금까지 우리들이 경험하지 못했던 새로운 사회문제로 대두될 것이다.

따라서 고령화 사회에 대비하여 스포츠 분야에서는 지금부터 무엇을 해야 할지를 생각해 둘 필요가 있을 것이다. 즉, "고령자에 대한 스포츠 활동을 추진함에 있어서 고령자에게 적당한 운동량과 강도 또는 방법 등에서 성인기와는 다른 연구가 필요하다"는 것이다. 오늘날 우리나라의 고령자 스포츠 현실을 보면 지독히 미미한 상황에 처해 있다고 해도 과언은 아니다. 말하자면 인생 최후의 단계, 꽃피는 시대, 여가가 비교적 풍부한 단계에 있는 사람들의 스포츠가 너무나도 변변치 못한 것이 아닐까. 고령자가 운동장 한구석으로 쫓겨나는 것이 아니고 발랄하고 건강하게 늙어가기 위해 운동을 향수(享受)할 수 있는 기회의 장(場)과 활동을 지금부터 준비해 두는 것이 절대적으로 필요하다.

2) 새로운 과학기술의 진보

현대도 이미 과학기술시대라고 말해지고 있지만 이 과학기술의 진보는 그칠 줄 모르는 것이고, 더욱더 일상생활 속으로 파고들어 올 것이다. 예를 들어 마이콤 시대라고 말해지는 것같이 컴퓨터의 보급은 더욱더 널리 퍼지게 될 것이다. 토플러는 '전자기기를 구비할 일렉트로닉 주택'의 출현을 지적하고, "가정이 일터가 되어 사무실과 공장으로 나가는 대신에 가정에서 시간을 보내게 되고 가정생활까지 변혁을 필요로 할 것이다"라고 서술하고 있다. 이것은 오늘날의 시민생활 자체가 크게 변하고 있음을 의미하는 것이고 그와 같은 변혁 속에서 스포츠는 시민생활과 어떤 관계가 있는지에 대해서도 생각해 둘 필요가 있을 것이다.

체력측정의 분야에서도, 컴퓨터가 이미 도입되어 자동적으로 기록되고 여러 항목의 측정결과가 기입된 카드를 기록기에 넣으면 자기의 체력수준이 명확하게 나타나기까지 하고 일상의 운동의 질과 양(量)도 기록되어 일정기간 후에도 어느 정도의 질과 양의 운동을 소화시키고 그 결과 체력은 어떻게 변할 것인지 모두 자동적으로 기록되는 장치가 좀더 많은 학교, 지역, 직장의 체육관에 보급될 것이다. 당연히 스포츠의 과학적인 연구에도 컴퓨터가 좀더 활발하게 도입될 것이며 연구자, 지도자의 양성과정에 있어서 정보처리에 대한 학습은 필수적인 것으로 연구자, 지도자는 컴퓨터를 구사할 수 있는 기술을 요구받게 될 것이다. 이것들은 아주 작은 예에 불과하지만 21세기에는 오늘날 이상으로 과학기술 혁신의 물결이 일어나게 될 것이다.

3) 평생교육으로의 지향

평생교육은 단지 '사람이 일생을 통해서 학습한다'는 것만이 아니고 오히려 그와 같은 것이 가능하도록 현행의 여러 제도를 재점검·재편성하는 것을 의미한다. 예를 들면 처음에는 '평생교육에 대한 사고방식'은 "사람들이 스스로 필요로 하는 학습의 과제를 주체적으로 선택하고 그것을 위해 학습을 행할 수 있는 능력과 의욕을 갖고 또 그 생애의 각 시간에 필요한 학습을 적절히 행할 수 있도록 사회의 모든 교육기능의 상호 관련성을 고려하면서 정비하려고 하는 것이다"라고 서술하고 있다.

21세기의 스포츠를 생각함에 있어서 이와 같은 평생교육 지향으로만 생각해서는 안 되는 것이며 그 준비는 지금부터 진행되어도 좋을 것이다.

지금까지 우리의 스포츠는 학교체육과 청소년체육을 중심으로 진행되어 온 것을 부정할 수 없다. 그러나 21세기의 그것은, 태어나서 죽을 때까지 인생 각 단계에 있어서 모든 즉 건강한 사람뿐만이 아니라 장애자에 대해서도 과학적인 여러 배려가 필요한 것이고 그것을 위해 여러 조건을 정비해 갈 필요가 있다.

이상 불확실하게 혹은 확실하게 변화하는 여러 측면을 고려하여 이제 그 대응책을 세워 나감으로써 21세기의 스포츠를 보다 질적으로 풍부하게 할 수 있을 것이다.

[스포츠산업의 영역]

스포츠산업의 영역은 제공된 재화나 서비스의 특징과 사업단위가 수행하는 경제활동의 특성에 따라 스포츠용품업, 스포츠시설업, 스포츠 서비스업으로 분류할 수 있다. 스포츠용품업은 스포츠용품 제조업과 스포츠용품 유통업으로 이분할 수 있으며, 스포츠시설업은 스포츠시설 건설업과 스포츠시설 운영업으로 분류된다. 또한 스포츠 서비스업은 스포츠마케팅업, 스포츠 이벤트업, 스포츠정보업으로 세분화되어 있다.

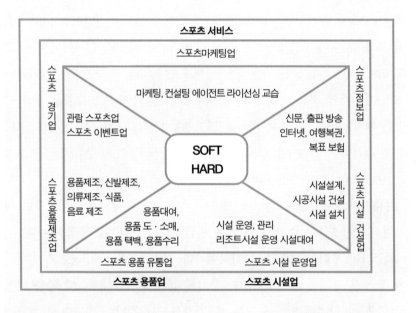

스포츠용품 제조업에는 스포츠용품·용구제조업, 스포츠 신발·의류제조업, 스포츠식품·음료제조업 등이 있으며, 스포츠용품 유통업은 스포츠용품 도·소매업, 스포츠용품 대여업, 스포츠용품 택배업, 스포츠용품 수리업 등이 포함된다. 스포츠시설

건설업은 스포츠시설설계 및 시공업, 경기장시설건설업, 체육시설설치업 등이 포함되며 스포츠시설 운영업에는 체육시설운영·관리업, 스포츠리조트시설 운영업, 스포츠시설 대여업 등이 포함된다.

스포츠마케팅업에는 스포츠마케팅대행 및 컨설팅업, 스포츠에이전트업, 스포츠인력생산유통업, 스포츠라이선싱업 등이 있고, 스포츠 이벤트업에는 스포츠 이벤트기획업, 스포츠프로그램운영업, 스포츠교습업, 스포츠복권 및 복표업, 스포츠전시 및 박물관업, 경기운영업(프로·아마스포츠운영업) 등이 포함되며, 스포츠정보업, 스포츠신문/출판업, 스포츠방송업, 스포츠인터넷사업 스포츠캐릭터업, 스포츠보험업, 스포츠 여행업, 회원권판매업, 스포츠게임개발업 등이 있다.

[자료 : 김범식 외 9인, 현대사회와 스포트, 홍경 2004 : 68-69]

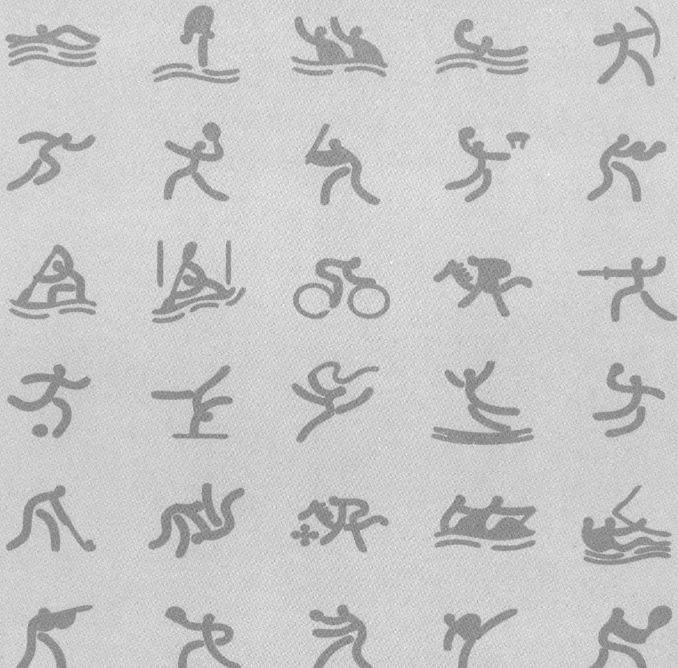

2

스포츠 운동의 형태

스포츠 운동의 형태

스포츠는 그 활동형태에 따라 여러 가지 형태로 구분할 수 있다. 스포츠는 일반적으로 발생학적으로 분류하는 방법, 욕구를 기준으로 분류하는 방법, 내용에 의한 분류법 등으로 구분한다.

첫째, 발생학적으로 분류하는 방법은 스포츠가 어떻게 발생하였는가에 따라서 자연발생적인 스포츠와 인위적인 스포츠로 구분한다. 자연발생적 스포츠는 인간의 기본적인 신체활동에서 발생한 것으로 창던지기, 양궁, 수영 등과 같이 생활 속에서 자연발생적으로 생긴 스포츠를 말한다. 인위적인 스포츠는 의도적으로 만든 운동으로서 체조경기와 같이 신체의 조화적 발육발달을 목적으로 만들어진 것이다.

둘째, 욕구를 기준으로 분류하는 방법은 경기내용과 구조적인 특성에 따라 기능스포츠, 투쟁스포츠, 극복스포츠 그리고 율동적인 표현스포츠로 구분할 수 있다. 기능스포츠는 사전에 동의한 한계 내에서 개인 또는 팀이 상대방이나 상대팀에 비하여 우월하다는 것을 증명하려는 것에 목적을 둔 스포츠이다. 즉 규정과 규칙을 준수하며 상대와 겨루어 승부를 다투는 경기로 육상, 농구, 축구, 배구, 야구, 하키, 럭비, 배드민턴, 테니스 등을 들 수 있다. 투쟁스포츠는 죽도나 칼과 같은 모형 무기를 사용하거나 맨몸으로 상대와 1 대 1의 격투기적 공격과 방어를 통해 승부를 겨루는 스포츠이다. 투쟁스포츠는 위험성이 매우 큰 경기이므로 규칙과 예의를 엄격히 지켜야 한다. 운동 종목으로는 씨름, 유도, 태권도, 검도, 복싱, 펜싱 등을 들 수 있다. 극복스포츠는 자연에 순응하거나 자연을 극복하기 위해 고안된 운동이다. 스포츠 참가의 주된 동기는 인간이 아닌 자연에의 도전에 매력을 느끼기 때문이다. 운동 종목으로는 등산, 하이킹, 스키, 스케이트, 카누, 서핑, 스킨스쿠버 등이 있다. 율동적인 표현스포츠는 신체활동이나 신체지각을 통하여 인간의 사상이나 감정을 신체의 율동적 움직임으로 표현하는 종목으로 수중발레, 체조, 리듬체조 등을 들 수 있다.

셋째, 스포츠의 내용에 의한 분류로 체조, 스포츠, 무용, 야외활동 등으로 구분할 수 있다.

이외에도 스포츠는 참가자의 범위와 수에 따라 개인스포츠(육상, 사격, 체조, 수영 등), 대인스포츠(레슬링, 유도, 태권도, 복싱 등), 팀 스포츠(축구, 농구, 배구 등) 등으로 분류할 수 있다.

현대 산업사회에서는 자본주의와 스포츠 상업화로 인하여 프로스포츠의 발전을 가속화했다. 따라서 현대사회에서 스포츠를 아마추어스포츠, 프로스포츠, 세미프로스포츠 등으로 구분하기도 한다. 아마추어스포츠는 영리나 보수를 목적으로 하지 않으며 흔히 프로스포츠와 반대의 의미이다. 아마추어스포츠맨은 순수하게 스포츠맨십을 가지고 페어플레이를 하는 사람을 말하고, 아마추어선수란 돈을 받지 않고 취미로만 경기하는 선수를 말한다. 프로스포츠는 스포츠 활동을 본업으로 삼고 있는 직업 스포츠인으로 스포츠 참여에 대한 보수를 지급받는다. 이들에게 스포츠는 즐거움이라기보다는 하나의 직업으로서 가치를 갖고 있다. 세미프로는 아마추어와 프로선수가 합쳐진 것을 의미하며, 샤마추어(Shamateur)라고 부르기도 한다.

여기에서는 구기운동, 투기, 격기운동, 빙상, 수상운동, 그리고 생활스포츠 운동으로 구분하여 설명하고자 한다.

Ⅰ. 구기운동

스포츠는 경쟁한다는 것과 함께 협력한다는 뜻이 포함되어 있다. 구기운동만큼 협력이 필요한 종목도 없다. 탁구나 테니스 등의 일부 단식경기를 제외하고 대부분의 구기는 2인 이상이 한 팀을 형성하여 상대 팀과 경기를 진행한다. 개성과 능력이 각기 다른 개개인의 팀을 형성하여 공동의 목적을 달성하기 위해서는 철저한 협동심이 필요하다.

기록경기에서는 혼자의 힘과 기량으로 목적을 달성해야 한다. 그렇기 때문에 기록경기의 지도자는 경기자의 체력관리 및 기술지도에 그치는 조언자에 불과하다. 그러나 구기에서는 사정이 달라진다. 지도자는 그 종목에 대한 탁견을 갖추고 있어야 함은 물론 팀 구성원 개개인에 대한 역량을 파악하여 적재적소에 배치하고 팀을 이끌어 목적을 달성시켜야 한다. 지도자의 기능을 리더십이라 하는 것도 이 때문이다.

비록 기술은 상대편에 뒤떨어져도 일사불란한 팀을 발휘하며 그 지도자는 리더십이 뛰어나다는 말을 듣게 된다. 물론 경기 관전자들은 개인기가 뛰어난 경기자에게 갈채를 보내지만 팀 전체의 움직임에 더 민감한 반응을 보인다. '게임에 이기고 승부에 졌다'는 말은 바로 이를 두고 하는 말이다. 또 관람자들이 경기가 재미있었다 재미없었다 하는 것도 협동심에 대한 바람이 얼마나 나타났는가에 따라서 결정되는 것이다.

근대 스포츠의 모체를 이룬 영국에서는 젠틀맨십과 스포츠맨십을 동의어로 취급하고 있는데 이는 스포츠가 지닌 특성을 대변하고 있는 것이다. 협의의 스포츠맨은 결국 그 투쟁에서 승리를 거두기 위해 부단히 노력한다. 그러나 상대가 없이는 경기를 할 수 없기 때문에 상대방에게 감사하지 않으면 안 될 묘한 입장에 놓이게 된다. 상대방의 입장을 존중하면서 스스로 최선을 다하는 것이 바로 스포츠맨이 취해야 할 기본적인 자세이며, 팀 경기에서는 자신을 억제하며 팀 전체와 호흡을 맞추어야 하기 때문에 젠틀맨십과 동의어로 사용했던 것이다.

1) 농구

농구경기는 공을 잡고 달리지 못한다. 그러므로 독창적인 창의력을 발휘하여 패스, 드리블, 슈팅으로써 스피드와 팀워크를 이루어 많은 득점을 올려야 한다.

그러나 신체적 접촉이 금지되고 극히 짧은 시간에 1회의 공격을 마쳐야 하므로 많은 운동량을 필요로 하는 격렬한 구기운동이다. 반면 다른 스포츠에 비해, 비교적 난폭하지 않으며 농구경기규칙이 완력에 의한 행위를 일체 불허하고 경기 시에 운영을 공명정대하게 합리적으로 할 수 있는 경기이다.

최근에는 프로농구의 출발국인 미국에서 시작, 유럽과 일본 등지의 청소년들 사이에도 급속히 퍼져가고 있는 추세이다.

최근 놀이공간이 협소한 대도시 청소년들 사이에서 생겨난 길거리 농구는 보통 농구경기가 넓은 코트에 두 개의 골대를 필요로 하는 것과는 달리 기존 농구코트의 절반만한 공간에 하나의 골대를 사용, 편을 갈라 공수만 바꿔 다득점으로 승부를 가리는 신종 스포츠로 각광받고 있다.

농구의 일반적인 특성을 살펴보면 다음과 같다.

① 스피드한 경기 흐름으로 관중을 매혹시키는 농구는 직접 코트에서 뛰어보면 더더욱 신나는 게임이다.

② 농구는 경기 기술이 매우 변화무쌍한 운동이다. 정확하고 민첩한 판단력, 조정력, 지구력 등 기초운동능력을 기르는 데 효과가 크다.

③ 달리고 던지고 뛰는 기본적 운동을 모두 포함하고 있어서 체력단련에 큰 도움을 준다.

④ 공만 있으면 좁은 공간에서도 얼마든지 게임이 가능하다. 점심시간이나 토요일

오후 등 자투리시간을 활용해 직장 동료나 가족 등 가까이 있는 사람들끼리 쉽게 게임을 즐길 수 있다.

2) 럭비

1823년 11월 럭비스쿨에서 축구경기를 하는 도중 윌리암 엘리스라는 소년이 규칙상 금지되어 있음에도 불구하고 경기에 지나치게 열중했던 까닭에 공을 손에 쥐고 적진을 향하여 돌진하였다. 상대선수들은 무의식적으로 이 무례한 선수를 타도하려고 덤벼들었으나 이 소년은 한 손에 공을 껴안고 다른 한 손으로 덤벼드는 선수들을 밀어제치고 전진하여 현대 럭비 창시의 계기가 되었으며 이날을 현대 럭비의 창시일로 정하고 있다.

이후 1871년 영국에 협회가 창설되고 럭비는 축구와 완전히 분리되었으며, 1883년 케임브리지대학에서 채택된 후 영국 본토와 자치령 그리고 유럽에 보급되어 세계적인 스포츠로 각광받게 된 것이다.

우리나라에 럭비가 소개된 것은 1923년이었다. 같은 해 조선체육회 주최의 제4회 전조선 축구대회 중간에 럭비경기를 일반에게 보급하기 위해서 처음으로 조직된 럭비클럽 대 보성고보의 시범경기를 가진 것이 그 시초이다. 1945년 해방과 더불어 조선럭비축구협회가 창설되고 1946년부터 서울운동장에서 전통 있는 배재고 대 양정고 구락부의 대전이 부활되어 오늘에 이르게 된 것이다.

럭비의 일반적인 특성은 다음과 같다.
① 프로가 존재하지 않는 순수한 아마추어 경기이다.
② 동료애를 가장 중요시하는 단체경기이다.

③ 협동심과 훌륭한 태도를 중시하는 신사들의 경기이다.

④ 용감하고 투지만만한 남성적인 경기이다.

⑤ 심판의 판정에 절대 복종하며 이의를 제기할 수 없다.

3) 미식축구

미식축구가 우리나라에서 생활체육으로 자리를 잡아가고 있다. 즉, 아메리칸 풋볼(미식축구)공이 생활체육 쪽으로 '뛰고' 있는 것이다. 30여 년 전만 해도 AFKN 등 미국 TV 방송에서나 접할 수 있던 미식축구가 최근 동호인을 늘리며 각 대학마다 팀이 결성되어 러시를 이루고 있다.

현재 전국의 대학 미식축구팀은 서울대, 성균관대, 경북대, 동아대, 계명대, 영남대, 한남대 등 전국적인 팀분포로 매년 지역리그를 치르는 등 본격적인 활성화단계에 접어들고 있는 것이다.

이처럼 미식축구가 낯익게 된 것은 지난 1982년부터 동호팀들의 모임인 한국아메리칸풋볼협회가 서울시 체육관련 사회단체로 정식 등록하는 등 활발한 활동을 펼쳐오고 있는데다 미식축구 특유의 과학적이면서도 터프한 특징이 신세대들의 취향에 걸맞게 어필하고 있기 때문이다.

이 같은 대학팀 외에 각 대학 졸업자들의 동호인 결성이 늘어나 사회 체육 미식축구의 입지도 넓혀가는 중이다. 1980년대 중반만 해도 미군부대 중고장비를 재사용하는 등 장비보급에 어려움을 겪었으나 최근 헬멧과 숄더패드 등 기본 장비를 협회차원에서 직수입, 각 팀에 무상 또는 원가지급을 하고 있어 보급이 더욱 빨라질 전망이다.

4) 배구

세계 배구는 각국의 국민성과 신체조건에 맞는 새로운 기술의 개발에 온갖 노력을 아끼지 않고 있으며 따라서 눈부신 기술의 향상을 가져오고 있다.

배구 강국인 미국, 러시아를 비롯한 불가리아, 폴란드 등은 힘으로 상대를 굴복시키려는 힘의 배구를 구사하는가 하면, 선수의 장신화를 도모하여 높은 점프를 이용한 높은 타점과 안정성을 꾀하는 독일, 이를 능가하는 쿠바 등이 있다. 반면 신장과 체력이 열세인 아시아 국가들은 스피드와 콤비네이션의 배구를 연구·발전시킴으로써 이에 대항하는 등 세계정상을 향하여 부단한 기술개발과 체력양성, 정신력 함양에 전력하고 있는 상황이다.

레크리에이션으로서의 배구는 남녀노소 누구나 즐길 수 있는 스포츠로 이상적인 것이라고 한다. 볼 하나와 작은 공터만 있으면 두 사람이건 열 사람이 패스를 즐길 수 있고, 네 사람 이상의 동료가 모이면 코트를 이용하여 게임을 할 수 있다. 네트를 사이에 두고 하는 배구는 아무리 시합에 열중하여도 신체접촉에 따른 위험이 적고, 팀끼리 상의만 한다면 연령과 체력에 따라 룰을 변경할 수도 있다. 그러면서도 정식룰을 적용할 때는 정상의 배구 선수들이 기술과 체력과 정신력을 최대한 발휘하면서 경기할 수 있는 격렬한 스포츠로도 발전시킬 수 있는 것이다.

9인제 배구는 로테이션이 없으므로 키가 작은 사람도 제 나름대로 자기 능력을 발휘할 수 있으며 드리블, 홀딩의 기준이 너그러워 아마추어 팀이라도 흥미롭게 즐길 수 있는 것이다.

배구 경기는 특히 교치성 순발력, 협동력, 근력 등의 대근활동이 필요한 운동 종목으로 다음과 같은 특성을 지니고 있다.

① 연령이나 성별을 막론하여 누구든지 자유롭고 흥미롭게 즐길 수 있는 종목이다.

② 장소에 크게 구애받지 않으며 용구가 간단하고, 공만으로 가능하다.

③ 강력한 대근활동이 요구되는 전신운동이지만 개인에 따라서 운동량을 조절할 수 있다.

④ 옥내외 어느 곳에서나 연중경기를 할 수 있으며 비교적 규칙이 간단하다.

⑤ 팀플레이를 통해서 사회생활에 필요한 협동심이나 우정 등의 사회성 양성에 유익한 스포츠이다.

5) 배드민턴

배드민턴은 영국의 지명에서 비롯된 말이다. 배드민턴 경기의 기원에 대해서는 여러 가지 설이 있으나 1820년경 인도의 봄베이 지방에서 성행하였던 푸나(Poona)라는 놀이를 당시 인도에서 주둔하고 있던 영국 육군사관생도들이 그것을 배워 본국으로 돌아와 경기화시키게 된 것이 정설이라고 할 수 있다. 당시 영국에서는 그루스타주의 영국 뷔포오드경을 중심으로 보급되기 시작하였으며 오늘날의 배드민턴이 된 것이다. 초창기 배드민턴이라는 지명을 따서 경기의 명칭으로 사용함으로써 오늘날의 배드민턴이 된 것이다.

초창기 배드민턴은 귀족계급의 게임으로 매너가 대단히 엄격하여 깃이 높은 셔츠에 저고리를 단정히 입고 실크모자를 쓴 채 품위 있는 차림으로 게임을 행하였다고 한다. 이 격조 높은 품위가 현재도 배드민턴 경기의 정신적 지주를 이루고 있으며 엄격한 매너를 갖추도록 하고 있다. 1893년 영국배드민턴협회의 창립과 동시에 규칙이 제정되었고 1899년 배드민턴대회가 개최되어 덴마크, 스웨덴, 독일 등의 유럽 각국과 캐나다, 미국 등으로 확산·보급되었다. 특히 말레이시아, 태국, 인도네시아, 인도 등지에서는 국기라고 할 만큼 인기있는 스포츠로서 널리 보급되어 있다.

배드민턴은 탁구의 스피드와 테니스의 역동성을 함께 가지고 있는 매력적인 스포츠다.

네트를 건너오는 공의 방향이 일정하지 않은데다 공이 멀리 날아갈 듯하다가도 갑자기 수직 낙하하는 등 낙하지점을 예측하기 어려워 스피드와 함께 아기자기한 재미를 느낄 수 있다. 중년 이상이 몸을 단련하는 데는 적합한 운동으로 각광받고 있다.

배드민턴의 일반적인 특성은 다음과 같다.

① 언뜻 보기에는 그다지 운동량이 많아 보이지 않지만 의외로 격렬한 운동이 배드민턴이다. 배드민턴 단식 1게임은 축구 7게임에 비교될 만큼 에너지 소모가 많다.

② 배드민턴을 치면 심폐기능이 강화되고 폐활량이 늘어 고혈압, 당뇨병 등 성인병의 예방과 치료에 효과가 크다. 살 빼는 것이 목적인 사람에게도 좋다.

③ 배우기 쉽고 특별한 기술을 요하지 않으므로 남녀노소 누구나 즐길 수 있다. 가족스포츠로도 적당하다.

④ 장소가 따로 필요하지 않으므로 집 앞이나 공원 등지의 공지를 이용하여 쉽게 즐길 수 있고 날씨나 계절에도 크게 구애받지 않는 것이 장점이다.

6) 세팍타크로

오늘날의 세팍타크로는 15세기 말카라 궁정에서 행해지던 전통적인 형태의 세팍라가(Sepak Raga)에 비해서는 커다란 진보를 보인 것이다. 1965년 동남아반도 경기대회의 종목으로 채택되면서 세팍타크로는 동남아시아의 인기 스포츠가 되었다.

세팍타크로는 등나무로 만든 볼로 길이 13.41m, 폭 6.10m의 경기장에서 한 팀이 3명으로 구성된 두 팀의 경기로 행해진다. 경기는 팔(어깨 이하에서 손까지)을 제외한 몸 전체, 즉 머리, 가슴, 발, 허벅지 등을 사용하여 코트 중앙에 세워진 1.52m의 네트 니머로 볼을 넘기는 것으로 한다.

세팍타크로는 동남아 열대국가의 국기로서 발전해 왔다. 우리나라에서는 약 30년 전 극동식 세팍타크로(속칭 족구)로 다소 변형되어 보급·전파된 것이다.

등나무 공을 어깨나 가슴·발로써 받아 강한 스매싱으로 상대 코트에 찔러넣는 동작이 시원하다. 스포츠는 이왕이면 보는 것보다 직접 몸으로 부딪치며 호흡을 같이하는 것이 진정한 삶의 활력소이며 건강을 찾는 비결이라고 할 수 있다.

한국식의 유래는 1960년대 말경 월남전을 계기로 하여 동남아에 진출했던 군인, 기업인 등에 의하여 전파되었으며 흔히 '발배구' 또는 '족구'라고 불렀다.

1970~1980년대 공군 및 해군에서 성행하였으며, 코트는 지형 및 공간의 여건에 따라 편리하게 적용(해군 : 미해군-함상, 한국해군-육상기지, 공군 : 비행기지에서 성행)했으며, 1970년대 이후 테니스가 전국에 흥행하면서부터 야외 테니스 코트를 많이 이용하게 되었다.

1975년 이후부터 1980년에 이르러 육·해·공군에서는 가장 흥미있는 종목으로 발전하였으며, 군, 기업체, 공공단체 등에서 각기 상이한 규칙으로 성행되었다.

1990년 3월 30일 국내 최초로 협회에서 공식대회를 개최함으로써 경기규칙 단일화를 시도하게 되었으며, 1990년 5월 협회에서는 족구란 명칭의 사용을 요청함과 동시에 족구, 발배구, 한국식, 극동식이라는 용어를 혼용하였다.

7) 소프트볼

소프트볼의 기원은 1887년 11월 미시간 일리노이주 시카고시 호수 근방의 페라깃 보트 클럽(Farragut Boat Club)의 멤버였던 조지 한콕에 의해 소개되었다. 그곳에서는 예일대와 하버드대 졸업생들이 그들 대학의 풋볼 게임 결과를 초조하게 기다리고 있었다. 예일대가 하버드대를 17대 8로 이겼다는 소식이 전해지자 한 예일대 졸업생이 기쁨에 겨워 낡은 권투장갑을 가까이 있는 하버드대 졸업생에게 던졌다. 그 하버드대 졸업생은 재빨리 던져진 장갑을 막대기로 쳐냈다. 이 행동을 지켜보고 있던 시카고 무역위원회 담당 기자인 George Hancook은 문득 기발한 생각을 떠올렸다. 그는 실내에서 야구게임을 하자고 제안했다. 그는 권투장갑을 공처럼 만들었고, Farragut Boat Club 체육관 내에 분필로 홈플레이트, 베이스 그리고 투수 위치를 표시한 후 팀을 나누었다. 41 : 40으로 게임은 끝났지만 중요한 것은 오늘날까지 미국에서 여름마다 4천 만여 명의 대중들이 즐기고 있는 스포츠 종목을 Hancook과 그의 친구들이 만들었다는 것이다.

페라깃팀과 다른 팀들은 겨울 중 많은 경기가 실내 체육관이나 지방 집회소의 강당 같은 곳에서 행해졌다. 이것은 인도어 베이스볼(Indoor Baseball)이라고 명명되었으며, 실내 스포츠로써 16인치 볼을 사용하였다.

소프트볼이 야구와 비슷하다는 것은 익히 알고 있는 사실이다. 그러나 야구와 달리, 소프트볼은 공의 속도나 크기, 연성 등으로 보아 위험성이 적고 좁은 장소에서도 할 수 있어서 초보자나 여자도 즐겨 할 수 있고 야구가 지닌 흥미를 그대로 만끽할 수 있다는 점이 특징이다.

한국에는 8.15광복 후 미군이 한국에 진주하면서 처음으로 선을 보였다. 뿌리를 내리지 못했으나 1983년 소프트볼 자이언트클럽이 창단되면서 활발해지기 시작했다. 소프트볼 자이언트클럽은 1983년 필리핀에서 열린

아시아소프트볼연맹총회에 회원으로 가입했고, 1985년 5월 미국에서 열린 국제소프트볼연맹총회에서 정식 가맹했다. 1989년 대한소프트볼협회가 창립되었고, 같은 해 대한체육회의 준 가맹단체로 정식 승인을 받았다. 1990년 제11회 베이징(北京) 아시아 경기대회에서는 정식종목으로 채택되어 여자 부문만 실시했고, 한국도 참가했다. 1991년 6월 영국 버밍엄에서 열린 10C총회에서 올림픽 정식종목으로 채택(1996년 애틀랜타올림픽)되었다.

1996년 제77회 강원도 전국체육대회에 시범종목으로 채택되었다. 그 이후 2004년 제85회 전국체육대회부터 정식종목으로 채택되고, 2007년 제36회 소년체육대회 시범종목으로 채택되었다. 현재 초등학교, 중학교, 고등학교와 대학, 일반 팀이 구성되어 있으며 여성스포츠로서 레크리에이션 스포츠로 실시되고 있다.

지금까지는 여자의 야구형 스포츠로서 주로 고교 여학생이 주류를 이루어 왔으나 최근에는 남자들의 관심을 끌기 시작하고 있다.

소프트볼은 기술, 용구, 장소, 연령, 성별 등의 조건이 비교적 어렵지 않고 손쉽게 즐길 수 있는 특성이 있어서 전문적으로 연습한 사람이 아니더라도 재미있게 행할 수 있기 때문에 애호가들이 한층 증가하고 있는 종목이다.

8) 야구

야구의 기원에 대해서는 미국 기원설과 영국 기원설이 있으나 오늘날에 와서는 로버트 핸드슨의 영국 기원설이 올바른 것으로 평가되고 있다. 그의 주장에 의하면 1750년 이전 영국에서 이미 베이스볼이라 부르는 배터와 볼과 베이스를 사용한 게임이 아이들 사이에 행해졌고 19세기에 이르기까지 이것을 베이스볼이라 불렀다고 한다. 오늘날과 같은 야구로 발전하게 된 것은 1845년 뉴욕에서 니커보코야구협회가 구성되고 그 협회에서 규칙을 작성한 후의 일이다. 그 후 야구는 서서히 지금의 형태로 발전된 것이다.

우리나라에 야구가 처음 소개된 것은 1905년으로 미국 선교사 길레트가 경성 기독교청년회 회원들에게 야구를 가르쳐 준 것이 그 시초였다. 우리나라에서 최초로 열린 야구경기는 1906년 경성 기독교청년회 팀과 덕어(독일어)학교 팀과의 경기로 이는 야구경기사의 첫 출발이었다. 야구는 1팀 9명의 선수가 공격과 수비를 번갈아가면서 하여 9회까지 득점의 우열로 승부를 겨루는 경기이다.

야구의 일반적인 특성은 다음과 같다.

① 달리기, 뛰기, 던지기 등의 기본적인 운동능력 외에도 잡기, 때리기가 가미되어 스릴과 흥미가 풍부하다.

② 다른 구기에 비해 경기방식이 특이하다. 일반적으로 양팀 선수가 전원 수비 공격을 함께하지만 야구는 수비와 공격이 구분된다.

③ 개인 기록이 뚜렷하게 나타난다.

④ 투수 한 사람의 능력이 게임의 승패를 크게 좌우한다.

9) 축구

축구는 손을 제외한 신체의 모든 부위(골키퍼는 제외)를 사용하여 공을 다루는 구기경기의 일종으로 주어진 시간에 경기규칙에 의해 승부를 결정하는 경기이다.

축구경기는 신체적으로 강인한 체력을 육성시켜 주고, 정서적으로 협동심, 단결력을 길러준다고 할 수 있다. 이러한 축구경기의 특성을 자세히 살펴보면, 신체적으로는 지구력, 민첩성, 협동력, 순발력, 심폐기능의 향상을 꾀한다는 것이다. 축구는 손을 사용하지 않고 발로써 공을 다루어야 하므로 고도의 평형성과 협동력을 필요로 하며, 전·후반 90분 동안 쉬지 않고 공을 드리블하고 킥해야 하므로 뛰어난 지구력을 필요로 한다.

또한 강한 슛, 롱킥, 드리블, 태클을 위해서 순발력 및 민첩성을 필요로 하며, 11명의 선수가 전원 공격, 전원 수비를 하기 위해서는 스피드가 필요하기 때문에 축구경기를 통해 체력을 발달시킬 수 있다.

정서적인 발달을 보면 축구경기는 순간순간 새로운 것이므로 선수는 독창력을 발휘해야 하는 것이다. 또한 축구는 전 경기를 통해서 몸을 부딪치면서 시합을 해야 하므로 용감성과 공격성을 기를 수 있다. 그리고 축구경기는 11명의 선수가 단합하여 득점하는 경기이므로 각 선수들이 팀에 공헌하기 위해서는 자신의 욕심과 충동을 억제하고 동료선수들과 협조해야할 필요가 있으므로 자기 통제력과 협동심, 단결력을 기를 수 있다. 선수들은 자기의 위치를 고수해야 하는 책임을 갖고 있어 자신의 역할을 인식하고 책임있는 성격을 형성시켜 정서적 발달을 이루게 된다.

축구의 일반적인 특성을 살펴보면 다음과 같다.
① 일반적으로 그 적용 가능성이 크다.
② 본격적인 경기가 아닌 친선을 위한 경기에서는 특별한 기술이나 까다로운 규칙이 없기 때문에 누구나 쉽게 흥미를 느낄 수 있다.
③ 일반 학교에서도 별 비용을 들이지 않고 즐길 수 있는 운동이다.
④ 신체적 조건의 제약을 비교적 받지 않는다.

10) 탁구

탁구는 19세기 말 실내 테니스에서 힌트를 얻어 영국에서 발생했다는 설이 가장 유력하다. 근대적인 탁구로 발전하게 된 것은 1898년 영국의 제임스 기브스가 셀룰로이드 공을 발명한 후의 일이다. 1902년 영국에 탁구협회가 생기고 처음으로 선수권대회가 열렸고, 1926년에는 국제회의가 열려 이듬해인 1927년에 런던에서 유럽 선수권대회를 열 것을 결정하였다. 이 대회가 후에 세계 선수권대회로 승인된 것이다.

언제 우리나라에 탁구가 보급되었는지 확실치 않으나 1924년 1월에 경성 일일신문사 주최의 탁구경기대회가 개최된 것을 효시로 보급·성행되었다. 해방 후 조선 탁구협회가 결성되고 연례행사로 전국선수권 대회를 운영하게 되었다. 우리나라 탁구는 유고슬라비아에서 거행된 33회 세계 선수권대회에서 여성팀이 세계의 패권을 차지한 이후 장족의 발전을 하였다.

탁구경기는 테이블을 가운데 두어 중앙에 네트를 치고 1개의 셀룰로이드제 공을 라켓으로 쳐 승부를 겨루는 실내 스포츠로 아주 적합한 운동이다.

탁구의 일반적인 특성을 살펴보면 다음과 같다.

① 누구나 쉽게 할 수 있고 여가시간을 즐기는 레크리에이션으로 남녀노소, 연령에 구애받지 않고 적당한 운동량을 조절하여 행할 수 있는 그다지 어렵지 않은 운동이다.

② 계절과 관계없이 할 수 있으며 침착하고 정확한 판단이 요구되는 운동이다.

③ 시설용구는 비교적 간단한 것이 탁구의 특성이라 할 수 있다.

11) 테니스

체력단련을 위한 전신운동이며 신사적 운동인 테니스는 경제적 부담도 적어 여러 계층에서 선호되고 있다. 특히 기후 변화가 적은 3~6월 사이가 최적기이므로 테니스코트가 활기를 띠게 된다.

테니스는 날씨(기온, 기후)의 영향으로 인한 시간적 제약이 크고, 실력이 단시간 내에 향상되지 않기 때문에 꾸준한 노력이 필요하다. 또한 테니스 자세는 일단 몸에 배면 나중이라도 바꾸기가 힘들기 때문에 처음 시작할 때부터 정확하고 올바르게 배우는 것이 바람직하다.

초보자가 주의할 사항은 다음과 같다.

① 레슨 도중 미심쩍은 부분이 있으면 정확히 짚고 넘어가야 한다. 일단 굳어 버린 동작은 교정하기가 힘들기 때문이다.

② 타구는 처음부터 완벽한 스윙으로 강타를 치겠다는 마음을 버리고 기본 동작을 작게 분해, 반복연습을 해야 기량 향상이 빠르다.

③ 모든 동작을 기본 원리에 기준하여 이행한다. 특히 감각이 중시되는 테니스에서는 자세, 리듬, 타점의 삼위일체가 매우 중요하다. 리듬감각은 힘의 배분원리가 강조되는 스윙동작에서 스트로크의 위력으로 연결되므로 임팩트 포인트에서 힘을 집중시켜야 한다는 뜻이다.

④ 볼을 칠 때는 바운드된 후 정점에서 치되 타점을 몸 앞쪽에서 잡고 임팩트 순간을 길게 가진다는 기분으로 느껴야 한다. 체중이동이 효과적으로 이루어지도록 발뒤꿈치는 항상 지면에서 떨어져야 한다.

처음 테니스를 배울 때는 반드시 레슨을 받는 것이 좋다. 기본기를 철저히 해야 하기 때문이다. 또 주말마다 4~5시간씩 하드 트레이닝을 한다고 해도 큰 성과를 기대하기는 힘들다. 단시일에 완성된 자기 폼을 만들기 위해서는 10분씩이라도 매일 익히는 것이 효과적이다. 3~4개월 정도 꾸준히 끈기있게 배우고 연습하면 여가를 즐길 만한 테니스 실력을 기를 수 있을 것이다. 처음 1~2개월 착실히 하다가도 자기 폼이 형성되기 전 중도에 포기하면 다음에 다시 시작할 때는 처음부터 새로 시작해야 한다.

테니스의 일반적인 특징을 살펴보면 다음과 같다.

① 좁은 코트에서 신속한 동작으로 공을 받고 넘기는 운동으로서 전신운동이 된다.

② 많은 인원을 필요로 하지 않고 단 두 사람으로써 할 수 있기 때문에 가족이나 친구들과 기회가 있을 때 언제든지 할 수 있다.

③ 전신운동으로 건강에 유익한 효과를 가져오므로 나이든 사람도 할 수 있다.

④ 게임자체가 민첩해야 하고 정확한 송구 동작이 필요하기 때문에 주의력, 조종력, 판단력, 민첩성을 기르는데 좋다.

⑤ 경기가 매우 신사적이므로 사교를 위한 스포츠이다.

12) 하키/아이스하키

하키는 스틱으로 공을 치거나 굴리는 동작이 인간의 본능적인 동작이며, 하키는 이러한 행위로부터 자연스럽게 생겼다고 하는 것이 일반적이다. 그러나 근대 하키는 1887년 영국에 하키협회가 설립되었을 때부터 시작된다. 영국하키협회는 잉글랜드, 아일랜드, 스코틀랜드, 웨일스라고 하는 4블록을 포함하고 있으면서 그들 간에 빈번히 경기를 벌여 급속히 발전하였다. 1908년 제4회 런던올림픽 때부터 하키가 올림픽에 등장, 그 후 유럽에 급속도로 보급되어 각국에서 그 기초를 굳혔다.

1924년에 설립된 국제하키연맹에 60개국이 가맹하여 100만 명 이상의 플레이어를 헤아릴 정도로 발달했다.

우리나라에 하키가 등장한 것은 1947년으로서 그해에 조선하키협회가 설립되고 최초의 경기가 거행되었다.

하키는 각기 11명의 플레이어로 편성된 2팀이 스틱과 볼을 사용하여 일정한 시간 내에 상대편 볼을 골에 넣어 승패를 결정하는 경기이다.

하키(Hockey)는 많은 나라에서 남녀 구별없이 행해지는 운동이다. 특히 하키는 날씨에 관계없이 주로 옥외에서 행해지는 운동이며, 맡은 포지션에 따라 약간의 차이가 있으나 러닝의 즐거움을 만끽할 수 있는 정력적인 운동이다.

하키의 게임과 기술은 오직 스틱의 편평한 한쪽 면만을 사용하는 단순한 사실에 기초를 두고 있다. 그리하여 하키 선수는 특별히 어깨가 유연하고 민첩해야 하며, 변화 있는 속도로 어느 방향에서든지 움직일 수 있도록 교치성이 있어야 한다. 즉 필요시에는 자기 생각대로 정지하고 또 회전할 수 있는 조정력과 평형력을 지니고 상대방의 마크를 따돌릴 수 있는 능력을 갖추어야 한다.

아이스하키의 발생은 예부터 영국, 네덜란드 등지에서 행해졌던 '밴디'라는 경기에서 발달한 것이다. 밴디는 오늘날의 아이스하키와 비슷하긴 하지만 게임에 스포츠적인 매력이 없었기 때문에 별로 빛을 못 보다가 캐나다에 보급된 후부터 여러 가지 연구가 거듭되어 오늘날의 아이스하키로 정착된 것이다. 캐나다에서 경기규칙이 만들어진 것은 1860년경이라고 하나 정식룰을 써서 경기를 한 것은 1875년이다. 그 후 아이스하키는 19세기 말에 캐나다로부터 미국으로 퍼져나갔고 유럽에서는 오스트리아, 독일로부터 영국 등지로 급속도로 전파되어 1908년에는 각국 대표가 파리에서 회의를 열어 국제아이스하키연맹(IIHF)을 창설하였다.

아이스하키가 우리나라에 처음 소개된 것은 1928년이다. 당시 일본 동경제국대학 아이스하키팀이 만주 원정에서 돌아오는 길에 용산철도국우회의 초청으로 서울에 들러 시범경기를 가졌다. 이어서 1930년 조선체육회 주최 제6회 전조선 빙상경기대회에 빙구 종목이 채택되어 이것이 국내 공식 경기의 처음이 되었다. 그 후 대학과 고등학교에서 아이스하키팀을 조직하기 시작하여 학교 스포츠로서 육성발전을 거듭하게 되었다.

13) 핸드볼

핸드볼의 기원은 고대 그리스에서 행해졌던 '하르파스탄'과 로마의 '하르파스톰'으로 알려져 있다. 그 당시는 깃털을 채운 가죽주머니를 여러 사람이 서로 빼앗아서 정해진 장소에 던져 넣는 경기였다. 근대 핸드볼의 형태가 갖추어진 것은 1915년 무렵부터 독일에서 여자의 구기로 시작한 토어발에 의한 것이라고 한다.

최근에 와서 덴마크가 1898년부터 핸드볼이라는 이름으로 구기경기를 하였다는 내용과 1906년 간행된 룰복 등이 발견되어 주목을 받고 있다. 그뒤 오스트리아·스위스·미국·체코·벨기에·덴마크·스웨덴 등 여러 나라에 보급되어 점차 남자들 사이에서도 행하게 되었다.

독일을 핸드볼의 시초국이라고 한 것은 1919년 K. 슐렌츠의 제창으로 각국에서 행해졌던 유사경기를 하나로 정리하여 경기 규칙을 제정하고, 1920년 베를린 체조연맹에 의해 그 내용이 간행되었기 때문이다. 1921년에는 이 규칙에 의한 최초의 경기대회로서 제1회 독일선수권대회가 하노버에서 열렸다.

핸드볼경기에 사용되는 볼은 비교적 작아 취급하기가 쉽고 기술습득이

용이할 뿐 아니라, 경비가 적게 들고 규칙이 간단하여 누구나 쉽게 할 수 있다.

특히, 이 경기는 인간의 기초적 운동인 달리기, 뜀뛰기, 던지기가 포함되어 있어 빨리 달리고, 높이 또는 멀리 뛰며, 던지고 하는 운동능력의 전부를 활용함으로써 전신 발육을 시킬 수 있어 모든 운동 종목에 기본이 될 수 있다고 본다.

핸드볼의 일반적인 특성은 다음과 같다.

① 비교적 규칙이 간단하고 신체적 접촉이 금지되어 있으므로 성별, 연령에 구애 없이 누구나 할 수 있는 운동이다.

② 실내외 어디에서도 다수 인원이 동시에 즐길 수 있고 협동심, 책임감 등의 스포츠 맨십을 기를 수 있다.

③ 달리고, 던지고, 뜀뛰는 기본 운동능력을 포함하고 있을 뿐 아니라 민첩성, 교치성, 순발력과 같은 체력을 기를 수 있다.

④ 공격기술이 다양하고 작전이 변화무쌍하여 흥미가 있다.

2. 투기 · 격기 운동

스포츠 발달사를 보면 구기(球技) 이외의 대부분의 경기는 인간의 생존본능에서 비롯되었음을 알 수 있다. 무기가 등장하기 이전 인간들은 자연과 동물, 타인과 투쟁에서 자신을 지키고 생존을 위한 식물을 획득하기 위해 힘을 기르지 않으면 안 되었다. 원시 사회에서 살아남을 수 있는 길은 결국 타인보다 우수한 체력을 유지하는 것뿐이었기 때문이다.

권투·레슬링 등 투기가 다른 경기 종목보다 그 역사가 오래된 것도 이들 경기가 바로 생존과 직결된 데서 비롯되었기 때문이다. 따라서 투기는 근본적으로 많은 위험성이 내포되어 있다. 투기가 근대 스포츠로 발전하는 과정에서 그러한 위험성을 배제하고 엄격한 규칙으로 통제해 왔지만 위험성이 완전히 사라진 것은 아니다. 경기자의 체급을 나누어 체급별로 경기를 진행하는 것은 투기 외에 다른 종목에서는 찾아볼 수 없는데 이는 바로 투기가 내포한 위험성 때문이며 경기의 공정을 기하기 위해서라고 볼 수 있다.

스포츠 용어 중에서 '파이팅(투지·투쟁)'이라는 단어만큼 자주 사용되는 말은 없다. 상대보다 우수한 기술과 체력을 갖고 있으면서도 지는 경우를 흔히 목격하게 되는데 이때 파이팅이 부족해서 그 선수는 졌다고 한다. 파이팅이 부족한 선수는 대선수로 성장할 가능성이 없으며 성장할 수도 없다. 파이팅은 스포츠맨이 갖추어야 할 기본적인 요소인 동시에 최대의 무기이다. 투혼에 불타게 되면 정신적으로 이미 상대방을 제압한 것이나 다름없기 때문이다. 파이팅이란 자신이 없을 때에는 생기지 않는다. 또 결단력과 용감성이 결여되어도 생기지 않는다. 스포츠맨이 갖추어야 할 자질로서 독창성·규율성·결단력·용감성·끈기의 다섯 가지를 드는 것도 이 때문이다.

뛰어난 스포츠 기능을 몸에 익히고 일류선수로서 활약하기 위해 피로나 고통·고독감·불안·공포·열등감 같은 심리적인 압박감의 극복이 절실하게 요구되고 있다.

인간의 본성 중에는 공격적이며 남을 지배하려는 욕망이 도사리고 있다. 이런 본성이 투기의 인간을 상승시키는 것이며 스포츠의 발전을 촉진시키는 것이다.

1) 검도

검도는 우리나라 무도 가운데서도 대표적인 문화유산이며, 그 원류(源流)는 생존경쟁의 원리에서 파생하였으며 본질은 상호 대립이었다. 특히 진검(眞劍)을 가지고 상호 대립하는 것은 승리, 즉 삶, 패배, 죽음에 연결되는 것이다.

특히 일제시대에는 방구(防具)나 죽도(竹刀)가 발명되어 죽도검법을 도입하여, 실질적인 연습을 하게 되었다. 이것은 검도에 있어서 커다란 전환기라고도 할 수 있으며 전투를 위한 훈련의 영역을 벗어난 전환기라고도 할 수 있다. 전투를 위한 훈련의 영역을 벗어난 검도는 자기의 비(非)·악(惡)을 바르게 하는 검(劍), 도덕성·품성·품격을 높이기 위한 검이 되고 검도를 배움으로써 인류의 생존이나 발달, 평화나 인심의 개발·구제(救濟)에 기여하는 것을 목적으로 하는 것이다.

검도는 칼 조작법으로부터 시작한 것으로 선인(先人)들이 실전을 통해서 칼의 사용법을 천지자연의 법칙 속에서 회득(會得) 대성한 것이다. 즉, 칼을 가지는 법, 적당한 거리를 가지는 것 등을 신법(身法), 공격·공격 기회 등을 도법(刀法), 마음가짐을 심법(心法)이라 하는 것처럼 세 가지로 분류하여 생각할 수 있다. '예절을 존중하고', '신의를 지키며', '성(誠)'을 다한다'고 하는 수양면은 인간의 실천윤리의 근본 검도의 수행을 통해서 체득한다는 것을 설명한 가르침이다.

한마디로 검도는 예로 시작해서 예로 끝나는 운동이다. '국가에 대한 예', '스승에 대한 예', '검객 상호간의 예'를 함양하는 것이 검도의 목적이다. 이러한 삼례에는 화랑도 정신이 담겨 있다.

특히, 젊은 여성들의 칼바람이 매섭다. 그동안 남자들만의 운동으로 인식돼 온 검도가 최근 여성들 사이에서 높은 인기를 끌면서 검도계에 '우먼

파워'가 맹위를 떨치고 있는 것이다. '예(禮)로 시작해서 예로 끝나는 운동' 인 검도로 심신을 단련하고 있는 여성인구는 최근 급격히 늘어나고 있다.

이같이 많은 젊은 여성들이 검도장을 찾는 이유는 검도가 신체의 민첩성을 키워주고 호신술로도 유용하며 미용효과도 탁월할 뿐 아니라 절제된 동작에서 우러나오는 멋도 있기 때문이다. 또 호구(護具)를 쓰고 호쾌하게 타격을 가하고 힘차게 기합을 지르는 과정을 통해 일상생활에서 쌓인 스트레스를 해소하기도 한다. 이 밖에도 심폐기능을 강화시켜 호흡기 및 순환기계통의 내장기관을 이롭게 하는 것은 물론 기검체(氣劍體)일치를 강조하는 특유의 수련법은 정신수양에도 도움을 준다고 생각하기 때문이다.

검도의 일반적인 특성을 요약하면 다음과 같다.

① 인격수양의 '도'로서 예의를 중시하는 검도에 열중하면 모든 잡념이 사라진다.

② 상대의 타격을 피해 빠른 움직임으로 공격해야 하므로 민첩성, 순발력을 키우는 데 좋은 운동이다.

③ 쪼그려 앉은 상태에서 전후로 이동하는 동작을 계속 반복하기 때문에 하체강화에 도움을 준다.

2) 레슬링

레슬(Wrestle)이란 용어는 격투, 씨름으로 해석할 수 있다. 레슬링이란 상대방과 맞서서 맨손으로 상대를 공격하고 방어하는 것이다. 자기 힘과 기술만을 이용하여 겨루는 것이 아니라 상대의 힘과 기술을 이용하여 상대를 제어하는 경기이다.

모든 경기는 인간의 생활과 더불어 발생한 것으로, 격투의 기술에서 발달한 것이다. 우리나라에 오랜 역사를 가진 유도와 씨름을 레슬링과 구분한다면, 기술 적용 시 잡고 행하는 것이 다르다 하겠다.

레슬링은 유도나 씨름과 같이 순간적으로 승패가 결정되는 것은 극히 적고, 순간적인 동작, 지구력과 스태미나를 필요로 한다. 따라서 레슬링은 합리적인 스포츠로 힘을 배합하여 위험을 방지하고, 공평을 기하기 위하여 중량이 10체급으로 나누어져 있다.

(1) 신체적인 가치

레슬링경기는 전신운동으로서 전신을 조화롭게 발육·발달시킨다. 보다 구체적인 신체적 가치를 설명하면 다음과 같다.

① 형태적인 면

상완근, 활폐근, 대흉근, 승모근, 삼각근, 복근, 대퇴근 등이 균형 있게 사용되는 신체의 발육, 발달에 좋은 효과를 가져온다. 또한 심장, 폐장, 소화기관 등의 기능을 강화시킨다.

② 체력적인 면

근지구력, 유연성, 민첩성 및 교치성 등을 길러준다. 그리고 레슬링 선수는 상지의 발육이 우수하며 악력과 폐활량이 다른 운동선수보다 우수한 편이다.

③ 기능·훈련 면

미는 힘, 끄는 힘 등이 강해지고, 몸의 중심을 바로잡는 안전성이 높아지며, 종합적인 운동능력이 길러진다. 또한, 상대편의 동작을 신속·정확하게 판단하고, 그에 대응하는 반응감각능력이 발달된다.

(2) 사회적인 가치

레슬링은 제반 규칙을 준수하면서 서로 맞부딪쳐 승부를 겨루는 경기이다. 그렇기 때문에 제한된 경기장 안에서 지정된 시간에 최선을 다하여야하므로 훈련이나 경기를 통하여 그 기술에 못지않은 바람직한 사회적인태도나 습관을 기를 수 있다. 규칙을 지키고 행하는 공정한 태도와 심판의 명령에 복종하는 준법정신과 책임을 완수하는 태도를 기른다. 상대방을 존경하며 예의바르고 명랑하게 생활할 수 있는 태도를 육성한다.

레슬링경기는 변화가 많은 경기이므로 상대방의 움직임에 따라 대응하는 주의집중력과 기민한 판단력이 길러진다. 자율적으로 행동하고 서로협동할 줄 아는 태도를 기른다. 자신의 행동을 자제하는 성품이 길러지고적극성, 용감성, 결단성 및 인내심 등의 바람직한 사회적 성격을 길러준다.

(3) 안전의 가치

레슬링은 신체적인 가치, 사회적인 가치 외에 안전의 가치를 들 수 있다. 즉, 레슬링은 금지된 기술을 사용하면 큰 상해를 일으키므로, 규칙을 잘지키고 바른 훈련과 경기를 운영하여 자신이나 타인의 안전에 유의하는태도나 습관을 기를 수 있다. 또한 경기를 통하여 응급처치법을 습득하고자신 및 타인의 안전을 위하여 힘쓸 수 있으며, 준비운동과 정리운동을 반드시 행하는 습관과 과로에 빠지지 않도록 하는 방법을 터득한다. 용구와복장을 갖추고 경기에 임하게 되므로 안전에 대한 태도를 길러준다.

3) 복싱

복싱은 인류가 이 세상에 출현한 것과 같은 시기에 시작된 운동이라고 할 수 있다. 이는 생활을 이겨내기 위한 수단이자 방편이었기 때문이었을 것이다.

고대의 복싱은 주로 심신의 단련을 목적으로 행하여졌으나 후반기에 들어서면서 복싱열은 더욱 가열되었다. 이는 남성적인 투지력과 용맹을 배양하고 투쟁능력을 기를 수 있었기 때문이며 경기 규칙은 원형경기장 안의 모래 위에서 체급의 구분없이 상대가 싸울 능력을 잃을 때까지 계속되었으며 주먹을 보호하기 위하여 가죽으로 만든 보호대를 손과 팔에 감아 사용하였다.

그 후 영국에서 상금이나 챔피언 벨트를 걸어놓고 행하는 현상시합(Prize Fight)이 생기게 되었고, 1743년 브로우튼에 의해 7개 조항의 경기 규칙이 제정되어 스포츠로서 발전하게 되었다. 1866년 영국의 퀸즈베리 후작이 아마추어 스포츠 모임을 창립함과 동시에 12개 항목의 규칙이 제정되면서 참다운 스포츠로서 발돋움을 하게 되었다. 1900년 미국에서 호튼법칙이 적용되었고 1915년 워커공약이 제정·공포되어 많은 발전을 보게 되었다. 20세기 초에 라운드(Round)도 규정되고 룰(Rule)도 제정되어 근대올림픽 제3회 때 정식종목으로 채택되었다.

우리나라에는 1912년 유각권구락부(유술, 각력(씨름)), 권투가 체육보급의 목적으로 조직되면서부터이다. 1922년부터 YMCA에서 연중행사로 거행되었고, 1932년에 전조선 아마추어 권투연맹이 결성되면서 발전을 거듭하였다.

권투의 일반적인 특성을 살펴보면 다음과 같다.

① 권투는 두 사람이 주먹으로 서로 치고, 막고, 피하는 운동으로서 가장 격렬한 신체활동을 통하여 상호공격과 방어로 승부를 다투는 스포츠 종목의 하나이다.

② 권투는 규제와 법규, 도덕과 윤리로 행동의 범주가 정해져 있어 인간에 내재되어 있는 원시적·반사회적 경향성을 신체활동을 통해 정화시키며 인격형성과 정서의

함양에 영향을 준다.

③ 극기할 수 있는 능력과 전신운동으로 신체 각 부위를 골고루 발달시켜 민첩성과 순발력 그리고 지구력·협동력·평형력·유연성 등의 운동능력을 함양시켜 준다.

4) 씨름

씨름경기는 우리나라 고유의 민속놀이로서 오랜 세월 동안 맥(脈)을 이어 왔다. 이 운동은 농경사회의 제례행사로 오월 단오와 추석에 남자들이 이 웃마을 사람들과 힘을 겨루는 경기이다. 경기에서 우승한 선수에게는 천 하장사라는 칭호와 함께 황소를 주는 서민적 민속놀이로 많은 각광을 받 아왔다. 이러한 씨름에 대한 역사적 자료로는 고구려시대의 각저총, 현실 의 벽화와 고려시대 고려사의 기록, 조선시대 세종실록, 명종실록, 현종실 록 등 많은 자료가 있다. 고구려시대의 벽화에서 우리는 얼마나 씨름경기 를 즐겨 하였는가를 짐작할 수 있다. 또한 고려시대에는 궁중에서 씨름경 기를 실시하는 등 서민층뿐만 아니라 귀족층에서도 장려하였으며 용사들 에게는 체력단련을 위해 씨름경기를 장려하였다고 한다. 조선시대의 김홍 도는 씨름경기하는 모습을 그려 그 당시 씨름경기가 널리 행해지고 있음 을 후세에 남겼다.

현재 어린이들부터 일반대중들에게 많은 계몽이 되어 인기있는 운동 종 목으로 발전하게 되었다.

씨름의 일반적인 특성은 다음과 같다.

① 체력·기술·투지의 3요소가 조화적으로 활용되는 전신운동이다.

② 하체에 비하여 상체가 큰 사람에게 알맞은 운동이다.

③ 몸이 유연하며 인내력이 강한 사람에게 알맞은 운동이다.

④ 정확한 판단력과 더불어 인내력을 기르기에 알맞다.

⑤ 체력의 향상, 투지력의 함양, 유연성, 인내력, 판단력을 기르는 데 효과가 큰 운동이다.

5) 용무도

용인대학교는 1953년 개교 이래 약 50여 년간 무도(武道)·스포츠 교육기관의 전당으로서 발전되어 왔다. 건학이념인 "도의상마 욕이위인(道義相磨 欲而爲人 : 도의를 갈고 닦아 사회에 이바지할 수 있는 인간이 되자)"의 정신에 따라 무도교육을 통해서 몸과 마음을 갈고 닦아 참된 도리를 세우고 자아를 실현하여 인류공영에 기여할 인재 양성의 교육목적 달성에 이바지하기 위하여 전력을 다하고 있다.

또한, 개교 당시부터 시작된 유도에서 현재에는 태권도, 검도, 합기도, 씨름 등의 무도 종목과 레슬링, 복싱 등의 투기 종목을 비롯한 호신술(護身術, Self-Defence), 체포술(逮捕術, Arrest Tactics), 그리고 많은 일반 스포츠 교육을 병행하여 실시하고 있다.

약 50여 년 동안 한국적인 무도교육을 실시해 왔던 교육적 역량을 기반으로 무도·스포츠 교육을 재정립하여 한국적인 것을 특성화(Localization)시키고, 나아가 이를 세계 여러 나라에 보급(Globalization)함으로써, 새로운 천년(Millennium)을 맞이하는 21세기에 한국무도의 위상을 높이려는 원대한 구상이 필요하게 되었다. 이러한 필요성을 충족시키고 현실화하기 위하여 새로운 한국적 무도 즉, 용무도(龍武道, Yongmoo-do)를 개발하게 된 것이다.

특히, 본교를 졸업하고 외국에서 무도를 지도하고 있는 많은 동문들의 모교에 대한 애교심(Localization)과 외국에서 생활하면서 모국에 대한 애국

심(Patriotic Sentiment)의 발로가 용무도 탄생에 박차를 가하는 직접적인 동기가 되었다.

용인대학교가 추구해 온 교육적 이념과 무도사상을 적극적으로 세계에 보급하고 무도·스포츠 교육의 초일류화(World Class)를 위하여 연구·개발된 용무도는 각종의 한국무도(무술/무예)관련 기술을 종합한 교육적이고 실천적(실용적)인 호신·무술체계(Self-Defence & Martial-Arts System)를 의미한다.

즉, 용무도는 융합(融合)과 조화(調和)를 지향하는 한국사상의 이념과 용인대학교의 건학이념을 무도·스포츠 교육을 통하여 구현하려는 것으로서, 한국전래의 유도, 태권도, 검도, 합기도, 씨름 등의 무도와 호신술을 통합시킨 한국적 종합무도체계(Korean Integrated Martial Arts System : KIMAS)의 하나이다.

용무도는 고대로부터 내려오는 무술, 무예를 포함한 무도의 특성과 한국문화의 사상적, 철학적 배경과 현대 스포츠과학을 통한 무도의 과학화를 집대성한 것이다. 따라서 용무도는 무도의 사상적 배경과 더불어 현대 스포츠의 교육적인 면에서 본 신체적, 정신적, 사회적, 여가 창의적, 도의적 그리고 안전학적 가치를 추구하며 나아가 실용적인 가치를 포함하여 통전적(通典的) 적관과 세계관을 토대로 정립되는 것이다.

용무도의 교육학적 가치이면서 무도·스포츠의 한국적 무도체계의 하나인 용무도는 다음과 같은 교육학적 특성을 지니고 있다.

① **신체·체력면(身體·體力面)** : 상대를 붙잡기, 던지기, 차기, 누르기, 조르기, 꺾기 등의 대근육활동(Big Muscular Activities)을 통하여 신체의 균형적 발달, 신체의 기능적 향상 및 체력의 재요소를 향상시킨다.

② **정신면(精神面)** : 건전한 신체활동을 통하여 나약함보다 강건함을, 게으름부 부지런함을 추구하고, 불안·초조·긴장 등을 자신의 의지(意志, Self-Will Power)로써 조절하고 극복하며, 의지적 정신력을 강화시킨다.

③ **사회면(社會面)** : 대인활동을 통하여 규칙을 준수, 용기, 명랑성, Leader-Ship & Follower-Ship, 적극성, 자기조절(Self-Control), 책임감, 타인의 인격 존중, 정의, 협력 등의 사회적 성격을 육성시킨다.

④ **도의면(道義面)** : 신체활동을 통하여 예의, 존중, 인내, 자신감, 관용, 성실, 승자의 겸손, 패자의 동정심 등 도덕상의 의리 즉, 인간 행동의 규범을 향상시킨다.

⑤ **여가/창의면(餘暇·創意面)** : 여가에 대한 건전한 활동 즉, 여가선용을 위한 적당한 신체활동은 자신의 건강 유지, 건전한 일상생활의 유지, 나아가 복지생활의 설계를 더욱 알차게 만들어 줄 것이다.

⑥ **안전면(安全面)** : 일상생활에 있어서 안전생활의 준비가 중요하다. 상대를 붙잡기, 던지기, 차기, 치기, 누르기, 조르기, 꺾기, 불의 공격에 대한 정당한 방어 등의 대근육활동(大筋肉活動, Big Musclar Activities)을 통하여 신체기능과 기초 운동기능을 높임으로써 신체적 능력 향상은 물론 안전면의 호신능력을 향상시킨다.

⑦ **인성면(人性面)** : 건전한 신체활동을 통하여 올바른 생활 습관, 태도 등 사람의 성품 즉, 고상한 인격으로 전이(轉移)·승화시킴으로써 인성교육의 질을 향상시킨다.

6) 유도

유도는 교육적, 사회적, 국제적으로 그 의의를 갖고 있다. 이 세 가지 의의를 종합하여 현대 유도의 가치를 인정함과 동시에 또한 이것을 유도의 목적이라고 할 수 있다. 유도에서 수심법의 세 가지 목적으로 체육, 승부, 수심을 들었다. 그중 수심법은 당시 유도사상이 나타나 깊은 흥미를 갖게 한바 세 가지 특이사항으로 덕성을 함양하고, 지력을 연수하며, 승부의 이론을 세상만사에 응용하는 능력을 기르는 데 있다고 지적하고 있다.

특히 덕성으로는 예의·자주·침착·진지·용기·공정·겸양 등의 도덕적인 면의 자연 체득과 아울러 지력연수에서는 관찰·주의·기억·추리·시험·상상·분류·언어 등을 들 수 있다.

승부 이론의 처세적응을 유도수행에서 체득한 정신이나 이론을 통해 단지 도장 안에서 끝맺지 않고 사회생활에서 정력을 선용하고 자타 공영사상의 기간이 된다고 하고 있다. 그러나 이와 같은 내용은 시대적 변천을 거쳐 현재의 유도는 확실히 교육적이고 사회적인 가치를 인정하고 나아가 국제성을 뺄 수 없는 실정이다. 그러므로 오늘날의 유도의 목적은 위의 세 가지 가치성 존립을 인지할 뿐 아니라 교육적, 사회적, 국제성에 있으므로 타당하다고 생각된다.

유도의 특성을 살펴보면 다음과 같다.

① 부드러운 동작 가운데서 강한 힘을 낼 수 있는 운동이다.

② 자기 보호나 안전능력을 기를 수 있다.

③ 강인한 정신력과 인내성을 길러준다.

④ 상대방의 힘을 반사적으로 이용하는 기술적인 운동이다.

⑤ 엄격한 규범을 통해 정신을 수련시켜 예의범절을 기를 수 있다.

7) 태권도

태권도는 자신을 보호하는 호신술로서뿐만 아니라 민족의 국난이 있을 때 방패의 무기로도 이용되었다. 이러한 투기로서의 태권도는 약 1300년 전 신라, 고구려, 백제 등에서 국방과 전투기능 향상을 위한 무인의 필수기능이었다. 그 대표적인 예는 고구려의 '선배'와 신라의 '화랑'이다. 선배는 청년기사단으로 학문과 수박(手搏), 기마(騎馬), 사예(射藝) 등을 배우며 심신을 단련하였으며, 화랑은 청년단체로 신라가 삼국을 통일하는 데 있어서 커다란 공헌을 하였다.

고려시대의 태권은 벼슬과 직결될 만큼 무인의 필수무술이었으며 일반인은 물론 왕까지도 직접 구경을 할 정도로 인기가 있었다. 조선시대의 태권도는 군사의 무예로서 중요성이 강조되었으나 나라의 기반이 다져지면서 문인을 중시하게 되어 무술은 천시되었다. 따라서 무술은 일반대중의 유희, 오락적인 민속경기로서 맥을 이어가게 되었다. 조선시대 태권도의 대표적 그림은 대쾌도(大快圖)로서 당시 행해지던 수박회(手搏戱)와 씨름을 담고 있다. 그 후 일제시대에는 민족문화의 말살로 인하여 가라대에 포함되었다가 해방 후 태권도가 부활되면서 전 세계로 전파되었다.

동양의 신비와 비밀이 담겨 있고 미묘한 기술이 숨어 있는 국기 태권도의 특성은 다음과 같다.

① 우리나라 전통 무도예인 태권도를 하면 운동기능이 향상됨은 물론 예의, 인내, 겸양 등 정신적 덕성도 크게 높일 수 있다.

② 대련을 기본으로 하는 운동이므로 공방의 기술을 터득하게 된다. 예측할 수 없는 공격을 방어하는 능력과 담력, 의지력을 키울 수 있는 정신수련운동이다.

③ 손과 발, 전신을 이용하는 운동으로 인체의 각 관절 및 근육은 물론 신경조직까지 발달시켜 준다.

④ 호신술로 익히는 사람이 많지만 깨끗한 도복, 엄숙한 예절, 정교하게 다듬어진 기술 등의 조화를 이룬 태권도는 익숙해지면 예술적 충족감까지 맛볼 수 있는 멋진 운동이다.

8) 태극권

태극권이라 하면 몇 년 전까지만 해도 세인의 주목을 받지 못했던 운동이었다. 지금은 중국의 문호개방으로 태극권에 관한 관심은 많아졌지만 아직도 격렬하고 배우기 힘든 중국무술쯤으로 알고 있다. 하지만 태극권은 중국본토에서는 물론 동남아시아, 대만, 일본 더욱이 서구에까지 널리 알려져 있는 건강운동인 것이다. 그러나 아직 우리나라에는 널리 보급되지 않고 있다.

태극권의 외견상 특징은 유연하고 예술적이라는 것이다. 운동을 한다기보다 무용하는 것같이 느리고 부드럽다. 그 까닭은 '의를 쓰되 힘을 쓰지 말라'는 태극권 수련요령 때문에 태극권을 처음 대하는 사람에게는 이상하게 보이는 동작을 취하게 된다.

그러나 이 릴랙스한 전신동작으로 평소에는 그다지 사용하지 않았던 근육, 관절을 무리없이 움직여주어 신체 각 부분의 조화와 균형을 회복시켜주며 근육을 유연하게, 관절의 움직임을 원활하게 해준다.

이 느린 동작 중에는 뻗고, 구부리고, 비트는 등 근육 자극에 필요한 운동이 모두 갖추어져 있기 때문에 매우 합리적이다. 또 힘을 필요로 하지 않기 때문에 연습 자체가 기분이 좋다. 그래서 연령·성별을 불문하며 특히 청소년, 노인들에게 적합하다.

또 태극권의 호흡법은 숨을 들이마실 때 공기를 배꼽 아래 있는 단전이라는 곳까지 끌어내려야 하는 심호흡의 일종으로 횡격막의 상하운동을 활발하게 하여 내장에 적당한 자극을 가함으로써 혈액순환을 원활하게 하며 혈관과 호흡기 계통 및 소화기 계통의 기능개선에 효과가 있을 뿐 아니라, 신진대사, 발한작용으로 노폐물을 체외로 배출시켜 미용효과도 볼 수 있다.

태극권은 이외에도 건강상의 효과를 볼 수 있는 운동이며 스트레스를 많이 받는 현대인에게 매우 적합한 운동이다. 그 까닭은 태극권을 할 때 상체의 쓸데없는 힘을 모두 빼고 가장 편안한 상태로 운동을 해야 하기 때문이다. 이로 인한 효과는 마음의 긴장을 풀게 하며 스트레스로 혹사당했던 머리에 휴식을 주고 마음을 평정하게 하여 정신집중을 매우 손쉽게 할 수 있게 하는 것이다. 이런 것이 선(禪)에서 말하는 무념무상 또는 무심이 아닐까 한다. 그래서 태극권을 행선(行禪)이라고도 한다.

이와 같이 심신의 긴장이 풀리면 정신적으로 안정되어 인간관계가 원활하게 되고 새로운 착상이 잘 떠올라 업무능률 향상에도 매우 좋다.

태극권의 또 다른 장점은 간편하고 개인취향적이라는 것이다. 즉 특별한 기구나 복장이 필요없고 넓은 장소가 필요없는 우리 주변에서 손쉽게 할 수 있는 운동이며, 운동의 속도와 자세의 고저, 호흡의 장단을 자신의 건강상태에 맞게 선택할 수 있기 때문에 노약자에서 건강한 청년까지 각자 체격에 맞게 선택할 수 있고, 오랜 세월 계속할 수 있는 평생 건강운동이라는 것이다.

지금까지는 건강술로서의 태극권을 강조했지만, 본래 태극권은 중국에서 오랫동안 전해 내려온 권법의 하나로서 일반 대중들에게 널리 보급하기 위하여 무술적인 요소를 약화시켰으나 태극권 내면에는 무술의 오묘함이 면면히 흐르고 있어 자신의 노력에 따라 호신의 효과도 볼 수 있고, 오묘한 무술의 세계로 진입할 수 있는 교량도 될 수 있는 것이다.

9) 택견

학이 춤을 추듯, 그런가 하면 한국무용을 하듯 부드러운 율동의 미, 얼핏 보면 무술이 아니라 춤사위를 보는 것 같은 우아한 아름다움이 느껴진다. 무술이라면 으레 뭔가 강력하고 쏜살같이 빠른 것만을 연상해 온 일반적인 생각과는 달리 부드러우면서도 섬세한 곡선의 몸짓으로 공격과 방어를 자유롭게 하는 것이 바로 택견이다.

택견을 흔히 우리나라의 국기인 태권도의 뿌리라고 생각하는 사람이 많지만 근본적으로 다르다. 태권도는 이전에는 당수도, 공수도, 태수도 등으로 불리었으나 1956년부터 태권도로 명칭이 통일되어 그동안 급격한 발전을 거듭한 역사가 짧은 것이고 택견은 당시 우리나라 영토였던 만주지방에서 발생, 2천 년 전의 삼국시대 때 성행, 계승되어 온 고유의 무술이라는 것이다.

문헌에는 택견이 여러 명칭으로 나타나 있다. 단재 신채호의『조선 상고사』에는 '덕견이', 구한말 시인 매하 최영녀의『해동운기』(우리나라 풍속에 대해 기록한 책)에는 '탁견희' 등으로 나와 있다. 탁견희 주석에는 비각술(飛脚術)이 있는 사람은 상투를 찰 수 있어 애첩을 빼앗는 수단이 되기도 하여 관에서 이를 금지시키니 그 무술을 탁견이라 했다고 덧붙이고 있다.

택견은 고구려의 무사정신과 신라의 화랑정신으로 이어지는 선비정신을 바탕으로 '참'을 실현하는 데 그 목적을 두고 있으며 특성은 다음과 같다.

① 우리 민족 고유의 무예이므로 박자, 정서, 몸놀림이 한국인에게 적합하다.

② 부드러운 몸놀림으로 마음을 안정, 집중시키고 온몸의 근육을 골고루 폄으로써 리듬감과 운동감을 동시에 기를 수 있는 것이 택견의 특징이다. 남녀노소 누구나 몸에 무리를 주지 않고 유연성을 기를 수 있다.

③ 심신을 함께 단련하는 운동이므로 정신력 강화에도 도움이 된다. 요즘엔 호신술로 택견을 배우는 사람도 많다.

10) 펜싱

펜싱은 전 세계적으로 행해지는 현대적인 스포츠이다. 예로부터 사람들은 무기의 사용을 연마해 왔다. 처음에 사람들은 그들의 정열을 충족시키고, 호전적인 본능을 만족시키며, 사람들 사이의 분쟁을 해결할 수 있는 것을 필요로 했다.

희랍의 시인인 호머는 「일리아드」에서 파리스와 메넬라스가 헬레네를 차지하기 위하여 무기를 가지고 어떻게 결투를 했는가에 대해 이야기하고 있다. 로마시대에는 마르스(희랍 신화에 나오는 군신)연병장에서 젊은이들의 곤봉으로 실력을 겨루었으며, 그 뒤 몇 세기 동안은 검투사들이 로마시민을 열광시켰고, 검투는 다시 용병대에 계승되었다.

404년에 호노리우스는 원형경기장에서 행해지는 이 격투를 폐지했다. 그러나 이 풍속은 그 당시 뿌리 깊게 남아 있었고, 648년에 로마 집정관은 검술을 연마한 병사들 중에서도 가장 우수한 자들을 얻기 위해서 자신의 군단에 있는 모든 병사들에게 검술훈련을 쌓도록 명했다.

전해 내려오는 기록에 의하면, 중국과 인도에서도 이와 유사한 사실이 있었다. 그러나 이에 관한 가장 놀랄 만한 사적은, 기원전 1190년경으로 거슬러 올라간다. 이렇듯 펜싱은 고대로부터 인기 종목 분야의 하나였음을 알 수 있다.

지금까지 엘리트체육 종목으로만 여겨온 펜싱이 대중적인 레포츠로 남녀 직장인들 사이에 인기를 더하고 있다.

특히 찌르기와 베기를 통한 신체의 탄력과 균형, 하체 강화 효과 외에도 경쾌하게 칼을 맞부딪칠 때의 스트레스 해소가 직장인들의 펜싱 참여를 늘리게 될 것으로 전망된다.

새 레포츠 종목 개발을 위해 고심하고 있는 레저이벤트사들에게는 신선한 충격으로 받아들여지고 있는 실정이다.

11) 합기도

합기도란 '기에 합하는 기술'이라 하며, 천지와 일체가 된다는 뜻이다. 천지법칙을 터득하며 일거수 일투족 모두 천지의 법칙에 해당하게끔 연습하여 심신을 통일하고 항상 천지와 일체인 자기 자신을 연습하는 수업인 것이다.

합기도의 수련은 '정승오승(正勝吾勝)'이라 하여 올바른 이치에 맞게 이기고 자기 자신을 이기는 것을 목표로 한다. 즉 타인에게 승리를 얻기 전에 자기를 극복하는 연습을 하는 것이다. 올바른 일을 실행하고 자기를 극복할 수 있다면 사람은 자연히 따르게 된다. 사람을 이기는 것보다 자신을 완성하며 천지로부터 부여된 사명을 완수할 수 있는 자기를 만드는 것을 지침으로 삼고 있다.

합기도를 연마하는 자 중에 비만증이 치료되었다든가 혈압이 내렸다든가 심장이 튼튼해졌다든가 그 외에 여러 가지 병을 극복한 예는 그 수를 헤아릴 수 없다. 그러나 합기도의 연습으로 병을 고친다는 판단을 하여서는 안 된다. 성의 없는 연습은 병을 고치지 못한다.

합기도는 심신통일의 법칙을 배워 일거수 일투족을 올바르게 행하여 연습함에 있어서 생명력이 최고로 발휘되어 병을 극복할 수 있다는 신념을 터득하여야 한다. 능력에 관하여도 동일하다. '무엇이든지 소질이 있어야 된다'라고들 흔히 말한다. 소질이 있어야 취미가 생기고 자기 취미에 맞는 일은 숙달이 빠르기 마련이다. 이와 반대로 하기 싫은 일에는 마음을 집중시키기가 어렵다. 취미가 없으면 몸은 그 일을 하고 있으나 마음은 다른데가 있고 심신 일치의 상태를 바라기 힘들고 따라서 숙달이 더딤은 물론이다. 숙달을 바라면 심신일치의 상태로서 행하되 자기 최고능력을 십분 발휘하여 습득함이 중요하다.

합기도를 일본의 무술로 알고 있는 사람이 많지만 사실은 우리 민족이 창안한 전통 무예다. 삼국시대 고분의 그림이나 그 시대의 고서들을 보면 합기도에 관한 기록이 많이 남아 있다. 삼국시대의 귀족들이 즐겨온 이 무술들은 1930년경 일본 동경에 '황무관'이란 도장이 생기면서 급속한 발전의 계기를 맞았고, 1960년대에는 유럽지역으로까지 전해지기도 하였다.

합기도의 일반적인 특성은 다음과 같다.

① 정신과 육체의 조화 속에 이루는 운동이므로 그다지 많은 힘을 필요로 하지 않는다. 여성들의 호신술로 권할 만한 운동이다.

② 좌우 번갈아가며 기술을 연마하기 때문에 한쪽으로 치우쳐 발달한 근육을 바로 잡아 준다.

③ 평소에 잘 사용하지 않는 관절에 합리적으로 자극을 주므로 혈행을 돕고 신체 각 부분의 노화를 방지한다.

3. 빙상 · 수상 운동

빙상경기의 기원은 추운 북방의 원시인들이 생활을 영위하기 위한 교통의 수단으로 개발한 도구에서 비롯되었다. 따라서 빙상은 육상이나 투기 등과 같이 인간의 생활 속에서 필요에 의한 자연발생적인 신체활동이라 정의할 수 있다. 빙상의 역사는 여러 유적지에서 발견된 유물의 형태와 그 자료를 분석·검토하여 빙상의 발달과정을 추측할 수 있다. 러시아의 파닌에 따르면 석가시대 동굴에서 발견된 유사 이전의 유물 중에 동물의 뼈로 만든 썰매 모양의 탐방기가 있었는데 크기, 모형, 마멸된 바닥 등으로 보아 빙상에서 활주한 용구였음이 증명되었다. 또한 영국의 대영박물관에 보관 중인 수골제가 관으로 묶인 채 발견된 스케이트나 스칸디나비아의 원주민과 에스키모인들이 사용한 것으로 보이는 마골제 들의 스케이트에서 그 기원을 볼 수 있다.

우리나라에 스케이트가 보급되기 시작한 것은 구미 여러 나라에서 각종 국제대회가 개최되고 각종 올림픽대회가 개최되기 시작한 19세기 이후다.

1) 모터보트

19세기 중엽인 1862년에 프랑스 보·드·러시아가 가솔린 엔진의 원리를 고안한 뒤 1885년에 독일의 고트리브·타이믈러가 1.5HP의 고속 엔진을 설계하여 보트에 부설한 것이 세계 최초의 모터보트로 되어 있다. 그러나 스피드가 있는 모터보트가 탄생된 것은 1894년 영국의 찰스·파손이 전장 31.49m, 폭 2.74m의 배에 2,000HP의 증기 터빈을 시설해서 시속 36.6km를 기록했으며, 1897년에는 시속 64km까지 기록을 늘린 것이다.

그 후 엔진을 위시하여 선체가 다 함께 개량되어 1903년에는 아일랜드의 퀸즈타운(현재의 코브)에서 함즈워드배(盃)(Harmsworth, A가 트로피를 기증, 현재는 British International Trophy=BIT盃)가 열리고부터 이러한 레이스가 성행하게 되었다. 이듬해에는 아메리카 모터보트협회 선수권대회가 허드슨강에서 거행되었는데, 이것이 사살상의 세계선수권대회라고 하는 골드컵레이스인 것이다.

1908년 제4회 런던 올림픽대회에서는 모터보트 레이스를 정식종목으로 채택하였다. 이와 같이 해서 영국, 미국을 비롯하여 이탈리아, 프랑스에서도 모터보트 열기가 달아오르기 시작하여 스피드의 기록은 해마다 경신되고 있다.

경기방법으로는 엔진의 배기량별로 클래스를 나누어 아웃보트 혹은 인보트 등으로 속력을 경쟁하는 것, 혹은 싱글스템이나 스리포인트 등 물의 저항을 가능한 적게 해서 달리는 하이드로 플레인이라고 하는 배의 형별을 가지고 경쟁하는 방법 등의 여러 가지가 있다.

2) 제트스키/서프제트

위험부담 없이 스피드, 스릴, 박진감을 마음껏 즐길 수 있는 수상 동력레포츠가 인기를 더해 가고 있다.

윈드서핑·보트·수상스키·요트 등은 상당한 수준의 기술과 강인한 체력을 필요로 하는 여름레포츠이다. 이에 반해 간단한 조작방법만 익히면 누구나 쉽게 즐길 수 있는, 이른바 수상 동력레포츠가 수상레포츠에 선뜻 도전하지 못하는 초보자들에게 상당한 호응을 얻고 있다.

대표적인 것이 제트스키인 것이다. 88올림픽 때 첫 선을 보인 이래 해마다 인기가 치솟고 있다. 시속 70km의 스피드로 물 위를 질주하는 제트스키는 수심이 30cm 이상만 되면 어디서든 즐길 수 있다. 오토바이와 같은 핸들을 조작, 마음대로 방향을 바꾸거나 2개의 단추로 전진과 정지를 자유자재로 할 수 있다.

물에 넘어지더라도 선체가 사람의 주위를 벗어나지 않고 원을 그리며 돌기 때문에 몸 쪽으로 다가왔을 때 올라타면 된다.

이런 안전성 외에 선체를 아래위로 파동치게 하는 피칭, 좌우로 흔드는 롤링, 피칭과 롤링을 한데 섞어 하는 요인 등 박진감 넘치는 동작을 구사할 수 있어 운동량도 생각보다 많다.

제트스키는 1, 2, 3인승이 있다. 1인승은 몸체가 작아 중심잡기가 쉽지 않다. 따라서 3~4일 이상은 배워야 혼자 탈 수 있다.

그러나 2, 3인승은 순수레저용으로 5~10분간 간단한 조작방법만 익히면 혼자서도 거뜬히 타게 된다.

수상스키의 스피드와 윈드서핑의 스릴을 함께 맛보려면 서프제트를 타면 된다. 서핑보드에 제트분사식 엔진을 장착한 서프제트는 보드 앞에서 끌어낸 손잡이로 속도를 조절해 가며 몸의 체중을 이용, 방향전환을 한다. 따라서 제트스키보다는 훨씬 균형감각이 필요하다. 물에 떨어지더라도 구명조끼에 연결된 안전핀이 빠지면서 시동이 꺼져 안전이 보장된다. 제트스키와 비슷한 워트바이크는 핸들이 고정되어 있어 앉아서만 타므로 제트스키보다 재미는 덜하나 스피드를 즐기기에는 손색이 없다.

3) 수구

1869년 수상경기의 한 종목으로 영국에서 시작되어 첫 선을 보이게 되었다. 1876년에 첫 게임을 했고, 규칙이 만들어졌으며, 1885년에 정식으로 한 경기종목으로 인정되었다. 1890년 미국에 전래되면서 실내 풀에서도 경기를 할 수 있도록 규칙이 개정되었는데 골 대신 양팀의 벽에 마크가 있어 볼을 마크에 터치시키면 득점되도록 하였다. 1893년 수구 종목은 독일, 오스트레일리아에서 개최된 것을 시발점으로 하여 유럽대륙에까지 전래되었고 특히 헝가리가 수구경기를 적극적으로 활성화시켰다. 1928년 이후에는 풀을 확장시켜야 한다는 의견이 대두되면서 종전의 규칙을 제한하거나 개정하려는 움직임이 활발하게 전개되어 1950년에 국제수구위원회가 중심이 되어 규칙의 개정을 발안하게 되었다.

올림픽에서도 제2회 파리대회 때부터 정식종목으로 채택되어 수구경기의 역사를 빛내주고 있다. 현재, 유럽국가에서는 수구 종목이 갖는 볼의 기술과 스피드 있는 수영으로 플레이가 이루어지는 특성을 토대로 수상경기 중에서 인기가 높아지고 있다.

우리나라에 수구가 소개된 시기는 해방 후였으나 크게 보급되지는 못하여 지역별 수산계 고등학교팀과 몇 개 팀을 이루고 있을 뿐 널리 보급되지 못한 실정이다.

처음에는 유럽을 중심으로 발전했으나 현재 각국에서 성황을 이루고 있다. 국제적 경기대회로서 올림픽·세계선수권·월드컵 등이 열리고 있는데 러시아·미국·유고슬라비아·헝가리·쿠바·이탈리아·독일 등이 세계의 강호라 할 수 있다.

4) 수상스키

수상스키는 미국의 꿈 많은 소년 사무엘슨(Ralph Samuelson)에 의해서 1922년에 창안되었다.

그는 Snow Ski의 매력을 잊지 못하여 여름 내내 물 위에서 스키를 할 수 있는 방법을 찾다가 결국 비행정에 이끌려서 2.7km의 송판스키를 타고 물위에 서게 되었다.

모험심이 많았던 그는 스키의 기술을 여러 형태로 발전시켰으며 램프를 설치하여 점프도 시도하였고, 마침내는 쾌속정에 의해 이끌리는 스키를 하게 되었다.

초기의 아쿠아플레인(Aqaplane)이라는 장방형의 판자 위에서 낮은 속도의 비행정에 이끌려서 타던 수상스키는 이러한 쾌속정과 길고 폭이 좁은 스키, 핸들과 로프의 출현으로 발전적인 계기를 맞이하게 된다.

단순한 판자에서 로프를 잡고 보트에 이끌리는 스키로 점진적으로 발전되어 가는 동안에도 스키는 무섭고 유치했으며 보트 또한 각양각색이었다. 최근에 이르러서야 잘 설계되고, 강력한 엔진을 장착하고 비싸지 않은 보트가 개발됨으로써 세계적으로 경기가 보급되기 시작하였다.

한편 여가시간의 증대로 인한 레크리에이션 활동의 가치가 서서히 높아가면서 수상스키에 대한 인식도 높아으며 스포츠로서 자리잡게 되었다.

세계 제2차대전 전까지 수상스키방법과 기술 그리고 경기규칙들은 시행착오를 겪으면서 서서히 발전적인 단계를 거치다가 세계대전이 끝난 바로 이듬해인 1946년에 세계수상스키연맹(World Waterski Union : WWSU)의 유럽 여러 나라를 중심으로 창설되었다. 이 세계연맹의 창설로 수상스키의 국가 간 조직 및 규칙은 급속도로 발전되었으며, 마침내는 열대지방뿐만 아니라 여름이 짧은 지역에서도 수상스키를 하게 되었다.

우리나라에서는 6.25전쟁 이후에 미군들이 한강에서 시범경기를 가짐으로써 소개되었고, 1963년 문교부가 수상스키를 대학생 특수체육 종목으로 채택·실시함으로써 급격히 붐을 이루었다. 최근에는 광나루를 위시한 청평·남이섬·춘천 등지와 진주의 진양호 및 해운대 앞바다 등에서 많이 하고 있다.

5) 수영/다이빙

수영은 인류의 역사 이전인 태고시대부터 있어 왔다. 인간뿐만 아니라 모든 동물은 선천적으로 헤엄을 칠 수 있는 능력을 갖고 있다. 그것은 바로 모든 생물이 저마다 삶을 지속하기 위하여 갖는 생태학적 본능과도 일치한다.

인간은 삶의 한 수단으로서 수영을 익혀 왔다. 그러나 이제는 삶의 간절한 회구가 아닌 하나의 건강수단으로서, 또는 오락과 게임을 겸한 스포츠로서 발전되어 가고 있다.

과거에는 무더운 여름이 되어야만 즐길 수 있는 운동으로 생각되어 왔다. 그것도 마을 근처에 있는 냇가나 연못 등에서 피서를 겸한 목욕으로서의 수영을 즐기는 것이 일반적이었다. 그러나 요즘에는 건강의 필수적인 방편으로 수영을 즐기고 있다. 특히 실내 수영장이 생기면서부터는 계절에 구애됨이 없이 사계절 건강 스포츠로서 각광받고 있는 것이다.

수영 인구가 해마다 증가하는 것은, 수영이 건강에 미치는 영향이 크기 때문이다. 수영은 다른 어느 운동보다도 전신에 미치는 운동량이 고를 뿐만 아니라, 남녀노써 누구나 즐길 수 있는 쾌적한 스포츠이기 때문이다. 말하자면 수영은 완전 건강을 위한 사계절 스포츠인 셈이다.

수영은 물의 특성을 떠나서는 생각할 수 없을 정도로 관계가 깊으며, 이상적인 신체 운동으로서 다음과 같은 특성을 가지고 있다.

① 물에 대한 공포심을 없애는 동시에 자신감, 주의의 지속, 지구력 등의 신체적 강인함과 정신력을 배양시킨다.

② 수영은 사지를 좌우 균등히 움직이는 전신운동으로 호흡기·순환기의 기능을 향상시키고 공기·햇빛·물의 자극에 의해 피부를 단련함으로써 몸 전체를 조화적이고 균형있게 발달시키는 운동이다.

③ 남녀노소를 불문하고 즐길 수 있으며 가정의 레크리에이션 스포츠로서 적합한 운동이라 할 수 있다.

④ 수영능력이나 수중에서의 안전을 도모하는 기술을 체득하고 사고에 대처할 수 있는 능력을 기른다.

6) 스케이트/롤러스케이트

12세기 말경 영국에서 발견된 옛날 그림을 보면 아이들이 뼈로 만든 스케이트를 구두에 잡아매고 타고 있는 것을 볼 수 있다. 이것을 보면 철기시대 이전에서부터 뼈로 만든 스케이트가 사용되었음을 알 수 있다. 철기시대가 도래하면서 스케이트는 급속도로 발전하면서 1744년에는 세계 최고의 스케이트 클럽이 영국에서 생겨나게 되었다.

그 후 유럽 각국을 위시하여 미국 등지에서 널리 행하여졌다. 이 여세를 몰아 18세기경에는 전문서적이 나오는 등 스포츠 기술이 급속도로 발달하여 미국을 비롯한 전 유럽 각 도시에 스케이트 열기가 고조되었고 1892년에는 구미 13개국이 모여 국제스케이트연맹(I.S.U)을 조직하여 본격적인 스포츠로서의 면모를 갖추게 되었다. 제1회 세계선수권대회가 1893년 스톡홀름에서 개최되면서 스케이트의 열기는 전 세계로 파급되었고 미국에서는 많은 도시에 실내 스케이트장이 등장하게 되었다. 특히 미국에서 이처럼 스케이트가 발전하게 된 데에는 피겨스케이트의 기초기술과 도형을 체계화한 잭슨 하인스(Jackson Hains)의 공이 대단히 컸다. 그는 무용가로서 종래의 스케이트 형에 러시아 무용을 가미하여 피겨스케이트의 창시자로 여겨지고 있으며 1982년에는 국제피겨스케이트 연맹이 창설되고 1906년부터는 세계선수권대회가 개최되었다.

우리나라에서는 1905년 미국인 선교사 길레트(Gillet)가 YMCA에서 회원들을 지도하면서 최초로 소개되었고 일본에서 유학한 학생들이 귀국하면서 활발한 발달을 가져오게 되었다.

1936년 1월 18일에는 조선빙상경기연맹이 최초로 창립되면서 1947년에는 국제연맹에 가입하고 1948년 제5회 동계올림픽대회에 4명의 대표선수를 출전시키면서 우리나라도 세계무대에 진출을 하기 시작했다.

그러나 아직도 우리나라는 모든 시설과 선수층의 부족으로 좋은 성과를 거두지 못하고 있으나 앞으로 획기적 발전이 있을 스포츠로 기대되는 종목이다.

스케이트의 일반적인 특성은 다음과 같다.
① 동계 스포츠로서 체력유지에 유익한 종목이다.
② 자기 능력에 따라 운동량의 가감이 조절될 수 있다.
③ 경쾌하며 활기 있고 스릴 있는 운동으로서, 명랑한 정신과 자세를 기른다.
④ 중심과 균형을 잡는 데 좋은 운동이며 전신을 단련하는 운동이다.
⑤ 추위를 이기는 스포츠이다.

7) 스키/눈썰매

다른 경기와 다르게 자연과 직접 부딪치는 거친 지형에서의 격심한 운동이며, 눈 덮인 대자연 속의 미를 만끽하며 호연의 기분을 맛보는 반면에, 심한 추위와 습기에 오랜 시간을 보내야 되므로 이러한 환경에 잘 적응할 수 있는 체력과 강인한 정신력이 절대로 필요하다. 다른 운동에서와 마찬가지로 지구력·유연성이 체력의 기본요인이며, 점프·활강 시 화살과 같은 고속력에서 순간적인 정확한 판단력과 강한 정신력을 지녀야 한다.

또한 스키는 여가활동에서 중요한 역할을 할 수 있는 레크리에이션의 요소를 지니고 있는데 남녀노소 차이 없이 스스로 자기 능력에 맞게 즐기면서 대자연 속에서 모든 인위적 사고를 예방함으로써 스포츠의 전율을 맛볼 수 있다.

스키의 일반적인 특성은 다음과 같다.

① 설경과 스피드를 즐기는 스키는 자연, 특히, 겨울 자연의 풍치를 만끽할 수 있는 운동이다.

② 예상외로 초보자가 배우는 데 그리 오랜 시간이 들지 않기 때문에 주말을 이용해 기분 전환하기에 적합하다.

③ 균형감각, 용기, 재빠른 반사동작이 요구되는 운동이다. 스키를 타다 보면 이러한 감각들이 민감해질 뿐 아니라 다리 힘도 길러진다.

8) 요트

요트라고 하는 말에서, 우리는 곧 하얀 돛을 연상한다. 그러나 영어에서 Yacht라고 불리는 배의 범위는 상당히 넓어서, 손으로 젓는 아주 작은 배에 하나의 돛을 단 것에서부터 수천 톤의 기선까지 요트라 불리고 있다. 결국, 돛(Sail)을 달고 있다는 형태상의 분류가 아니라, 배의 목적에 의해 분류되는 것이다.

요트라는 것은 넓은 의미로 어선, 상선, 군함 등 상업이나 특정한 목적에 쓰이는 배가 아닌 순수한 스포츠나 레저용의 배를 말한다. 그 목적이란 한마디로 '유희를 위한 배'이다.

넓은 의미의 요트는 스포츠용 주정(舟艇)을 말하지만, 조정은 제외하고 있다. 여기서 동력만으로 타고 즐기는 요트를 모터요트(Motor Yacht)라 하고, 돛(Sail)을 장비한 요트를 세일링 요트(Sailing Yacht)라 한다. 일반적인 좁은 뜻으로 세일링 요트를 우리는 요트라 부르는 경우가 많다.

1851년부터 시작된 아메리카 배 요트 레이스는 나라 안의 성원이 큰 힘이 되고 있는 것 같다. 미국 또한 개국 이래의 프런티어 정신이 현대에도 맥맥이 이어질 수 있는 것으로서 받아들이고 있어서 폭발적인 붐을 일으

컸으며, 모터보트와 함께 없어서는 안 될 레저 스포츠의 하나가 되어 있다. 특히 아메리카에서는 차터 요트가 성행하고 있다.

미국에 있어서 요트 열기가 왕성하게 된 것은 차터 요트에 의해 바다를 즐기는 사람 수가 늘어난 데도 그 원인이 있지만, 보다 근본적인 원인으로 생각할 수 있는 것은, 요트 클럽이 오랜 전통을 갖고 있으며 상당히 발달해 있기 때문이다. 요트 클럽은 요트를 소유하고 있는 사람들의 사교, 친목 기관으로 요트가 출입할 수 있는 장소에는 호화로운 건물과 시설을 갖춘 클럽에서 10명 정도의 자그마한 클럽까지 가지각색의 요트 클럽이 있어서, 이 클럽이 요트의 보관, 수리, 손질은 물론 사교의 중심장으로서 활약하고 있다.

우리나라의 요트계는 최근까지 대학의 요트부, 즉 학생 스포츠에 의해 지탱되어 왔다. 일반인에 의해 온가족 전체의 레저 스포츠로서 발전해 가고 있다. 스킨다이빙도 멋있고, 모터보트도 재미있으며, 파도타기 또한 매력적이다. 하지만 요트는 다른 해안 스포츠와 구분되는 커다란 장점이 있다. 그것은 요트가 '바다라는 자연의 모든 요소와 융합할 수 있는 스포츠'라는 점이다. 즉, 다른 스포츠가 바다와 접촉할 수 있는 수단이라고 한다면 요트는 바다 그 자체와 융합될 수 있는 스포츠라고 할 수 있다.

바람, 파도, 조류, 기온 그 밖의 천후(天候)와 해안의 상황 등 모든 자연의 변화 속에서 그것에 대응하고, 한편으로는 이용하면서 '생활하는 시간, 이바로 요팅이라는 것이다.

범주(帆走)는 어떤 조그만 속임수라도 허용되지 않는 진지하고도 심각한 시간을 갖는다. 그렇게 해서, 바다라는 자연과 정면으로 맞서서 보낸 세일링의 시간은 육지로 돌아왔을 때, 우리에게 자신이 정말로 자신의 힘과 의지와 판단으로 살아 있던 시간을 가졌다는 기쁨, 즉 충실감을 맛보게 해준다.

그 충실감 속에는 좀더 확실하게, 좀더 안전하게, 그리고 보다 효율적으로 배를 달리도록 하고 싶은, 즉 바다라는 자연을 보다 잘 이용하고 싶은 그런 욕구가 세일링에는 깃들어 있다고 할 수 있으며, 그러한 점은 요트가 갖고 있는 의미심장한 맛이라고 할 수 있겠다.

9) 워터 슬레이

거대한 바나나를 타고 수면 위를 질주한다. 지상의 롤러코스트보다 짜릿하고, 수상스키보다 더한 박진감을 맛볼 수 있다. '바나나보트'로 불리는 워터 슬레이(Water Sleigh)가 국내에도 등장, 새로운 수상레저를 갈망하던 동호인들의 가슴을 설레게 하고 있다. 워터 슬레이란 PVC나 네오프렌이라는 특수고무 재질로 만든 무동력보트를 타고 모터보트가 이끄는 힘에 의해 수면 위를 달리는 신종 수상레포츠, 사람이 올라타는 보트의 모양이 바나나와 흡사해 '바나나보트'로 통칭되고 있다.

워터 슬레이는 모터보트의 추진력에 의해 끌려간다는 점에서 수상스키와 비슷하다. 그러나 타는 자세나 즐기는 방법은 완전히 다르다. 우선 뒷좌석부터 한 사람씩 기마자세로 앉은 뒤 양날개 위에 다리를 얹는다. 출발신호와 함께 손잡이를 꽉 잡고 중심을 앞으로 줘 엎드린다. 모터보트의 속력이 가속되면서 스피드감을 만끽하는 것이다.

속도가 빨라지면 튜브의 앞부분이 솟구쳐 올라 마치 로켓을 타고 날아오르는 기분을 느끼게 된다. 또 물살이 거칠면 퉁퉁거리는 반동으로 마치 말을 타고 가는 듯한 착각에 빠지기도 한다.

수상스키는 자신의 의지에 따라 타는 자세와 방향을 조절할 수 있지만 워터 슬레이는 전적으로 튜브의 움직임에 몸을 맡겨야만 한다. 몸의 중심을 제대로 잡지 못하거나 손잡이를 꽉 잡지 않으면 급커브 시 물속으로 빠지기 일쑤이다. 이때 군이 튜브에서 떨어지지 않으려 애쓰지 말고 자연스럽게 물 위로 튕겨져 나가게 내버려두는 게 워터 슬레이의 묘미다. 따라서 반드시 구명조끼를 착용해야 한다.

물속에 빠지면 튜브의 양쪽에서 한 명씩 같이 손잡이를 잡고 올라타야 한다. 물에 빠지는 것에 익숙해지면 자꾸만 더 멀리 튕겨져 나가고 싶은 욕구가 생긴다.

워터 슬레이는 튜브에 올라타 스피드 감을 맛보다가 자연스럽게 물에 빠지면 되므로 특별한 기술이 필요없다. 누구든지 구명조끼만 입으면 마음껏 즐길 수 있는 것이다.

10) 조정

배가 교통수단으로서가 아니라 스포츠로서 이용되기 시작한 것은 증기선이 등장한 이후이다. 증기선의 등장으로 말미암아 일자리를 빼앗긴 선원들이 물에서 생활하게 되자, 물에 대한 향수에 젖어 노를 젓게 된 것이 근대 스포츠로서의 경조(競漕)의 시초였다. 그리하여 1829년 런던의 템스강 하구에서 최초로 근대적인 조정(漕艇) 경기가 열렸으며 영국에서는 고정석정(固定席艇)에 의한 정통적인 조법의 연구가 시작되어 유럽으로 전파되면서 고정석정은 활석정(滑席艇)으로 되고, 현재는 국제적 경조용의 쉘정으로 되었다. 올림픽에서는 1900년 제2회 대회부터 정식 종목이 되었다. 보트레이스란 크러치(Crutch) 또는 롤럭(Rowlock)으로 한 점(點)을 받쳐진 노로 보트를 저어 도착순에 의해서 승패를 겨루는 경기이다. 한국에 조정이 소개된 것은 1919년이며 정식 레이스는 1925년 경성전기, 철도국, 체신국 그리고 경성제대에서 보트를 도입하여 개최한 것이 효시로 꼽힌다.

팀이 창단된 1962년 대한조정협회가 창설되었고 1964년 동경올림픽에 팀이 처음으로 출전한 이래 급성장한 스포츠 종목이다.

11) 카누(Canoe)

모든 보트의 역사가 그랬듯이 카누도 정확한 역사는 알 수 없으나, 인간이 이 세상에 태어나면서부터 물에서의 교통수단과 의식주를 해결하기 위하여 보트가 생긴 것은 틀림이 없을 것이다. 따라서 카누의 역사는 원시인이 강에서 유목(流木)에 올라타고, 나뭇가지로 삿대질을 하거나 노를 저었을 때부터 시작되었다는 것을 짐작할 수 있고, 원시사회로부터 수렵이나 고기잡이를 위해서, 또 수송기구로서 1만 년 이전부터 사용되어 온 것으로 볼 수 있다.

카누경기에서 보트 종류는 여러 가지가 있으나 가장 기본이 되는 카약 (Kayak)은 옛날 그린란드의 에스키모인들이 바다표범의 가죽을 씌워서 만든 배를 사용한 것이 그 시초가 되었다고 한다.

그리고 캐나디언 카누(Canadian Canoe)는 캐나다의 인디언들이 호수나 강에서 연락용(교통수단)으로 또는 사냥을 위해서 자작나무를 만든 것을 사용함으로써 비롯되었다.

우리 선조들도 이와 유사한 카누를 사용하였다는 것은 국립경주박물관에 보관 중인 통나무로 만든 카누에서 알 수 있다.

카누는 사용자의 주변환경에 따라 다양한 재질과 모습으로 발전하였는데 북미 인디언들은 자작나무로 만든 조그만 배를 만들어 사용하였고, 그린란드 일원의 에스키모인들은 동물의 뼈에 바다표범의 가죽을 씌워 수렵이나 수송수단으로 사용하면서부터 카누와 카약이 다른 모습으로 발전하게 되었다.

이 운동은 수상스포츠 중 가장 스릴있고 매력있는 모험 레저로 강이나 바다뿐 아니라 물살이 빠른 협곡에서도 배를 띄울 수 있다. 이 스포츠의 또 다른 장점은 즐기는 장소나 배 모양에 따라 다양한 경기가 가능하다는 것이다. 급류가 많은 강의 상류, 호수, 바다 등 조건이 다른 곳에서 1인승 부터 4인승까지 각기 다른 방식으로 즐길 수 있다.

카누의 일반적인 특징은 다음과 같다.

① 파트너에 따라 다양한 분위기를 맛볼 수 있다. 연인과 부부 커플은 낭만적인 여행을, 친구들이나 동료가 즐기면 탐험의 기쁨을, 스포츠맨은 스피드와 다이내믹한 급류돌파의 쾌감을 누릴 수 있는 운동이다.

② 파도와 조류를 이용해 해안선을 따라 관광을 즐길 수도 있고, 중장거리 항해를 하며 모험심과 투지를 키우기에도 적당하다.

③ 조금만 익숙해지면 누구나 여유 있게 조종할 수 있는 것이 이 운동의 장점이다. 캠핑장비를 풍부하게 실을 수 있어 낭만적인 수상활동이 가능하다.

④ 사계절 즐길 수 있는 스포츠이다.

12) 카약/래프트

카약과 래프트(고무보트)를 이용한 급류타기가 신종 레저스포츠로 자리를 잡아 가고 있다. 카약은 1890년대로 접어들면서 유럽에서 강과 바다를 여행하기 위해 만들어 쓰기 시작한 뒤 레포츠로 발전했고, 이후 카누경기의 일종으로 올림픽 경기 정식종목으로 채택되었다. 물고기 부레모양의 카약은 노의 날이 양쪽에 달려 있어 좌우로 번갈아 저어 가며 추진력을 얻는다. 이용목적이나 장소에 따라 종류가 다양하지만 레저용으로는 1인승이 주종을 이룬다. 배의 속도가 빠르고 무게중심이 낮아 높은 파도에서 잘

견디므로 물살이 빠른 해안과 계곡에서의 급류타기에 적당하다.

래프팅은 혼자 즐기는 카약과는 달리 여러 사람이 고무보트를 타고 계곡의 급류를 따라 내려오는 단체 레포츠로, 노를 손으로 들고 조정하거나 보트에 노를 걸어 사용하는 두 가지 종류가 있으며, 대개 6~10명이 한 조를 이루어 즐긴다.

카야킹과 래프팅은 1986년부터 우리나라에 본격적으로 보급되기 시작하였다. 자기 장비를 가지고 주말에 임진강, 한강상류의 급류에서 정기적으로 카야킹을 하는 동호인이 늘고 있으며, 래프팅 인구는 래프팅을 신종 레포츠로 개발·보급하는 레저 전문업체가 늘면서 증가추세를 보이고 있다.

급류 카야킹과 래프팅을 즐길 수 있는 대표적인 장소로는 한탄강 상류 지역인 순담계곡 일대가 꼽힌다. 강원도 철원에 위치한 이곳은 서울에서 자동차로 2시간 거리. 10여 km의 계곡을 따라 3시간 정도 내려가며 여러 개의 크고 작은 급류를 탈 수 있어 동호인들이 즐겨 찾고 있다. 강원도 인제와 현리 사이의 내린천, 남한강 상류 정선과 영월 사이의 동강도 선호되고 있다.

4. 사회생활스포츠 운동

사회생활스포츠 란 일반적으로 학교에서 정규교과과정으로 실시되고 있는 체육을 제외하고 사회에서 행하게 되는 체육활동을 의미하는데, 이러한 정의는 학교체육과 비교하여 설명할 때 보다 쉽게 이해될 수 있다. 즉, 학교체육은 학생만을 대상으로 하여 뚜렷한 목적하에 형식적, 의도적, 계획적으로 행하여지는 신체활동이며, 사회체육은 모든 사람을 대상으로 하여 비형식적이고 자유롭고 자발적으로 행하여지는 신체활동의 총체이다. 따라서 사회체육은 참여하는 대상에 따라 유아체육, 아동체육, 청소년체육, 성인체육, 노인체육, 여성체육, 장애자체육 등으로 구분되며, 활동 장면에 따라 지역사회체육, 직장체육, 가정체육 등으로 나눠진다.

한편 이러한 사회생활스포츠활동은 주로 여가를 선용하기 위한 방법으로 널리 활용되는 것이 보통인데, 이러한 활동은 스포츠나 레크리에이션, 놀이, 게임 등 그 자체가 재미있고 즐거움을 줄 수 있는 신체활동이 주가 된다. 따라서 사회생활스포츠 활동은 강제성을 띤 것이 아니라 누구나 자발적으로 참여하여 즐거움을 찾고 건강을 유지하며 보람된 삶을 찾을 수 있는 신체활동이다.

오늘날의 사회생활스포츠는 건강을 유지하고 즐거움을 찾는 개인적 측면의 소극적 활동에서 벗어나 사회적이며 범국가적 차원에서 보다 궁극적인 기능을 발휘하는 적극적 활동으로 변화되고 있다. 또한 사회생활스포츠 운동은 모든 국민이 여가시간을 활용하여 자발적으로 참여하는 여러 형태의 신체활동을 통하여 건강하고 행복한 삶을 영위토록 함으로써 복지국가 건설의 바탕을 제공하는 사회교육적 활동이다.

이러한 오늘날의 사회생활스포츠 운동 형태는 개인의 창조적인 여가선용뿐만 아니라 복지국가 건설의 구심체 역할을 하는 주역으로서 보다 광범위한 활동들을 사회생활스포츠 운동 영역에 포함시키고 있다.

특히, 가정에서의 스포츠 활동은 자칫 소홀해지기 쉬운 부분임을 부인할 수 없는 것이 사실이다. 그러나 인간이 태어나면서부터 생을 마칠 때까지 삶의 대부분을 영위하는 터전이며, 국가와 사회를 구성하는 원초적 집단이기도 한 가정에서의 스포츠 활동의 역할은 매우 크다고 할 수 있다. 가족 스포츠 활동은 가족의 여가활동으로서의 운동뿐만 아니라 개인에게도 생애 스포츠의 종목을 제시하여 '제2의 행복추구'라 할 수 있는 활성화를 요구하게 되었다.

다양한 연령, 성, 세대로 구성된 가정의 가족 스포츠 활동은 사회 체육의 대상을 모두 포함하고 있는 사회생활스포츠 운동의 축소판이라 해도 과언이 아닐 것이다.

앞으로 가족 단위의 스포츠 활동은 더욱 발전될 것이며 그 프로그램 또한 다양해질 것이 분명하다.

이와 같이 국민의 신체적, 정신적, 사회적, 도덕적, 문화적 발달에 기여하기 위한 목적으로 국민운동화되어 전개되고 있는 것이다.

1) 걷기운동

오늘날 대부분의 사람들은 걷는 것보다 차를 타는 시간이 훨씬 많아졌다. 그 결과 운동을 직접 하기보다는 구경만 하는 데에 그치고 있다. 스포츠의학을 연구하는 사람들의 의견도 '걸어라'로 집약된 슬로건을 주장하고 있다.

전문가들은 "조물주가 인간에게 베풀어준 가장 확실한 건강법은 걷는 것"이라고 말한다. 걸으면 오래 산다. 머리가 맑아질 뿐 아니라 어떤 일에 대한 두려움이나 노여움까지도 가라앉혀 준다는 것이다. 또 창의적인 사고에도 도움을 준다고 한다. 대철학자 아리스토텔레스도 학교 주변의 숲을 거닐며 제자들과 대화를 하면서 철학을 가르쳤다고 해서 소요학파로 불리게 되었다. 시계처럼 정확했던 칸트의 산보도 유명하다.

걷기같이 평범한 일상사가 과연 운동이 될 수 있을까. 사람의 몸은 앉아 있으면 머리와 어깨의 무게가 척추에 큰 부담을 준다. 서 있게 되면 앉아 있는 것보다는 부담이 줄지만 골반과 다리에 무리가 간다. 이에 반해 걷기 운동을 하면 뼈와 근육조직이 조화를 이루고 심폐기능도 강화된다.

하루 20분씩 활기차게 걸으면 36일에 0.5kg가량의 몸무게를 줄일 수 있다는 연구 결과도 나와 있다.

일반적으로 하루 1만 보를 걸어야 보통사람의 건강을 유지할 수 있으나 우리나라 도시인 중 대부분은 5천 보도 걷지 않는다고 한다. 어느 때든 별 준비없이 할 수 있는 걷기운동을 지금 당장 시작하자.

그러나 걷기에도 모형이 있는 것이다. 처음에는 1~2km부터 시작해 차츰 거리를 늘리고 속도도 조금씩 빨리한다. 신발은 운동화 종류가 적당하고 옷은 헐거운 것을 선택한다. 두 손은 자유로운 상태에서 눈은 약간 위쪽을 향하는 게 좋다. 심호흡을 하면서 활기차게 걷는다. 하루 6km가량을 한 시간 안에 걷는 운동을 일주일에 4차례 정도 하면 건강을 유지할 수 있는 충분한 운동량이 될 것이다.

특히 가을이 되면 가을 정취 속에서 단풍 나들이 겸 심신의 건강을 다지는 도심 걷기대회는 남녀노소 누구나 참가할 수 있고 시간과 경비 면에서도 부담이 거의 없다는 게 장점이다.

산책보다 약간 빠른 속도로 만끽하며 걷는 자유로움과 함께 운동효과도 있어 환영받는 운동이다. 걷기대회의 코스 길이는 대개 7~8km(도보 1시간 20~40분)이다. 골프장 18홀을 한 바퀴 도는 것과 맞먹는 길이여서 처음 참가할 경우 '기분 좋은' 뻐근함을 느끼기에 충분하다. 하지만 무작정 걷기보다는 보행자세에 유념하는 것이 모처럼의 걷기나들이의 즐거움을 배가시키는 요령이기도 하다. 즉, '마음은 가볍게, 보폭은 크게' 해야 한다.

2) 게이트볼

금세기 최고로 스포츠인구의 폭발적인 증가를 보이고 있는 게이트볼은 13세기 초 프랑스를 위시하여 유럽의 귀족이나 왕실 등에서 성행한 아주 품위있고 고상한 스포츠 중의 하나이다. 다른 스포츠에 비하여 비교적 입문하기 편하며 남녀노소 어느 누구와도 정정당당하게 최선을 다해서 동등하게 겨룰 수 있는 운동이다. 현대사회에서 레저를 즐기려면 상당한 비용과 장소 등의 여러 가지 문제점이 많으며 직접 경기에 참가한다는 것은 더욱 어려운게 현실이다. 그러나 게이트볼은 이러한 어려운 여건을 해결해 줌은 물론 건강관리 및 증진과 가족 및 이웃 간의 친목을 도모시켜 주는 데 일품이며 특히, 중년부녀자 및 노인층에게 적합한 운동으로 운동부하량과 한 게임당 30분이 소요되는 운동시간 그리고 주 3~4회 정도 운동하는 운동빈도로 볼 때 가장 적당하다고 볼 수 있다.

도시화, 공업화, 산업화 그리고 기계화 등의 경제성장에 의한 자동화의 결과 운동부족 현상의 충족과 많은 여가를 선용하는 데 게이트볼이 유효 적절하게 사용될 수 있다.

게이트볼의 일반적인 특성을 요약하면 다음과 같다.

① 건강 생활체육의 실천으로 장수의 비결운동이다.

② 인간본능인 파괴본능을 충족시켜 준다.

③ 장소와 시설의 제약을 덜 받는다.

④ 신사적인 경기이며 경기규칙도 간단하다.

⑤ 가족구성원 전원이 참가할 수 있다.

⑥ 중·노년기의 연령층에게 최적의 운동이다.

3) 골프

대한민국 제1호 '골프 강국' 코리아의 발원지 군자리골프장

양용은 이 '골프황제' 타이거 우즈를 꺾는 드라마를 연출한 한국 골프의 여명기는 서울 어린이대공원 자리에 있었던 군자리 골프코스에서 출발했다. 군자리골프장은 일본강점기에 지어졌으나, 영친왕이 부지와 건설비를 후원했고 광복 후 이승만 대통령의 지시로 정규 18홀로 복원돼, 제1회 한국프로골프선수권 등 각종 국내대회가 열렸던 곳이다.

'군자리' 골프코스 이름은 당시 행정구역에서 유래했다. 1927년 골프 애호가들이 조선에도 18홀 정규 코스를 지닌 골프장 짓기를 간청하자, 영친왕은 경기도 고양시 뚝도면 군자리에 있던 땅 30만 평을 내놓았다. 구한말(舊韓末) 왕실의 말과 양을 사육하던 곳이다. 또 건설비로 2만 원을 내놓고 3년간 보조금으로 매년 5,000원씩을 하사했다. 영친왕도 골프를 즐겼다고 한다.

1927년 18홀 코스(파 69·6,160야드)로 완공된 군자리골프장은 이듬해 경성골프구락부가 직접 운영하면서 조선 골프의 중심지가 됐다. 2차대전으로 폐장했던 군자리골프장은 1950년 5월 이승만 대통령의 지시로 복원된다. "미군들이 한국에 골프장이 없이 휴일이면 오키나와에서 골프를 즐긴다"는 얘기를 들은 이 대통령이 '국가안보'를 위해서 결심했다고 한다.

한국 프로골퍼 1호인 연덕춘의 설계로 복원된 군자리 골프코스는, 한 달 만에 일어난 한국전쟁으로 잿더미가 됐다. 1954년 이승만 대통령은 군자리 골프코스의 복구를 지시했고, 18홀 6,750야드의 정규 골프장으로 복원됐다. 운영은 서울컨트리클럽이 맡았다. 18년간 한국 골프의 맥을 이어오던 군자리 골프코스는 1972년 10월 "어린이들이 뛰어놀 곳이 필요하다"는 박정희 대통령의 지시로 어린이대공원에 자리를 넘겨주었다.

광복 전 최초의 골프장은 1921년 개장한 효창원 골프장으로 당시 철도국 산하 조선호텔 이용객을 위한 부속시설이었다. 2,300야드 9홀 규모였다. 이후 청량리 골프코스(1924년)가 건설됐고, 대구·평양·부산·원산에 골프코스가 생겼다. 또 1887년 원산항 근처에 상주하던 영국 세관원들이 6홀짜리 간이코스를 지어 즐겼다는 일본 기록도 있다.

1960년대 경제 개발기에 국내 첫 민간자본으로 지어진 한양컨트리클럽이 1964년 문을 열었고, 1965년에 제주컨트리클럽, 1966년 태릉과 뉴코리아, 1967년 관악, 1968년 안양컨트리클럽이 속속 개장했다. 1980년대 40여 곳이던 골프장은, 지난해 310개(회원제 182곳, 퍼블릭 128곳)로 늘었다. 지난해에는 연인원, 2,400만 명이 골프를 즐겼다.

[자료 : 조선일보, 2009년 10월 7일자]

골프는 스코틀랜드의 목동들에 의해서 유래되었다는 설이 있다. 넓은 초원에서 양치는 목동들이 무료한 시간을 보내다가, 초원에 굴러다니는 돌멩이를 지팡이로 힘껏 후려친 것이 우연히도 초원에 뚫려 있는 토끼굴 속에 들어가게 되었다. 이것이 목동들의 고유한 놀이가 되었고, 그것이 체계화되어 오늘날의 골프경기가 되었다고 한다.

우리나라에 골프가 처음으로 소개된 것은 1900년의 일로 구한말 정부의 고문으로 활동한 영국인에 의해서이다.

골프를 치는 즐거움은 여러 가지가 있다. 먼저 신선한 공기를 하루 종일 마음껏 마시면서 마음 맞는 사람들과 어울려 산책하는 즐거움을 꼽을 수 있다. 그리고 무한정의 홈런을 날리는 통쾌함과 자기가 친 공의 낙하지점을 확인하기 위해서 공을 쳐다볼 때 느끼는 짜릿짜릿한 긴장감 또한 빠뜨릴 수 없는 즐거움이다. 골프를 아끼는 사람들은 이를 두고 '볼링에서 스트라이크를 쳤을 때 느끼는 호쾌함과 정확한 겨냥이 필요한 당구 경기의 아슬아슬함이 합쳐진 스포츠'라 표현하기도 한다.

우리나라는 골프 역사가 아직 짧아 경기용어와 규칙들 중에는 일반인에게 생소한 것이 많다. 하지만 골프에서는 규칙이 가장 중요하니만큼 이를 잘 익혀 두어야 한다.

골프의 일반적인 특성은 다음과 같다.

① 사계절 변화하는 자연을 음미하며 즐길 수 있는 전천후 스포츠이다. 수없이 많은 장애물을 극복해 가면서 목적을 이루어 가는 경기이므로 인생항로를 연상시키기도 한다.

② 경쟁심을 유발하지 않으며, 서로의 인격을 존중하면서 게임을 벌이는 신사적인 경기이다.

③ 큰 힘을 소모하지 않으면서도 4~5시간 동안 지루함을 느끼지 않고 계속할 수 있기 때문에 스트레스를 충분히 해소할 수 있다.

4) 궁도/양궁

한·중·일 동양 3국만 고찰해 보더라도 각 민족의 기질과 그들이 사용했던 주병기(主兵器) 사이에는 공통점이 많다는 것을 한눈에 알 수 있다.

중국인은 화려하면서도 약간 허풍적인 그들의 기질에 부합되는 창(矛)을 즐겨 사용했고, 일본인은 조급하면서 즉흥적인 섬나라 기질과 맞아떨어지는 칼(刀)문화를 발전시켰다.

북방족의 한 갈래인 우리에게는 모든 기마민족이 그렇듯이 활(弓) 문화가 발달했었다. 역사 속에 명멸했던 민족의 영웅들인 동명성왕 주몽, 태조 이성계, 충무공 이순신 등이 모두 선사자(善射者, 활의 달인)였다는 기록에서도 쉽게 그 흔적을 더듬어 볼 수 있다.

활이야말로 끊임없는 정란(靖亂)과 외침 속에서도 역사와 문화의 보전을 가능케 해준 민속무술과 전통 병기의 정수인 것이다.

예로부터 중국은 우리나라를 가리켜 동이(東夷)라 하였으니 이는 '동쪽의 활을 잘 쏘는 민족'이란 뜻이었다. 그런가 하면 고구려 소수맥(小水貊)에서는 각궁(角弓)이라는 맥궁(貊弓)을 만들어 만주 일대에 그 명성을 크게 떨쳤다고 전하고 있다.

부여족의 영광을 단적으로 증명하는 조상의 유물 맥궁(貊弓)이다. 그러나 활은 동양에서는 무기 이전에 도(道)의 수련도구이기도 했다. 중용(中庸)에는 이런 구절이 있다.

"활 쏘는 것은 군자의 도리와 같으니 정곡을 맞히지 못하면 돌이켜서 그 원인을 자신에게 구하라(射有以乎君子識正 反求諸基身)."

우리 민족은 활과 가장 깊은 인연을 맺은 민족 중의 하나다. 정교하고 아름다울 뿐 아니라 세계에서 가장 멀리 가는 활을 우리는 발전시켜 왔다.

궁도의 일반적인 특성을 살펴보면 다음과 같다.

① 허약 체질인 사람이나 신체장애자는 자칫 열등감에 빠지기 쉬운데 궁도를 시작하고 나서는 열등감을 깨끗이 씻고 명랑 활달한 성격이 됐다는 예도 많이 있으며 양궁은 상반신만 건전하면 일반 건강한 사람과 핸디 없이 경기를 할 수도 있는 것이다.

② 정신적인 영향이 매우 큰 스포츠이다. 그래서 멘탈 컨트롤(Mental Control)이란 것이 강조되고 있다. 멘탈 컨트롤이라 함은 불안정한 기분을 가라앉혀 정신통일을 하는 것을 말한다.

③ 신사의 스포츠로 일컫는다. 단지 화살을 쏘아 표적에 맞히기만 하면 좋다는 것이 아니다. 어떤 스포츠에서나 각기 적절한 예의나 작법이 있는 것과 마찬가지로 당연히 궁도에도 그에 합당한 에티켓이 있다.

5) 근대 5종

원래 병사들의 종합능력을 테스트할 목적으로 설정되었다. 오랜 역사를 가진 종목으로 고대 그리스의 제18회 올림픽경기대회(BC 708년)까지 거슬러 올라간다. 당시의 경기는 제1회에 멀리뛰기를 하여 일정한 거리를 뛴 사람이 제2회의 투창(投槍)에 나간다. 여기에서 상위(上位)를 차지한 네 사람이 191.27m의 단거리 경주에 참가하여 한 사람을 탈락시킨다.

제4회의 투원반(投圓盤)에서 다시 한 사람이 탈락되어 남은 두 사람이 레슬링으로 승부를 겨루었다. 이것이 후에 육상의 5종 경기·10종 경기가 되었고, 레슬링은 분리되어 독립종목이 되었다. 근대 올림픽에서는 1912년 제5회 대회 때부터 매회 실시되어 '만능선수의 영광'으로서 중요한 종목이 되었다. 이것을 '근대 5종'이라고도 하며, 경기의 짜임새가 전령병(傳令兵)의 고투(苦鬪)를 말해 주는 드라마틱한 구성으로 되어 있어 군인의 친선대회적인 요소가 강하다.

실제 경기는 한 사람의 선수가 5일간에 걸쳐서 승마(마술)·펜싱·사격·수영·크로스컨트리의 순서로 경기를 하며, 세계선수권이나 국제경기에서는 마술을 마지막으로 하는 경향이 있다. 이것은 개최국에 따라 말의 준비가 곤란했기 때문이며, 말의 우열차(優劣差 : 추첨에 의해서 정한다)를 없애려는 배려로 이미 국제 근대 5종·바이애슬론 연합에서는 말 대신 오토바이·자전거·카누 등을 채택하자는 의견이 나왔다.

고대 올림피아 제전의 5종 경기는 멀리뛰기·투창·단거리경주·투원반·레슬링과 같이 체력의 경쟁을 목적으로 한 것이었으나 오늘날의 근대 5종 경기는 당시 IOC위원으로 많이 뽑혔던 군인들의 희망에 따라 실시된 경기종목을 말한다. 즉, 1912년의 제5회 대회 때부터 실시하게 된 근대 5종 경기에는 승마·펜싱·사격·수영·크로스컨트리의 5종목이 포함되어 있다.

승마·펜싱·사격·수영·크로스컨트리의 5종목을 한 명이 매일 한 종목씩 5일 동안 연속해 행하는 경기이다.

승마·펜싱·사격은 기능적 종목이라 부르고, 수영·크로스컨트리는 체력적 종목이라고 불러 구별하는 방법도 있다.

근대올림픽 창시자이며 1912년 제5회 올림픽대회에 IOC의 스포츠로 근대 5종 경기를 채택한 Pierre de Coubertin작이 그의 저서(Discourses and Essays : 1918)에서 평한 글이다. 한편 중세 철학자 아리스토텔레스(Aristotle)는 '가장 완벽한 스포츠인은 5종 경기를 하는 사람이다. 체력과 스피드가 경기인의 신체 속에 가장 아름다운 조화를 이루게 하는 경기이기 때문이다'라고 5종 경기를 매우 찬미하고 있다.

한 선수가 체력, 체능, 체격조건과 기술요건이 서로 다른 5가지 경기 종목을 섭렵한다는 것은 가장 뛰어난 신체능력과 정신력을 발휘함으로써 가능하며, 그러한 선수만이 올림픽선수의 칭호를 받을 만하다는 쿠베르탱(Coubertin) 남작의 말은 바로 완전한 인간을 추구한다는 올림픽의 진정한 이념을 반영한 것이다.

6) 단전호흡

'호흡법'이 우리에게 아직은 낯선 말임에는 틀림없다. 동양의학이나 중국무술을 연구하는 사람들 사이에서나 들을 수 있는 얘기일 뿐이다.

그러나 이웃 중국의 경우에는 성행(盛行)을 넘어서 하나의 새로운 사회적 현상으로 대두되고 있다. 아침이면 어느 공원에서나 집단으로, 혹은 혼자서 호흡법의 단련에 힘쓰고 있는 사람들을 볼 수 있다. 병원과 요양소에서도 호흡법에 의한 치료가 실시되고 있음은 물론이다. 호흡법에 관한 전문지도 출판되고 있고, 학계에서도 호흡법의 과학적인 해명을 위한 논쟁이 불 타오르고 있다.

호흡법의 역사가 긴 만큼 물론 전수자는 있으나 그 전수의 형태가 '한 스승에게서 한 제자로'의 극히 폐쇄적인 성격을 띠어 이렇듯 일반인들에게 알려져 폭발적인 붐을 일으킨 것은 극히 최근에 일어난 현상이다.

현대의 호흡법이란 정신과 육체의 excercise이다. 물론 무술가가 큰 힘을 얻고자 하기도 하지만 대중적인 호흡법의 용도는 보건과 질병의 치료에 있다. 결국 요가 등의 오리엔탈 엑서사이즈나 조깅이 대두된 것과 같은 맥락에서 그 붐의 요인을 생각해 볼 수 있다.

훈련의 핵심은 '방송'과 '입정'에 있다. '방송'이란 심신의 깊은 릴렉스 상태를 말하며 '입정'은 명상에 의하여 뇌파가 α파로 바뀌어 대뇌피질이 보호적인 제어상태에 들어가는 것을 말한다. 입정 중 대뇌의 단위산소 소모율 저하는 수면 시의 2배에 달하는 만큼 "기공은 5시간의 숙면과 같다"는 주장의 근거를 여기서 찾을 수 있겠다.

1시간의 훈련방법으로는 좌선처럼 조용히 명상을 하는 '정공(靜功)'과 몸을 움직이는 '동공(動功)', 신체의 하이터치 트레이닝인 '안공(按功)'이 있다. 움직임이나 터치가 수반되는 경우라도 그 움직임이 목적이 아니라 그로써 신경중추에 작용하는 것이 목적이다.

현대의 성인병, 만성병은 과식, 운동부족, 환경악화, 스트레스 등의 복합적인 요인을 가지므로 종래의 의학으로는 치료가 어렵다. 특히 스트레스와 마음의 병이 요인인 경우에는 더욱이 그러하다.

'호흡법'은 신경계의 스트레스 배제를 요체로 한 자기치료인 만큼, 예방의학 시대에 살면서 스스로를 돌보아야 하는 현대인들의 관심은 높아질 수밖에 없는 것이다.

7) 당구/포켓당구

우리나라의 당구 역사는 약 100여 년에 이르는 것으로 알려지고 있다. 원래는 일본에서 들어온 것으로서 '다마스끼'라고도 불리어 왔다.

융단을 깐 당구대 위에 3개 또는 4개의 빨간 빛과 흰 빛의 공을 올려놓고 큐라는 긴 막대로 한 개의 정해진 공을 치는 것이다. 큐에 맞은 공이 다른 공을 맞히면 그것으로 채점이 되어 승패를 가늠하는 실내경기이다.

어디까지나 연구를 필요로 하는 경기로서 지적인 흥미와 가벼운 운동을 동반하는 경기여서 현대인의 감각에 적합한 종목이다.

당구경기는 4구경기, 3구경기, 스리쿠션경기, 일할제경기, 포켓경기 등으로 크게 대별된다. 이 중에서 압도적으로 많은 사람들이 즐기는 것이 4구경기, 그러나 구미 각국에서는 현재 4구경기는 하지 않는다. 공을 전부 한 군데로 모아서(이른바 세리기법), 제한 없이 언제까지든 득점을 계속할 수 있어 게임의 흥미가 엷어졌기 때문이다. 반면 우리나라나 일본을 비롯한 동양권 일부에서는 지금도 이 경기를 가장 선호한다.

어느 경기이든 4구가 기본이 되어 있으므로 우선 4구경기를 완전히 마스터하는 것이 중요하다.

최근에는 하우스 당구대회가 당구계에 새로운 활력소로 등장하고도 있다. 하우스 대회란 기존 당구대회와 달리, 전국 개인 또는 당구업소가 개별적으로 주최하는 이른바 미니 당구대회인 것이다.

그러나 국내 프로 고수들이 이 대회에 대거 출전해 국제식 3쿠션을 겨루는 것으로, 전국 선수권에 못지않은 알짜배기 대회라고 할 수 있다.

유럽이나 미국, 일본 등에선 이미 상위 랭커들의 공식 클럽대회로 정착돼 있다. 한편, 그동안 국내에서 뜸했던 포켓당구가 젊은 여성들에 의해 새 압구정풍으로 등장하고 있다.

신세대, 특히 젊은 여성들이 화려한 포켓당구에 익숙해지기 시작하면서 젊은이 풍속도의 표현방식의 하나로 새로 늘어난 것이다. 즉, 말씨와 행동과 복장이 새롭고, 포켓볼이란 레포츠 '메뉴'로 등장한 것이다. 무엇보다 당구장에 활기를 불어넣는 주역이 젊은 여성이란 점에서 분위기도 신선하다.

당구의 일반적인 특성은 다음과 같다.

① 당구는 거창한 용구가 필요없다. 맨손으로 가서 경기를 할 수 있다.

② 당구를 치면 집중력과 주의력이 길러진다.

③ 여러 명이 게임을 벌이기도 하지만 혼자서도 재미있게 즐길 수 있는 운동이다.

8) 댄스/댄스 스포츠

댄스는 인체의 운동이 기본이지만, 그 운동은 항상 표현을 목적으로 하고 있어, 운동하는 것 자체가 목적이 아니고 또 경기도 아니기 때문에 스포츠하고는 별개로 구분된다. 그러나 표현이 목적이라고는 하더라도, 운동하는 것은 당연히 체위의 향상에 도움이 되기 때문에 이러한 뜻에서는 스포츠라고도 할 수 있겠다.

우선 댄스 발생의 근원을 보면 노동 속에서 성장하여 수렵이나 전투의 주술로서 행해지게 되었으며, 이어 종교와 관련되고 드디어는 오락으로 삼게까지 되었다. 로마시대에는 오락으로 취급되었으며 그 후 오랜 세기 동안 민속화하여 포크댄스가 싹텄고 또 한편 17세기경부터 예술로의 비약을 보이기 시작했다. 이탈리아의 르네상스(14~15세기)에 그 원형이 생겨난 발레가 프랑스의 궁정 내에서 발전했으며 드디어 일반화하여 예술로의 개화를 본 것이다.

매혹적인 리듬, 화려한 의상, 그리고 나비처럼 춤추는 것을 보고 나도 저렇게 출 수 있다면 하고 생각할 때가 있을 것이다. 또 파티에서 젊은 연인들끼리 춤추는 모습을 보면 부러울 것이다. 그런 경우 나는 재주가 없고, 리듬을 익힐 수 없으며, 그리고 어려우니까 등의 이유로 댄스를 멀리하는 사람들이 대부분이었다.

그러나 댄스경연대회에 출전하려는 것이 아니고 친한 사람을 파트너로 하여 댄스의 즐거움을 누리겠다는 생각이라면 운동선수와 같은 특수한 트레이닝이나 리듬을 익히는 훈련은 필요없다. 보통 걸음걸이로도 몸은 스텝을 이루고 있는 것이다.

또한 아무리 노래가 서툰 음치라도 콧노래를 부르며 무엇인가 하는 경우가 있을 것이다. 그것이 그대로 댄스의 리듬이 된다. 아무리 재능이 없는 사람이라도 가벼운 리듬을 타고 몸을 흔들거나 다리와 손을 리듬에 맞추는 경우가 있을 것이다. 그것만으로도 댄스를 익히는 데 필요한 기초를 지니고 있다고 할 수 있다.

우리들의 일상생활 속에 이미 댄스의 기본요소가 포함되어 있는 것이다. 이렇게 생각하면 댄스란 그렇게 어려운 것이 아님을 알 수 있다.

일반적으로 댄스는 포크댄스와 사교댄스로 구분하고 있다. 먼저 포크댄스는 중세시대에 농민들과 하층계급에서 추던 춤으로, 그저 그들의 즐거움만 소박하게 리듬으로 표현하고 만족할 수 있으면 되었다. 그래서 그 대부분은 자연스럽게 발생되었고 각 지방의 특색 있는 풍속과 습관을 잘 살려 그들만의 무용을 만들어 나갔는데 그것이 바로 포크댄스의 시초라고 보여진다.

이렇듯 처음에는 농민들만의 전용물이던 포크댄스는 르네상스시대에 들어와 귀족들과 교류가 생기자 궁중으로 흘러들어 귀족들이 즐기게 되었고 더욱 우아하고 세련된 동작으로 발전하게 되었다.

그래서 전에 농민들이 추던 때의 소박하고 단순한 것에서 화려하고 우아하고 복잡한 폴카나 미뉴에트, 그리고 가보트 같은 춤으로 옮겨 갔다.

이렇게 중세 농민의 생활에 깊이 뿌리 박혀 있던 포크댄스는 대부분이 아직도 그들의 풍속과 습관을 그대로 전해 주면서 남아 있지만, 한편으로는 궁중으로 들어가 영향을 끼치기도 했고 다른 민족에게 전파되기도 하면서 오늘날의 포크댄스를 이어오고 있다.

포크댄스의 일반적인 특성은 다음과 같다.

① 좋은 자세, 리듬, 감각, 운동 등을 익힐 수 있다.

② 서양식의 예의범절을 배울 수 있다.

③ 남녀 간의 올바른 이해가 자연스러워진다.

④ 명랑한 개인적 생활태도가 양성된다.

⑤ 남녀노소를 막론하고 쉽게 배우고 익히며 가족적인 분위기 속에서 즐길 수 있다.

⑥ 각국의 민족성을 알고 우의적 감정을 높이는 데 도움이 되며 각국의 특색 있는 음악, 리듬에 맞추어 즐길 수 있다.

한편, 사교댄스는 남녀가 한 쌍이 되어 추는 것이 상례이며, 음악의 가사나 멜로디의 구절과 관계없이 주로 리듬에 맞추어 자기 마음대로 스텝을 밟을 수 있는 것이 특색이다.

본래 사교댄스는 소셜댄스(Social Dance)를 번역한 단어로서 주로 무도장에서 추는 댄스를 의미하며, 재즈와 결합하여 가정에 파고든 댄스를 말한다.

그러면 댄스를 잘하기 위한 오령은 없는가? 그 해답은 여기에 있다.

● **잘 보라 :** 파티 같은 데서 자연스럽고도 아름답게 또는 침착하게 추는 사람을 발견하면 그의 포즈·스텝·리드하는 법 등을 자세히 관찰하여 참고하는 것이 좋다.

● **잘 배우라 :** 기술이 훌륭한 교사에게서 부지런히 배울 필요가 있다. 교사는 자기의 결점을 기탄없이 지적하여 주지만 다른 사람들은 충고해 주지 않기 때문이다.

● **잘 추라 :** 잘 보고 잘 배운 뒤에는 한번이라도 추어 볼 일이다. 한 사람하고만 출 것이 아니라, 되도록 많은 파트너와 추는 것이 좋다. 그러나 횟수만을 많이 거듭하기보다는 한 곡 한 곡 잘 반성하면서, 자기의 밸런

스는 좋았던가 하는 점을 항상 비판하면서 추는 것이 더욱 중요하다.

[댄스 15칙(Dance 15 Rules)]

● 될 수 있는 한 말을 하지 마라

● 언제나 미소를 띠어라

● 남의 복장을 흉내내지 마라

● 음악이 계속되는 도중에 중지하지 마라

● 남이 춤 추는 모습을 비평하지 마라

● 눈을 감지 마라

● 치크댄스를 하지 마라

● 방향선을 역행(逆行)하지 마라

● 다른 팀을 앞질러 가지 마라

● 대화는 조용히 하라

● 홀을 횡단하지 마라

● 신발소리를 내지 마라

● 동성끼리는 추지 마라

● 담뱃재를 함부로 떨지 마라

● 화장실을 출입할 때 조심하라

9) 등산

등산의 본령은 정상을 정복하는 데 있는 것이 아니라, 곤란을 타개하고 이기기 위해 얼마나 훌륭하게 투쟁하였는가에 있다.

등산에 있어서 곤란을 타개하고 승리를 쟁취한다는 것은 하나의 요소가 될는지 모르지만 더 나아가 위험과 대결한다는 점을 인식해야 한다.

등산은 우선 목적하는 산을 결정하는 일에서부터 시작된다.

등산을 하는 데 있어서는 어떠한 산이라 할지라도 하나의 마음가짐이 필요한데 어디까지나 자신의 경험을 토대로 자기의 수준에 알맞은 것이어야 한다. 그 산의 양산이라든지, 그 산이 가진 위험성을 염두에 두어 무턱대고 고산준령이라는 어휘에 매혹되는 일 없이 자기 스스로 진로를 개척해 나가려는 마음의 자세를 가져야 한다.

최근에는 웬만한 산이라도 교통이 편리해져서 산이 바로 지척에 있는 것이나 다름없다고 여기곤 한다. 또 등산을 위한 시설이 갖추어지고 세워지는 등, 아무튼 지나칠 정도로 편리하여, 다만 사람들의 뒤를 따라가기만 하면 된다는 안일한 기분이 되기 쉽다. 시설이 완비되어 있다고 해서 아무런 예비지식도 갖추지 않거나 심지어 지도를 읽는 법까지 모르는 등산인조차 있는 실정이다.

산에 오르는 재미, 오직 그것만을 위해 산에 오르는 행위를 가리켜 우리는 등산이라고 부른다. 산에 오르는 것을 재미라고 해도 산에 오를수록 즐거움을 느끼는 경우도 있으며, 또 오르는 도중에는 많은 괴로움을 겪었지만 지내고 나서 즐거웠다고 느끼는 경우도 있을 것이다. 그러나 그 어느 경우에도 즐거움이라는 점에는 틀림이 없다.

오늘날 등산이 스포츠의 일종으로 변했다는 것은 하나의 상식으로 되어 있다. 등산은 이미 훌륭한 스포츠로서의 분야를 이루고 있지만 인간 대 인간으로 승부를 겨루는 경기는 아니다. 따라서 규칙이 있을 리 없으며 대자연을 상대로 하여 등산인 스스로가 자기 자신을 알고 페어플레이로 시종 임하는 것이다. 그러는 사이에 기술을 연마하고 정신을 단련하며 인간성을 높이려는 것임을 깊이 인식할 필요가 있다.

다른 스포츠 경기에서는 조금이라도 생명을 위협할 만한 행위는 반칙으로 금지되어 있지만 산은 상대가 누구든지 간에 조금도 손을 대지 않는다. 산이 내포하고 있는 여러 가지의 위험에 대처하여 그 위험을 피하면서 어떻게 안전하게 산을 오를 것이냐 하는 점이 등산기술이 되는 것이다.

10) 바둑

바둑은 약 4000년 전에 중국에서 발상되어 우리나라를 거쳐 일본에 전해졌다고 한다. 일설에 의하면 중국의 황제가 자기 자녀의 의지가 박약함을 탄식하여 바둑을 고안, 정신 수양을 위해 바둑을 배우게 했다고 한다. 그 외에도 바둑의 발상에 대해서는 여러 가지 설이 있지만, 그 일화는 바둑의 특성을 잘 설명해 주고 있다.

승패를 가려야 하는 상황에서 본다면 바둑은 무도의 영역에 속하며 바둑의 승부가 관전기 등에서 무예자의 진검승부에 곧잘 비유되기도 한다. 그러나 승패에 연연하지 않고 바둑 자체를 즐긴다든가 또는 훌륭한 기보를 남긴다고 하는 '창조'의 측면에서 본다면 바둑은 문화의 영역에 아주 가까운 것이다.

바둑의 초창기 태동과정에 관한 여러 가지 설 중에서 지금도 상당한 설득력을 지니고 있는 것은 바둑판, 바둑돌이 애초에는 천문을 관측하고 음양의 기를 점치는 도구였다는 것이다. 이것은 바둑의 생장 자체가 아주 문화적이었다는 의미를 내포하고 있는 것이다. 그런 만큼 바둑은 예술에도 가깝고 돌을 잡혀도 지는 것이 아니며 승부 호흡이 길다는 점에서 지극히 평화적인 것이라고 할 수 있다. 이러한 바둑은 누구나 배울 수 있고 누구나 둘 수 있다.

그러나 바둑을 통하여 참다운 진리를 터득하는 일은 아무나 할 수가 없다. 그것은 마치 높은 설원에서 인생의 오묘한 진리를 깨닫고자 끝없이 수

행하는 수도자와도 같은 집념과 노력이 필요하기 때문이다. 그렇다고 바둑을 너무나 어렵게만 생각해서도 안 될 것이다. 쉽게 생각하는 가운데 바둑에 보다 가깝게 접근할 수 있도록 노력하는 일이 더욱 중요하다고 본다.

바둑이란 바둑판 위에 이미 한정되어 있는 361개의 집을 누가 더 많이 차지하느냐로 승부를 겨루는 게임이다.

상대방이 한 점으로 열 집을 짓는 수를 둔다면 나는 열두서너 집을 지을 수 있는 수를 둔다거나, 또 석 집을 짓는 수에는 넉 집이나 다섯 집을 짓는 수로 대항해 나가면 결국 이기게 된다. 이러한 사실을 모르고, 아니면 알면서도 무턱대고 상대방 돌을 잡는 데에만 모든 정신이 쏠려서는 발전을 기대하기 어렵고 바둑의 진수를 깨우치기도 어렵다.

막상 실전에서 이를 구현하기란 그렇게 쉬운 일은 아니지만, 개념으로라도 이 사실을 명심하면 큰 도움이 될 것이다. 이런 마음가짐으로 바둑을 두어 나가면 반드시 기력의 향상을 꾀할 수 있을 것이다. 결과적으로 바둑을 배우게 되면 집중력, 사고력, 판단력, 지구력, 참을성과 승부욕을 배우게 되며 남녀노소 어느 누구라도 간편히 즐거운 시간을 보낼 수 있는 건전한 오락이다.

11) 보디빌딩

보디빌딩(Body Building)이란 '건강하고 근육이 우람하면서도 균형 잡힌 강한 체력을 이룩하기 위한 운동'을 말한다. 보디빌딩에서는 바벨(역기)이나 덤벨(아령) 또는 서킷(Circuit), 트레이닝 기구(체육관에 설치된 최신형 기구들을 일컫는 말)나 익스팬더(Expander)와 같이 중량이나 저항에 의해 근육을 크게 팽창, 수축시켜 근육의 굵기와 힘을 발달시키게 하는 운동이 주체가 된다.

보기에 우선 근사한 체격은 비교적 단시일 내에도 형성되지만, 그것만으로는 강하고 건강한 신체를 기대할 수 없고 심장이나 폐장의 강화에 큰 효과가 없다. 그래서 정말 강하고 건강한 신체를 원한다면 앞에서 말한 저항운동을 덧붙여 호흡기, 순환기능을 촉진시키도록 여러 가지 운동을 종합적으로 그리고 장시간 쌓아갈 필요가 있다. 물론, 근육에 강한 저항을 줄 수 있는 것이라면 맨손으로 하는 운동도 좋다.

보디빌딩은 너무 전문화되고 어려운 스포츠이지만 다른 스포츠에 한때 빠져 있던 체육인들이 새로운 관심을 보이고 있는 종목이다. 이것은 이 스포츠가 발전해 나가고 경제의 수준이 높아지면서 대중의 관심 또한 높아지리라는 것을 의미한다.

오늘날의 보디빌딩은 보다 나은 자기 이미지와 자신감, 건강을 발달시키는 레크리에이션의 측면이 많이 개발되고 있다. 정형외과 의사들은 신체적으로 문제가 있는 어떤 타입의 환자들을 복원하는 수단으로 사용하고 있고, 나이 먹은 사람들은 심신쇠약과 싸우는 수단으로 보디빌딩을 하고 있다.

다른 많은 운동선수들은 보디빌딩이 자신들의 운동을 촉진시키는 훈련에서 매우 중요하다고 생각하고 있으며 여성, 어린이 심지어 전 가족이 함께 보디빌딩을 하기도 한다.

요약하면 보디빌딩(육체미 운동)은 과학이고 스포츠이며, 긴장과 스트레스를 해소시키기 위한 기분전환일 수도 있다. 그러나 최종 목적은 건강과 힘, 균형잡힌 신체 발달을 도모하는 데 있는 것이다.

12) 볼링

볼링의 기원을 더듬어 올라가면 상당히 오랜 역사를 가지고 있다. 영국의 고고학팀이 이집트고분(1200여 년 전의 것으로 추정)에서 발굴한 목제의 볼과

핀은 볼링의 오랜 역사를 그대로 나타내고 있다.

A.D. 500년경부터 유럽의 귀족들 사이에서 성행되다가 자취를 감춘 볼링은 12세기에 이르러 유럽대륙과 영국에서 왕성해졌다. A.D. 14세기경에는 종교의식의 하나로(케케르)라 하는 막대기를 사용하여 즐기기도 하였으며 종교개혁의 아버지로 유명한 마틴 루터는 당시 열렬한 케그러(볼러)로서 제각기 달랐던 핀의 수를 9개로 정착시키고 다이아몬드 모양으로 핀을 세우는 등 기본적인 경기규칙을 세우기도 하였다.

현대볼링은 1874년 뉴욕에 덴핀볼링센터가 생기면서 시작되었으며 1895년 ABC(America Bowling Congress)가 조직되어 경기규칙 및 기계의 표준화가 이루어졌다.

볼링의 일반적인 특성을 살펴보면 다음과 같다.

① 다른 운동과는 달리 애써 몸을 단련시킬 필요도 없고, 지속적인 훈련이 필요한 경기도 아니기 때문에 몸이 굳은 사람에게 알맞은 스포츠다. 체력에 자신이 없는 사람이나 여성도 부담없이 시작할 수 있다.

② 복잡한 일상생활의 현장에서도 큰 준비없이 잠깐 시간을 내어 스트레스를 풀 수 있다.

③ 여성에게는 미용체조를 겸하는 효과가 있다. 운동을 즐기면서 아름다운 몸매를 가꿀 수 있어 일석이조다.

13) 사격

사격이란 '한자리에 있으면서 먼 곳의 것을 겨누어 맞추는 투척(投擲) 행위(넓은 의미에서의 사격)'에 그 기원을 두었다고 생각된다.

인간이 집단 사회생활을 시작하면서부터 사람끼리의 경쟁이 생겨났고, 식량을 구하기 위한 경쟁의 영역을 벗어나 싸움을 하기 위하여서도 항상 무술을 닦아, 쏘는 연습과 경기를 하였는데, 그 도구가 처음에는 돌을 던진다든가 하는 사람의 힘을 이용하는 즉, 활을 사용하는 시기가 오랫동안 계속되다가 급기야는 화약이라는 새로운 추진 물질을 발명하면서부터 인간에게는 총(銃)이라는 무서운 무기가 손에 쥐어지기 시작하였다.

총의 발명은 현대의 무기의 발명과도 비길 만하여서 순식간에 대자연을 정복하였고, 종족과 종족, 나라와 나라 간에 지배자와 피지배자가 생기게 되었다.

15세기경에 발명한 총은 모든 사람들에게 호기심뿐만 아니라 신격화되어 버려 사격술 훈련은 물론 사격 경기장까지 빈번히 가지게 하였던 것이다.

인류의 역사는 수렵에서 비롯되었고, 이것이 오늘날의 스포츠 사격으로 변천되었다. 시간의 경과에 따라 인류는 끊임없이 종족을 보존하고 세력을 확장하기 위해 사격술을 발전시켜 왔다. 사격은 동서를 막론하고 군사적 목적 때문에 시작되었다고 보는 것이 타당하겠으나, 오늘날의 사격 분야는 국방의 측면으로서나 확고한 스포츠 면으로서나 그 진가가 확실해지고 있는 것이다.

사격은 흔히 살상의 수단으로 생각되어 왔고, 전쟁을 자주 겪는 나라에서는 그것을 좋게 생각하지 않았다. 그러나 이런 견해는 점차 연속적으로 해소되어 가고 급기야는 평화를 사랑하는 국가와 국민들 사이에 현대적 스포츠로서 불가결의 일익으로 발전되고 있다.

예를 들면, 평화의 상징적 나라인 스위스의 국민들은 사격 스포츠의 세계전파(傳播)와 함께 스포츠 사격으로 인해 수세기 동안 누려온 평화의 보금자리가 바로 그것을 증명하고도 남음이 있다 하겠다.

사격의 일반적인 특성은 다음과 같다.

① 고도의 정신 집중과 지구력 및 극기력을 요하는 고차원의 경기 종목이다.

② 사수는 자신의 사격행위를 반성함과 동시에 끊임없이 자신을 통제해 나감으로써 한 치의 오차나 동요까지도 방지할 수 있어야 한다.

③ 침착성, 집중력을 길러 안정감을 갖게 하며, 바람직한 성품을 길러 준다.

14) 사이클링/하이킹/외발자전거

자전거는 순수한 인력의 힘으로 가동되는 운반수단이다. 따라서 에너지 절약, 공해 방지, 건강증진의 차원에서 획기적인 교통수단으로 평가된다. 이러한 특성을 살리기 위해 선진국에서는 자전거의 바이콜로지(Bicology)라는 신조어까지 만들어 내고 있다.

미래학자 앨빈 토플러는 "대중교통수단은 20세기를 고비로 하여 100년 단위로 역행한다"고 주장했다. 폭발적인 상승 무드를 타고 있는 자동차문화의 한계는 우리가 익히 경험하고 있다.

배기가스로 심하게 더러움을 타는 환경과 목줄을 죄듯 포화상태로 치닫는 도로, 화석연료의 고갈로 인해 자동차문화는 21세기에 이르면 퇴조될 것으로 예상하고 있다. 그렇다고 서부 활극시대에 등장하는 말을 교통수단으로 채택할 수도 없는 노릇이다. 그렇다면 자동차의 위풍당당한 기세에 눌려 빛을 보지 못하던 자전거에 단단히 눈독을 들이는 것도 보람있는 일이 아닌가 생각된다.

자전거의 시대가 활짝 열리고 있다. 그 증상으로 우리나라에도 자전거에 대한 인식이 새롭게 부각되면서 멋들어진 자전거들이 속속 개발되고 있다.

자전거는 하이킹과 같은 레크리에이션 활동에 널리 이용되고 있는 상쾌하고도 흥미있는 운동으로 스피드와 경쾌성을 즐기는 현대인에게 적합하며, 성별, 연령, 도로의 상태를 가리지 않고 쉽게 배울 수 있고 전신운동으로서의 효과와 지구력을 강화하는 특성을 지니고 있다. 자전거의 가장 큰 특색은 자유로이, 자기 자신의 힘으로 자연 가운데를 마음껏 달려 돌아다닐 수 있는 점이라 할 수 있다.

페달의 회전운동으로 인한 하복근의 발달과 다리의 근지구력을 향상시킨다. 또한 핸들과 브레이크 조작으로 혈액의 말초순환을 촉진, 동맥경화를 예방하며, 순환계통과 호흡기, 소화기, 신경기의 기능을 활발하게 한다.

또한, 속도감과 상쾌감을 즐길 수 있으며 일상의 생활에서 오는 스트레스 해소를 위해 유용한 것으로 알려져 있다.

자전거 하이킹은 MTB(산악자전거)와는 달리 거의 대부분 아스팔트 도로를 이용하는 까닭에 안정성과 상쾌함이 더하고, 소풍의 즐거움뿐만 아니라 수영이나 조깅 못지않은 운동효과를 얻을 수 있다. 전신운동으로 특히 심폐기능 강화와 다리근육 단련에 더없이 좋다.

하이킹을 떠날 때는 활동이 편하고 가벼운 옷을 입되 땀이 배어 감기에 걸릴 위험이 있으므로 상의는 약간 두툼하게 입는 것이 좋다. 출발 전에 브레이크나 체인 등 자전거 점검을 철저히 해야 안전사고를 막을 수 있으며 주행 중에는 교통법규를 철저히 지켜야 한다.

최근에는 바퀴가 하나뿐인 유니사이클까지 자전거 붐에 편승해 제목소리를 내기 시작했다. 우리나라엔 아직 선을 보이고 있는 단계이지만 이웃나라 일본의 경우 유니사이클 바람이 태풍처럼 일어나 일본열도를 휩쓸고 있다.

사이클링 등의 일반적인 특성은 다음과 같다.

① 스릴과 스피드를 즐기는 사이클은 스트레스가 많이 쌓인 현대인들에게 적합한 운동이다.

② 심폐기능이 강화되고 적정한 에너지가 소비되므로 비만과 노화 방지에 효과가 크다.

③ 운동을 하면서 동시에 자연경관을 만끽할 수 있기 때문에 전혀 지루함을 느낄 수 없다.

15) 산악자전거 타기(MTB : Mountain Bicycle)

산악자전거(MTB : Mountain Bicycle)가 폭발적인 인기를 모으고 있다. 국제올림픽위원회(IOC)가 산악자전거를 '96애틀랜타올림픽 정식종목으로 채택하면서 MTB에 대한 인기와 관심이 급증한 것이다. MTB의 특징은 강한 차체, 두꺼운 바퀴, 일(一)자형 핸들 그리고 기어 부착으로 집약된다. 전체적으로 둔탁한 느낌이 들기도 하지만 가볍고 단단한 첨단소재로 만들어져 다루기도 쉽고 안정감을 유지하거나 균형을 이루는 데도 탁월한 기능을 발휘한다. MTB는 1970년 미국 캘리포니아에서 바닥이 험하고 미끄러운 산악지대에서 달리는 크로스컨트리 경기용으로 개발된 것이 효시이다.

우리나라에서도 지난 1989년 MTB가 시판된 이후 지금은 전체 자전거시장의 50% 이상을 차지하고 있으며 요즘도 모험을 좋는 청소년층을 중심으로 수요가 확산일로에 있다.

MTB를 보다 즐겁고 안전하게 즐기려면 타는 기술을 익히는 것은 물론 필요한 장비를 반드시 갖춰야 한다. 넘어지거나 충돌하는 사고가 빈발하므로 헬멧, 무릎보호대, 팔꿈치 보호대, 장갑 등은 필수품 또 과격하고 운동량이 많은 스포츠인 만큼 타기 전에 반드시 충분한 준비운동과 스트레칭을 하는 것이 바람직하다.

산악여행을 떠날 때는 가고자 하는 곳의 지형도를 준비해야 하며 연계되는 도로교통도 함께 눈여겨 두는 것이 여러모로 좋을 것이다. 초보자들은 산악코스보다는 산림도로나 시골길을 이용하고 혼자 떠나는 것보다는 만약의 사고에 대처하기 위해서라도 삼삼오오 짝을 지어 다니는 것이 바람직하다.

16) 승마

고급스포츠로 인식되어 있지만 사실상 승마는 스포츠이기 이전에 인류의 오랜 생활수단이었다. 인간과 말의 교류가 이처럼 밀집했기 때문에 어디서부터가 승마의 기원이라고 꼬집기는 어렵다. 이집트 및 티그리스, 유프라테스강 유역과 그리스, 인도 등지에서는 오래 전부터 승마를 보는 스포츠로 개발해 즐겨왔다. 오늘날과 같은 근대마술의 기초를 확립한 것은 프랑스의 명마술과 보셰(Baucher, F : 1805~1873)로 전해진다

우리나라의 근대 승마는 이조 말엽 러시아로부터 도입되었다. 특히, 장애물비월경기는 승마의 꽃이라 불린다. 말을 몰아 장애물을 뛰어넘는 이 종목은 보는 이의 마음을 졸이게 만드는 박진감이 매력이다.

종합마술경기는 한 사람이 동일한 말로 첫날은 마장마술, 둘째 날에는 지구력경기, 셋째 날에는 장애물비월경기의 3종목을 치르는 경기로 3일경기라고도 부른다.

이런 종목들은 고도의 기술이 필요하기 때문에 일반인들에게는 무리지만 승마를 전문적으로 즐기려는 사람은 한번 도전해 볼 만하다.

'승마국제대회 중에는 한일 사회인 승마대회가 있어 일반인들도 경기에 참여하는 기회를 가질 수 있다.

승마의 일반적인 특성은 다음과 같다.

① 무엇보다 말과 함께하는 운동이라는 점이 승마의 가장 큰 매력이다. 살아 있는 생

물인 말의 움직임과 감정상태까지도 생생하게 전달되는 느낌은 다른 스포츠를 통해서는 맛볼 수 없는 독특한 것이다.

② 말을 몰게 되면 허리가 유연해지고 다리 힘이 좋아진다. 앉은 자세로 오래 근무해 하체가 약하거나 요통을 호소하는 사람들은 이 운동으로 치료효과를 볼 수 있다.

③ 쉴 새 없는 반사작용으로 몸매를 탄력적으로 가꿀 수 있어 여성들에게 특히 좋다.

17) 에어로빅

에어로빅이 우리나라에서 처음 소개된 이래 이 운동은 학교에서, 직장에서 또는 헬스센터에서 대단히 빠른 속도로 보급되어 왔다. 그러나 그동안 운동과학에 대한 전문지식의 부족으로 인하여 많은 문제점이 제기되었던 것이 사실이다.

에어로빅 운동은 생리학적인 기본원리를 바탕으로 시행되어야 한다. 또 개별적인 운동능력을 고려한 운동처방에 따라 운동 프로그램이 구성, 개발되어야 하며 각 움직임은 신체의 해부학적인 구조에 기반을 두어 정확하게 이루어져야 한다. 이러한 에어로빅 운동이 아니면 운동의 효과를 거둘 수 없을 뿐 아니라 오히려 운동상해로 인한 심각한 부작용을 초래할 수 있다.

인간의 조화로운 발달이란 인간의 내적 표현인 신체활동을 보다 의미 있고 건강한 상태로 유지하는 것이다. 이러한 노력의 일환으로 현대의 에어로빅 운동은 어린 소년, 소녀에서부터 노인에 이르기까지 다양한 형태로서 우리 모두에게 친밀감을 갖기 시작하였다. 또한 에어로빅 운동은 인간의 삶을 보다 풍요롭고 생산적인 생활패턴으로 이끌어주는 매개체로서 인간의 전인적인 건강을 도모하는 데 중요한 역할을 하고 있는 것으로 알려져 있다.

그렇다면 과연 무엇이 에어로빅 운동에 관한 갑작스러운 관심을 불러

일으켰는가? 그 이유 중의 하나는 물질적으로 풍족함을 누릴 수 있게 된 1970년대의 생활습관에서 비롯되었다고 볼 수 있다. 즉, 음식을 적당히 먹고 운동과 현명한 생활방식으로 활동적인 생활을 하려는 시대적인 흐름에 많은 영향을 받았다.

또 다른 요소로는 질병에 대한 치료나 예방의 긍정적 효과가 있다는 것을 발견하게 되었고, 운동을 함으로써 얻게 되는 즐거움을 긍정적인 삶으로 유도하게 된다는 결론을 내리게 되었기 때문이다.

에어로빅의 일반적인 특성은 다음과 같다.

① 음악과 춤을 함께 즐길 수 있는 운동으로 큰 소리를 내면서 리듬에 맞춰 열심히 움직이고 나면 스트레스를 완전히 풀 수 있다.

② 열량의 소비가 높아 에어로빅을 계속하면 눈에 띄게 불필요한 지방이 빠진다. 허리도 가늘어져 탄력있는 몸매를 유지시켜 준다.

③ 뛰면서 보다 많은 산소를 흡입하게 되어 혈액이 정화되고 심폐기능이 강화된다.

④ 몸이 유연해지고 지구력도 증가하므로 다른 스포츠에 대한 자신감도 붙게 된다.

실제로 많은 전문 스포츠인들은 기본체력 보강을 위해 에어로빅을 하고 있다.

18) 역도

역도경기는 고대 그리스 이전부터 존재하고 있었지만 근대적인 형태를 갖추게 된 것은 1900년대가 되어서부터였다. 영국에서는 엘리자베스조시대(16세기 중엽~17세기)에 덤벨을 사용한 운동이 행해졌다고 하나 이것이 뚜렷한 모습을 갖추게 된 것은 구즈무츠나 얀에 의해 덤벨 운동이 세상에 소개되고 얀의 제자 아이젤렌에 의해 덤벨 운동에 관한 지도서가 간행된 이후의 일이다. 역도는 제1회 아테네올림픽대회에서 체조경기의 일부분으로 다루어져 그 종목도 '양손에 의한 저크', '한 손에 의한 저크'으로 나누어졌고, 1920년의 제7회 앤트워프올림픽대회에서 비로소 체급별로 경기를 진행시켰다.

우리나라에는 1916년에 도장이 신설되어 매년 국내 경기대회를 실시했으며, 대표적인 국제대회 참가 기록으로는 1947년 필라델피아 세계 선수권대회에 참가한 것이 처음이다.

역도 경기는 4m×4m 플랫폼 위에서 공식 바벨을 인상, 용상, 2종목 모두 3회씩 들어올려 최고 중량을 겨루는 것이다.

역도의 일반적인 특징은 다음과 같다.

① 바벨과의 외로운 트레이닝으로 집중력 및 정신력이 강화되는 종목이다.

② 바벨을 통한 전신근력운동으로 파워를 필요로 하는 모든 이들에게 필요한 종목이다.

③ 신체의 좌우와 앞뒤의 근육이 조화롭지 못하면 잘 할 수 없는 종목이기 때문에 신체균형을 위한 좋은 운동이라 할 수 있다.

④ 근육량이 급격히 줄어드는 시기에 단계별 트레이닝으로 좋은 종목이다.

19) 요가

히말라야의 오지에서는 현대과학의 지식으로서는 도저히 설명할 수 없는 불가사의한 일이 일어나고 있다. 인간이 흙 속에서 한 달 이상 동면하는가 하면 높은 산을 사이에 두고 마음과 마음의 능력을 통해서 서로 대화를 하는 텔레파시를 실제로 행하고 있다는 것이다.

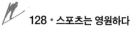

요가는 지금은 물속으로 침몰해 버린 아틀란티스 대륙에서 기원되어 이집트로 건너갔고 그 후 다시 몽골, 티베트, 인도(지금으로부터 5천여 년 전)로 전파되었다.

인간은 본래 태어날 때부터 체력, 담력, 정력, 판단력, 그리고 실천력을 천수력(天受力)으로 타고난다고 한다. 그러나 그 천수적인 능력은 문화가 점점 발달해 오는 과정에 따라서 약화되고 퇴화되어 왔기 때문에 물질문명의 산물인 기계에 의존하고 있는 것이 현실이며, 자연의 가르침을 망각하고 살고 있기 때문에 80세도 못 살고 죽어가고 있는 것이다.

건강이라고 하면 흔히 육체적인 것을 생각하고 체육에 중점을 두는데 그 육체를 통제하고 있는 실제의 자기를 개발하는 지육을 소홀히 해서는 안 된다. 체육과 지육을 통해 종국에 가는 심령을 개발하는 영육에 정진할 때 진정한 의미에서 건강을 찾을 수 있으며, 이러한 이상을 추구하는 최선의 방책은 순차적인 수련과정에 따라 요가를 실천하는 것이다.

요가라는 단어는 범어의 YUJ(말에 멍에를 건다는 뜻)라는 말에서 유래되었고 조화와 균형을 갖춘 통합을 뜻한다. 요가는 대자연을 신으로 하여 신을 이해하고 자연과 결합하려고 하는, 즉 신아일치(神我一致)를 최후의 목표로 한다. 그 과정으로 호흡법, 체위법과 명상을 실천하여 정신과 육체 양자의 진정한 건강을 통해서 인간이 본래 타고난 능력을 개발하는 방법을 체계적으로 추구하는 실천철학이다.

인도에서 성행한 요가는 그 후 불교의 보급과 때를 같이해서 중국으로 전파되었고 그것이 우리나라에 들어온 것은 삼국시대 때이며 사상의학, 실학 등에 영향을 끼쳤다. 퇴계 선생은 양생법이라고 이름하여 호흡법을 토납법과 복기법 등으로 가르쳤고 도인법으로 몇 가지 요가의 체위법을 활용하였다. 근대에 와서 서산대사, 사명당 등이 요가의 행법을 터득하여 신통력을 발휘했던 것은 유명한 일이다.

20) 육상

우리나라에서 육상경기가 본격적으로 시작된 것은 1896년이다. 한성 영어학교 학생들이 영국인 교사 허치슨의 지도로 화류회(花柳會)라는 운동회를 연 것이 우리나라 학교운동회의 효시이며 육상경기의 시초이다.

1896년 5월 5일 삼선평(현재의 삼선교 부근)에서 열렸던 화류회에 이어, 같은 해 5월 30일에는 훈련원에서 181명의 학생이 참가한 관립학교(官立學校) 연합 운동회가 육상경기를 중심으로 개최되었다. 또, 1997년에는 홍화문 밖 산 위에서 경성학당 창립 1주년 기념운동회가 열렸고, 곧이어 훈련원에서 영어학교의 대운동회가 거행되었다.

그때의 경기종목으로는 300·600·1,350보 달리기, 포환던지기·멀리뛰기·높이뛰기·당나귀달리기·줄다리기 등이 있었다. 선수들의 복장은 바지·저고리에 갓을 쓴 진풍경이었으나, 이런 운동회들은 새로운 시대의 흐름을 알림과 동시에 민족의 정기를 불러일으키는 데 큰 역할을 하였다. 이와 같이 운동회는 그 후 해마다 개최하는 학교가 늘고, 횟수와 연륜이 거듭됨에 따라 진보·발전하면서 차츰 육상경기와 같은 성격을 띠게 되었다.

1919년 조선체육협회가 거행되었으며, 1923년에는 경성일보사 주최의 경인간 역전경기대회가 처음으로 열렸다. 같은해 조선체육협회에서는 육상경기계(界)의 기술향상과 보급발전을 위해 육상경기연구위원회를 결성하였으며, 11월에는 연희전문학교 제1회 전 조선중등학교 육상경기대회가 열렸다. 또, 1924년 조선신궁(神宮)대회에서 마라톤에 김은배(金恩培) 선수가 2시간 26분 12초로 기존의 기록을 1시간 단축, 우리 체육계의 국제무대 진출의 터전을 닦아놓았다.

1932년 제10회 로스앤젤레스올림픽대회에서 김은배·권태하(權泰夏) 선수는 각각 6위와 9위를 차지하였고, 1936년 제11회 베를린올림픽대회에서 손기정(孫基禎) 선수는 2시간 29분 2초의 올림픽 신기록을 세우면서 금메달을 차지하였다. 1945년 대한육상경기연맹이 창립되면서 국제아마추어 육상경기연맹(IAAF)에 가입하였으며, 1946년부터는 제1회 육상경기 선수권대회를 비롯한 많은 경기가 거행되었다. 그 후 1950년 보스턴마라톤대회에 3명의 선수가 참가하여 1·2·3등을 차지하였고, 1954년 제2회 아시아경기대회에서 최윤칠(崔崙七)·최충식(崔忠植) 선수가 1,500m, 10,000m에서 각각 우승을 차지하는 등 '마라톤 한국'의 명성을 세계 만방에 떨쳤다.

그러나 그 후 1986년 제10회 아시아경기대회에서 3관왕을 차지한 임춘애(林春愛) 선수 이후, 황영조, 이봉주 선수 등이 마라톤에서 금메달을 획득한 이후, 그 밖의 올림픽을 비롯한 모든 국제경기에서 입상권에 들지 못하고 있는 실정이다. 해마다 열리는 전국체육대회를 비롯하여 육상선수권대회와 국제친선교환경기 등에서 기록은 갱신되고 있으나 중·단거리경기에서 지난날과 같은 '마라톤 왕국'이라는 명성을 되찾지 못하고 있다.

21) 장기/체스

장기는 지금으로부터 약 4000년 전에 인도에서 발상하여 세계 각지에 전해진 것으로 알려져 있다. 페르시아를 거쳐 유럽에 전해진 것은 체스라고 한다. 장기는 전해진 나라의 풍토와 민족성 등에 의해서 많은 차이를 보이고 있다. 우리나라에는 언제 전해졌는지 기록으로 전해지는 것이 없어 확실한 연대는 알 수 없으나 장기짝에 '한', '초'라 새겨져 있는 것을 보고 1800년 전인 후한 말 이후에 중국을 거쳐 들어온 것으로 추측한다.

최근 우리 민족의 전통놀이로 장기에 대한 인식이 새로워지면서 재도약기를 맞고 있다. 전자오락 등 문명의 이기를 앞세운 현대적 놀이거리가 많아졌지만 장기판이 직장과 학교에서 인기를 더하면서 장기동호인도 늘고 있다. 한국장기협회의 보급노력이 주효하고 '우리 것을 찾자'는 사회 분위기가 민속 장기에 대한 국민적 애정을 북돋우고 있는 것이다. 직장 내에서도 직원들 간의 유대를 강화하고 이해를 돕는 방법으로 장기를 적극 활용, 건전한 직장 기풍을 가꿔가고 있다.

우리나라 장기가 왕을 초, 한으로 나누는 데 비해 중국은 장과 수로 표시하고, 사는 궁내성에서 절대 대각선으로 움직일 수가 없다. 중국 장기는 기물이 8각형인 우리와는 달리 원형이지만 기물의 전·후진 이동은 우리와 같다.

일본 장기는 중국이나 우리와는 판이하다. 가장 특이한 점은 상대 기물을 잡으면 자기편으로 이용할 수 있다는 것이다. 그래서 잡히면 영락없이 배신자가 될 수밖에 없다.

예로부터 우리 선조들은 장기를 통하여 이웃과 함께 수담을 나누며 정을 교환해 왔다. 언제 어디서든 훈훈한 인간미를 나누어왔던 것이다. 따라서 현대인들에게 민속 장기는 더욱 필요하다.

22) 조깅

달리기는 특별한 기술이나 속력을 필요로 하지 않는 자연 운동의 일부로 언제 어디서나 실시할 수 있으며 자기의 체력 정도에 따라 스스로 운동량의 조절이 가능하다.

달리기를 하기 위한 규칙적인 노력과 시간의 투자는 노후까지도 효율적인 생활과 행복에 젖은 건강과 장수를 약속해 준다.

인체의 내장기능 중 중요한 역할의 하나가 심폐기능인데, 달리기는 심폐계에 적당한 자극을 주어 심폐지구력을 향상시키고 전신운동으로서도 좋은 효과를 나타낸다. 이외에도 혈액의 촉진, 원활한 대사작용 등의 효과를 기대할 수 있다.

조깅을 실시함에 있어서 좋은 자세는 동작의 무리가 없이 체력에 맞춰 달리는 것으로 보통 몸이 지면과 수직이 되는 상태로 무릎을 들어올려 보폭은 크게, 시선은 전방 18~20m를 향하도록 한다. 손, 발, 어깨 등은 에너지 소모가 많고 근육경련을 일으키기 쉬우므로 가능한 한 힘을 뺀다.

팔은 가볍게 직각 정도로 굽혀 전후로 흔들고 손은 달걀을 쥐고 있는 기분으로 가볍게 쥔다. 착지동작은 뒤꿈치가 먼저, 다음에 앞꿈치가 닿도록 하며 이때 기분은 발바닥 전체가 동시에 닿는 것 같아야 한다.

호흡법은 자기 편한 대로 하면 되지만 코와 입으로 숨을 들이마시고 내뿜을 때에 박자를 붙이면 충분한 산소를 들이마실 수 있으며 거칠어지지 않고 리드미컬하게 되므로 좋다.

일반적인 목표 심박수는 분당 140~170회 정도인데, 목표 심박의 높고 낮음을 조절하여 운동을 실시하도록 한다.

장소는 교통이 혼잡한 곳은 피하고 노면이 평평하며 부드러운 곳으로 비포장도로를 이용하면 좋다. 조깅은 특히 중년의 나이에 할 수 있는 운동 중 건강에 가장 도움이 되는 운동으로 알려져 있다.

23) 체조/생활체조

체조는 한마디로 우리 몸의 결함과 부조화를 교정하고 보충해서 훌륭한 신체를 만들기 위해 하는 운동이다. 종류에 따라선 보조기구를 사용하기도 하지만 몸 자체가 곧 운동도구라는 점이 다른 스포츠와는 구별되는 특징이다.

체조란 단어는 그리스어 나체(Gymnas)에서 나온 김나스틱(Gymunastick) 즉 '발가벗고 일한다'는 말에서 유래된 것이다. 이 말은 당시의 그리스인이 나체로 경기를 한 것에서 나온 말이다. 그리스에서는 종교행사 및 전투력의 증강을 위해 체조를 하였다. 그러나 현대의 체조는 개인의 신체적인 발달을 목적으로 하고 있다. 우리나라에서 체조는 사용하는 기구에 따라 맨손체조와 기계체조, 기구체조로 분류할 수 있다. 맨손체조는 모든 스포츠의 준비운동이라고 할 수 있다. 허술한 토대 위에는 훌륭한 건축물을 세울 수 없는 것처럼, 스포츠에 적합하도록 컨디션을 조절하고 나아가 그 스포츠를 소화시킬 수 있는 신체를 만드는 것은 부상을 줄이고 효율을 높이기 위해 꼭 필요하다.

맨손체조는 심장에서 먼 부위부터 시작하되 간단한 운동에서 복잡한 운동으로, 약한 운동에서 강한 운동으로 점차 강도를 높이는 게 요령이다.

기계체조는 철봉, 평행봉, 링, 뜀틀, 안마, 평균대, 매트 등을 사용하여 행하는 경기다. 기구체조는 아령, 곤봉, 정, 줄, 공, 탬버린, 리본 등의 기구를 사용한다. 기계체조와 기구체조의 경우 몸이 굳지 않은 어린 나이부터 시작하는 것이 좋다.

구체적이고 특별한 목적에 따라 행하는 체조도 여러 가지가 있다. 대표적인 것이 보상체조와 의료체조이다.

보상체조는 각종 스포츠나 작업에 의하여 신체의 발달이 균형을 잃게 될 경우 운동량이 적은 쪽의 신체를 발달시키기 위해 실시한다.

의료체조는 질병이나 상해로 약해진 신체의 기능을 회복시키기 위한 것이다. 최근에는 음악에 맞추어 동작을 하는 신체조, 재즈체조 등과 같은 율동 있는 체조들도 인기를 끌고 있다.

특히 최근엔 탈춤의 춤사위와 덩더쿵춤, 신체조를 섞어서 우리 민족의 정서에 맞게 만든 건강생활체조가 개발돼 직장, 단체, 학교를 중심으로 활발하게 보급되고 있다.

체조의 일반적인 특성은 다음과 같다.

① 운동부족에 의해 퇴화된 신체를 다시 원상태로 돌려준다. 특히 일반 회사원처럼 장시간 앉아서 일하는 사람들은 나쁜 자세로 인해 몸의 균형이 깨지기 쉬운데 이런 사람들이 체조를 하면 좋다.

② 근육의 유연성과 순발력, 지구력을 높이는 데 중점을 둔 운동이므로 매일 빠뜨리지 않고 계속하면 피로가 쌓일 틈이 없다. 혈액순환도 좋아져 신진대사가 활발해진다.

③ 체조는 모든 스포츠의 기본이다. 다른 운동을 할 때에도 준비운동이나 정리운동으로 병행하면 좋다.

24) 카레이스(Car Race)

'자동차는 직접 모는 것이 레저인가, 아니면 자동차가 달리는 것을 보는 것이 레저인가' 대답은 둘 다 맞다. 이 중 자신이 운전하는 것은 드라이브라 불리는 레저로 이미 대중화 됐다.

자동차 경주를 보는 것을 카레이스라고 한다. 바로 이 카레이스가 이제 우리나라에서도 본격적으로 시작되었다. 지금까지 자동차경기란 우리나라에서는 생소한 레저였다. 가끔 TV나 잡지에서 외국의 경기용 차량들이 경기트랙을 신나게 질주하는 모습을 잠깐씩 봐 온 정도이다. 국내에서는 드물지만 비슷한 종류의 경기가 펼쳐지고 있다는 소식이 들려온다. 하지만 외국의 그 장면들과는 좀 다르다. 일단 경기가 벌어지는 장소가 이상하게도 맨땅이었다.

대부분 몽산포, 부산수영만, 영종도 등지의 외진 공지들이다. 그래서 먼지만 흩날려 옆에 서 있기도 괴롭다. 차량도 경기용 차량같이 생기지도 않았고 시내에서 볼 수 있는 대중 승용차와 똑같은 모양이라 김이 쑥 빠진다. 그것도 맨땅에 뒹굴어서인지 지저분해 보여 도대체 레저라는 생각이 안 든다. 때문에 자동차경기는 쓸쓸하고 몇몇 전문 동호인들이나 즐기는 레저라는 인식이 깔려 있다. 그런데 앞으로는 이 장면을 더 이상 볼 수 없게 된 것이다.

우선 자동차경주를 위한 가장 기본적인 전용경기장이 용인자연농원 정문 맞은편에 문을 열었다. 일단 아스팔트 포장도로이고 전체 코스 모양도 이리저리 휘어져 있어 경기장답다. 또 코스 주변에 가드레일, 펜스, 방호벽, 잔디밭, 타이어벽 등의 안전시설도 설채돼 있다. 물론 경기를 치르기 위한 컨트롤타워, 전자시설, 지하보도 등 각종 시설이 갖춰져 있다. 코스길이가 2.1km로 국제공인 서키트 규격기준인 4km에는 못 미치는 아쉬움은 있지만 이나마 우리나라에선 첫 경기장이라는 기쁨으로 이를 달래야 한다.

카레이스는 국내에서는 아직 걸음마 단계지만 외국에서는 엄청난 인기를 끌고 있다. 올림픽, 월드컵과 함께 세계 3대 스포츠의 하나로 꼽히고 있다.

25) 패러글라이딩/행글라이딩/모터글라이딩

글라이더는 엔진은 붙어 있지 않지만 풍력이나 중력을 이용해서 나는 비행기로서 하늘의 요트라고 해도 좋을 것이다. 독일의 릴리엔탈(Lilienthal, O : 1848~1896)은 1891년에 세계에서 처음으로 글라이더를 타고 날았다. 이어서 미국의 라이트도 글라이더를 연구하기 시작해서 1903년 말경 이에 엔진을 달아 동력비행에 성공했다.

제1차 세계대전에 패한 독일은 엔진 달린 비행기의 제조를 금지 당했으므로 이 나라의 청년들은 글라이더를 스포츠로 택해서 1920년부터 중부 독일의 렌 산상에서 경기대회를 열고 해마다 경이적인 기록을 이루어 놓아 세상의 주목을 끌게 되어 홀연히 이 스포츠는 전 세계로 퍼져 나갔다.

1936년의 베를린올림픽대회에서 글라이더가 오픈경기로 들어가게 되었다.

제2차 세계대전 후도 글라이더 스포츠는 눈부시게 부흥하고 1948년부터 격년으로 국제항공연맹(Federation Aeronautique Internationale=FAI)의 세계선수권대회가 열리고 있다. 최근의 글라이더 국제기록은, 비행거리는 1,000km를 넘고 상승고도는 14,000m에 달하고 있다.

패러글라이더는 아마도 가장 안전하고, 가장 간단하게 하늘을 날 수 있는 '최후의 작품'일 것이다.

대부분의 사람들은 패러글라이더를 낙하산과 같은 것으로 이해하고 있다. 그러나 패러글라이더와 낙하산은 근본적으로 차이가 있다. 패러글라이더는 구조 자체가 이중적으로 되어 있는데, 이는 하늘을 나는 새의 날개와 같은 역할을 해 매나 솔개처럼 날아오를 수가 있게 하기 위함이다. 따라서 단순히 하강만을 하는 낙하산과는 달리 패러글라이더는 이륙한 높이보다 더 높게 상승할 수도 있고, 별도의 동력 없이 공기의 흐름만으로 장거리 비행(크로스컨트리)도 가능하다.

지난 1986년 국내에 처음 도입된 이래 국산장비의 빠른 발전과 함께 많은 사람들이 부담없이 즐기는 대중 항공레저스포츠로 자리잡아 가고 있는 패러글라이딩은 배우기가 쉽고 안전하다는 것이 무엇보다도 빼놓을 수 없는 매력이라 하겠다. 하루 정도만 투자하면 남녀노소 누구나 손쉽게 비행을 즐길 수 있을 뿐만 아니라, 행태적으론 패러글라이더가 시계추 모양을 하고 있기 때문에 운동법칙상 원상회복의 효과가 다른 어느 비행체보다 빨라 안전하다.

"나는 고소 공포증이 있어서……"라고 말했던 많은 사람들도 어엿한 새 같이 되어 푸른 창공에서 나래를 펴고 자유자재로 난다. 등산의 즐거움과 하늘을 나는 쾌감을 동시에 만끽할 수 있는 매력적인 레저스포츠. 푸른 가을하늘을 난다는 것, 생각만 해도 가슴 설레지 않는가! 삶에 활력소가 될, 안전하고 배우기 쉬운 패러글라이딩은 배워 볼 만한 것이다.

우리나라는 낮은 구릉지대가 많고 기류가 좋아 패러글라이딩, 행글라이딩 등 항공스포츠를 즐기기에 알맞은 장소가 전국 곳곳에 널려 있다.

26) 펜싱

검도가 동양의 무술이라면 서양의 무술은 펜싱이라고 할 수 있다. 동양의 검도가 기를 중심으로 펼쳐지는 내용적인 무술임에 반해 서양의 펜싱은 외적인 동작과 스피드를 중시한다.

칼을 사용하는 펜싱은 인류 전쟁의 역사와 늘 함께해 왔다. 그러나 15세기에 이르러 화약이 검을 대신하게 되자 전투를 위한 무기로서보다는 결투용이나 스포츠로 각광받게 되었다. 17세기 초반부터는 펜싱에 끝이 뭉툭한 검을 사용하게 되면서 보다 안전하게 시합을 할 수 있게 되었다. 아직 역사는 짧지만 낭만적이고 독특한 분위기 때문에 펜싱에 관심을 갖는 사람이 점점 늘고 있는 추세다.

펜싱은 칼의 종류에 따라 플뢰레, 에페, 사브르의 3종목으로 크게 나누어진다. 플뢰레는 가장 기초가 되는 종목으로서 칼끝으로 찌르는 공격 동작만 허용된다. 특히 펜싱 3종목 중 여자가 할 수 있는 경기는 이 플뢰레뿐이다. 플뢰레검은 유연한 강철제로 만들어지는데 이 검으로 상대의 머리와 양팔을 제외한 상반신을 찌르면 점수를 얻는다.

남자는 6분에 5포인트, 여자는 5분에 4포인트를 먼저 얻는 쪽이 승리한다. 초보자들은 전기장치가 안 된 플뢰레검을 사용하지만 실제 경기에서는 전기검을 사용한다.

에페는 플뢰레와 같이 찌르기만 하는 경기지만 유효면이 전신이라는 점이 다르다. 이 종목은 공격과 방어의 의무가 없이 먼저 찔러 선취점을 얻어야 하는데 동시타일 경우는 두 선수가 같이 1점을 감점당하게 된다. 사브르는 전면칼날과 칼등에 있는 날로 찌르고 자를 수 있는 경기로 옆구리 이상(상반신)의 머리와 팔이 모두 유효면이 된다.

이 세 가지 종목의 경기는 모두 특수한 재료로 만들어진 피스트 위에서 흰 유니폼을 입고, 마스크를 쓰고, 장갑을 낀 손에 칼을 쥐고 이뤄진다. 복장이 그 어느 경기보다 엄격한데 그것이 바로 펜싱의 독특한 멋이기도 하다.

펜싱의 일반적인 특성은 다음과 같다.

① 중세의 기사도 정신에 입각하여 무엇보다 예의를 존중하는 운동이 펜싱이다. 당당함과 날카로움이 공존하는 멋과 품위를 지닌 스포츠다.

② 근육과 신경을 함께 단련하므로 반사신경이 예민해진다. 이와 함께 심리적인 긴장을 풀어주기 때문에 정신건강을 유지하는 데 도움을 준다.

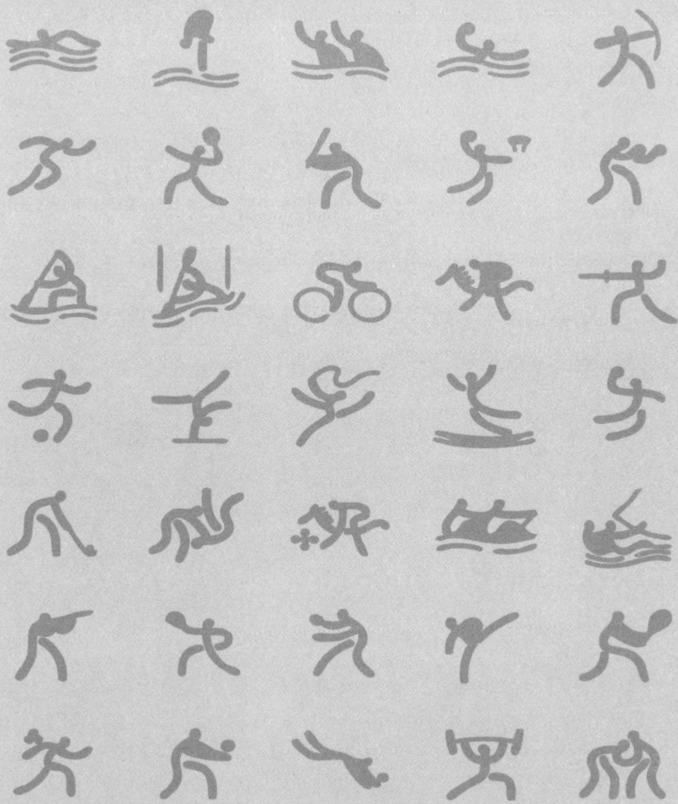

3

스포츠 서비스

스포츠 서비스

I. 문제의 제기

오늘날 우리 모두는 서비스 시대에서 생활하고 있다. 그러나 서비스는 원래 서구문화의 토양에서 생성된 것으로 동양문화권에서의 정착을 위해서는 무엇보다 우리 모두의 서비스에 대한 올바른 이해가 선행되어야 할 것이다. 한낱 '친절·봉사'라는 서비스의 추상적 구호만으로 우리들의 전통적 사고의 한계를 극복하기는 어려운 문제이다. 그러므로 우리 주변에는 많은 서비스의 구호가 있지만 서비스의 실체를 찾기 힘든 아이러니가 있는 것이다.

서비스의 본질은 기능성, 정서성, 그리고 직업성의 삼원적 복합체로서 상호 연관작용에서 생성되는 것이며, 이것이 직업사회에 보편화됨으로써 쾌적한 서비스 환경을 즐길 수 있는 문명사회가 될 것이다.

서비스는 사람이 사는 사회에서 꼭 있어야 하는 값진 일이다. 우리가 살아가는데 가장 중요한 것이 공짜이듯이, 우리의 인생은 손에 잡히지도 않고, 눈에 보이지도 않는 그 무엇으로 인해 아름다운 것이다. 산업사회와 잘못된 자본주의의 사고논리가 몰고 온 엄청난 인간사회의 황폐화에 대한 강력한 대안이 될 '정서화 사회', 그것을 요구하는 시대의 변천과 거기에 걸맞은 새로운 '시대정신'을 우리는 만들어 내야 할 것이다. 사람이 일하는 목적은 행복을 추구하는 데 있다. 행복이란 마음의 문제이고, 마음은 곧 서비스이고, 이 마음을 어떻게 쓰느냐가 곧 문화이다. 서비스 사회의 지향점은 좋은 서비스를 제공하여 더욱 따뜻하게, 기분 좋은 사회와 국가를 만드는 것이다. 그런 사회와 국가가 정(情)이요, 정은 기(氣)이다. 그러므로 정에 의해 기가 나누어지는 것, 정을 수로 나누는 것이 기본이며 이런 사회와 국가가 사람들이 사는 무리이다(손대현, 1993).

현대 산업사회는 사람들의 생활을 거칠게 만들어 우리들은 '맑은 마음'을 갖기가 어렵고 좋은 기분을 체험하기가 점점 어려워지고 있다. 그래서 고객만족이나 질을 중시하는 혁신의 바람으로 고객의 만족비중이 제품에서 서비스(사람대접)로 유치하는 단계에 있다. 부드러운 것이 센 것 이상의 힘을 내며, 이 부드러움에도 깊이가 있는 법이므로 수준 높은 서비스의 창조는 고도의 지적 노력을 요구하고 있다.

그래서 본 연구의 의의는 서비스를 검토하고, 이론적 배경과 실제적용 사례에 대한 연구를 통하여 서비스경영을 성공적으로 추진하기 위해 실현가능한 실천방안을 제언하는 데 그 목적이 있다.

궁극적으로 여러분은 서비스 제공자로서 또는 서비스 제공의 성공을 위해 당신 부서에서 필요한 접근방식을 결정해야 한다.

이러한 접근방식을 결정하기 위해서는 먼저 대고객 서비스 담당자의 관점에서 당신 역할을 분명히 하기 위해 다음 질문에 답하여야 한다.

● 누가 나의 고객인가?

- 내가 속한 부서가 뛰어나게 되기 위해 현재 내가 하고 있는 것은 무엇이고, 무엇을 할 수 있는가?
- 나의 모든 노력을 고객만족을 위해 쏟고 있는가?

덧붙여 내부고객과 외부고객이 원하는 것을 알리는 방식도 검토되어야 할 것이다. '서비스가 우수하면 모든 사람이 승리한다. 고객들이 승리하고, 당신도 승리하고, 지도자도 승리하고, 지역사회도 승리하고, 그 나라도 승리하게 된다'는 진리를 여러분들은 주의 깊게 되새겨 보아야 할 가치가 있다고 생각한다.

2. 스포츠 서비스란?

스포츠 서비스를 연구하기 전에 우선 서비스란 무엇인가에 대해 생각해 보자. 우리가 부담없이 말하고 있는 일상 언어 가운데는 잘 알고 있는 것 같으면서도 사실은 개념이나 내용이 분명치 않은 것이 있다. '서비스'라는 말은 그러한 언어 가운데 전형적인 것 중의 하나라고 할 수 있을 것이다.

오늘날 서비스라고 하면 들어 보지 못한 생소한 말이라고 할 사람은 아무도 없을 것이다. 누구나 이 말은 흔히 듣고 사용해 본 말일 것이다. 그럼에도 불구하고 서비스가 무엇입니까?라고 물었을 때 즉시 명쾌하게 답변할 수 있는 사람은 극히 드물 것이라고 생각한다. 실험 삼아 독자께서는 우선 자기 자신에게 물어보는 것이 좋을 것이다. 서비스란 무엇인가? 그것은 무엇을 가리키는 말인가?

우리들 생활 주변을 둘러보면 여러 가지 서비스가 있음을 알 수 있다. 할인을 해주는 것이 서비스라고 하는 사람도 있다. 음식을 빨리 내오는 것을 서비스라고 하는 사람도 있고, '별다른 특별한 것이 없어도 당신의 웃는 모습이 좋아, 그게 바로 서비스야' 하는 고객도 있다.

이렇듯 일상 회화에서는 '서비스'라는 단어가 '무료로 제공되는 것'과 '할인' 등의 의미로 이용되는 경우가 많지만, 여기에서 초점을 두는 것은 스포츠산업에서 상품으로 거래되는 '서비스재'이다. 특히 공익성이 높고 교육 효과를 가지고 있으며 사회적인 임팩트를 수반함과 동시에 참가와 관전이 기본이 되는 경험재로서의 "스포츠 서비스"이다.

그렇다면 스포츠상품도 서비스 상품인 만큼 에이전트 고객들을 상대로 철저한 서비스를 해야 할 것이다. 그렇다고 해서 꽁짜로 대접하거나 아무런 대가없이 봉사하라는 의미도 아니다. 고객이 경기를 보는 과정에서 불편함을 느끼지 않도록 해야 한다는 의미이다. 철저한 서비스에 대해 좀더 자세히 이야기해 보자.

▶ 팬들의 요구에 신속하게 대응해야 한다

이는 지극히 당연한 이야기이다. 예를 들어 티켓을 예매하거나 매표를 할 때 신속하게 대응하면 팬들이 지루해 하지 않을 뿐만 아니라 다음 경기 때에도 부담 없이 찾아올 수 있다. 웃으면서 팬들을 대하는 것도 중요하다. 팬들은 경기를 보기 위해 경기장으로 오지만 마케팅 담당자들이 항상 웃는 얼굴로 팬들을 대하면 팬들의 즐거움은 2배로 커지기 마련이다. 또한 진심으로 팬들을 대하도록 해야 한다. 팬들의 불편한 점이 무엇인지 그리고 이러한 불편함을 해소하기 위해서는 어떻게 해야 하는지에 대해 성심을 다해 연구하고 행동해야 한다.

▶ 팬들을 대하는 태도는 항상 활기에 넘쳐야 한다

특히 상당수 팬들은 스포츠가 가지는 활기라는 특성 때문에 소비한다. 이러한 활기라는 이미지를 팬들에게 보다 설득력 있게 전달하기 위해서는 팬들을 상대하는 마케팅 담당자의 태도 또한 활기찬 모습이어야 한다.

▶ 팬들을 상대하는 서비스는 혁신적이어야 한다

예를 들어 팬들을 상대하는 서비스 태도가 구태의연하고 틀에 박힌 것이라면 팬들도 식상한다. 스포츠 마케팅에서 마케팅 담당자는 항상 팬들과 가까이 있다. 이때 담당자의 서비스가 조금씩이라도 혁신적인 것이라면 팬들의 마음을 가볍게 할 뿐만 아니라 다른 경쟁업체(구단 또는 다른 오락 산업)와도 차별을 보이게 될 것이다.

▶ 팬들에게 제공하는 서비스는 가치가 있어야 한다

팬들에게 제공하는 서비스가 아무런 가치가 없고 일방적으로 서비스 제공자의 희생만 강조하는 것이라면 의미가 없다. 마케팅 담당자가 제공하는 서비스가 팬들에게 만족을 줄 뿐만 아니라 다음 기회에 다시 경기장을 찾도록 해야만 가치있는 서비스가 된다.

▶ 제공되는 서비스가 감동적이어야 한다

서비스가 감동적이라는 것은 첫 번째 이야기한 진심과도 맥을 같이한다. 팬들을 진심으로 대할 때 감동을 줄 수 있기 때문이다.

▶ 제공하는 서비스에 커뮤니케이션이 있어야 한다

　팬들에게 서비스를 제공할 때 기본적으로 팬들의 가려운 곳이 어딘지 알아야 한다. 물론 팬들의 얼굴만 보고도 가려운 곳을 알아낸다면 다행이겠지만 그렇지 않다면 팬들과의 대화를 통해 팬들이 필요로 하는 서비스를 제공해야 한다. 이러한 커뮤니케이션은 현대 마케팅에서 가장 중요시되는 관계마케팅의 밑바탕이 되기도 한다.

▶ 서비스에는 재미가 있어야 한다

　스포츠상품은 재미를 생산하는 것이라고 했다. 그런데 상품에만 재미가 포함된 것이 아니라 마케팅 담당자가 팬들에게 제공하는 서비스에도 재미가 포함되어야 스포츠상품의 가치도 증대될 것이기 때문이다.

[서비스의 올바른 의미를 알고 있는가?]

유감스럽게도 우리나라에서는 서비스의 의미를 다음 세 가지로 잘못 생각하고 있는 사람이 많다.

● **값깎기**

많은 "물건을 많이 샀으니 10% 정도 서비스해 주세요." 하면 판매원도 "서비스해 드리죠." 하고 대답하는 경우가 있다.

● **공짜**

쇼핑을 하고 선물용으로 포장을 요구하면 상자에 넣어 리본으로 장식해 준다. 이때 상자와 리본값을 물으면 "서비스입니다." 하고 대답한다.

● **덤**

완구점에서 배터리로 달리는 자동차를 사면 판매원이 "서비스로 배터리 한 개를 서비스로 드리겠습니다." 하는 경우가 있는데 이것은 '덤'의 뜻이다.

말하자면 서비스를 값 깎기, 공짜, 덤으로 해석하고 있지만, 이것은 모두 틀린 생각이다. 유럽이나 미국에 가면 흔히 체험하는 일이지만 서비스는 공짜가 아니라 모두 유료이다. 즉 남에게 하게 한다거나, 의뢰를 하면 반드시 팁으로 사례를 한다. 그러므로 그들의 서비스는 진지하다. 정성껏 서비스를 하고, 팁을 많이 받으려고 많은 노력을 한다.

지금까지 설명한 일곱 가지 특징(이유재, 1999 : 32-33)을 철저한 서비스의 기본 요인이라고 일컫는다. 그런데 이러한 일곱가지 특징 즉, 신속·웃음·성의·활기·혁신·가치·감동·커뮤니케이션 그리고 재미 등을 영어로 번역하면 Speed·Smile·Sincerity·Energy·Revolution·Valuable·Impressive·Communication·Entertainment가 된다. 이러한 영어 단어의 첫 글자를 연결한 것이 바로 Service이다(김화섭, 2002 : 333-335).

그러면 진정한 서비스는 무엇인가?
고객이 갖고 싶은 것을
갖고 싶을 때에
원하는 방법으로
해 드려서 만족하게 모시는 일이다.

한마디로 말하면 서비스란 고객이 원하는 것을 드려서 만족스럽게 하는 일이다. 고객이 원하지 않는 것을 아무리 저렴하게, 쉽게 그리고 빨리 해줘도 고객은 결코 좋아하지 않을 것이다. 문제는 원하는가 원하지 않는가에 있지 값 깎기나 덤에 있지 않다.

그러므로 값 깎기도 공짜도 진심으로 갖고 싶다는 조건이 충족된 연후에 비로소 의미가 있는 것이다.

[서비스의 정의]

- 우리의 재화, 봉사, 친절을 통해
- 손님을 (만족)시켜 주고, 그것을 통해
- 우리들이 (기쁨)과 (편안함), (행복)을 느끼는 것
- 말과 이론이 아닌 (실천), (행동)이다.

Give	Give & Take	주고받는다.
One →	Two Way	기쁨을 주면 기쁨이 온다.
Communication	Communication	만족을 팔면 만족을 산다.

3. 서비스의 특성

서비스산업이 광범위하고 다양하게 발달함에 따라 서비스에 대한 개념이 확대되었으며 서비스산업의 규모가 커짐에 따라 서비스에 대한 마케팅이 부각되고 있다. 이러한 시점에서 서비스 마케팅이 독립적으로 취급될 수 있는 근거는 서비스의 여러 가지 특성이 존재하기 때문이다.

서비스 특성 중 널리 알려져 있는 것은 무형성, 비분리성, 변화성, 소멸가능성이며 슈와 스미스(Shewe and Smith)는 제품과 서비스를 구분하는 특성은 유형성, 소멸성, 표준화, 생산과 배달에 구매자의 참여가 된다고 주장하고 있다.

상기와 같이 서비스는 그 의미가 시간이 지남에 따라 또는 환경의 변화

에 따라 다소간 변화가 있기는 하지만 그 내용을 종합해 보면 서비스는 사람들이나 다른 목적물에 대해 인간과 기계를 이용 또는 적용시켜서 나온 결과로서 무형적인 상태가 지배적인 제품이라고 정의할 수 있다. 여기에서는 다음과 같이 서비스의 일반적인 특성을 중심으로 살펴보고자 한다.

1) 무형성

서비스는 무형이며 구매에 앞서서 시각, 미각, 촉각, 청각 그리고 후각을 통하여 느껴질 수 없다. 따라서 구매자는 서비스 제공자에게 믿음을 가져야 하는데 고객들의 신뢰를 개선하기 위하여 서비스 제공자들은 몇 가지의 방안을 선택할 수 있다.

- 그들은 서비스의 구체성과 유형성을 증대시키기 위하여 노력해야 한다.
- 서비스 제공자들은 단순히 그 특징들을 묘사하기보다 서비스의 혜택들을 강조할 수 있다.
- 서비스 제공자들은 신뢰성을 증대시키기 위하여 자신의 서비스에 대하여 상표명을 개발할 수 있다.

2) 분리불가성

서비스는 사람이든 기계든 그 제공자로부터 분리되지 않으며 포장되었다가 고객이 그것을 필요로 할 때 구매될 수 없다. 즉, 서비스는 서비스 제공자의 입회를 필요로 하므로 이러한 제한성을 완화하기 위해서는 여러 가지 전략들이 사용될 수 있다. 또한 서비스 조직은 보다 많은 서비스 제공자들을 훈련하고 고객 신뢰도를 형성할 수 있다.

3) 이질성

서비스의 생산 및 인도 과정에는 가변적 요소가 많기 때문에 한 고객에 대한 서비스가 다음 고객에 대한 서비스와 다를 가능성이 있다. 예를 들어 같은 서비스 업체에서도 종업원에 따라서 제공되는 서비스의 내용이나 질이 달라진다. 또 같은 직원이라도 시간이나 고객에 따라 다른 서비스를 제공할 수 있다. 즉 서비스는 변동적이어서 규격화·표준화하기 힘들다.

4) 소멸성

서비스들은 저장될 수 없다. 서비스의 소멸성은 수요가 안정적일 경우에는 문제가 되지 않는데 그것은 서비스를 제공하기 위하여 미리 인력을 준비할 수 있기 때문이다. 그러나 수요가 불안정할 때 서비스 조직들은 어려운 문제를 가진다.

새서(Sassser)는 서비스 분야에 있어서 수요와 공급을 보다 잘 조응시키기 위한 몇 가지 전략들을 제안하였는데, 전문서비스 기업들은 여러 가지 방법으로 수요수준에 영향을 미칠 수 있다.

- 차별적 가격구사는 성수기로부터 약간의 수요를 비수기로 전환시킬 것이다. 예를 들어 회계법인은 바쁜 결산기간 동안 비결산 업무를 저지하기 위하여 그 기간 동안에는 높은 요금을 부과할 수 있다.
- 비수기의 수요를 개발할 수 있다. 회계법인은 일이 적은 하절기 동안 요금이 저렴

한 일거리를 찾아나설 수 있다.

- 성수기 동안 고객들이 기다리는 데 많은 시간을 소비하지 않도록 우대 서비스를 개발할 수 있다. 근처를 배회하거나 쇼핑하면서 호출신호를 들을 수 있게 한다.
- 예약제도는 의사, 치과의사, 여타의 전문직 종사자들의 수요수준을 관리할 수 있는 방법이다.

한편 다음과 같은 방법으로 공급수준에도 영향을 미칠 수 있다.

- 성수기 수요에 봉사하기 위하여 시간제 직원들을 고용할 수 있다. 일부 법무법인들은 성수기 수요를 완화하기 위하여 임시직원들을 고용한다.
- 성수기의 효율적 업무체계가 도입될 수 있다. 성수기 동안 전문의들은 단지 필수적인 과업들만을 수행하고, 준의료인들이 이 기간 동안 의사들을 지원한다.
- 여러 병원들이 의료장비 구매를 공유할 때처럼 서비스 협력조직들이 개발될 수 있다.
- 법무법인이 미래의 성장을 예견하여 예비적인 공간을 임대하는 때와 같이 필요한 경우 확장이 가능하도록 하는 시설이 개발 될 수 있다.

〈표 3-1〉 서비스의 다섯 가지 범주에 대한 분류

범주		예 시
시장의 유형	고객	많은 사람이 모인 곳, 어린이, 법률
	사업	의논상대, 관리서비스, 설비
노동집약도	노동기준	수선, 교육, 이·미용
	장비기준	통신, 건강식품점, 공공운수
고객 접촉의 정도	높은 접촉	의료, 호텔, 항공
	낮은 접촉	수선, 옷수선, 우편서비스
서비스 제공자의 기술	전문 기술가	법률, 의료, 회계서비스
	비전문 기술가	가사서비스, 옷수선, 공공운수
서비스 제공자의 목표	영리	금융, 서비스, 보험 DM, 의료
	비영리	의료, 교육, 정

위와 같은 서비스의 특성은 일반 소비재와는 그 특성이 상이하므로 독특한 문제를 야기시키고 그 해결에도 독특한 전략이 필요하다. 또한 서비스는 다섯 가지 범주로 분류될 수 있다. 〈표 3-1〉과 같이 시장의 유형, 노동집약도, 고객 접촉의 정도, 서비스 제공자의 기술 및 서비스 제공자의 목표 등을 기준하여 분류될 수 있는데 특히 건강에 관련된 범주에 속하고 있다.

즉 실질적으로 서비스 제공자들의 상호 인적 기술과 서비스 생산시설은 접촉이 잦은 서비스보다는 고객 접촉이 많은 서비스에서 특히 중요함을 알 수 있다.

이상 서비스의 기본적인 특성과 그에 따른 문제점 및 그의 대응방안을 〈표 3-2〉에 정리하고 있다(이유재, 1997).

〈표 3-2〉 서비스의 특성에 따른 문제점과 해결전략

서비스의 특성	문제점	문제해결을 위한 전략
무형성	저장이 불가능하다. 특허로 보호가 곤란하다. 진열이나 커뮤니케이션 활동이 곤란하다. 가격설정의 기준이 명확하지 않다.	실체적 단서를 강조하라. 인적 접촉을 강화하라. 구전의 중요성을 인식하라. 기업이미지를 세심히 관리하라. 가격설정에 원가회계 시스템을 이용하라. 구매 후 커뮤니케이션을 강화하라.
비분리성	서비스 제공 시 고객이 개입한다. 집중화된 대규모 생산이 곤란하다.	서비스 제공자의 선발 및 교육에 섬세한 고려를 하라. 고객을 관리하라. 여러 지역에 서비스망을 구축하라.
이질성	표준화와 품질통제가 곤란하다.	서비스의 공업화 내지는 개별화 전략을 시행하라.
소멸성	재고로서 보관하지 못한다.	수요와 공급 간 조화를 이루어라.

4. 스포츠 서비스 퀄리티

서비스 퀄리티(Quality)란 제공되는 스포츠 서비스의 '품질'에 관한 것이며 제공되는 정보의 정확함, 소비자에게 약속된 시간과 내용이 어느 정도 실행되고 있는가, 서비스를 제공하는 시설과 설비의 충실도, 스태프와 지도자의 태도, 신뢰성, 외견 등의 측면으로 구성된다. 일본의 서비스 퀄리티 유지·향상은 담당자의 경험과 인간성 또는 감에 의존해 온 부분이 많으며 경험을 초월하지는 못했다. 그러나 스포츠 산업이 고도화·성숙화를 이루는 가운데 제공되는 서비스의 퀄리티를 객관적으로 파악하기 위한 지식이 필요하게 되었다.

그러면 눈에 보이지 않고 끝나면 소멸해 버리는 서비스의 퀄리티를 어떻게 측정하면 좋은가? 스포츠 서비스의 본질이 스포츠 소비자의 니즈 충족이라는 시점에 입각하면 그 퀄리티는 스포츠 소비자 자신의 내면에서만 평가가 가능하다.

파라슈라만 외(Parasuraman et al., 1985)는 서비스의 퀄리티를 고객의 기대와 평가에 대한 함수로 나타내려 하였다. 우리들은 어떤 기대를 가지고 서비스를 구입한다. 그리고 실제로 서비스를 소비하여 어느 정도의 평가를 하게 된다. 그 평가가 사전의 기대보다도 작을 경우에는 그 서비스에 실망하며 퀄리티가 낮다고 판단한다. 평가가 사전의 기대와 같은 정도면 그 서비스는 받아들여지며 평가가 기대보다 높을 경우에는 놀라움과 기쁨으로 받아들인다. 이 관계는 다음과 같은 식으로 나타나며 소비자의 기대와 만족의 갭(gap)이 적은 것이 높은 서비스 퀄리티라고 생각된다.

서비스 퀄리티 = 소비자의 서비스 평가 - 서비스에 대한 사전 기대

서비스에 대한 사전 기대와 서비스 평가에 대해서는 질문지 조사로 측정하여 수량화할 수 있다. 서비스 퀄리티를 수량화함에 따라 서비스의 질을 양적으로 나타낼 수 있으며 개선을 위한 우선순위 작성과 개선에 대한 긴급성 등을 명확히 할 수 있다(이호영 외 3인 옮김, 2007 : 69).

서비스란 복합적이기 때문에 그 질은 여러 차원에서 평가되어야 한다. 파라슈라만(Parasuraman) 외 2인은 여러 서비스산업에서 광범위한 조사를 통해 서비스의 질을 다음과 같은 5가지 차원에서 구체화시켰다.

① **가시적 요소(tangibles)** : 편의시설, 설비, 종업원의 용모

② **신뢰감(reliability)** : 약속한 서비스를 믿음이 가게 정확히 수행하는 능력

③ **대응력(responsiveness)** : 고객에게 자발적으로 신속하게 서비스하는 자세

④ **확실성(assurance)** : 업무에 대한 지식과 예의를 갖추고 고객에게 믿음과 신뢰감을 줄 수 있는 능력

⑤ **정성(empathy)** : 개개인에 대한 세심한 배려

위의 다섯 가지 모두가 서비스의 질에 크게 영향을 미치지만 응답자들은 다양한 서비스의 차원 중에서도 신뢰감을 가장 중요한 요소로 꼽았다.

[스포츠산업에 적용되는 '서비스 질의 GAP모델']
제공자 측에서 발생하는 위의 4가지 Gap은 소비자 측에서 기대하는 서비스와 제공

자가 인식하는 서비스의 차이에 직접 영향을 미치게 된다. 다음 스포츠산업에 적용된 '서비스 질의 GAP 모델'은 원래의 갭 이론에 서비스의 질 저하를 초래할 수 있는 요인을 감안한 응용모델이다(육조영 외 3인, 2001: 134-135).

▶ Gap 1: 소비자가 원하는 서비스의 기대치와 제공자가 인식하는 소비자 기대치의 차이
▶ Gap 2: 제공자가 인식하는 소비자의 기대치와 제공자가 제공하고자 하는 계획치의 차이
▶ Gap 3: 만들고자 하는 계획치와 실제 소비자에게 제공되는 서비스의 차이
▶ Gap 4: 제공되는 실제 서비스와 소비자에게 홍보된 내용과의 차이

5. 서비스에 대한 기존의 편견

세계의 경제구조는 '서비스 경제화'로 특징 지을 수 있을 정도로 서비스 부문에 대한 국가 경제의 의존도가 점차 높아지고 있다. 특히 대부분의 서구 선진국들은 이미 과거 140여 년 전부터 서비스 부문이 자국의 경제에 주도적 산업으로 등장하기 시작하였을 정도로 '서비스 경제화'란 아주 일반적 현상으로 자리잡고 있으며, 현재도 서비스 부문은 선진국들의 경제성장에 지대한 공헌을 하고 있다. 서비스 중심의 경제발전은 많은 미래학자 및 경제학자들이 예측하는 바와 같이 미래사회에서도 지속적인 현상으로 자리잡을 것이다.

이러한 추세는 우리나라의 경제에서도 예외는 아니다. 비록 최근의 일이지만, 우리나라의 경제도 서비스 부문이 타산업과 비교해 볼 때 매우 커지고 있어 경제발전에 상당한 역할을 하는 것으로 나타났다. 이는 다른 선진국들의 예에서 보더라도 우리나라도 서비스 중심의 경제구조가 본격적으로 가속화된 시점에 이르렀다는 것을 나타내고 있는 것이다.

그럼에도 세계적으로 경제 전문가를 포함한 많은 사람들은 아직도 국가 경제구조에 있어서 서비스 부문의 비중 증가에 대하여 매우 부정적 인식을 가지고 있다. 이들의 주장은 '서비스산업 망국론'으로 간단하게 요약될 수 있다. 쉽게 표현한다면 한 나라의 경제구조에 있어서 서비스 부문의 비중이 커지게 되면 그 나라의 경제는 쇠퇴한다는 것이다. 따라서 서비스 부문이 확대되는 것을 가능한 경계해야 한다는 것이다. 매일 접하는 신문이나 잡지의 경제면에서 여러 경제전문가들의 기고문이나 기자들의 기사에서 쉽게 이러한 논리를 발견할 수 있을 정도로 서비스에 대한 부정적 인식이 폭넓게 확산되어 있다.

정말로 서비스란 많은 사람들의 생각과 같이 경제의 암적인 요소로서 건전한 경제성장에 부정적인 영향을 미치는가? 학자들의 구체적 연구결과를 거론하지 않더라도 홍콩과 싱가포르의 중계무역 또는 스페인과 이탈리아의 관광 등과 같은 예에서 쉽게 알 수 있듯이 서비스부문은 그 나라의 중심산업으로서 자국의 경제를 지탱해 주는 버팀목과 같은 역할을 하는 핵심적인 산업일 수도 있는 것이다.

이러한 사실들이 엄연히 존재함에도 불구하고 많은 사람들은 왜 부정적 인식에서 탈피하지 못하는 것일까? 이러한 물음에 해답을 구하기 위해서는 먼저 서비스에 대한 부정적 견해가 확산된 배경을 살펴볼 필요가 있다. 그 배경은 다름과 같이 두 가지로 대별할 수 있다.

첫째, 레비트(Levitt, 1972)의 지적과 같이 아직도 사람들은 서비스라는 용어가 생겨났던 옛 시대의 사고방식에서 벗어나지 못하기 때문에 서비스에 대하여 부정적인 시각을 갖고 있다고 볼 수 있다. 많은 사람들에게 있어서 서비스의 개념은 봉사와 시중이라는 두 가지의 낡은 이미지를 떠오르게 한다. 서비스란 역사적으로 자선(Charity), 헌신(Selflessness), 복종(Obedience), 종속(Subordination) 등과 같은 의미를 내포하고 있다. 먼저 봉사, 헌신, 자선의 의미로서 서비스는 정치가 및 군인 그리고 종교인들의 직업에서 찾아볼 수 있는 의미로 국가 및 그 사회에 봉사하는 것이다. 반면에 서비스가 지니는 복종, 종속의 의미란 과거 계급사회에서 낮은 계층에 있는 사람들이 상위계층 사람들을 위하여 수행하는 개인적 행위를 말한다.

이상과 같은 의미로 본다면 정치적, 종교적 또는 행정적 직위에 있는 사람들은 자신이 원해서 서브(Serve)하게 되며, 노예나 하인 그리고 웨이터나 청소부 등과 같은 직위에 있는 사람들은 상하관계 또는 주종의 관계 속에서 강요당하여 어쩔 수 없이 서브하게 된다.

문제는 이러한 사고방식이 현시점에서도 아직 유효하다는 사실이다. 특히 문제시되는 것은 많은 사람들이 서비스를 복종, 종속의 의미로 받아들여 '상대방에게 노예근성 비슷하게 맹목적으로 수종하는 것'이라고 전근대적인 관점에서 생각하는 경우가 많다는 사실이다. 더욱이 우리나라의 경우 '이 음료는 서비스로 드리겠습니다'라는 말에서 볼 수 있듯이 그 의미가 추가되어 공짜 또는 덤의 뜻으로도 서비스라는 용어가 자연스럽게 사용되고 있다.

이러한 전근대적인 사고방식이 아직 사람들의 인식 속에 자리잡고 있는 이상 많은 사람들은 아직도 서비스가 마치 비굴하고 낮은 계층 사람의 일이라는 편견을 갖고 서비스를 부정적으로 평가할 것이다.

둘째, 많은 사람들이 과거 경제학자들의 서비스에 대한 부정적 견해를 현재까지도 지속적으로 설득력 있게 받아들이고 있다는 점이다.

유명한 경제학자 스미스(Smith, 1776)를 위시하여 여러 경제학자들은 서비스가 국가의 경제성장에 나쁜 영향을 미치는 저해요인이라는 믿음을 지니고 있었다. 스미스는 자신의 저서『국부론』제2편, 제3장에서 서비스에 대한 자신의 견해를 다음과 같이 밝히고 있다.

제조업 근로자들의 노동은 일반적으로 자신이 가공하는 재료에 그 자신의 생활 유지비의 가치와 기업주의 이윤의 가치를 덧붙인다. 따라서 제조업 근로자는 자신의 임금을 기업주로부터 지급받지만, 이러한 임금의 가치는 제조된 상품의 가치 속에 일정한 이윤과 더불어 회수되므로 생산적인 노동(Productive Labor)이라 부를 수 있다는 것이다.

이와는 반대로 하인의 노동은 아무런 가치를 덧붙이지 않는다는 것이

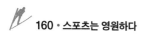

다. 왜냐하면 하인의 노동은 어떤 특정대상 또는 상품에 포함시켜 하인의 생활유지비를 결코 회수할 수 없기 때문이다. 따라서 이들의 노동은 비생산적 노동(Unproductive Labor)이다.

스미스는 이러한 하인의 노동 이외에도 사회에서 존경할 만한 계급에 속하는 성직자, 법률가, 의사, 행정관료, 군인 및 각종 문필가뿐 아니라 과거 아래 계층에 속했던 배우, 어릿광대 음악가, 오페라댄스 등의 노동도 아무런 가치를 생산하지 못하는 비생산적 노동이라 보고 있다. 결국 스미스의 주장은 서비스 노동자들이 숫사의 부를 창출하는 데 별 도움이 되지 못하므로 서비스 부문의 확대는 어떤 일이 있더라도 막아야 한다는 입장을 견지하고 있다고 볼 수 있다.

매켄지(MacKenzie, 1987)의 경우도 미국의 서비스 경제 부상으로 청소부, 패스트푸드 근로자, 버스 보이(Busboy)의 나라로 변화하고 있는 것에 대하여 정부가 염려하고 있다고 지적하고 있다.

이러한 경제학자들의 믿음을 근거로 하여 실제 서비스 부문이 여러 측면에서 국가 경제에 부정적인 영향을 미치고 있다는 견해들이 제시되고 있다.

예를 들면, 서비스산업은 산업의 발전과정에서 자동적으로 수반되는 결과이므로 경제의 부수적인 부분일 뿐이며, 서비스 생산은 노동집약적인 성격을 띠고 있을 뿐 아니라 생산성도 낮고, 고용 측면에서도 타산업의 희생의 대가로서 성장한 결과라고 하는 등의 입증되지 않은 주장들이 마치 진실인 양 받아들여지고 있는 것이 오늘날의 현실이다.

이상과 같이 전근대적 사고방식이나 사실에 근거를 두지 않은 그릇된 믿음에 기초한 편견들을 바탕으로 많은 사람들은 서비스 부문은 마치 필요악의 존재로 생각하고 있다. 이러한 인식은 단지 우리나라에만 국한된 현상이 아니라 세계적인 것으로 서비스 부문의 올바른 성장에 악영향을 미치고 있다.

[스포츠 서비스 고도화를 위한 포인트]

스포츠 서비스 비즈니스의 안정과 성장에는 다음과 같은 5가지 사항에 대한 구체안을 연구해 두어야 한다.

- 조직화(Organization)
- 자동화·기계화(Automation)
- 표준화(Standardization)
- 정보화(Information)
- 시스템화(Systematization)

이상의 머릿글자를 합쳐서 OASIS화(오아시스화)라 한다.

● 조직화(Organization)

스포츠 서비스 비즈니스는 현재 가족적 경영이 많은 실정이므로 앞으로는 기업과 같이 경영자원을 조직화하는 역할(직무)의 세분화·전문화에 대응한 경영조직을 확립할 필요가 있다. 또한 적극적으로 프랜차이즈 시스템(franchise system)과 같은 외부로의 조직화 및 업계단체를 결성하는 기반의 확립도 필요하다. 구성원의 조합이나 상조회와 같은 조직에 대해서는 이해를 표시할 필요가 있다. 스포츠 고객의 조직화가 가능하다면, 마케팅 조직을 만들 수 있다.

● 자동화·기계화(Automation)

스포츠 서비스는 노동집약적이 되기 쉽다. 보다 고도화되고, 보다 고품질의 스포츠 서비스를 제공하는 한편, 경영의 합리화와 생력화를 위해서는 자본집약적 기술활용을 빠뜨릴 수 없다.

● 표준화(Standardization)

스포츠 서비스에 대한 신뢰가 없으면 스포츠 고객은 절대로 거래를 하려 하지 않는다. 고객 한 사람 한 사람이 다른 만큼 매뉴얼 등을 정비하여 스포츠 고객의 불만이 나오지 않도록 하는 것이 중요하다. 또한 스포츠 고객에 대한 권유방법이나 계약체결 등 서비스거래의 적절화를 위해서도 표준화는 중요하다. 최근에는 서비스거래에 관해서도 법률이 제정되어 시행되고 있다.

● 정보화(Information)

스포츠 고객의 다양한 요구를 정확히 파악하기 위해서 정보수립 시스템의 확립이 필요하다. 스포츠 서비스 비즈니스에서는 고객의 소리를 얼마나 정확하고 신속하게 파악해 내느냐가 포인트이다. 예를 들어 최근에는 팩시밀리를 사용한 시장조사 시스템이 개발되어 있다. 또한 기업 내에 정보의 수집과 정보의 발신기능에도 아울러 가지는 기능이 필요하다.

● 시스템화(Systematization)

스포츠 서비스는 프로세스적 비즈니스라는 말을 누누이 해왔는데, 이는 시스템이 이루어져야 비로소 본격적인 상품이 된다는 말이다.

시스템은 하드웨어(기기류)와 소프트웨어(노하우) 및 휴먼웨어(대응기술)라는 3가지 기능이 어우러져야 한다.

또한 스포츠 고객의 서비스 탐색과정·이용과정·평가과정에 상응할 수 있는 설계를 해야 한다. 더욱이 서비스의 자유화·개방화에 따라 스포츠 서비스업계에서도 국제경쟁이 격화되리라 예상하고 있으므로, 국제적으로 통용되는 시스템이 필요해진다. 우리나라의 실정에서도 스포츠 서비스가 개방된 이후의 상황에 충분히 대비해야 할 것이다.

이상 5가지의 대책을 중심으로 혁신(innovation)의 추진과 생산성 향상에 성공한 자만이 경쟁에서 이겨 살아남을 것이다.

6. 스포츠 고객 서비스에 대한 마지막 생각

$21세기$ 들어 서비스 에티켓이 중요하게 평가되면서 새로운 경영이념차원에서 각광을 받고 있다. 이러한 추세 속에서 스포츠 고객만족과 서비스 효율화방안의 일환으로 핵심적이면서도 간략하게 이론적 배경을 고찰해 볼 필요성이 있다. 이렇듯 서비스 에티켓이 각광을 받아 많은 스포츠 서비스기업들이 도입하기 시작한 이유는 세계 시장으로서의 성숙화에 따라 경쟁이 격화되고, 보다 질 높은 스포츠 서비스 경영방식의 도입이 필요해졌기 때문이다. 그 이유는 어느 업종이나 성숙시장에 들어가 보다 좋은 스포츠상품과 서비스를 제공하여 고객의 만족을 얻지 않으면 계속적으로 자기 회사의 스포츠상품을 구입하게 하는 것이 불가능해졌기 때문이다. 스포츠 고객우선을 경영의 한 수단으로 보는 사고방식이 아니라 고객의 입장에 서서 진실로 고객의 만족을 얻을 수 있는 활동을 실천하지 않으면 안 되게 된 것이 시대적 배경이다. 따라서 일시적인 유행으로서 받아들이지 않고 정확하게 이념을 받아들이고 전략으로 도입하며, 방법으로 실천에 몰두하는 정석적 단계를 밟아가야 한다.

서비스 에티켓은 단순히 스포츠 고객의 서비스개선을 위한 일과성 캠페인이 아니라, 스포츠 고객이 만족할 수 있는 완벽한 스포츠 서비스를 만들어 내기 위해 지속적으로 개선활동을 전개해 나가는 전체적인 경영혁신 운동이다.

스포츠 서비스 에티켓이라는 말은 간단하지만 어떻게 하면 그것을 현실의 것으로 할 수 있을까에 대한 제안을 시도해 보자고 한 것이 본서의 목적이므로, 이를 위해서 서비스 에티켓의 이론적 배경은 물론, 실천적 행동을 중심으로 고찰이 필요하다는 것이다.

이러한 바탕 위에서 스포츠 서비스 에티켓의 바람직한 추진방향을 제시하면 다음과 같다.

- 스포츠 서비스 에티켓에 대한 필요성과 인식을 전체 구성원에게 확산시키고 구성원 스스로가 참여할 수 있는 환경을 조성해야 한다.
- 보다 폭넓게 스포츠 서비스 에티켓 혁신을 추진해야 하며, 스포츠 서비스 에티켓의 기법이 보다 다양하게 개발되어야 할 것이다.
- 단기적 성과에 급급하지 말고 장기적으로 스포츠 서비스 에티켓을 실천함으로써 경쟁력을 제고시킨다는 근본적인 스포츠 서비스 에티켓활동을 추진해야 한다.
- 계획과 실천이 조화될 수 있는 프로그램의 개발과 이러한 프로그램의 효과적인 실행이 필요하다.
- 전사적이고 총체적인 스포츠 서비스 에티켓 혁신의 추진이 필요하다.
- 스포츠 고객만족과 관련된 정보수집 시스템의 활용이 필요하며, 스포츠 서비스 에티켓 관련정보의 공유가 필요하다.

그리고 스포츠 서비스 에티켓을 실천함에 있어서 우선 고객에게 만족을 줄 수 있는 요소들을 제공할 수 있도록 조직의 서비스지향이 확보되어야 한다. 또 서비스지향적 서비스 문화를 정착시켜야 하는데, 이를 위해서는 최고 경영층의 지원이 무엇보다도 필요하다. 이와 함께 스포츠 기업의 내부고객들에게 자신의 능력을 개발하고 자아실현을 할 수 있도록 교육개발의 기회가 주어져야 하며, 권한의 이양과 내부고객의 복지문제가 해결되어야 한다. 특히 현장의 구성원들을 철저히 교육하는 것이 무엇보다도 필요하다.

또 변화경향을 찾아 스포츠 고객 서비스제공자인 여러분에게 어떤 영향을 미칠지 생각해 보아야 한다. 이런 모든 주제에 대한 지식을 갖추는 것이 뛰어난 스포츠 서비스 에티켓 전달에 아주 중요하다. 그러나 그 과정의 핵심요소는 고객이다. 여러분이 일하고 있는 이유는 바로 스포츠 고객이라는 사실을 잊어서는 안 된다. 여러분의 모든 에너지를 모아 고객이 원하는 바를 알아차리고 이에 응대하도록 노력해야 한다. 이러한 개념을 잘 요약한 내용을 여기에 남기고자 한다. 여러분이 하는 일의 목적을 기억하기 위해 이들 문구를 근무장소의 벽에 걸어두는 것도 좋을 것이다.

- 스포츠 고객은 우리 모두에게 가장 중요한 사람이다.
- 스포츠 고객이 우리에게 의존하는 것이 아니라 우리가 고객에게 의존하고 있다.
- 스포츠 고객이 우리 일을 방해하는 것이 아니라 고객이 바로 우리가 일하는 이유이다.
- 스포츠 고객이 전화할 때 우리에게 친절을 베푸는 것이다. 우리가 고객에게 서비스하여 친절을 베푸는 것이 아니다.
- 스포츠 고객은 우리 사업의 한 부분이다. 구경꾼이 아니다.
- 스포츠 고객은 통계적 수치로 존재하는 차가운 존재가 아니다. 고객은 피가 통하는 육체를 지닌 우리와 같은 느낌과 감정을 지닌 한 인간이다.
- 스포츠 고객은 우리가 할 수 있는 한 가장 정중하고 예의바른 대접을 받을 만한 가치가 있다.
- 스포츠 고객은 모든 사업에서 활력의 근원이다.

이 모토(motto)들처럼 이 연구의 이론적 배경과 실천행동요강은 오직 개념과 아이디어를 묶어줄 단어들만이 담고 있을 뿐이다. 전략적 기술들이 정말로 가치가 있는가 하는 것은 여러분에게 달려 있다. 만일 가치가 있다면 보다 세부적인 행동계획을 만들고 실천해야 한다.

4

스포츠 문화

4. 스포츠문화

Ⅰ. 문제의 제기

독자적인 스포츠문화가 발달하기 위한 본질적(구성적) 요소
는 그것의 특별한 의미내용이다. 이미 나이드하르트
(Neidhardt)가 지적한 바와 같이 문화는 '집단적으로 구성된 의미구성'을 토
대로 형성되고 있다. 문화의 부분 영역들은 그것들이 총체적으로 관여할
뿐만 아니라 그 속에서 행위하고 있는 인간들도 관여하는 이와 같이 부여
된 의미들을 토대로 발달한다. 문화의 부분 영역들은 이러한 의미들을 근
거로 자신과 외부를 경계지우며, 자신의 내부구조를 만들고, 이러한 방식
으로 그들만의 독자적인 정체를 발달시켜 나간다.

  사람들은 스포츠의 특별한 의미에 관하여 이미 많은 견해를 제시하여
왔다. 그러나 오늘날에도 많은 사람들은 스포츠가 문화나 사회 속에서 지
니거나 지닐 수 있는 일반적인 의미에 대하여 다시금 묻고 있다. 스포츠가
이룩한 많은 발달을 고려할 때 이러한 물음은 매우 급박한 것이 되었다.

어떤 이는 이러한 의미를 업적과 경쟁에서 찾고, 다른 이는 스포츠가 기여할 수 있는 건강, 안녕, 긴장완화에서 찾고 있다.

오늘날 행해지고 있는 스포츠를 보면 분명히 알 수 있는 바와 같이 스포츠의 의미기준은 결코 통일적인 형상을 지니고 있지 못하다. 오히려 스포츠는 한편으로 스포츠를 수행하는 사람들이 부여하고, 다른 한편으로 문화적 및 사회적 제도로서 스포츠가 의미생성 및 의미수여의 형식 속에서 부여하는 다양한 의미기준들과 결합되어 있거나 여전히 결합가능하다. 빌레펠트의 스포츠 교육학자인 디트리히 쿠르츠(Dietrich Kurz)는 이와 같은 다양한 의미기준들을 다음의 6가지군으로 요약하여 정리하고 있다(박남환 외 1인, 2004 : 75).

- 신체성, 피트니스, 건강
- 표현, 심미성, 형성
- 긴장, 극적임, 모험
- 감명, 탐구, 센세이션
- 성취, 활성화, 자기의식
- 더불어 함께 함, 사교성, 공동체

이때 어떤 영역의 문화적인 의미는 확실히 개개인이 주관적으로 부여하고 있는 의미 이상의 것이 될 수도 있으며, 개인이 부여하는 의미와 일반적인 의미와의 관계는 분명하지 않다는 것이 사실이다.

그러나 스포츠는 우리 인간이 창조하고 학습하고 전수해온 것이지만, 그 문화적 특성 때문에 반대로 문화의 대상화나 형체화, 즉 우리들 자신이 우리 자신의 생활을 풍요롭게 하기 위해 창조한 스포츠라는 것을 잊고 스포츠의 존재를 절대화·실체화하여 형식적 측면만을 지도하고 전달하는 함정에 빠지기 쉽게 되었다는 것이다.

예를 들면 스포츠에서의 경쟁과 승패의 비중이 큰 관계로 승패에 따른 결과만을 중시하기 때문에 언제나 '누구를 위한 스포츠문화인가'에도 반성이 필요한 때가 아닌가 한다.

"현재 수백만 명의 사람들이 하고 있는 것을 사회생활에 중요하다 혹은 해가 된다고 논하는 것은 무익한 일이다. 지금까지 전혀 생각할 수 없었던 문제에 우리는 직면하고 있다. 그런데 우리는 이 문제에 관심을 보이지 않는다."

이는 리세의 『스포츠 사회학』(베를린, 1921) 서두의 문장이다. 당시 독일은 제1차 세계대전의 패전과 인플레이션에 의한 사회 불안의 시대였으며, 동시에 희망의 시대였다. 11월혁명과 바이마르공화국의 성립, 사회민주당의 에베르트가 정권을 잡는다. 드디어 노동자 대중의 시대가 온다는 기대가 있었다. 그때는 축구, 자전거 등의 스포츠 종목이 인기였고, 수백만 명의 사람들이 스포츠에 참가했다. 리세는 이러한 대중적 스포츠의 대두를 지금까지 전혀 생각할 수 없었던 문제로 생각했고, 스포츠를 새로운 시대의 문화라고 생각했다.

리세는 제1차 세계대전을 전후하여 문화의 파악방법이 명확히 변화했다고 한다. 그는 다음과 같이 논하고 있다.

"웃음을 참으며 말한다면, 고귀한 지성의 총체를 우리는 문화라고 한다. 그리고 거기에서 활약하고 있는 사람들, 즉 머리카락을 휘날리고, 높은 목 칼라를 붙이고, 깨우친 듯한 눈초리를 하고, 멋진 목소리로 말하는 사람들, 우리는 이 무능한 무리를 모두 지식인이라고 한다. … 담배연기와 향수의 향에 찬 세계에 떠도는 이 창조물은 모두 대중에게 아무것도 제공하지 않았다. 대중은 스포츠를 하기 시작했다."

분명히 문화관이 변화되었다. 지금까지의 문화는 한정된 엘리트 지성의 산물이었다. 음악, 회화, 종교, 과학 등이 문화의 범주였다. 대중은 그러한 고상한 세계를 바라보고 있을 뿐이었다. 그러나 이제는 대중이 스포츠에 참가하기 시작했다. "스포츠는 대중에게 문화가 아니거나, 이제부터 대중이 문화의 담당자가 되어야 한다" 리세는 생각했다.

리세는 사회학자이기 때문에 스포츠가 사회현상으로 무시할 수 없게 된 사실에서 문화관의 변화를 파악했다. 그의 직관은 현대의 Sport for All의 시대를 내다본 것이다. 그러나 1920년대에 비하면, 스포츠의 대중적인 기초가 대단히 강화된 현대에 우리는 '왜 문화로서의 스포츠를 테마로 해야 하는가?'에 대하여 다음과 같이 생각해 볼 수 있겠다(김현덕 외 1인, 2001 : 221-222).

첫째로, 문화개념이 여전히 리세 이전의, 즉 독일 지성주의에 구속되어 있기 때문이다. 스포츠맨의 머리는 근육으로 채워져 있다고 한다. 스포츠는 감성의 세계에 있기 때문에 문화이다. 그렇다면, 전적으로 신체로 느끼는 음악도 문화가 아닐 것이다. 그러나 이는 '젊은이의 문화'라고 하지만, 스포츠는 문화라고 하지 않는 것 같다.

둘째로, 스포츠가 문화로서 독립된 장르를 형성하지 않았기 때문이다. 미용을 위해서, 건강을 위해서, 수양을 위해서, 체력을 위해서, 국가를 위해서 등 다양한 목적으로 스포츠가 수단으로 이용되고 있다. 스포츠 고유의 가치와 의의가 인정되고 있지 않기 때문이다.

음악, 회화, 문학, 종교, 과학 등의 문화 장르도 정치적, 경제적, 사회적인 목적에 이용되는 일이 있다. 그러나 그 경우는 수단화가 독자성을 상실하지는 않는다. 고유의 가치를 갖고, 독자의 체계를 갖는 문화임이 승인되어 있다.

이러한 사실을 고려하면서 문화로서의 스포츠라는 테마를 생각하면, 다음과 같은 문제를 제기할 수 있다.

- 스포츠를 문화로 보기 위해서는 어떤 문화개념이 필요한가를 검토해야 할 것이다.
- 스포츠가 문화의 장르를 형성한다면, 다른 장르와 구별되는 스포츠의 독자성은 무엇인가를 알아야 한다.
- 문화로서의 스포츠를 확인하는 것이 스포츠에 어떤 결과를 초래하는가를 연구하여야 한다는 것이다.

[스포츠를 권하는 사회 만들기]

스포츠를 권하는 사회는 사회구성원 모두가 스포츠를 통하여 나보다 남을 먼저 생각하는 이타주의와 도덕성, 협동심을 자연적으로 습득하게 되고 사회적으로 문제가 되는 도덕성 타락을 서서히 해결할 수 있는 사회를 말한다. 스포츠 동호인들은 스포츠를 즐기는 가운데 페어플레이 정신과 도덕적 자질 함양의 기회를 갖게 되어 건강하고 건전한 사회를 만드는 데에 일조하며 또한 원칙(질서)이 지켜지는 사회를 구성하는 데 주춧돌 역할을 할 수 있을 것이다. 이외에도 스포츠를 권하는 사회는 인간관계, 가정경제, 그리고 공동체 문화로서의 사회 전체를 인간들의 정감이 오가는 아름다운 삶과 풍요로운 사회를 보장하는 데 밑바탕이 될 것이다.

'스포츠를 권하는 사회'는 건강한 사회를 의미한다. 건강은 인간에게 가장 중요한 것으로 행복한 삶의 일차적인 전제조건에 해당한다. 건강한 삶은 질병으로 인한 의료비용의 절감을 가져와 개인과 가정경제의 경제적 이익을 가져다준다. 한 인간의 건강의 약화는 돌이킬 수 없는 일인 만큼 건강은 건강할 때 지켜야 한다. 육체가 건강한 사회는 국민의식 또한 건전하고 이와 더불어 건강한 사회형성의 토대가 되는 것이다. 건강은 한번 잃으면 그것을 회복하는데 경제적, 정신적 손실을 가져온다. 그만큼 병약한 국가는 국민의료비에 많은 돈을 사용하게 되기 때문에 예방의학 차원에서 '스포츠를 권하는 사회'만들기를 통해 의료비용 절감을 가져올 수 있다.

'스포츠를 권하는 사회'를 만들기 위해서는 직접 스포츠를 함으로써 효과를 확인하고 다른 사람들에게 권장해야 한다. 건강한 사회는 건전한 생각을 가진 이들의 중심 사회가 되는 것이다. 스포츠는 건강한 사회와 살맛나는 사회를 형성하는 토대가 될 것이다. 우리의 새로운 공동체 문화로 스포츠가 그 역할을 대신하도록 권장하여야 할 것이다.

"전자문명의 시대, 공동체 문화가 와해되고 개인의 성만이 그 위용을 자랑하는 시대에 스포츠는 21세기에 물려줘야 할 가장 중요한 문화유산 중의 하나라고 강조된다. 새로운 문화행위로서 스포츠를 가꾸고 성장시켜야 한다."(한겨레21, 1994년 6월)

이처럼 스포츠는 21세기 새로운 공동체 문화로서 점진적으로 그 중요성이 부각되고 있다. 이를 위한 일차적인 방법은 체육관, 볼링장, 피트니스센터, 수영장, 테니스장이 점차적으로 증가하는 사회분위기를 형성해야 할 것이다. 그래서 직장인들이 퇴근과 동시에 야간조명 아래서 테니스를 치거나, 수영을 하는 사회를 만들어 가야 한다. 이를 위해서 정부와 국민 전체의 인식전환과 시설투자에 대한 지원이 요청된다.

스포츠문화의 중요성이 점차로 부각되고 있는 상황에서 '스포츠를 권하는 사회'를 만들기 위한 일차적인 시작의 작은 실천은 사이버 공간의 스포츠 네티즌의 전형인 '붉은 악마'의 서포터들의 연대의식처럼 온라인상의 사이버 네티즌들의 연대와 오프라인 현실 공간에서의 스포츠 소집단(클럽) 모임을 통한 공동체의식을 형성할 필요가 있다. 이와 병행하여 이웃과 친구, 가족 모두 스포츠를 함께하는 일이 무엇보다도 '스포츠를 권하는 사회' 만들기의 첫발일 것이다. 이러한 실천을 통한 '스포츠를 권하는 사회문화'의 정착을 통해서 우리 사회에서 스포츠문화가 환영받는 사회문화를 만들어 가야 하고 이를 통해서 좋은 세상을 만들어 가야 할 것이다.

[자료 : 이학준 : 인간의 얼굴을 한 스포츠, 북스힐, 2002 : 243-245]

2. 스포츠문화의 의미

우리는 생활 속에서 문화란 말을 자주 접하게 된다. 문화인이란 말에서부터 문화국민에 이르기까지 문화에 대한 많은 말이 있다. 우리 선조가 누리던 문화에서도 사회계층에 따라 양반문화가 있었고 천민문화가 있었으며 오늘날에 이르기까지 전해지는 문화를 전통문화라고 한다. 현대에서도 생활 속에서 누리는 문화의 질에 따라 고질문화요, 저질문화로 나누기도 하며 그 성격에 따라 순수문화요, 상업주의 문화로 구분하기도 한다. 놀이문화, 여가문화, 퇴폐문화 등은 요즘 사회 현상 속에 많이 쓰이는 말이기도 하다. 이처럼 문화는 인간의 삶의 유형이라고도 하며 생활양식이라고도 한다(김경동, 1996 : 187).

옥토에서는 좋은 나무가 자라지만 사막에서는 선인장만이 풍토에 적응하며 자란다. 문화도 그 나라의 풍토와 기온 그리고 자연조건에 따라 생활양식이 고정화되면서 생기는 것이기에 각 나라마다 국민성이 다르게 형성되고 각 지방마다 특유의 문화를 수용하게 되는 것이다. 그러기에 그 지역에서는 그 문화가 삶의 유형으로 최적의 생활방법이 되며 낫다, 못하다, 옳다, 그르다의 주관적인 평은 할 수 없고 객관적인 현상에 따라 전진이다, 후진이다를 말할 수 있다고 본다. 이러한 문화는 사회생활을 통하여 배운 바 행위의 유형이고, 전통의 묶음이며, 의식과 믿음의 통체로, 바꾸어 말하면 이 사회는 그릇이요, 문화는 그 안에 담긴 내용물인 것이다.

그간 문화에 대해서는 수많은 정의들이 있어 왔지만, 그중 가장 빈번히 통용되는 것은 '문화란 지식, 신앙, 예술, 도덕, 법, 관습 등 인간이 사회의 구성원으로서 획득한 능력 또는 습관의 총체'라고 주장한 영국의 인류학자 타일러의 정의이다. 이 밖에도 주요한 학자들은 공통적으로 '문화는 동일한 사회에 속하는 사람들의 행위에 대한 공통의 이해를 제공하고 공동체의 삶을 묶어주는 삶의 총체'임을 이야기하고 있다〈표 4-1〉 참조).

〈표 4-1〉 학자들에 따른 문화의 정의

학자	문화의 개념정의
린턴(R. Linton)	문화란 특정사회의 성원들에 의해 공유·전승되는 지식, 태도 및 습관적 행위유형의 총합이다.
소로킨(P. Sorokin)	문화란 상호작용하는 사람들이 소유하는 의미, 가치, 규범의 전부와 이러한 의미들을 객관화, 사회화하고 전달하는 매체 전부를 의미한다.
기어츠(C. Geertz)	문화란 상징에 체현(體現)된 역사적으로 전달된 의미유형, 상징적 형식에 표현된 세습된 개념의 체계로서, 사람들은 이것에 의해 생활에 관한 지식과 태도를 전달하고 영속시키고 발전시킨다.

이렇듯 문화의 뜻을 만족스럽게 한 가지로 정하기는 무척 어렵지만 지금까지의 이야기를 바탕으로 하면, 사람다운 삶을 누리기에 가치 있는 것을 실현하는 모든 형식과 활동 및 그 결과물들을 통틀어 일단 문화라고 부를 수 있겠다. 문화를 이처럼 문화예술이라는 좁은 차원에서가 아니라 사람이 사람다운 삶을 누려가는 삶의 방식, 혹은 자유가 증대되는 과정으로 파악할 때, 현대인의 삶의 참모습을 이해하고 바람직한 삶의 대안을 모색하기 위해서는 무엇보다 현대의 대중문화에 초점을 맞추어 우리의 논의를 계속해 나가야 할 것이다.

이상에서 우리는 문화의 개념에 관한 두 가지의 입장을 간단히 살펴보았지만, 여기에는 어느 것이 옳고, 어느 것이 틀린 것이라는 주장이 있을 수 없다는 점을 명심해야 할 것이다. 이 두 가지의 입장은 그들이 각기 설명하려고 하는 대상에 따라서 견해를 달리하고 있을 뿐이다. 즉, 인간의 사고 및 행위를 연구대상으로 하여 무엇이 그것을 가능하게 했는지에 초점을 두고, 그것을 가능케 한 기본적인 원리를 밝혀내려는 사람들에게는 관념론적인 전망에서 본 문화의 개념이 효과적일 것이고, 이와는 달리 사회문화적인 현상들과 어떠한 관계를 맺고 있는지에 초점을 두어 문화과정 속의 여러요소 기능이 상호작용에 관심을 가진다면 총체론적인 전망에 선 문화의 개념이 연구의 주제를 분명히 하는 데 더욱 효과적일 것이다.

궁극적으로 문화는 우리 행위의 거의 모든 것에 영향을 미치며, 사실상 우리의 세계관을 규정하고 있다. 고립되어 있는 생소한 문화를 연구함으로써 우리 자신에 대해 더욱 잘 이해할 수 있으며, 문화의 막중한 영향력을 알 수 있는 것이다.

그러면 스포츠문화란 무엇인가?

문화가 '인간의 삶의 양식'이란 말은 '인간이 인간이게 하는 것"이라고 의미 내리고 있듯이 스포츠문화 또한 '인간의 스포츠의 양식' 즉 '스포츠를 스포츠이게 하는 것' 이라 정의 할 수 있다. 그렇다면, 스포츠를 스포츠이게 하는 것은 무엇인가?

대부분의 스포츠 학자들의 견해들을 종합·분석하면, '스포츠는 인간의 신체적 활동 이며, 경쟁적이며, 제도화된 규칙에 의해 지배되는 것이다.'라고 결론 내리고 있다. 그러나, 우리가 스포츠의 겉모양을 갖추었다고 해서 스포츠라고 인정하지는 않는다. 따라서, 필자는 스포츠문화는 스포츠를 스포츠이게 하는 외적 조건보다는 그 조건 을 지지하는 사상에 초점을 맞춰야 한다고 생각하고 있는 것이다(스포츠사상연구회, 2005 : 25).

더 나아가 스포츠문화란 스포츠 활동에 따른 인간행동의 양식으로서 스포츠 활동을 통하여 자신의 활동욕구를 충족하는 동시에 사회구성원에 게 스포츠의 지식, 규범, 기술, 가치를 전달하는 모든 사회적 활동으로 정 의할 수 있다.

스포츠의 의미는 시대와 국가의 정치·경제·교육에 의해 영향을 받고,

변화하면서 습득된다. 즉 스포츠는 다양하고 새로운 문화를 창출해 내는 매체이면서 다양한 사회의 가치구조에 의해 그 형태를 변화시키기도 하는 문화산물인 것이다. 그동안 스포츠는 종교, 예술, 학문과 같은 지적 문화 활동과는 달리 신체활동으로 규정되면서 우리 사회의 중요한 가치영역에서 소홀히 다루어졌으나 문화의 개념이 다양하게 변화되고 있는 가운데 스포츠는 사회구성원의 욕구와 가치를 충족시켜 주는 매우 강력한 문화적 도구로 변모해 갈 것이다.

또한 스포츠 이데올로기를 분석하는 측면에서 스포츠문화란 스포츠가 하나의 사회적현상으로 인간의 문화적인 삶을 영위하는 데 하나의 부분이라는 의미에서 문화를 말하고 있는데, 그것은 스포츠라는 이념을 통해서 인간의 가치와 신념, 지식과 기술, 법과 관습 등 전체 문화의 구성요소로서 존재하는 영역에 위치에 있다는 것이다. 또한 문화형태로서의 스포츠는 헤게모니 수준에서 볼 때 수동적으로 존재하는 것이 아니라 능동적으로 움직일 수 있다는 것이다(박흥규 외, 1994).

스포츠문화는 스포츠에 대한 의미, 가치, 신념, 관습, 규범, 행동양식의 총체적 복합체라 할 수 있기에 스포츠에 대한 평가는 그 시대, 그 나라의 지배적인 문화양식에 의해 영향을 받아 습득되는 것을 의미한다. 이때 지배문화에 의해 단순히 습득되기만 하는 것이 아니라 스포츠가 하나의 문화를 생산하고, 새로운 문화양식으로 자리잡기도 한다는 것을 잊지 말아야 하겠다.

3. 문화의 특성

문화의 실제 세계에 접근하기 위한 하나의 적절한 방법은 그것의 특성을 밝히는 일이다. 문화를 정의하는 것과 특성을 밝히는 것 간에는 어떠한 차이가 있으며, 문화나 문화교육에 대한 연구 및 논의와 관련하여 어떠한 도움을 주는가? 인문사회과학에서 다루는 용어나 개념이 포괄하는 세계는 거의 무한하다.

'인간'이라는 말을 예로 들면, 인간의 의미는 인간이 지금까지 살아온, 현재 살고 있는, 그리고 앞으로 살아가야 할 모든 것을 포함하며, 이를 모두 묘사한다는 것은 불가능한 일이다. 그리하여 우리는 그 가운데 일정 부분을 추상화하여 표현한다. '정의하는 것'이나 '특성화하는 것'은 모두 이와 같이 어떤 개념이 포함하는 실제 세계의 일정 부분을 추상화하여 표현한다는 점에 있어서는 동일하다. 그러나 그것을 추상화하는 방식에 있어서는 현저한 차이를 보인다. 연구자는 그 차이를 다음과 같이 논한 바 있다 (김복수 외, 2003 : 193-194).

문화는 그 자체를 우리에게 온전하게 드러내지 않는다. 우리는 그것으로 인하여 나타나는 부분적인 결과로 그것을 추론할 따름이다. 문화의 정의에 있어서는 학자들 사이에 다양한 견해를 보이지만, 문화의 특성에 대해서는 어느 정도 공통된 의견을 보이고 있다. 이제 문화의 본질을 이해하기 위하여 다음의 몇 가지 특성으로 나누어 생각해 볼 수 있다.

▶ 문화는 사람들이 '만든' 것이다

원숭이가 사람과 비슷한 생활을 한다고 해서 문화란 얘기를 붙일 수는 없다. 지능이 높고 몇 십 개의 언어가 있다는 돌고래의 생활을 말할 때는 문화란 말이 결코 뒤따를 수 없다. 문화는 사람만이 만들고 향유하는 것이다. 특히 사람들에게는 자기의 뜻과 감정을 전달시킬 수 있는 언어가 있다. 이 언어의 역할이 문화를 가능케 한 열쇠이다. 미개한 민족일수록 언어 표현의 범위가 좁고 선진문화를 누리는 민족일수록 표현이 다양함도 여기에 있다.

▶ 문화는 사회생활을 통해 만들어지고 '공유'되는 것이다

인간은 로빈슨 크루소(Robinson Crusoe)처럼 살 수는 없다. 일찍이 아리스토텔레스(Aristoteles)는 '인간은 사회적 동물'이라고 하였다. 이러한 인간생활은 공동생활로서 상호 의존적 관계에서 발전하고 문화는 창출되는 것이다. 몇 사람이 특수하게 누리는 것은 취미요, 오락일 수 있지만 문화라는 말을 붙이기 어렵다. 사회 속에 대다수의 사람이 공유하고 누리는 것이 문화이다.

▶ 문화는 학습을 통해 이어져(전통) 나간다

사람의 특질 가운데에는 어떠한 방면에서 교육이 있다. 가정교육이 있고, 학교교육이 있고, 사회교육이 있다. 이러한 교육을 통하여 언어, 행동양식, 가치관 등이 총체된 문화로서 이어지는(전승) 것이다.

▶ 문화는 질서라는 틀이 짜여 있다

우리는 문화를 말할 때 질서의 개념을 도입한다. 질서는 그 사회가 만든 규범을 따라야 하는 것이다. 나의 견해와 다르다고 해서 빨간 신호등인데도 횡단보도를 그냥 지나갈 수 없는 것과 마찬가지로 그 민족의 공동체가 만든 질서규범은 따라야 하고 이것이 지켜지는 정도로 문화의 수준

을 가늠하게 되는 것이다. 전문 용어로는 '유형이 지워져 있다(Patterned)'라고 한다.

▶ 문화는 보편적이고 다양하다

공동생활에서는 생활양식이 근사하다. 그것은 오랜 전통적 습관에서도 그러하겠다. 문화는 마치 우리 식탁 위에 올려져 있는 된장국의 담담함에서 우리 한민족이 공통으로 느끼는 맛처럼 보편성을 갖는다. 또한 개인의 주체적 성격과 창의성 그리고 주어진 집단에 대한 적응성으로 문화는 지역마다 특성을 갖고 다양하게 나타나는 것이다.

▶ 문화는 변한다

문화가 생활의 양식이라고 하였듯이 그 시대에 따른 문화의 창조력은 있게 마련이다. 이어짐을 통해 내려온 전통문화도 기본 얼(정신)은 그 안에 담겨 있되 똑같게 전승되지는 않는 것이다. 문화는 여러 세대를 이어져 오는 동안, 낡은 것은 퇴색하고 새로운 것이 보태지면서 끊임없이 발전하고 변한다는 것이다.

그 외 문화의 특징으로 후천성, 축적성, 체계성, 전체성 등을 생각해 볼 수 있다.

- **후천성 :** 인간은 태어나면서 문화를 갖고 있지는 못한다. 인간은 누구나 태어난 후 사회에서 타인과 상호작용을 하면서 그 사회의 문화를 학습하게 된다.
- **축적성 :** 인간은 기존의 문화내용에 계속 새로운 내용을 첨가시킨다. 이러한 첨가 과정을 거쳐 문화는 축적되고 다양해져 간다.
- **체계성 :** 문화는 사회의 다른 부분들과 서로 관련을 맺으며 종합적 체계 속에서 조화를 이루는 방향으로 형성된다. 예를 들어 농경문화권에서는 그에 적합한 주택, 교통수단이 생기고 '농자천하지대본(農者天下之大本也)'이라는 등의 가치관도 생긴다. 즉 문화는 역사적·지리적·자연적 여러 상황이 복합되어 하나의 체계

를 형성해 나가는 것이다.

● **전체성** : 한 사회집단의 문화는 타일러가 말하는 바와 같이 지식, 신앙, 예술, 도덕, 법, 관습 등 수많은 부분들로 구성되어 있다. 그러나 한 사회의 문화를 구성하는 이런 부분들은 무작위로 또는 각기 독립적으로 존재하는 것이 아니라, 상호 긴밀한 관계를 유지하면서 하나의 전체(A whole) 또는 체계(System)를 이루고 있다.

이상에서 살펴본 바와 같이 문화는 거의 모든 영역에 부수적인 영향을 미치고 있다. 이것은 한 사회의 문화를 구성하고 있는 부분들은 상호 밀접한 관련을 맺고 있어서 한 영역에서의 변화는 그것으로만 끝나는 것이 아니라, 다른 영역들에서의 변화를 수반하고 있음을 보여주고 있다. 문화의 거의 모든 부분들을 하나로 묶고 있는 이 무수한 상호관계들을 풀어내기는 거의 불가능에 가깝다. 그러나 그것들은 엄연히 존재하고 있고, 우리가 그것들을 연구해 내기까지에는 완전한 이해에 도달할 수 없을 것이다.

[문화는 욕구와 유형과 수준을 규정한다]

사람은 여러 가지 욕구를 가지고 있다. 심리학자 매슬로에 의하면 기본적·생리적 욕구 외에도 안정의 욕구, 사랑과 인정을 받고 싶은 욕구, 자기 중의 욕구와 자기실현의 욕구와 같은 2차적·파생적 욕구가 있다고 한다. 문화는 이러한 모든 욕구를 충족시킬 수 있는 수단을 가르쳐주고 제공해 준다.

몹시 배가 고플 때 한국인은 밥과 김치, 된장찌개 생각이 날 것이며, 미국인은 스테이크나 햄버거, 이탈리아인은 아마도 스파게티나 피자, 그리고 한 잔의 와인이 생각날 것이다. 성적 욕구를 해소시키는 방법도 다양하다. 자기 부족 내의 모든 이성(異性) 간에는 서로 쳐다보지 못하고, 종족 사이에서는 같은 부족의 모든 이성이 욕구의 대상에서 일차적으로 제외된다. 우리나라와 같이 친사촌이나 이종사촌은 성적 대상에서 제외하는 규범문화에서는 극소수를 제외한 대부분의 사람들은 친사촌이나 이종 사촌에게 심각한 성적 욕구를 느끼지 않는다. 그러나 이종 간의 관계가 허락되는 문화에서는 물론 이종의 이성에게 성적 욕구를 느낄 수도 있다.

혼전 성관계를 결혼의 준비과정으로 장려하는 문화가 있는가 하면 바람직하지 못한 행동으로 규제하는 문화가 있다. 이와 같이 인간 유기체에 생리적으로 일어나는 기본적인 욕구, 즉 배고픔이나 성적 욕구와 같은 긴장이 일어났을 때 그것을 해소시키는 유형이 문화마다 다르게 나타난다. 개인은 문화가 허락하는 수단과 방법, 유형 내에서 욕구가 발생하고 그 방법 내에서 욕구를 충족시킨다.

자아실현을 위한 이차적인 사회적 욕구는 더더욱 사회와 문화의 영향을 받는다. 어느 개인의 교육수준은 그 개인 스스로에게 사회에서 그가 하고 싶은 많은 희망사항 몇 가지는 포기하고, 그 외 몇 가지로 국한시켜야 한다는 의식을 갖게 해준다. 조선시대 사회에서 여성의 사회활동이 제재당했기 때문이기도 하고 동시에 이런 사회적 이유로 해서 여성 자신들에게 자아실현의 욕구가 현대 여성들보다 약했기 때문이라고 이해할 수도 있다. 이와 같이 문화는 개인의 욕구와 유형과 수준의 범위를 정해준다.

4. 문화의 기능과 내용

문화는 인간이 환경에 적응하며 환경의 도전에 대처하기 위하여 만들어낸 하나의 생존수단(Survival Kit)이라고 할 수 있다.

사람들은 다른 동물들과 달라 단순히 생물학적인 기능만으로 환경 속에서 생존을 누리는 것이 아니라, 적극적으로 그에 대처하여 환경조건을 극복하고 그것을 인간생활에 우리하도록 바꿈으로써 종(種)으로서 생존하려고 만들어낸 것이라는 데서 문화의 기본적인 기능을 찾을 수 있다. 이런 뜻에서도 문화는 우리의 생존을 위해 불가결한 것이라고 할 만하다. 그러나 한 번 만들어서 우리들 삶의 환경의 일부가 된 뒤에는 문화가 인간생활의 모습을 일정한 틀 속에 묶어주는 구실도 한다는 것에 주목할 필요가 있다.

문화가 개인이나 사회에 기능하는 역할을 살펴보면 다음과 같다.

- 문화는 인간과 동물의 구별을 가능하게 해준다. 즉 문화는 인간이 동물과 구별되는 창조적 생활을 가능하게 해준다.
- 문화는 개인에게 주어진 생활환경에 대한 가장 적합한 적응방식을 제공해 준다.
- 문화는 개인의 생존과 안정에 필요한 물질적·심리적 욕구를 일으키기도 하고 그것을 충족시키기 위한 수단도 제공한다.
- 문화는 개인의 모든 욕구를 충족시켜 주지만은 않는다. 반대로 문화는 개인의 욕구를 규제하기도 하고 욕구수준을 제한하기도 한다. 이 기능은 사회통제의 기능이라 할 수 있다.

한편, 문화는 여러 차원에서 그 의미를 파악할 수 있겠지만, 기본적으로 다음과 같은 기능을 갖고 있다(김원인, 1998).

- 문화는 우리가 학습하고 공통으로 공유하고 있는 언어를 통하여 다른 사람과의 의사소통을 할 수 있게 한다.
- 문화는 우리 사회에 있는 다른 사람들이 우리들의 생각과 행동에 어떻게 반응할

것인가를 예측할 수 있게 해준다.

- 문화는 선과 악, 아름다움과 추함, 합리성과 비합리성, 유쾌함과 슬픔, 그리고 안전함과 위험함 등에 대한 구별의 기준을 제공해 준다.
- 문화는 인간이 살아가는 데 필요한 지식과 기술을 제공해 준다.
- 문화는 우리와 비슷한 문화적 배경을 갖는 사람들을 구별할 수 있게 해준다.

이러한 기능을 갖고 있는 문화는 하나의 조직 또는 사회의 구성원, 그리고 더 나아가 한 국가의 국민들이 가지는 가치관, 태도, 행동 등의 복잡한 상호작용으로 표출된다는 것이다.

문화의 기능을 좀더 자세히 이해하기 위하여 문화의 내용을 생각해 보는 것이 좋겠다. 처음에 사회학의 대상을 소개할 때, 사람의 머리가 상징적 문화요, 몸통이 제도적·규범적 문화요, 다리는 물질문화에 해당한다고 말할 수 있다. 이것도 문화의 내용을 구분하는 한 가지 방법이다.

'상징적 문화'는 주로 언어관행을 중심으로 하는 갖가지 기호나 상징의 총체를 이른다. 이것이 있음으로써 사람들은 우선 서로 의사소통을 할 수 있고, 또 현실세계에 대한 지식과 믿음을 개발시킬 수 있다. 이런 지식과 믿음이 체계화된 것이 종교요 철학이며, 정치적 이념과 관념적인 이론들이다. 그뿐 아니라 우리의 정서적 표현 —문화·음악·미술 등— 도 이 상징에 크게 의존한다. 그리고 상징적 문화와 다음의 규범문화를 연결시켜 주는 것으로 '평가적 문화'를 들 수 있다.

좋고 나쁜 것, 아름답고 추한 것, 명예롭고 불명예스러운 것 등의 표준이 되고 사회의 목표와 이상, 도덕과 윤리를 제공하는 가치관과 사회성원들이 공유하는 깊은 정감의 기초를 제공해 주는 것이다.

'규범적 문화'는 사람들이 상호작용에서 서로 기대하는 제도적 규범을 제공한다. 어떤 행동이나 언사가 옳고 그른지를 말해 주는 것으로 사회질서의 문제와 직결되는 부분이기에 사회학자들의 관심이 여기에 많이 쏠린다. 이 세 가지가 '비물질적인 문화'라고 하면, 이러한 기초 위에서, 특히 상징문화를 바탕으로 하여 사람들이 만들어내고 사용하는 물질적인 것들—의복·농기구·기계·가구·운송기관·과학적 기재·무기·장식품 등은 '물질문화'라 할 수 있다. 그리고 덧붙여 이런 것들을 만드는 기술도 포함한다.

그러나 여기서는 문화의 기능, 즉 문화가 우리들의 삶을 어떻게 좌우해 주는가를 중심으로 문화의 내용을 생각하기 위하여 사람이 세계를 향해 지향(Orientation)하는 모습에 초점을 맞추어 분류해 보려 한다. 세계를 향한 지향이란 우리가 몸담고 사는 물리적·사회적, 그리고 상징적(혹은 추상적) 세계의 뜻을 우리가 알고, 그에 대한 느낌을 갖고, 그것이 우리에게 어떤 결과를 가져오는지를 평가하며 어떻게 행동할지를 결정하는 과정을 이른다.

그 과정을 통하여 인간은 환경에 적응하면서 스스로의 잠재력을 충분히 발휘하기 위한 수단으로 삼는 것이 문화인 셈이다. 이런 관점에서 사회학에서는 경험적 인지(Empirical-Cognitive)의 문화, 심미적 표출과 감상(Aesthetic-Appreciative)의 문화, 그리고 평가적 규범(Evaluative-Normative)의 문화로 크게 세 가지로 나누는 것이 보통이다.

그리고 이런 분류법을 조합해 보면, 〈표 4-2〉에서 요약하듯이, 문화의 세 차원들은 눈에 보이지 않는 관념적, 상징적인 모습과 눈에 띄는 외현적인 모습으로 존재한다(김경동, 1996).

〈표 4-2〉 **문화의 차원**

구 분	상징적인 모습 ↔	외현적인 모습
인지적 경험의 문화	미술, 신앙, 철학	과학, 기술, 물질
심미적 표출과 감상의 문화	예술적 지향	예술적 형식
평가적 규범의 문화	도덕 가치	윤리 행위 유형

5. 스포츠문화의 구조

오늘날 우리 사회에서 절실히 요구되고 있는 문화는 삶의 의욕과 활력을 회복하는 문화가 아닐까 한다. 삶의 의욕과 활력의 원점에 있는 것은 대상에 대한 주체적, 적극적 작용을 통하여 자기를 창조해 나갈 수 있는 능력이다. 그리고, 이 능력의 형성에 스포츠문화는 크게 기여해 왔으며, 보다 더 가치 있는 문화로 발전시켜 나가야 한다.

특히, 고도경제성장을 거친 우리 사회의 부정적 측면으로는 소비 중심주의적, 향락 중심주의적 문화가 추구되어 문화가 삶의 의욕과 활력을 육성할 수 없게 된 상황에서, 스포츠의 상업주의와 결합되고, 수동적인 일과성(一過性)의 즐거움이 조장되어 브랜드 상품처럼 제공되고 있다는 것이다.

이러한 현 상황에서 스포츠문화의 구조적인 측면을 구별한 가운데 그 자체의 내용을 분석하는 것 또한 의미 있는 일이 아닐 수 없다.

흔히 문화를 물질문화와 비물질문화로 분류하여 설명하였듯이 스포츠문화 또한 물질문화와 비물질문화를 모두 포함하는 복합적인 총체라고 할 수 있다.

스포츠문화는 가치나 신념, 지식이나 기술, 규범이나 관습, 스포츠관, 스포츠용구, 스포츠의 행동적 양식에서 이루어지는 종합적 시스템으로 파악할 수 있다. 즉, 스포츠의 가치를 실현하고 의미를 부여하기 위한 스포츠문화의 구성요소로서 독립적으로 기능하기보다는 사회적, 문화적 맥락 속에서 상호 유기적인 관련을 맺으면서 기능하고 있다(김범식 외 9인, 2004 : 160-162).

1) 물질문화

스포츠의 발전과 개선을 위하여 창출되는 물리적 실체에 관련된 것으로 스포츠 활동의 효율성을 극대화하기 위한 용구, 의복, 기계와 같은 스포츠 시설을 총칭한다. 이는 스포츠의 가치를 실현시키고 목표를 달성하기 위하여 연구, 개선, 발전되어 왔다.

스포츠 시설, 설비, 용구, 스포츠 의복의 변천과정은 과학기술의 발전과 밀접한 관련이 있다. 2002년 한일 월드컵 경기에서 한국 선수들이 착용한 유니폼 개발을 위해 많은 돈과 시간을 투자한 결과 두 겹의 천을 사용하면서도 땀의 흡수를 돕고 공기의 저항을 최소화할 수 있는 가볍고 착용감 좋은 신소재가 개발되었다. 월드컵 공식 축구공인 피버노바는 고압의 작은 공기 방울이 들어 있는 첨단소재인 '신택틱폼(기포 강화 플라스틱)'과 방수 처리된 인조가죽으로 만든 것으로 어떤 축구공보다도 탄력, 반발력, 회전력이 뛰어나다. 이처럼 과학은 우리 생활 어디에서나 찾아볼 수 있다. 또한 태권도가 올림픽 정식 종목이 되었고, 도복의 디자인에도 변화가 생기게 되었다.

대중매체의 발달과 대중매체를 통한 스포츠 보급이라는 현실상황에 따라 TV화면에 잘 보이게 하기 위해서 흰색이던 배구공이나 탁구공의 색상이 바뀌거나 의복의 색상이 변화하는 경우도 늘고 있다. 또한 스포츠 용구의 발전을 위해 기술적·재정적 지원도 증가하고 있는데 이는 스포츠에 대한 가치나 규범의 변화와 함께 가능한 것이다.

그러나 우리나라의 스포츠 시설과 재정적 지원은 부족한 실정이다. 더욱이 엘리트 스포츠를 위한 시설 투자에 편중되고 있기 때문에 국민적 스포츠 시설의 확충과 효율적 활용을 통해 바람직한 스포츠의 물적 문화를 창출하기 위한 노력을 해야 할 것이다.

2) 행동문화

　스포츠의 행동문화는 규범적 문화로서 스포츠의 행위준칙 또는 절차에 관한 문화이다. 이는 스포츠문화가 지니고 있는 요소 중 가장 많은 요소로서 스포츠 활동에 참가하는 사람의 법적, 관습적, 도덕적 규범에 관련되어 있는 행동양식으로서 스포츠가 지닌 본질적 가치를 실현하는 질서체계를 말한다. 우리는 사회적·문화적으로 용인된 행동을 하도록 요구되고 기대되는 행동양식이 있는 것이며, 스포츠의 규범적 문화는 스포츠의 가치를 실현시키기 위하여 기대되는 행동의 기준과 바람직한 행동양식을 제시한다. 이처럼 규범적 문화는 스포츠 활동에 의미와 가치를 부여하고 구제함으로써 사회적·문화적 환경에 대하여 스포츠의 정당성을 주장하게 하고, 사회적·문화적 환경은 이러한 스포츠 규범을 지지하거나 부정하는 역할을 한다.

　스포츠 정신문화는 가치적 문화로서 스포츠 활동에 대한 목표와 의미를 부여하고 스포츠의 가치를 밝히고 실현해 나가고자 하는 사고체계를 말한다. 즉 스포츠에 대한 가치를 정당화하기 위한 스포츠관과 스포츠 이데올로기, 스포츠 사상과 같은 관념을 통해 역사적·사회적·문화적으로 형성되어 온 것을 말한다.

　스포츠의 가치와 목표는 그 시대가 추구하는 관념에 따라 달라져 왔다. 신체활동 문화보다는 지적활동 문화에 자치의 우위를 두던 시기에 스포츠는 천시되거나 대중화되지 못하였다. 그러나 오늘날 산업화로 인한 경제성장과 국민소득 및 여가시간의 증가는 물론 건강과 자기실현에 대한 욕구가 증가함으로써 스포츠 활동의 중요성을 인식하게 되었다. 따라서 스포츠에 대한 가치관과 목표도 변화하고 다양해져 스포츠 활동 자체를 가치 있는 문화체계로 인식하는 새로운 스포츠관이 성립하게 되었다.

우리는 스포츠가 인간의 삶을 질적으로 향상시키고 사회발전에 이바지한다는 가치관을 확산시키기 위한 스포츠문화의 정착을 위해 노력해야할 것이다.

6. 스포츠문화의 접근방법

지금까지 인류는 지리적, 인종적, 종교적인 의미가 크건 작건간에 시대적 환경에 고맞는 스포츠문화를 양산하였다. 원시시대에는 인간의 생존에 필요한 수렵, 사냥 등이 스포츠의 형태로 발전하게 되었다. 고대 그리스 시대에는 스포츠가 국가 및 지역의 발전과 제우스 신을 숭배하는 제전 및 축제의 성격을 띠는 그 시대의 특정한 스포츠문화를 창출하였다. 라틴아메리카의 경우는 지역적·인종적으로 복잡한 문화의 형태를 띠고 있다.

라틴아메리카의 스포츠는 사회에 반영되는 산물 이상으로 권력집단의 이익과 지배수단으로 사용되는 형태로 스포츠문화가 형성되었다. 영국의 축구, 미국의 야구와 농구는 각 나라의 자본주의 확산에 영향을 미치는 스포츠 대중문화를 양산하였다. 또한 아르헨티나의 POLO·PATO는 정신적 지배문화의 저항으로 맞서서 대중문화로 보존하고 있다. 멕시코는 권투와 비슷한 TinKu(주먹싸움)를 지배적인 문화에서 벗어나 자신들의 문화로 토착·보존하고 있다.

뉴질랜드의 마오리족은 지역적 특성에 따라 '카누'의 전통적인 스포츠문화를 지녔으며, 일본은 '스모'라는 전통적인 스포츠문화를 양산하고 서구의 인기 스포츠 종목을 능가하는 대중문화를 형성하고 있다.

중국의 '쿵푸'는 영화 속에서 소재로 다룰 정도로 세계적인 문화를 형성하여 태권도 못지않은 세계적인 팬들을 가지고 있다.

우리나라의 경우 생존을 위한 농작물 및 바다에 풍어를 기원하는 형태와 재앙을 물리치는 방법으로 전승되어 온 씨름과 태권도는 현대 스포츠문화의 유입으로 체계 있게 발전되어 우리나라를 대표하는 스포츠가 되었다. 이상과 같이 스포츠문화는 각 지역의 사회적, 지리적, 환경에 의하여 복잡한 과정을 거치면서 생성·전승되어 오고 있다(김범식 외 9인, 2004 : 161-162).

이렇듯 스포츠가 생성·발전을 거듭해 오는 가운데 이제라도 스포츠에 대하여 학문으로서, 문화로서의 가치가 정립되려면 구분된 가운데서 접근방법이 모색되어야 한다는 것이다.

여기에서는 미국 스포츠문화를 소개하는 과정에서 문화사적 접근, 의식사적 접근, 그리고 풍속사적 접근방법하에 논의된 자료를 중심으로 살펴보고자 한다(황옥철, 2004 : 35-36).

1) 문화사적 접근

한 문화변동의 설명에 유용할 것이라는 점만 암시할 뿐 실제로 어떠한 과정을 거쳐 문화변동이 이뤄지는가의 문제는 설명하지 못하고 있다.

한 문화가 다른 문화와 접촉하여 문화변동을 일으키는 과정은 단순히 기계적이지는 않다. 즉 다른 문화를 거부할 수도 있고, 혹은 전폭적으로 수용하는 경우도 있으며, 또는 다른 문화를 일부 변용하여 받아들이기도 한다. 이러한 변모의 양상은 비단 문화이식에서뿐만 아니라 모든 '문화현상'에서 나타나기도 하는데, 스포츠와 문화의 관계에서도 예외일 수 없다. 왜냐하면 문화가 '역동적이며 전달 가능한(Communicable) 복합적인 인간의 현상'이라는 인식에서 출발하기 때문이다. 본 연구에서 관심을 갖는 것은 문화현상과 스포츠와의 관련성을 논의하기 때문에 이러한 문화사적 접근을 하게 된다.

2) 의식사적 접근

체육·스포츠사 연구에 있어서 의식사(정신사)적 접근은 현재 행하여지고 있는 일련의 체육·스포츠 활동적 원류를 파악하는 방법이다. 여기서의 의식이란 일반 학교체육 또는 그와 관련된 체육·스포츠 활동 등에 대한 당시대인 유형·무형적 가치부여 방식 및 태도를 총괄하는 것이다. 이때 '유형적'이란 외형적으로 드러난 태도 및 의식으로 이것이 일정하게 사회에 공개념화된 것으로 드러날 때는 하나의 사상차원으로 설명된다. '무형적'이란 가치부여 및 태도가 내재되어 있는 경우를 말하며 이 경우는 의식의 범주로 파악된다. 경우에 따라서는 의식과 사상이 같은 뜻으로 쓰이기도 한다.

의식의 주체는 계몽적 성격을 지닌 체육 및 사회·문화지도자(선도자), 체육·스포츠 활동 참가자(학생, 선수, 경기지도자), 그리고 일반시민(사회 저변의 수동적 관련자, 관중, 학부모)으로 구분할 수 있다.

3) 풍속사적 접근

역사의 과정 중에 사회가 겪는 긴장관계나 이에 따른 사회구조가 그 균

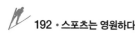

형을 잃거나 다시 균형을 잡게 되는 메커니즘, 한 사상 문화운동의 역사적 성격을 올바르게 파악하기 위해서는 그런 사상 또는 문화운동이 발생하게 된 역사적 배경, 그 사상에 대한 사회적 대응을 통한 사회의 굴절과 발전, 사상의 영향을 받은 사회적 변화 등을 밝혀내야 한다(홍사중, 1984). 이러한 사회현상이나 문화현상을 이해하기 위한 심층적 자료로서 풍속에 대한 고찰은 19세기 후반 이후 문화인류학의 발전과 더불어 그 입장이 강화되어 왔다. 문화현상들의 무의식적 성질을 밝히는 데 풍속(민속)적 관점이 의미 있게 작용하여 온 것이다(강재언, 1981).

풍속의 역사를 통하여 인문적 현상의 흐름과 의미를 파악하려는 노력은 역사기술의 질적 연구방법으로 인정받게 되었다. 미국 체육·스포츠사의 모습을 총체적으로 드러냄에 있어서 문헌적 실증이 갖는 단순적 조회의 한계를 넘어서서, 심층적 변인과 질적 변이과정을 탐색해 내기 위해서는 풍속사적 접근도 중요하게 작용하게 된다.

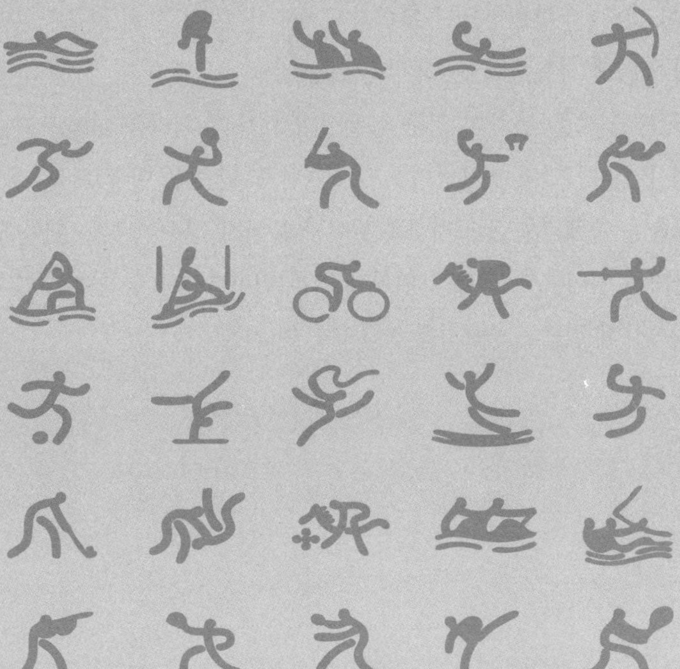

5

스포츠 미디어

5 스포츠 미디어

I. 문제의 제기

<big>스포츠 미디어</big>란 무엇인가? 스포츠(Sports)와 미디어(Media)의 복합어로서 스포츠와 다양한 미디어 유형이 결합하여 스포츠에 관한 지식이나 정보를 대중에게 전달하는 것이라고 할 수 있다. 또 다른 학자의 정의를 살펴보면, 스포츠 미디어란 바로 스포츠와 미디어가 결합하여 스포츠에 관한 지식이나 정보를 대중에게 간접적으로 전달하는 대중매체를 의미한다고 되어 있다.

스포츠 미디어는 미디어 스포츠란 말과 혼돈을 초래하기도 하는데, 미디어 스포츠에 대한 정의는 현장 경기활동이 아닌 TV, 라디오, 신문, 잡지 등과 같은 미디어를 통해 간접적으로 스포츠팬에게 전달되는 스포츠에 관한 지식과 정보 그리고 경기진행 모습 등을 의미한다. 매스미디어에 의해서 다양한 지식, 정보 그리고 경기장면을 수용자(시청자 또는 독자 등)에게 전달되는 기사와 프로그램 내용으로 커뮤니케이션 영역에 중요하다. 매스미디

어란 신문, 서적, 잡지, 라디오, 텔레비전, 영화, 케이블, 뉴 미디어 등과 같이 대중을 상대로 정보나 오락을 제공해 주는 매체를 가리킨다.

대한민국 국민이라면 한번쯤은 스포츠 경기를 보면서 열광했던 기억을 떠올릴 것이다. 2002년 한·일 월드컵 경기에서 한국 대 폴란드전은 전 국민이 간절히 기도하며 응원했던 대한민국의 첫 경기였다. 대한민국 팀은 2 : 0이란 스코어 차이로 폴란드를 이겼다. 전 국민은 흥분의 도가니에 빠졌다. 대한민국의 3대 방송사에선 일제히 승리의 소식을 전 국민에게 알렸고 많은 국민들은 TV 앞에서 대한민국 축구 역사상 월드컵 첫 승이라는 감격에 들떠 있었다.

스포츠의 속성과 텔레비전이라는 매체의 결합은 스포츠 미디어의 발달로 이어지는데, 텔레비전의 특성이 스포츠의 소식을 빠르고 정확하게 전달해 주기 때문이다. 결국, 스포츠는 대중매체의 저변을 확대해 고정 팬을 확보하게 되었고, 미디어는 스포츠 행사의 소식전달과 대륙간 중계방송으로 방송 메커니즘은 물론 스포츠에도 크게 기여하고 있다. 텔레비전과 같은 대중매체가 오늘날처럼 보급되지 않았다면 스포츠를 직접 관전하며 즐길 수 있는 사람은 매우 제한되었을 것이고, 전 세계의 관중이 올림픽이나 월드컵 같은 스포츠 이벤트를 볼 수 있었을 것이다.

한마디로 TV는 스포츠를 지배하고 있으며 무엇보다도 TV의 가치는 보다 많은 사람들에게 스포츠를 이용할 수 있도록 만드는 능력을 가졌다고 평가받고 있다. 또한 매스미디어처럼 스포츠를 이용할 수 있도록 만드는 능력을 가졌다고 평가받고 있다. 매스미디어처럼 스포츠와 긴밀하게 관련되어 있는 것은 없다.

여러 미디어 형태들 중에서 신문과 방송의 영향력은 실로 대단한 것이다. 왜냐하면 신문과 방송은 영화나 출판보다 다소 빠르고 지속적으로 대다수 사람들과 교감하고 있기 때문이다. 스포츠 미디어는 표면상으로는 권력, 정치, 이데올로기와 아무런 관련이 없어 보인다. 단지 기술이나 흥미, 레저활동에만 관련이 있어 보인다.

대다수의 시청자들이 남는 시간에 스포츠에 관한 정보를 TV나 라디오 등의 영상매체를 보며 많은 시간을 보내고 있는 것을 볼 때 스포츠 미디어는 현 사회에서 필요한 부분으로 널리 인정받고 있다는 것을 증명하는 대목이 아닐 수 없다.

그렇지만 스포츠 미디어는 스포츠를 전문적으로 다룬다는 점에서 특성과 한계가 있다. 스포츠를 선호하는 계층을 수용자 대상으로 삼기 때문에 스포츠를 심층적이고 세밀하게 취급해야 한다. 특히 스포츠에 열광하는 수용자의 상당수는 특별한 스포츠 종목에 집착한다는 점에서 스포츠 미디어는 세분화를 지향하는 특성이 있어야 한다. 세분화는 스포츠 미디어의 지면이나 방송시간의 배분으로도 나타나고, 분야별 전문 스포츠 미디어의 탄생으로도 나타내야 한다.

그러나 스포츠 미디어는 스포츠에 무관심하거나 중요한 경기나 행사 정도에만 관심을 표명하는 계층에게는 외면받을 수밖에 없으며, 스포츠는 국경이 없을 정도로 국제화되었다 해도 스포츠 미디어가 항상 새로운 뉴스를 취급하기란 결코 쉬운 일이 아니란 점도 인식해야 한다.

[미디어와 커뮤니케이션]

미디어(media)는 영어로 미디엄(medium)의 복수형으로 라틴어 메디우(medius)에서 유래한 말이다. 미디엄은 원래 중간을 뜻하는 말로서 매개물 또는 수단이라는 의미로도 쓰인다. 오늘날 미디어는 대체로 신문, TV와 같은 대중매체를 이르는 매스미디어의 뜻으로 통용된다. 하지만 미디어는 대중매체만을 가리키는 말은 아니다. 미디어는 기본적으로 정보를 시간적, 공간적으로 이동시켜 주는 통로 또는 매개물이다. 우리가 책을 통해 예전의 일을 파악했다면 예전의 정보가 시간적으로 오늘로 이동되는 것인데 이 경우의 정보전달통로, 즉 미디어는 바로 책이다. 자녀가 고향에 계시는 부모에게 편지로 소식을 전했다면 이는 정보가 공간적으로 이동하는 것이고 이 경우의 미디어는 편지이다.

간과해서는 안 될 일은 책과 편지를 통한 정보전달의 기반은 문자와 글이라는 점이다. 문자와 글이 없다면 책과 편지를 통한 정보전달은 성사될 수 없다. 말하자면 문자와 글도 정보전달의 매개체인 미디어가 되는 것이다. 같은 논리로 언어, 몸짓, 표정 등도 미디어이다. 언어와 글과 같은 의사소통의 기본 도구도 미디어이며 책, 편지, 신문, 잡지, 라디오, TV, 인터넷 같은 의사소통 및 정보전달의 수단도 미디어이다. 뉴스나 해설, 영화 같은 정보전달 내용도 미디어의 한 범주로 해석되기도 한다. 미디어의 의미는 매우 포괄적이다.

미디어를 통해 정보가 이동 또는 전달되는 현상을 커뮤니케이션(의사소통)이라고 한다.

[자료 : 윤득현, 스포츠와 미디어, 레인보우북스, 2008 : 3]

2. 스포츠 미디어의 기능과 역할

스포츠 경기
의 예측할 수 없는 경기 결과는 가끔 한 편의 드라마보다 진한 감동을 시청자에게 전해준다. 휴일이면 스포츠 중계는 TV 채널을 통해 시청자들을 즐겁게 해주고, 매일 스포츠 뉴스가 진행되고 있는 현 시대에, 우리는 스포츠의 중요성을 결코 쉽게 여길 수 없다. 스포츠는 우리 사회의 이러한 맥락과도 밀접한 연관이 있고 문화의 핵으로 다가오고 있다. 스포츠 게임이야말로 거대한 쇼 프로그램이고, 극적인 드라마이고, 재미있는 오락 프로그램이며, 방대한 정보를 주는 교양 프로그램이다.

스포츠 미디어의 기능은 사회 전반에 걸쳐 다양하게 작용하고 있다. 특히, 미디어가 역기능으로 작용하는 경우가 종종 있다. 스포츠 미디어가 정치에 이용된 경우를 우리는 역사를 통해서 알 수 있다. 1998년 6월 23일 서귀포 정상회담에서 한·일 양국 정상은 공동기자회견을 마친 뒤 2002년 월드컵 공동개최를 기념하는 축구공을 한 개씩 들어올렸다.

당시 대한민국 대통령은 2002 월드컵 축구라고 썼고 일본 총리대신은 한·일 우호라고 썼다. 이 상징적인 축구공의 서명내용에서도 스포츠 정치의 동상이몽이 표출되었다. 집권 신한국당은 월드컵 유치와 개최준비를 차기 권력 창출의 중요한 동기로 삼겠다는 의도를 도처에서 드러냈다. 국무총리, 당대표, 각료들이 대통령 의중에 따라 국가이익이라는 명분을 내걸고 스포츠 정치의 목적을 향해 폭주하지 않았는지 매우 의심쩍었다. 이렇듯 때때로 정치권력과 매스미디어는 스포츠의 올바른 사회문화적 기능, 사회통합적 기능을 파괴하기도 한다.

3. 스포츠 미디어 수용자

1) 수용자의 개념

현대에서 쓰이는 수용자란 말의 어원은 고대 경기, 연극, 그리고 음악공연에서 유래된 것으로 청중이나 관중의 의미를 지닌다. 현대 미디어 수용자와 구별되는 중요한 특징은 고대 수용자가 장소와 시간에 따라 제약을 받았다는 것이다. 1920년대에 접어들면서 방송은 수용자 개념에 변화를 주었다. 기술을 기초로 하여 새로운 형태의 수용자를 확대시켜 나가는 것이 이윤을 추구하는 미디어 산업의 중요한 목표가 되었다. 수용자라는 단어는 미디어 연구에서 선행 연구자들에 의해 사용되었던 단순하고 연속적인 매스 커뮤니케이션 과정 모델(정보원, 채널, 메시지, 수신자, 효과) 내에서 수신자를 의미하는 집합적인 용어로써 오래 전부터 잘 알려져 왔다(Schramm, 1954).

〈표 5-1〉 수용자와 관련된 유사 개념들

수용자와 관련된 유사 개념들	내 용
대중	블루머, 밀스 등과 같은 사회학자에 의해 최초로 정의된 개념으로서 대중은 수동성, 이질성, 익명성, 비조직성, 일시성 등의 특징을 이룬다.
이용자	라디오와 텔레비전을 포함한 방송프로그램을 듣고 보는 정보수신자 또는 미디어 이용자를 뜻한다. 공중으로서의 수용자가 개인적 차원의 미디어 이용을 사회적 차원으로 승화시키는 존재라면 이용자로서의 수용자는 단순히 개인적 차원에서 프로그램에 대한 흥미와 관심을 보이는 존재를 가리킨다. 방송사업자가 프로그램을 편성할 때나 광고주가 상품선전을 위해 겨냥하는 대상이 바로 이용자로서의 수용자이다. 이는 마켓으로서의 수용자 개념과 일면 유사한 점도 있지만 이용자로서의 수용자는 미디어와 수용자 간의 양자적 관계 속에서만 고려될 뿐 마켓으로서의 수용자처럼 광고주와 방송사업자와의 3각 관계 속에서 파악되지 않는다는 점이 다르다. 즉, 전자가 프로그램의 내용과 맺는 관계라면 후자는 방송의 경제적 측면에서 고려되는 존재인 셈이다.
공중	무비판적이고 충동적이며 피동적인 커뮤니케이션 수용자가 아니라, 민주사회의 책임 있는 구성원으로서의 비판적이고 이성적인 수용자를 의미한다. 수용자가 공중의 역할을 다할 때 비로소 수용자의 권리와 책임을 이성적으로 행사할 수 있다. 공중으로서의 수용자에 대한 자각은 최근 각종 수용자 운동으로 나타나고 있다.
마켓	이는 다분히 상업주의적 개념으로서 광고주의 타깃 오디언스로서의 수용자 개념이다. 방송사업자, 광고주 그리고 마켓으로서의 수용자 간에는 그림에서 보는 바와 같이 일종의 공생관계가 존재한다. 방송사업자와 광고주의 관계는 기본적으로 금전적인 것이고 수용자는 사고파는 상품적 존재가 된다. 따라서 수용자는 프로그램이나 광고를 시청하는 것으로 끝나지 않고 광고된 상품을 구입하는 역할을 수행하게 된다. 광고주는 방송매체를 이용하는 대가로 방송사업자에게 돈을 지불한다. 그 대가로 방송사업자는 광고주의 메시지가 들어 있는 프로그램이자 수용자의 관심을 끄는 프로그램을 편성한다. 수용자는 프로그램을 듣거나 봄으로써 광고에 노출되고 광고된 상품을 구입한다. 마켓으로서의 수용자는 곧 소비자인 셈이다.

수용자는 미디어 채널들에 따라 혹은 내용이나 공연 형태에 따라 독자, 시청자, 청취자를 가리키는 기정사실화된 용어가 되었다. 이 말이 매스 커뮤니케이션에 사용되면서 수용자는 매스미디어가 메시지를 전달하는 대상이면서 매스미디어를 소비하는 소비자이고, 최근에 와서는 매스미디어에 다양한 방법으로 참여하는 참여자이며 생산자의 역할까지도 포함하는 광범위한 존재로 규정되고 있다.

수용자를 바라보는 다양한 시각들이 매스 커뮤니케이션 이론에는 존재해 왔는데 이를 최근의 경향에 맞춰 분류해 보면 크게 두 가지로 요약될 수 있다. 공중으로서의 수용자와 시장으로서의 수용자가 그것이다. 공중으로 수용자를 규정했을 때 수용자는 메시지가 전달되는 수신자로서 의미가 전달되는 대상으로 본다. 수용자를 시장의 개념으로 설명하는 입장에서는 수용자의 관심이 무엇보다도 중요하게 여겨진다. 앞의 〈표 5-1〉은 수용자 개념과 유사한 개념들을 소개하고 있다.

2) 스포츠 미디어 수용자의 이해

(1) 스포츠 수용자

매퀘일(McQuail)에 의하면 미디어 수용자란 고대로 거슬러 올라가서, 스펙터클한 광경 등 여러 종류의 연기를 보는 사람의 무리를 의미했다. 이 당시 수용자는 스스로 공연 참여를 계획하고, 선택행위에 있어 자발적이며 개인적인 특성을 지닌다. 그 당시의 스포츠 수용자도 비슷한 면을 가지고 있으리라 짐작할 수 있다. 그럼 스포츠 수용자란 무슨 뜻일까? 현대적인 감각으로 수용자의 개념을 본다면, 스포츠 수용자란 스포츠 뉴스와 경기 결과 등 스포츠와 관련된 내용을 텔레비전, 라디오, 신문, 잡지, 인터넷 등의 매스미디어를 통해 보고 듣는 대중을 일컫는다. 스포츠 뉴스와 소식을 텔레비전, 라디오, 신문 등 매스미디어를 통해 보고 들으면 스포츠 수용자의 삶을 살고 있다고 할 수 있다.

수용자의 개념은 인쇄술의 등장 이후 커다란 변화를 가져왔다. 특정 목적을 위해 비슷한 이해관계를 갖는 독자공중(Reading Public)이 바로 수용자의 개념으로 뿌리내린 것이다. 독자공중의 출현은 수용자의 개념에 중요한 전환점을 마련해 준다. 물론 스포츠 수용자의 개념도 이와 같은 시대의 변화에 따라 바뀌었다는 것은 어느 누구도 부인할 수 없는 사실일 것이다.

전자 미디어의 출현으로 수용자의 개념은 다시 한번 변화를 겪게 된다. 신문과 잡지가 정보 매체였다면, 오락 매체로써의 텔레비전은 더 많은 수용자를 텔레비전 앞에 앉혀 놓았다. 텔레비전은 수용자를 개인별로 격리시켜, 불특정 다수로 만들었다.

스포츠 수용자의 특성도 이에 기인했다고 볼 수 있는데, 수동적인 태도의 스포츠 수용자 이미지를 알 수 있다. 스포츠 프로그램이 선풍적인 인기를 끌 수 있는 것은 수용자의 선택이 다양한 데서 기인한 것이다.

다양한 매체의 소비경험을 가진 수용자는 이미 프로그램을 유형별로 선호하게 되었고, 같은 프로그램이 인기를 독차지하는 것은 그리 쉽지 않다. 텔레비전의 출현 이후부터 뉴 미디어의 출현까지, 대다수의 수용자들은 수동적 수용자일 수밖에 없었다.

최근 뉴 미디어의 등장은 수용자 개념을 크게 변화시키고 있다. 미디어 채널이 다양화되고, 매체의 수용과 이용이 점점 개인화되고, 컴퓨터와 케이블을 이용한 쌍방향 커뮤니케이션이 가능해짐에 따라 수용자의 개념도 과거의 집합적 개념에서 능동적 참여자로서의 특징이 보다 더 강조되고 있다.

미디어 수용자는 어쩔 수 없이 여러 매체와 프로그램 중 하나를 선택해야 하는 상황에 직면해 있다. 스포츠 수용자에게 있어서 스포츠 미디어 환경의 변화는 매체와 채널 선택의 증가를 의미한다. 자신이 원하든 원치 않든 수용자에게 스포츠 종목의 선택을 강요하는 상황이 전개된 것이다. 이렇게 새로운 스포츠 미디어 환경의 변화는 수용자의 선택에 따라 방송의 성패가 결정되는 수용자 중심시대를 열어 놓았다.

스포츠 미디어에서도 프로그램 제작 및 편성에서 탈피하여 스포츠 프로그램을 만들어 수용자에게 적극적으로 전달하게 되었으며, 이러한 과정에서 수용자에 대한 이해가 중요한 의미를 갖게 되었다. 결국 수용자 개념의 변화는 수용자에 대한 체계적인 조사를 요구하게 된다.

수용자 개념의 변화가 수용자의 성격변화를 의미하는 것인지, 아니면 수용자를 보는 우리의 인식틀이 변화했기 때문인지를 밝히는 것이 수용자 연구이다. 수용자 자체의 변화보다는 수용자를 바라보는 인식틀의 변화로 보는 것이 타당하다. 그리고 이러한 인식유형이나 이해의 맥락 뒤에는 희망이나 목적 또는 사회적 환경이 자리잡고 있다.

이 말은 곧 인간존재에 대한 스포츠 인식은 그 시대의 역사, 문화, 정치, 경제상황을 반영함을 의미한다. 일례로 스포츠 발전은 공중으로서의 수용자 개념을 가져다주었고, 경제발전은 시장으로서의 수용자 개념을 상정했다. 그리고 수동적 수용자관이 능동적 수용자관으로 바뀌게 된 배경도 이러한 맥락에서 설명될 수 있다.

수용자 개념은 시각에 따라 그리고 강조하는 측면에 따라 특정 개념이 우위를 점하기도 하고 희석되기도 한다. 따라서 수용자를 정확히 이해하기 위해서는 수용자 개념이 도출된 시대적 상황과 인간에 대한 기본시각, 그리고 스포츠와 기술의 변화를 고려해야 한다. 이러한 맥락에서 수용자를 이해한다면 현재의 수용자 개념 역시 변화하고 있다.

(2) 스포츠 시청과 스포츠 프로그램

스포츠 프로그램이 대중적인 인기가 있음에도 불구하고, 스포츠경기를 시청하는 행위는 일반적으로 교양이 낮은 행위로 간주되는 경우가 있는가 하면, 또한 스포츠 시청자는 수동적 수용자로 구분되기도 한다. 한국의 경우, 방송국 또는 신문사에 입사하여 스포츠 부서에 배정되면 한직의 자리에 배치되었다고 불만을 토로했던 때가 있었다.

이처럼 스포츠 부서를 경시하던 풍토는 낯설지 않다. 많은 스포츠팬들은 지금 많은 여가시간을 투자하여 스포츠 프로그램을 즐겨 보고 있다. 과연 그들은 천한 문화에 매료되어 천한 문화 소비자로 전락되었다고 할 수 있는가? 이러한 질문에 대하여 아주 쉽게 답을 구할 수 있다. 우리는 직장에서 스포츠를 주제로 한 대화를 자주 나누고 있다. 우리는 프랑스 경제학자 필립 시모노가 표현한 호모스포르티부스라는 말에 주목할 필요가 있다. 현대인의 삶은 어쩌면 스포츠 수용자의 삶을 쫓고 있는지도 모른다.

좋은 프로그램으로서의 스포츠 프로그램은 드라마와 같은 프로그램과 다르게 조작된 소리를 가지고 있지 못하다. 관중들의 함성은 스포츠 수용자들을 흥분의 도가니로 몰아넣고 있다. 여러분 앞에 놓여 있는 스포츠 프로그램은 대본이 없는 감동의 드라마라고 표현될 수 있다. 이 말뜻은 스포츠가 무형적인 속성, 즉 경기 결과의 불확실성을 가지고 있다는 것이다.

스포츠 시청자들은 제작에 많은 것을 요구하고 있다. 한·일 월드컵에서 보았듯이 방송기술의 발전은 스포츠 시청자들을 즐겁게 하기에 충분하였다. 축구 해설가로부터의 풍부한 전문 축구 상식의 설명, 세밀한 클로즈업 화면, 플레이를 놓치지 않는 느린 장면 등이 텔레비전 시청자를 떠나지 못하게 만드는 요소들일 것이다.

(3) TV 스포츠를 보는 동기

전 세계적으로 스포츠 프로그램의 시청은 날로 증가하고 있다. 우리나라도 예외는 아니다. 스포츠 관람 형태는 직접 경기장을 찾기보다 대중 매체를 통해서 이루어지고 있다. 이러한 점에서 방송사의 역할은 점점 중요성이 더해 가고 있다. 하지만 스포츠 프로그램을 시청하게 되는 동기에 대한 연구는 아직 미흡한 실정이다.

TV를 통해 스포츠 프로그램을 보는 이유는 경기장에서 관람하는 것과 어쩌면 같은 이유일지 모른다. 왜 스포츠를 관람하는지에 대한 동기는 여러 학자들에 의해 연구되고 있으나, 아직 논쟁적 쟁점이 남아 있다. 스포츠 경기의 긴장감은 지루함을 없애려는 수용자들뿐만 아니라 흥미로운 게임의 자극적 스트레스 안에서 나누기를 원하는 수용자들에게도 매력을 끌 가능성이 있다. 위의 결과 중 어느 것과 관련되어 있다 해도 그것은 보편적이거나 위협적이지 않은 대화의 주제로서 스포츠의 기능이다.

특정 팀에 대한 승리를 기원하면서 스포츠 수용자는 시청을 한다. 스포츠의 무형적의 속성 중 하나인 동일시는 스포츠 시청자가 특정 팀에 감성을 연결함으로써 집단의 정체성이나 소속감을 나타낸다. 또한 스포츠 수용자의 동일시가 강할수록 해당 팀의 경기를 보기 위해 시간과 노력을 많이 투자한다.

스포츠는 텔레비전 프로그램에서 중요한 부분이 되어 가고 있다. 사람들이 시간을 때우거나 휴식을 취하거나 자극을 받거나 또한 누군가와 시간을 보내기로 한다면, 스포츠를 포함한 많은 텔레비전 프로그래밍은 그들을 만족시킬 것이다.

그러나 스포츠는 다른 프로그램과 다르다. 대부분의 스포츠가 아닌 연예 프로그램은 대부분 대본에 의해 연기자들이 주어진 역할을 하는 것으로 미리 녹화된다. 그러나 대부분의 텔레비전 스포츠는 생생하며 다시 볼 수 없다. 스포츠 시청 태도와 행동을 이해하기 위해 스포츠의 속성은 스포츠 시청 동기에 대한 이해를 돕고 있다. 스포츠 속성은 사실과 불확실성이라 할 수 있는데, 이러한 속성은 스포츠 시청자에게 스포츠 자체의 독특한 맛을 전하고 있다.

갠츠(Gantz, 1981)의 연구에서 학생들이 텔레비전 스포츠를 시청하는 이유는 이러한 견해를 잘 설명한다. 스포츠 시청에서의 가장 강한 동기는 승리에서 오는 전율이라 할 수 있다.

일상에서 도망치기, 미쳐보기, 그리고 술 마시기에 대한 기회는 스포츠 시청자의 두 번째 동기라 할 수 있다. 스포츠와 관련된 것을 배우기 위한 동기는 그다지 중요하지 않으며, 시간을 보내기 위해 텔레비전을 보는 동기는 보편적이지도 않다.

스포츠 프로그램을 보는 동기는 스포츠 종목과 범주에 의해서 달라질 수 있다. 팀 스포츠와 개인 스포츠, 접촉 스포츠, 비접촉 스포츠, 빠른 경기 위주의 스포츠와 그렇지 않은 스포츠 또한 시청 동기에 영향을 미친다.

예를 들면, 농구나 미식축구같이 경기운영이 빠르고 접촉이 있는 스포츠 시청자들은 야구나 골프와 같이 느리고 접촉이 없는 스포츠의 팬들보다 더 큰 자극을 찾는다. 반면에 느리고 접촉이 없는 스포츠 시청자는 스트레스를 해소하고 긴장을 이완하려는 목적으로 텔레비전 시청을 한다.

스포츠 시청자의 감정은 억제할 수 없는 수준까지 치솟을 수 있다. 일례로, 대학 간 미식축구 경기에서 우승을 한 대학 팀의 팬들은 광적인 행동으로 그들의 감정을 표현한다. 싫어하는 상대팀과의 격렬한 게임은 스포츠 시청자에게 커다란 즐거움을 준다. 자조닉(Zajonc)의 사회적 촉진 가설은 혼자보다는 여러 명이 시청할 때 더욱더 열중하고 즐거움을 얻는다는 것을 일반적 상식을 통해 설명한다.

(4) 텔레비전 시청과 관련된 행동

텔레비전을 통해 스포츠 시청을 같이하는 문화는 깊이 배어들어 있다. 홈팀을 응원하면서 반칙에 관하여 그리고 페어플레이에 대해서 이야기를 하며 멋진 플레이에 환호하며 열광을 한다. 스포츠 시청을 하면서 음식을 먹는다. 이러한 행동은 일상적 행동과는 다른 형태이다. 열광적이지 않은 시청자도 경기 관람도중 쉽게 경기에 열중하며 열광적인 자세로 바뀔 수 있다. 스포츠 게임이 끝난 후 결과에 대하여 이야기하려 하고 신문을 통해 그 내용을 읽고 심지어 경기에 고무되어 직접 운동을 하기도 한다. 로덴불러(Rothenbuhler)는 경기에 대해 활기 넘치는 대화를 하게 하고, 음식과 음료수를 먹게 한다는 것이다. 갠츠(Gantz)의 연구에서 위의 대부분의 행동은 스포츠 시청과 함께 이루어진다고 하였다. 팬의 행동은 단체로 시청하는 환경을 만들고, 가족보다는 친구와 함께 시청하도록 한다. 이런 결과는 사회적 촉진 가설을 상세히 밝히기 위한 방편으로 방송 이벤트 조사를 이용해, 가족과 함께 시청하는 것보다는 친구들과 함께 시청하는 것이 더 즐거운 환경을 만드는 데 용이하다는 사실을 밝혔다.

현대사회에서 스포츠는 인간의 삶에 중요한 자리를 차지하고 있으며, 이러한 환경을 창출하는 데 TV의 역할이 컸으리라 본다. 현대사회에서 스포츠만이 사회적 기능을 발휘하는 것이 아니라는 단적인 증명이다. 즉, TV는 대중들에게 스포츠를 좀더 손쉽게 스포츠에 접근토록 허락해 주었다. TV를 통하여 보여주는 스포츠 프로그램의 위력은 광고의 경제성과 더불어 커다란 이윤을 창출해 준다. TV와 스포츠는 밀접한 관계를 유지하며 여러 학자들에게 관심을 끌기에 충분하였다. 특히, 미디어와 스포츠 활동은 스포츠 사회학의 연구영역에서 커다란 관심의 대상이다. 한 연구에 따르면, 청소년의 TV 스포츠 프로그램 시청은 운동욕구에 영향을 미친다는 결론을 내렸고, 또한 스포츠 활동 참가에도 영향을 미치는 것으로 보고되었다. 다시 말해서, TV 스포츠 프로그램 시청에 몰입 정도가 높을수록 스포츠 활동의 기간, 빈도가 높았다. 이러한 결과가 의미하는 것은 각 방송사는 TV 스포츠 프로그램을 제작할 때 좀더 신중하게 대처해야 한다는 것이다.

3) 시청률

시청률 조사는 방송사에서 가장 보편적으로 사용하는 방법이다. 프로그램 편성을 하기 위해서 시청률은 중요한 고려요인이다. 또한 시청률이 곧 방송사의 광고 수입으로 직결되는 상황에서는 그 중요성이 더욱 커진다. 시청률은 방송사와 광고주가 가장 관심을 가지는 시장조사의 데이터이자 가장 객관적인 지표로 알려져 있다.

방송업계는 프로그램과 수용자 평가를 위하여 여러 가지 조사방법을 사용하는데 대개 질적인 조사와 양적인 조사 두 가지로 나뉜다. 질적인 조사는 프로그램 내용에 대한 수용자 반응을 이해하기 위한 목적으로 이용되는 반면, 양적인 조사는 일반적으로 수용자 크기에 대한 측정 결과를 제시해 주고 시·청취자 및 케이블 가입자의 인구사회학적 배경을 제공해 준다.

이러한 조사결과 중 가장 대표적인 프로그램 평가형태가 시청률이며 프로그램의 선택과 계획에 가장 큰 영향을 미치는 것이 시청률이다.

(1) 일기식 조사

일기식 조사방법은 선정된 표본을 대상으로 일정기간의 매체이용실태를

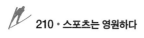

일기형식으로 기록하는 방법으로 시청자 개개인의 시청형태를 장기적으로 조사하는 것이 특징이다. 시청시간과 종료시간, 시청한 사람, 시청한 채널 및 프로그램을 기록하며 조사된 자료는 대개 일주일 단위로 수거하여 분석하는데 사전에 조사된 표본가구의 연령, 성별, 소득수준, 소비패턴 등과 함께 분석된다.

적은 비용으로 조사할 수 있는 장점이 있으나, 기록한다는 의식 때문에 심리적 호손효과(Hawthorne Effect) 등이 수반되어 실제 시청상황보다 상향된 응답결과가 나타날 수 있다.

(2) 면접조사 및 관찰조사

면접법(Interview Method)이란 조사자가 피조사자를 직접 면담하여 필요한 자료를 수집하는 방법이다. 면접 시에는 조사표나 설문지의 내용에 따라 응답을 기입하는 방식과 자유로이 응답케 하고 그 내용을 기록하는 방법, 기억을 돕기 위해 항목표를 제시하는 방법 등이 있다. 장점으로는 심층조사가 가능하고 응답률이 높으며 표본설계가 용이하지만, 조사자와 피조사자의 사회적 거리에 따른 편견이 개재되고, 시간과 경비가 많이 소요된다.

(3) 우편조사

우편조사(Mail Method)는 특정한 질문서를 우편 목록 등을 참조하여 표집된 피조사자에게 우송하여 조사하는 방법이다. 이 방법은 일반적으로 회수율이 낮아 일정수의 응답을 얻기 위해서는 4~5배의 표본을 선정하거나 특정 사례품을 제공하여 회수율을 높이는 방법이 이용된다. 장점은 면접원이 필요없고 솔직한 답변을 기대할 수 있는 것이 장점이며, 회수율이 낮아 표본오차가 클 수 있고 질문지의 길이가 제한되기 때문에 심층적 조사를 할 수 없는 것이 단점이다.

(4) 전화조사

전화조사(Telephone Method)는 시청자에게 직접 전화를 걸어 반응을 살피는 방법이다. 전화 인터뷰는 조사의 대상이 되는 표본을 전화부에 기재된 이름에서 추출한다. 전화조사방법은 응답자의 기억력에 의존하는 전화회상방법과 전화동시조사방법이 있다. 회상방법은 전화를 걸기 24시간 전의 모든 프로그램 시청에 대한 회상을 요구하는 전화 인터뷰를 말한다. 하루 또는 일주일간 본 것을 기억하는 응답이기 때문에 응답자들이 얼마나 잘 기억하느냐에 따라 신뢰도가 달라진다. 신속하고 단시간에 집중적인 조사를 할 수 할 수 있는 것이 장점이고 전화 비가입자 및 전화번호부 미등재자는 제외된다.

(5) 기계식 조사

기계식 조사(Mechanical Method)방법은 시청상황을 감지할 수 있는 기계적 장치를 수상기나 수신기에 부착시켜 이를 조사센터에 있는 컴퓨터에 연결하여 조사하는 방법이다. 이 방법으로는 닐슨사의 오디미터, 최근의 피플미터와 비디오리서치사의 비디오미터 등이 대표적이다. 기계식 방법의 장점에는 다음과 같은 것들이 있다.

● 기계를 사용하여 시청상황을 기록함으로써 측정한계의 정확성이 보장된다.

- 일기식 조사나 면접조사 등은 1년에 몇 번 특정시기의 시청상황을 조사·파악할 수 있다.
- 시청에 관한 정보를 컴퓨터를 통해 기록함으로써 시청률 계산과 결과 배포가 인위적 개입 없이 신속·정확하므로 이용자의 입장에서도 조사결과를 신속 적절하게 편성에 반영시킬 수 있다.
- 분 단위의 시청률 계산이 가능하므로 광고물의 시청률과 각 프로그램 시청률의 전반적인 변화 상황파악이 가능하다.

하지만, 기계식 조사방법은 조사장치와 설치비용이 비싸므로 대량 사용이 불가능하며 표본오차가 클 가능성이 존재하며, 기술의 개발로 누가 언제 어떤 프로그램을 시청하는지에 대한 정보를 얻을 수 있다고 하더라도 특정 프로그램을 어떤 동기에서 왜 보여 얼마만한 집중력을 갖고 보는지 혹은 어떤 유형의 프로그램을 선호하고 기여도는 어느 정도인지 등에 관한 심층적 조사가 불가능하다는 단점도 있다.

현재 가장 많이 사용되고 있는 방법은 피플미터를 이용한 시청률조사 방식이다. 피플미터가 일기식 조사방법이나 전화조사방법에 비해 세계 여러 나라에서 주로 사용되고 있는 이유는 정확성, 공정성, 신속성이 타 방법에 비해 월등하기 때문이다.

4. 매스미디어와 스포츠의 관계

20세기 들어 스포츠는 사회·문화적인 성격을 지닌 제도로 정착되면서 '미디어 스포츠'로서 사회의 한 영역을 차지하게 되었다. 스포츠는 인간 상호간의 커뮤니케이션을 가능하게 하는 유형화된 사회체계로서 그 자체가 메시지를 지닌 미디어인 것이다. 스포츠가 일반대중에게 친숙한 대중문화로 다가선 것은 매스미디어의 역할이 무엇보다 컸으며, 매스미디어 또한 스포츠가 지니고 있는 기능을 이용하여 이익과 성과를 극대화시켰다고 볼 수 있다. 올림픽대회나 월드컵축구대회 등과 같은 각종 스포츠제전은 매스미디어와 필요충분조건의 관계를 형성하고 있는 것이다.

매스미디어를 좌우하는 광고주와 스포츠기업가들에 의해 스포츠의 상업성은 엄청난 속도로 확대되고 있으며, 아나운서나 기자들은 우상창조, 비유, 은유 등을 통해 스포츠를 흥미롭고 스릴 있게 만듦으로써 스포츠 붐을 조성하고 있다. 과장된 어구와 기발한 아이디어들은 스포츠에 흥미를 불어넣었고, 이러한 매스미디어의 역할은 스포츠가 하나의 산업으로까지 발전하는 데에 결정적인 영향을 미쳤다.

스포츠와 매스미디어는 한마디로 공생의 관계에 있다. 스포츠는 매스미디어의 영향력을 홍보수단으로 이용하고, 매스미디어는 스포츠의 경제성에 기반하여 광고수익 등과 같은 효과를 도모하고 있다. 그러나 엄밀히 말해서 스포츠 매스미디어 간의 공생적 관계는 동등한 관계라고 말할 수 없다. 현대사회에서의 스포츠가 그 자체만으로는 사회적 기능을 효과적으로 발휘할 수 없기 때문에 매스미디어의 영향력에 의존하고 있는 실정인 것이다.

현대화의 물결로 인하여 스포츠와 매스미디어는 스포츠 본질로의 회귀와 지속가능한 발전이라는 양극의 변화를 요구받고 있다. 스포츠는 지나친 상업화의 대상으로부터 벗어나 기존의 공생관계에 대한 새로운 인식의 전환을 모색해야 할 것이다. 따라서 스포츠와 매스미디어는 서로 보호하면서 지속가능한 발전이라는 공존의 개념이 수평적 차원에서 도입되고 형성될 수 있도록 해야 하는 과제를 안고 있다(김동규, 2002: 199-200).

1) 신문

2000년 전인 BC 59년, 로마시대에 악타 듀르나(Acta Diurna)는 현대의 신문형태인 종이에 인쇄를 한 것이 아니라 석고판에 조각하여 로마시민들에게 공고를 했었는데, 이것이 발단이 되어 듀르나는 매일매일을 일컫는 말로서, 저널이나 저널리즘은 모두 이 말에 어원을 두고 있다.

신문이 제1세대 매스미디어로 불린 것은 16세기 중반에서 17세기 초 극동과 유럽에서 출발을 하였는데, 이것은 자그마치 400여 년의 역사를 가진 가장 오래된 매스미디어이다. 신문이 뉴스매체로서 정기성, 속보성, 그리고 공개성을 골고루 갖추고 근대적인 신문으로 자리잡기까지는 많은 시간이 걸렸다. 또한, 인쇄매체가 어느 정도 발달했던 15세기 이후에도 근대적 신문의 형태가 갖춰지기까지는 150년이나 더 걸렸다.

근대 신문의 역사에 대해서는 학자에 따라 두 가지 견해가 있는데, 하나는 16세기 중엽 이탈리아 베네치아의 가제트(Gazette)신문을 세계 최초로 보는 견해가 있다. 하지만 이 신문은 속보성과 공개성은 있으나 정기성이 결여된 신문형태였다.

또 다른 하나는 독일의 뉴스 집산지이며 상업도시인 아우구스부르크의 거상 푸거 일가가 내놓은 푸거 차이퉁(Fugger Zeitung)으로 보는 견해이다. 1609년 독일 브레멘에서 아비소(Aviso)와 렐라치온(Relation)이라는 뉴스 팸플 릿이 매주 발행되었으며, 그와 유사한 형태의 신문이 1621년 영국 런던에 서도 나타났다.

1660년 독일 라이프치히에서 최초의 일간신문 아인코멘데 차이퉁 (Einkommende Zeitung)이 발간되었는데, 1666년에 발행된 라이프치거 차이퉁 (Leipziger Zeitung)을 최초의 일간신문으로 보는 학자도 있다.

일간신문의 등장이 언론사에서는 매우 중요한 의미를 갖는다. 그것은 매 스미디어로 인해 나눠 가짐, 즉 그때그때의 현상들, 여러 사람들의 사상과 의견이 가능해졌다는 뜻이 된다. 다른 말로 하자면, 사회적으로 이러한 나 눠 가짐의 매스 커뮤니케이션이 가능한 환경적 요소가 만들어졌다는 의미 이기도 하다.

최초의 스포츠 신문은 1896년 이탈리아에서 창간된 가제타 델로 스포 르트이다. 이 신문은 사이클 전문지로 출발, 축구를 비롯한 스포츠 전 분 야로 영역을 넓혀 나갔다. 우리나라에서 스포츠 신문은 서양의 스포츠 신 문과 비교해서 오랜 역사를 가지고 있지는 않다. 하지만 사람들은 지하철 이나 버스 안에서 흥미있게 스포츠 신문을 읽고 있으며, 특히 젊은층에게 매우 인기가 많아 이것은 신문이 미디어 중의 하나로 굳건히 자리잡고 있 음을 말해 준다.

스포츠 신문은 문화적 또는 사회적 현상을 반영한다. 또한, 매스 커뮤니 케이터로서 스포츠에 대한 지식, 스포츠의 행위, 그리고 스포츠의 의욕을 변화시킬 수 있는 중요한 미디어임을 입증한다. 스포츠 신문은 단순히 문 자를 인쇄한 스포츠 신문이라는 범주에서 벗어나 끊임없이 새로운 스포 츠를 추구하며, 사회에 대한 관심 속에서 계속적으로 새로운 뉴스를 제공 해 주고, 수용자들의 흥미와 관심을 끌기 위해 언제나 새롭게 움직이고 있는 스포츠를 보여주는 현대사회의 중요한 매스미디어이다.

현대와 같은 영상매체의 시대에 우리는 흔히 스포츠 신문의 역할을 잊어버리곤 한다. 텔레비전과 영화, 비디오 등에서 우리는 번쩍이는 화려함과 살아 움직이는 생동감을 느낄 수 있지만, 이에 비하면 스포츠 신문은 종이 위의 검은색 잉크가 전부인 것이다.

때론 색상을 사용하지만 움직임이 있는 영상과는 비교할 바가 못 된다. 그렇기 때문에 21세기의 화려함에 익숙해진 오늘의 신세대들에게 스포츠 신문이 그리 매력적이진 못하다. 하지만 오늘날 스포츠 신문은 스포츠와 연예기사로써 젊은층에서 상당히 지배적인 매체인데, 그 이유는 스포츠 신문이 다른 매체와는 비교될 수 없을 정도로 흥미있는 기사와 만화로 대중의 호응을 받기 때문이다. 한국 최초의 스포츠 전문지는 한국일보사 계열사인 일간스포츠이다. 일간스포츠는 1969년 9월 26일 국내 최초의 스포츠 전문지로 태동했다.

스포츠 신문의 가장 중요한 특징은 생동감, 객관성, 현실성, 그리고 공시성을 함축한 것이라고 볼 수 있는데, 이것은 중요한 선수권대회를 신속하게 보도하는 것을 의미한다.

생동감은 스포츠의 활기찬 경쟁이 현실에 존재하면서 작용하는 것을 가리키며, 또한 기쁨과 스릴이 느껴지는 사물의 현재적 인식이고 객관성이라는 것은 허구적 상징물이 아닌 진실성을 가진 것을 가리킨다.

현실성이란 사건 자체에 내포하고 있는 것이라기보다는 독자의 의식과 관련되는 것이다. 따라서 보도가 스포츠 선수나 팀의 경기에 수년 후에 발표되는 것이라 해도 생동감 있는 현실성이 있다.

즉, 권투선수인 홍수환의 4전 5기의 투쟁과 사건에 관한 의견은 사건의 보도가 아닐지라도 그 의견은 생동감 있는 현실성을 가진다. 신문의 또 다른 사회적 특성은 공시성이 있는 것이다. 공시성이란 한 개인을 뛰어넘어

공중에게 동일한 내용을 전달하는 특성을 말한다.

2) 잡지

잡지는 서적과 신문의 중간적 성격을 띠고 있는 매체이다. 또한 잡지는 소책자의 형태에서 출발하였기 때문에 서적과의 구별이 쉽지 않다. 세계 최초의 정기 잡지에 대해서는 여러 가지 의견이 있지만, 1665년 파리 고등법원 평정관이었던 살로에 의해 창간되었으며, 과학과 문학을 주로 다룬 '레 주르날 데 사방'을 최로의 정기 잡지로 보는 견해가 있다.

여러 가지 스포츠 분류에 따른 스포츠 잡지의 출현은 스포츠 세계를 독자들에게 잘 전달한다고 볼 수 있다. 근래에 많이 볼 수 있는 잡지는 골프, 보디빌딩과 같이 현대인들이 흥미를 가지고 있는 분야로서 넓은 독자층을 확보하고 있다. 스포츠 잡지의 다양성은 인간이 결코 획일화되지 않는다는 가설을 전제로 계속 번창할 수 있다고 본다.

잡지는 신문만큼 속보성을 가지지도 못하고 서적만큼 영구적이지도 않지만 중요한 대중매체의 위치를 차지하고 있다. 신문은 24시간 주기의 빠르고 일시적인 출판물이고, 서적은 출판되기까지 몇 년 이상씩 걸리기도 한다. 하지만 이에 비해 잡지는 서적보다 훨씬 빠르게 중요한 이슈를 다룰 수 있고, 신문보다 자세하게 많은 것을 다룰 수 있는 장점이 있기 때문에 수용자들은 지속적으로 정기간행물인 이런 잡지들을 선호한다. 또한 잡지가 어떤 이슈(Issue)를 집중적으로 다루게 되면 그 이슈는 대단히 중요하고 강력한 영향력을 가지게 된다. 또한 신문이 지역매체인 데 비해 잡지와 서적은 전국 매체의 성격을 띤다. 잡지는 광고주에게 전국의 수용자를 타깃 오디언스(Target Audience)로 제공하는 셈인 것이다.

잡지들은 크게 일반지와 특수지로 구분된다. 일반지란 소비지라고도 불리는데, 서점에서든 가판대에서든 혹은 정기구독을 통해서든 대중이 쉽게 볼 수 있는 잡지이다. 여전히 모든 사람들의 구미에 맞는 내용만을 고집하는 잡지도 있지만, 주제나 대상독자를 보다 세분화하고 전문화한 잡지들이 대부분이다.

스포츠에 대한 소식이 신문에 먼저 실린 후 며칠 지나 다시 다루는 스포츠 잡지의 경우 성공적인 이유는, 보다 심도 있고 다각적인 해설을 곁들여 한눈에 쏙 들어오게 했기 때문이다. 이것은 현대사회에서 성공적인 판매 부수와 광고수입을 올리는 유형이며, 스포츠 잡지사들은 스포츠를 종목별로 보다 세분화시켜 독자층들을 확보하고 있다.

특수지는 대개 기업이나 기관들이 자신들의 이익도모를 위해 제작하며, 광고수입에 크게 의존하지 않는다. 소수의 예약독자들에게 비싼 값을 받고 고급 투자정보를 제공하는 기부자들을 위해 발간하는 정간물이나 학술단체의 재정지원하에 발간되는 학술지, 기업이 자사의 홍보와 애사심을 위해 발간하는 사보, 전문 직업단체에서 발행하는 협회지, 종교단체에서 선교 목적으로 발행하는 종교지 등이 모두 특수지의 예이다.

3) 라디오

19세기 이후 매스미디어의 발전과정에서 가장 중요한 사실은 전파매체의 등장이다.

우리나라에서 라디오 스포츠 프로그램은 1927년 9월 야구 선수권쟁탈전을 중계방송한 것이며, 그 후 농구, 권투 중계방송을 하였다. 우리말 운동중계는 1933년 4월에 우리나라 최초의 스포츠 캐스터인 박충근 씨에 의한 권투시합 중계이다. 그 후, 1939년 농구가 중계방송되었다. 1956년에 각종 경기규칙의 해설과 역사 등을 설명한 오늘의 스포츠 프로그램을 방송하였으며, 1957년에 이동 방송차의 도입으로 스포츠 중계방송이 활기를 띠게 되었고, 1958년에는 전국체육대회의 7일간 경기장에 마이크를 설치하여 중계방송을 하였다. 라디오 스포츠 중계는 공황과 전쟁 등으로 들끓던 격동의 시기에 중요하고도 신속한 뉴스의 공급원이 되어주었다.

라디오가 들려주는 청각적 요소에 화려한 영상까지 곁들인 텔레비전의 탄생은 처음에는 라디오 청취자들을, 그 다음에는 광고주들을 빼앗아 버렸다. 텔레비전 수상기 수는 급증했고, 시청자 수도 계속 불어났다. 라디오의 이윤은 점점 하락했고, 청취자들도 점점 줄어만 갔다.

라디오의 입장에서 이러한 사정은 정말 서글픈 일이 아닐 수 없었다. 사실 당시의 텔레비전은 과거 황금기 때 라디오가 마련해 준 무대 위에 서 있었기 때문이다. 방송광고를 개발한 것도 라디오였고, 방송을 정보매체보다는 오락매체로 자리매김한 것도 라디오였다. 청취자들에게 전달한 내용을 광고주에게 판매하는 방법을 인쇄매체로부터 배워 온 것도, 영화의 스타 시스템을 본떠 방송매체 고유의 것으로 정착시킨 것도 바로 라디오였기 때문이다.

이렇듯, 텔레비전의 탄생으로 라디오의 입지가 나날이 줄어들기는 하였으나, 언제 어디서나 들을 수 있다는 라디오의 장점이 이후로 적극 활용되었다. 또한, 청취자의 생활시간대에 맞춘 프로그램 편성도 정교화되었다. 텔레비전이 저녁시간의 프라임 타임을 차지하게 됨에 따라 라디오는 사람들이 출·퇴근 시 또는 먼 거리 운전 중에 스포츠 중계 거대 청취층을 확보할 수 있는 황금 시간대임을 깨닫게 되었다.

스포츠 경기를 전파하는 속보성이 강하다는 것은 전파를 사용하는 방송매체가 공통으로 가지는 장점이다. 특히 라디오는 기술적으로 텔레비전보다 간단하기 때문에 갑자기 발생한 사건에 대한 속보성이 뛰어나다. 라디오는 텔레비전처럼 화면을 취재하고 편집하고 스튜디오 엔지니어와 카메라맨을 대기시키고, 분장을 마친 출연자가 나온 다음 방송을 시작하는 복잡한 과정으로부터 해방되어 있다.

라디오 취재기자는 전 세계에 중계를 하기 위해 어느 곳에 있건 전화 다이얼을 돌리는 것으로 방송준비가 완료된다. 그래서 아직도 사람들이 비상 시에 자동적으로 손이 가는 미디어는 바로 라디오인 것이다. 또 화면이 필요없기 때문에 텔레비전 화면이 좋지 않다는 이유로 외면하는 뉴스들도 훌륭히 다룰 수 있다는 것도 라디오 뉴스의 장점이다.

하지만 복잡한 사건을 생생한 화면과 간단한 도해와 요약자막을 곁들여 보도하지 못하는 것이 라디오 뉴스의 한계이다. 그러므로 라디오는 스포츠 경기의 생생한 장면을 말로 표현하기엔 역부족이다.

스포츠 정보를 언제 어디서나 들을 수 있다는 것도 텔레비전 시대에 라디오가 살아남을 수 있었던 가장 큰 장점이었다. 더욱이 라디오는 다른 작업과 병행하면서 들을 수 있기 때문에 사람들이 일상생활의 리듬을 중단시킴 없이 오히려 스포츠 중계를 아나운서를 통해 들을 수 있다. 출근 준비를 하는 이른 아침 시간대에 그날의 주요 스포츠 시합을 요약해 주고, 출근길에는 하루의 기분을 상쾌하게 해주는 음악과 시사정보를 들려주며, 특히 요즘같이 교통이 복잡해 사람들이 장시간을 자동차에서 보내야 하는 때에 라디오의 스포츠 중계는 더욱 큰 사랑을 받고 있다.

라디오가 전문성과 지역적 특성을 가질 수 있는 것은 상대적으로 자본이 적게 들어 그다지 많은 청취자를 확보하지 않아도 수지가 맞는다는 점 때문이다. 이어폰을 끼고 라디오를 들으며 스포츠 중계를 청취하며 등산을 한다면 자신만의 공간에 있다고 느끼게 될 것이다. 라디오가 전달하는 메시지의 직접성은 다른 미디어가 갖지 못하는 특성 중의 하나이다.

4) 텔레비전

텔레비전은 여러 과학자들의 다양한 실험을 통해 19세기 말부터 미디어라는 이름으로 자리매김을 하였다.

우리나라 최초의 텔레비전 방송이 시작된 것은 1956년이고, 스포츠가 최초로 텔레비전으로 중계된 것은 1957년 동대문운동장에서 벌어진 전국고교축구 선수권대회였다.

우리나라 텔레비전에서의 스포츠 프로그램은 1982년 프로야구의 출범과 함께 활성화되기 시작하였으며, 프로화로의 변화와 함께 축구, 씨름, 농구, 배구, 그리고 겨울 스포츠 등과 함께 스포츠 프로그램의 중요성을 인식하기 시작했다. 그 후 각 방송사에서 스포츠 채널과 케이블 TV 채널 중 SBS 스포츠 채널과 SBS 골프 채널, 그리고 MBC-ESPN과 같은 스포츠 전문채널의 편성이 두드러지는 등 TV의 스포츠 중계와 스포츠 가치전달의 중요한 역할이 부각되었다.

역사적으로 볼 때, TV와 스포츠의 공생관계는 TV방송 초기부터 이루어졌다고 해도 과언은 아니다. 비록 TV의 시간적·공간적 제약성과 상업 광고 등의 부수적인 문제로 인하여 스포츠 본직이 왜곡되고 있다는 부정적인 쟁점들도 없지는 않지만, 이들의 공생 관계가 사회 전반에 긍정적인 영향을 미치고 있다는 것도 사실이다.

공생관계를 생물학적 관점에서 해석해 보면, 서로 다른 두 생물이 특별한 피해를 주지 않는 상태에서 접촉하며 살아가는 관계라 할 수 있다(전상돈, 1999). 이와 같은 관점에서 TV와 스포츠의 공생관계는 동반자적 발전 가능성이 무한하다고 할 수 있으며, 반면 어느 한쪽에 편향된 우월적 공생은 발전의 저해요인으로 작용하게 된다.

TV와 스포츠의 공생관계와 관련된 연구는 크게 두 가지 패턴으로 구분

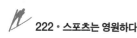

된다. 첫째는 TV의 우월적 공생이며, 둘째는 스포츠의 우월적 공생이다. TV의 우월적 공생관계에 기인하는 방송 편의주의는 스포츠의 이미지를 축소시킬 수 있는데, 이것은 때때로 논란이 제기되기도 한다. 하지만 그로 인한 긍정적 효과도 무시할 수 없는 실정이다.

사실 열성적인 스포츠팬이라고 해서 항상 경기장을 찾는 것은 아니다. 이와 관련하여 TV는 스포츠를 즐기기에 매우 편리한 미디어라 할 수 있다. 세계 각지에서 순회적으로 개최되는 올림픽 게임, 아시안 게임, 그리고 월드컵축구대회 등과 같은 국제 스포츠 이벤트는 모두 TV를 통해 전파된다.

특히 2002년 월드컵 개최는 분명 성공적이었다. 한국의 4강 신화, 붉은 물결의 감동은 우리는 물론 세계를 경탄시켰다. 최선을 다한 선수단과 국민의 열광적인 성원이 함께 이루어낸 작품이었고, 또한 그 뒤에는 TV가 있었던 것이다.

텔레비전의 출현과 더불어 올림픽과 월드컵 대회는 인류 최대의 스포츠 행사로 급부상하였다. TV를 통한 스포츠 중계는 스포츠의 생활화, 프로 스포츠의 성장을 촉진했으며 특히 축구는 단일종목으로 가장 많은 스포츠 시청자를 보유하게 하였다. 스포츠 인구의 확대와 인기로 TV의 힘은 더욱 막강해졌으며, TV가 없는 올림픽이나 월드컵을 상상할 수 없게 되었다.

TV 방송사는 스포츠를 매우 매력 있는 프로그램 장르로 생각한다. 왜냐하면 TV 스포츠 중계방송이 자연성, 사실성, 그리고 생동감을 지니고 있기 때문이다. 즉, 대본, 배우, 무대, 음향 등을 필요로 하지 않는다. 경기하는 선수가 배우이며, 경기장이 무대가 된다. 대본이 없음에도 불구하고 극적인 장면이 자연스럽게 연출되며, 관중의 응원은 음향을 대신하기에 충분하다.

더불어 스포츠의 특성인 생동감도 느낄 수 있다. 방송중계는 단지 경기 장면을 화면에 담기만 하면 된다. 또한 드라마와 같은 다른 프로그램에 비해 제작비가 적게 든다. 경기시간의 불규칙성만 제외하면 스포츠만큼 완벽한 TV 프로그램은 없다. 이를 뒷받침해 주는 좋은 예로, 1984년 LA올림픽 조직위원장인 피터 위버로스는 '올림픽에서 가장 필요한 것은 대규모 경기장이 아니라 TV카메라를 놓을 수 있는 공간이다'라고 말할 정도로 TV의 대중성의 효과는 대단하다.

스포츠가 TV와의 공생적 관계와 대중화를 꾀하면서 TV는 스포츠 자체에 많은 영향을 주고 있다. 즉 스포츠 프로그램은 단순히 언론의 보도기능보다 오락기능에 더 가깝다.

TV는 다른 매체와 마찬가지로 광고를 통해 재정적 확보를 추구한다. 스포츠 역시 TV의 경제적 특성과 더불어 스포츠의 본질과 매력을 TV를 통해 전파하고자 한다.

단적인 예로, 경기 일정이나 경기규칙은 중계방송 시간대, 광고방송 시간대, 시청률, 그리고 방송기술의 한계 등에 따라 달라질 수밖에 없다. 골프의 경우, 경기방식이 매치게임에서 타수게임으로 전환되어 스타 선수를 같은 조로 편성함으로써 이들의 경기를 집중적으로 중계하여 팬들의 흥미를 격상시킨다.

농구의 경우는 전, 후반 제도를 4쿼터 제도로 전환하여 상업광고방송을 위한 시간을 확보하여 이익을 추구하고 있다. 배구의 경우는 경기시간을 단축하기 위하여 서브권 제도를 없애고 랠리 포인트 제도를 도입하였으며, 세트시간 제한 시스템을 적용하기도 하였다.

한편 경기의 기계기구가 변형된 예로는, 유도의 경기복 색깔을 파란색과 흰색으로 대비시켜 선수의 확인을 용이하게 하였으며, 배구는 노란색, 파란색, 흰색으로 구성된 볼로 대체하였다.

테니스도 흰색 공을 공인구로 사용하였으나 1972년부터 노란색 공으로 대체되었다. 그리고 탁구공도 TV화면에 잘 보이게 하기 위하여 흰색 볼을 주황색 형광볼로 변형하였으며, 테이블도 초록색에서 하늘색으로 바뀌었다. 축구는 7g의 마이크가 내장되어 있는 사운드 볼이 개발되어 공을 차는 소리를 실감나게 들을 수 있게 되었다. 또한 권투 글러브에도 소형 마이크가 내장되어 상대를 가격하는 소리를 들을 수 있도록 추진하고 있다(최병호, 2000; 최한수 외, 1998).

스포츠 중계 방송사는 자구적 노력으로 스포츠 수용자에게 많은 재미와 감동을 준다. 방송사들은 스포츠 중계를 통해 시청자들이 기술의 놀라운 발전과 함께 스포츠를 좀더 생생하고 재미있게 즐길 수 있도록 도와준다. 2002 한·일 월드컵에서 MBC의 3D 리플레이는 3차원 애니메이션 기술을 도입하여 실제 화면과는 또 다른 재미를 선사했다. 이 기술은 처음에 컴퓨터 게임에서 사용되었다.

이 기술을 국내 벤처기업인 HCI사가 개발해 MBC와 함께 선을 보인 것이다. 또 다른 기술 중 하나는 슈퍼 슬로모션 카메라(SSC)이다. 축구시합에서 선수들의 시뮬레이션 동작이나 반칙 등을 정확하게 재생할 수 있어 심판의 오심이 시청자들에게 노출되는데, 이것 또한 논란의 여지도 있으나 월드컵 경기에서 한 경기에 6대의 SSC가 사용되었는데, 그로 말미암아 경기의 재미를 한껏 높여주고 있는 것이다.

[매체 TV를 위한 이상적인 파트너로서의 스포츠]

오늘날의 사회는 일상화, 형식화, 지루함을 양산하고 인간들은 여가시간에 긴장과 모험을 찾고 정확하게는 이러한 욕구가 스포츠TV를 통해서 위험 없이 만족되어진다.

디젤과 벅(Digel & Burk, 2001)은 사회에서 스포츠와 미디어의 관계를 표에서와 같이 조명했다. 사회에서 문제를 양산하는 사회구조와 그에 대한 반응으로 미디어의 정책적 전략은 스포츠를 연결하는 능력의 표출에서 확연히 드러난다. 현재의 사회는 긍정적인 측면을 가지고 있는가 하면 인간은 이 사회 속에서 상실경험도 한다는 것이다. 이러한 상실경험은 TV의 스포츠 보도를 통해서 완화하거나 균형을 잡을 수 있다고 보고 있다.

사회적 문제	스포츠 TV를 통한 문제해결방법
삶의 지루함, 형식화, 일상화	긴장에 대한 욕구는 위험 없이 만족된다
무지와 사회의 지성화 증가	스포츠는 시청 만족도가 있고 단순 이해가 가능하다
초월주의 탈피(신은 사라진다)	스포츠를 통한 새로운 영웅숭배, '대안종교'로서의 스포츠(상징적 의미)
감정억제와 신체기피 및 멀리함	스포츠에서 감정은 표현할 수 있고 요구되어진다
공동체의 상실	공동체 경험, 동질성 확보, 정체성 확인
특성화나 전문화는 사교나 대화를 방해한다	스포츠는 일상생활의 중심에 있는 대화주제이다
생물학적인 불일치	생물학적인 정점을 위한 스포츠 행위나 스포츠 관심

[자료 : 송석록, 스포츠 스폰서십, 신일상사, 2002 : 35]

5) 영화

19세기 말 미국 및 유럽의 도시인들은 생활에 여유를 갖게 되자 독서나 공놀이, 춤과 노래 외에 새로운 놀잇감을 찾게 되었다. 산업시대에 온갖 기계적 발명품이 서양 사람들의 생활을 크게 변화시키게 되자 발명가들은 여가를 위한 기기를 발명해 보려는 꿈을 꾸게 되었다.

1995년 새해 아침 프랑스에선 영화 탄생 100주년을 기념하는 행사를 가졌다. 최초의 대중영화를 상영했던 것은 1895년의 일이었다. '기차도착'이란 제목의 이 영화는 뤼미에르 형제에 의해 파리 그랑카페의 인디언 살롱에서 상영되었다.

스포츠 영화의 시발점은 1921년 미국에서 제작·상영된 찰리 채플린(Charles Chaplin)이 감독과 주연을 한 골프영화 '골프광 시대/유한계급'이다.

이 영화를 시작으로 1930년 이후 스포츠 영화는 지속적으로 제작되고 있다. 우리에게 너무나 잘 알려져 있고 익숙한 '록키'라는 미국 할리우드 영화를 우리는 대부분 기억할 것이다. 한 권투선수의 끈질긴 인내심과 경쟁심 그리고 스포츠인이라면 당연히 가질 수 있는 승부욕으로 인생의 성공을 다룬 이 영화는 세기에 빛나는 스포츠 영화로서 우리에게 시리즈로 선을 보였던 작품이었다.

스포츠 영화의 매력 인간의 한계를 뛰어넘는 극한상황을 사실적으로 묘사한 경기장면이다. 거친 숨소리가 스크린 가득 울려 퍼지면서 관객의 감정도 고조되기 마련이다.

외국에서 스포츠를 소재로 한 영화를 소개하면, 영화 '후지어'는 데이비드 안스파스 감독이 만든 작품으로서 1951년 인디어나루의 희커리 고교 농구부가 주대회 우승을 차지은한 실화를 바탕으로 하고 있다. 새로 부임한 노먼은 기초훈련에 주력하며, 키는 작지만 열성인 선수에게도 기회를 준다. 그의 훈련방법에 반대하던 학부형과 선수들은 마침내 화합의 농구가 승리를 이끌어 내는 밑거름임을 깨닫게 된다는 줄거리를 가지고 있다.

보이즈 야킨 감독의 '리멤버 더 타이탄' 역시 실화를 바탕으로 하고 있는데 이 내용은 다음과 같다. 1971년 버지니아주 알렉산드리아 풋볼 명문 백인고교에 부임한 흑인코치가 흑백통합방침에 따라 흑백선수를 지도하게 된다. 남북전쟁의 격전 시 게티스버그에서 선수로서 선수를 존경하라고 연설하는 장면은 인종의 벽을 뛰어넘는 스포츠 정신을 감동적으로 전한다.

우리나라에서는 1959년 노필 감독의 '꿈은 사라지고'의 최무룡과 문정숙 주연의 권투영화가 첫 스포츠 영화라 할 수 있다. 이후 2000년대 초까지 대략 150편의 스포츠 관련 영화가 제작·발표되었다. 요즈음에도 스포츠를 소재로 한 영화는 가끔씩 충무로에서 선을 보이고 있다. 영화를 사회의 이데올로기의 전달자로 볼 때, 스포츠 영화를 하나의 고정된 것으로 보아서는 안 되며, 사회적 환경 속에서 끊임없이 변화하고 있는 영화의 여러 모습을 다 살펴볼 수 있어야 할 것이다.

스포츠 영화는 육체적, 정신적 한계를 뛰어넘는 주인공을 통해 감독은 관객에게 강렬한 메시지를 전달할 수 있다. 땀과 눈물, 승부의 치열함과 극기정신이 살아 있는 스포츠는 그 어떤 드라마보다 깊은 감동을 안겨준다. 영화는 감독에 의해 만들어진다고 생각하기 쉽지만 결코 그렇지 않다. 한 편의 스포츠 영화가 제작되기 위해서는 제작자, 기획자, 시나리오작가, 감독, 촬영기사 등 수많은 사람들이 필요하다. 더욱이 우리가 즐겨 보는 흥행을 위해 만들어진 영화들의 경우 감독의 역할보다는 기획자나 제작자, 즉 영화산업의 비중이 훨씬 크다.

스포츠 영화의 이데올로기란 영화 안에서 그려지는 사회에 깔린 공통적인 사고와 개념구조를 말한다. 산업적 공정을 거쳐 대량생산화된 영화 안에는 당연히 스포츠 이데올로기가 방영되어 있을 수밖에 없다. 고전적 영화가 옹호하는 이데올로기는 대체로 스포츠의 문화가치들이다. 이를 세분화해 보면 개인주의, 자본주의의 가치, 도전과 성공, 인내와 민족성, 인종차별주의 등으로 나누어 볼 수 있다. 스포츠 영화는 인간의 한계를 뛰어넘는 박진감으로 감정이 고조되어서 보는 관객들은 즐겁겠지만, 연기하는 배우들에게는 곤혹스러운 일이다.

예를 들어, 클로즈업 신에서 대역을 한다면 감동이 감소되는 것은 당연하기 때문에, 배우들은 사실감을 주기 위해 전문적인 스포츠 수업을 받아서 진짜 스포츠 선수인 것처럼 연기를 해야 한다. 스포츠 영화는 수용자에게 영화를 통해서 스포츠의 가치와 의미를 교육시키는 영상매체이다. 스포츠 영화란 스포츠가 중심 소재가 되어 전체 이야기를 이끌어 가는 드라마의 하위 장르로 이해할 수 있다. 즉 스포츠가 지닌 휴머니티, 박진감, 긴장감, 활동성, 스피드 등의 매력을 영상화함으로써 스포츠를 미학적으로 승화시켜 준다(장희전, 2001).

스포츠 영화의 제작은 해가 갈수록 늘어가고 있는데, 스포츠가 갖고 있는 특성이 대중에게 쉽게 전달될 수 있는 장점이 있기 때문이다. 미국을 비롯한 모든 국가에서 스포츠는 가장 인기 있는 문화양식으로 인식되고 있으며, 프로스포츠의 매력은 스포츠가 영화화되는 데 지대한 공헌을 하였다.

예를 들면, 미국 NBA 농구 스타인 마이클 조던이나 데니스 로드맨이 영화의 주인공으로 등장하는가 하면, 스포츠 스타의 일대기를 그린 영화가 지속적으로 만들어지고 있는 것이다. 스포츠 영화는 다양한 종목을 다루고 있다. 그중에서 가장 많은 비율을 차지하고 있는 종목은 야구, 미식축구, 농구, 그리고 권투다. 스포츠 영화의 특징은 스포츠의 매력과 스포츠 세계를 스크린을 통해 관객들에게 전달하는 데 있다. 또한 다양한 이데올로기를 표현하고 전달하는 것도 하나의 특징이다. 하나의 예로, 록키 시리즈는 미국의 사회체제적 우월성을 강조한 스포츠 영화이다. 주인공인 록키(실베스터 스탤론 역)가 성조기로 만든 트렁크를 입고 등장하여 자유주의를 상징하며 구소련의 선수를 이긴다는 이야기는 우리 사회의 정치적 이데올로기를 보여주는 대목이다. 대부분의 스포츠 영화는 승리주의, 성공주의, 영웅주의, 민족주의, 제국주의, 인본주의 사상을 배포하고 있다.

6) 인터넷

오늘날과 같이 인터넷이 대중화된 데에는 두 가지 요인을 들 수 있다. 첫째는 월드와이드웹의 등장이며, 둘째는 1995년부터 시작된 인터넷의 상업적 활용이다. 그 결과 인터넷 이용자와 사이트는 기하급수적으로 증가하였다. 우리나라의 경우에도, 이처럼 많은 수용자를 확보한 뉴 미디어인 인터넷은 문화, 경제, 정치, 사회 등에 적지 않은 영향을 주고 있다.

인터넷의 매체적 특성은 쌍방향적 특성, 수용자의 선택성, 정보지향적 이성적 매체, 그리고 무제한적 정보제공기능이 있다는 것이다. 이러한 특성은 스포츠 분야에도 영향을 주고 있다. 인터넷을 통해 스포츠 중계를 보면서 스포츠 수용자는 경기에 대한 관전평을 다른 이용자와 공유할 수 있으며 경기장면을 자신의 임의대로 편집할 수 있는 특징이 있다.

다시 말해서, 기존의 TV는 일방적인 수신방식으로 수동적 스포츠 수용자를 확보하고 있었으나 인터넷이 가지고 있는 쌍방향적 특성으로 인하여 누구나 송신자이며 동시에 수신자가 될 수 있는 능동적 스포츠 수용자라는 새로운 형태의 개념이 생겨났다는 것을 의미한다.

스포츠 수용자들은 다양한 인터넷으로 제공된 다양한 스포츠 프로그램을 언제, 얼마나 사용할 것인가를 결정할 수 있다. 그러므로 인터넷 사용자들은 스포츠에 대한 정보, 오락 등의 욕구를 충족하기 위하여 능동적으로 인터넷에 접근한다. 따라서 인터넷은 수동적인 정보 접근에서 벗어나 사용자의 능동적인 정보 접근권을 보장한다.

다시 말해서, 스포츠 수용자들은 온 디맨드 커뮤니케이션 시대를 맞이한 것이다. 또한, 스포츠 정보를 원하는 인터넷 사용자는 능동적으로 특정 스포츠 사이트를 방문한다. 즉, 자신에게 필요한 정보를 얻기 위해 방문한다.

인터넷 매체는 정보지향적, 이성적 매체가 될 수밖에 없기에 다양한 콘텐츠 개발과 각 사이트의 경쟁이 뒤따를 것이다. 방송매체와는 달리 스포츠 정보를 원하는 인터넷 이용자는 정보수용 속도를 자신들 스스로 조절하며 반복적으로 수용할 수 있다. 또한, 이러한 정보는 무제한적으로 스포츠 수용자에게 제공될 수 있다.

위에서 설명한 여러 가지 인터넷의 특성들은 스포츠 중계 환경에 영향을 주었다. 즉, TV에 의존해 왔던 스포츠 중계가 인터넷을 통하여 스포츠 수용자에게 전달되기 시작한 것이다. 인터넷 방송은 TV방송과 유사한 프로그램을 전파가 아닌 인터넷 망을 통해 전달하고 문자 정보, 애니메이션, 동영상 등 다양한 멀티미디어 정보를 쌍방향으로 주고받는 새로운 정보매체를 의미한다.

인터넷을 통한 온라인 생중계는 단순하게 텍스트 글을 제공하는 초기단계에서 텍스트에 그래픽 기능을 첨가하였다. 또한, 경기와 관련된 각종 통계기록도 제공되어 스포츠 수용자들이 마치 경기장에서 경기를 관람하는 듯한 느낌을 갖게 하였다.

2001년 3월 11일 제주에서 삼성─LG전을 시작으로 스포츠조선은 인터넷을 통해서 실시간 중계를 시작하였다. 또한, 프로 축구팀인 수원 삼성을 축구전문 인터넷 방송사인 웹2사커닷컴과 제휴, 2001년 7월 15일부터 홈페이지를 통해 홈경기를 중계하였다. 이로써 스포츠 인터넷 방송의 역사는 시작되었고, 인터넷이 가지고 있는 많은 장점은 인터넷 스포츠 방송의 미래를 점칠 수 있다.

5. 스포츠 미디어와 산업

1) 스포츠 미디어의 상품적 가치

(1) 스포츠상품

상품 이란 매매가 될 수 있는 유형, 무형의 모든 재산을 말한다. 경영학 측면에서 보면, 상품은 인간의 물질적 욕망을 만족시킬 수 있는 실질적 가치를 지니고 있다고 볼 수 있다. 경제학의 입장에서 보면, 상품은 한편으로는 가치를 지니고 다른 한편으로는 사용가치나 효용을 지닌 노동생산물이다.

재화가 아무리 인간의 생활에 유용하고 사용가치를 지니고 있다 하더라도, 공기나 천연의 물과 같이 노동의 생산물로서의 가치를 가진 것이 아니면 상품이라고 할 수 없다. 또 반대로 사용가치가 없는 무용의 것이라면, 노동 생산물이라 하더라도 상품이 될 수 없다.

일반적으로 사람들은 스포츠를 상품으로 생각하지만, 스포츠 자체는 상품이 아니다. 스포츠에서 파생된 것이 상품이다. 예를 들면, 축구 자체는 상품이 아니다. 월드컵과 같은 축구이벤트가 상품이고, 월드컵 브랜드를 부착한 모자가 상품이고, TV중계권이 상품이며, 스폰서십이 상품이다. 또한, 지단이 상품이고, 아디다스 축구화가 상품이며, 축구장 입장권이 상품이고, 축구레슨이 상품이다. 스포츠도 다른 제품과 마찬가지로 생산과 유통과정을 거쳐 소비가 이루어지는 것으로 설명할 수 있다.

스포츠상품의 속성을 이해하는 것은 소비자 행동 즉 스포츠 시청자의 태도와 행동을 이해하는 데 도움이 된다. 스포츠상품의 속성은 다음과 같다.

● **무형적인 속성으로는 스포츠 경기 결과의 불확실성을 꼽을 수 있다.**

불확실성 요인은 소비자가 스포츠를 즐기도록 만든다. 이벤트 자체가 오락으로서 드라마적 요소를 지니고 있기 때문이다. 즉, 예측하기 어려운 기쁨과 독특한 강렬함을 제공하는 것은 바로 불확실성이다. 결과를 예측할 수 없는 스포츠 특성은 나아가서 관객에게 기대와 흥분을 갖도록 한다. 감각을 신나게 만들며 자극하는 원동력이자 상쾌한 스트레스를 제공한다.

● **특정 스포츠 팀에 대한 동일시 역시 대표적 무형의 속성에 속한다.**

사람들은 상품이나 집단에 감성을 연결함으로써 집단의 정체성이나 소속감을 나타낸다. 스포츠 팀에 의해 감정적인 애착을 형성하며 자아의 부분으로 자리잡는다. 즉, 스포츠 팀과의 연계는 확장되어 자아인 동시에, 자존심을 제고하는 계기로 작용한다. 사실 스포츠를 관람할 때의 경험은 특정 팀과의 연계로 더욱 강화된다. 스포츠는 관중에게 소속감을 느끼게 할 뿐만 아니라 외부 집단에 대한 편견을 공유하도록 만든다는 점에서 독특한 집단 경험을 제공한다. 단순한 오락을 넘어서 동일 팀의 팬들을 마치 한 가족 구성원처럼 느끼도록 하거나 공동체를 형성하게 만든다.

● **스포츠를 구성하는 유형적 속성으로는 선수, 팀, 리그, 경기장 등이 있다.**

스포츠는 단순운동 경기의 차원을 넘어서 산업으로서의 위상을 구축하면서 스포츠의 유형속성에 대한 마케팅을 강화하고 있는 실정이다.

(2) 스포츠 미디어와 프로그램의 상품화

대중매체의 모든 프로그램은 경영학적 측면에서 상품적 특성을 갖는다. 문화상품 중에서 독특한 위치를 차지하는 미디어상품은 과욕을 매개로 하여 판매된다. 미디어상품의 경제적 속성을 구체화하면 다음과 같다.

- 미디어상품은 상품성과 비상품적 성격인 이데올로기성을 동시에 지닌다.

  미디어상품은 그 자체의 수요공급의 원리도 중요하지만, 다른 산업에 큰 영향을 미치기 때문에 미디어 외적인 힘에 상당한 영향을 받기도 한다. 또한, 광고뿐 아니라 메시지의 정치성 및 이념성 등도 강조될 수 있다. 하지만 이런 요소들이 제작과정에 무분별하게 개입될 경우 경제적인 의미에서 불량품이 나올 수 있다.

- 미디어상품은 생산과 유통이 동시에 발생한다.

  근래에 전자신문은 유통과정을 생략한 신문으로 미래에 가능성이 보이는 미디어의 한 수단이다.

- 미디어 산업은 오랫동안 독점적 구조에 안주해 왔기 때문에, 비효율적 자원배치나 자원배분이 다른 기업에 비해 상대적으로 높다.

- 미디어 관련 산업의 발달로 전파의 비배제성이 퇴보하고 있으며, 어떤 상품보다 시간성에 민감하게 작용하고 있다.

- 미디어상품은 타 산업 분야의 상품에 비해 수요와 공급의 불균형 상황이 생길 수 있다.

  미디어 산업체들은 이중의 제품시장에서 운행하기 때문에 경제적인 의미에서 이례적이다. 미디어 업체들은 한 가지 제조물을 만들어 내지만 제작물과 서비스를 파는 두 가지의 서로 별개인 시장에 참여하며, 어느 한쪽 시장에서 올리는 실적이 다른 한쪽 시장의 실적에 영향을 준다.

미디어가 내용물을 소비자에게 판매한다는 것은 미디어 내용물이 좀더 많은 소비자들의 주목을 이끌어 내는 것을 의미하며, 그 결과로서 소비자들은 미디어 내용물의 대가로 시간과 돈을 지불하게 된다. 즉, 스포츠 경기 결과는 뉴스나 신문을 통해서 소비자에게 전달된다.

대부분의 미디어들이 필수적으로 참여하는 시장은 광고시장이다. 미디어들은 광고주들에게 수용자 접근권을 판매한다고 할 수 있다. 월드컵과 같은 빅 스포츠 이벤트에 삽입되는 광고는 많은 기업들로부터 좋은 호응을 얻고 있다.

수용자(독자 또는 시청자)들은 광고주의 메시지에 접하게 하는 데에 부과하는 광고비는 광고가 게재되는 지면의 크기와 광고방송시간의 길이보다는 광고대상 수용자들의 규모와 특징에 더 크게 좌우된다. 하지만 미디어 업체들 중에서는 일부 공영방송이나 라디오처럼 광고시장에 참여하지 않은 업체들도 존재한다. 특정 시장 내의 업자 수가 얼마나 되느냐도 역시 중요한 문제이다. 왜냐하면, 당해 시장 내에서 경쟁하는 업체들이 차지하는 몫과 같은 시장력, 그리고 이 업체들이 당해 시장의 경제 운용 전반을 컨트롤하고 영향을 줄 수 있는 능력 등이 업체 수와 함수관계에 있기 때문이다.

산업구조 모델에서는 완전경쟁, 독점적 경쟁, (독)과점, 독점의 네 가지 시장구조에 근거해서 시장을 분석하는 방법이 제기되고 있다. 완전경쟁은 차별성이 없는 재화와 서비스의 판매업자들이 수적으로 많으며, 이런 업체들도 당해 시장을 지배하지 않을 때 존재한다. 이와 같은 상황에서는 경제력들이 자유로이 작동하게 된다.

독점적 경쟁은 제작물과 서비스를 판매하는 업자들이 다수이지만 제작물들이 차별성이 있고, 각 제작물은 그것을 생산하는 업체에서만 공급 가능한 경우 존재하게 된다. 독과점은 특정의 시장 내에 판매업자의 수가 소수이고, 동질적이거나 차별성이 있는 제작물 판매경쟁이 다소 존재하는 경우를 말한다.

이와 같은 상황에서는 완전경쟁이나 독점적 경쟁의 경우보다 경제력에 대한 소수업체들의 컨트롤 정도가 더 크게 작용한다. 한 시장 내에 어느한 가지 제작물의 단일판매업체가 있을 뿐이고, 이 업체가 당해 시장의 경제적 기능을 상당히 컨트롤하고 있는 상황은 독점시장구조의 특징에 해당한다. 하지만 어떤 미디어 산업도 스스로의 차별성을 두려워하고 대상 수용자들도 분화해서 확보하려 하기 때문에 미디어 산업이 완전경쟁 상황에서 운행되지는 않는다.

스포츠 프로그램과 이에 따른 광고방송이 방송사의 재원 확보에 새로운 요인이 된다는 것이다. 스포츠 프로그램은 조직화된 시스템에 의해서 생산되고 선택적으로 소비되며, 규모의 다소에 따라 강력한 영향을 받는 등 여타 방송 프로그램과 구별되는 특성이 있다. 이 양면성은 스포츠 프로그램을 시청자가 포기할 수 없는 프로그램으로 만들어 내고 이에 따라 광고주가 포기할 수 없는 광고 프로그램 시간대로 유인하는 것이다. 즉 방송사는 스포츠 프로그램을 경영 차원으로 연결시킬 수 있다.

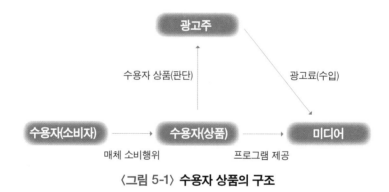

〈그림 5-1〉 **수용자 상품의 구조**

미디어 산업에서의 경쟁은 다양성이나 품질경쟁보다는 시청률과 부수경쟁을 통한 광고경쟁으로 결정된다. 시장경제하에서 소유방식과는 무관하게 매체는 광고의 통제권에 들어간다. 매출액을 늘리고, 이윤율을 높여야 생존할 수 있는 시장 언론구조에서 시청률이라는 독특한 장치가 창출된다. 시청률은 더 많은 광고를 더 비싼 가격에 팔 수 있도록 한다. 최근에는 광고주들이 최대의 수용자를 확보하는 매체를 선호하기보다는 자신들이 파는 상품의 상품고객으로서 시청자가 확보되었느냐에 더 관심을 기울인다. 소비자의 수보다는 구매력이 더 인정받게 된 것이다.

(3) 방송상품으로서의 스포츠 프로그램

현대사회에서 미디어의 기능은 사회 전반에 걸쳐 다양하게 작용하고 있다. 대중은 여가시간의 상당부분을 미디어를 이용하며 보낸다. TV의 경우를 보면 공중파 방송인 기존의 KBS 1, 2, MBC 이외에 SBS를 포함 5개의 지역민영방송이 생겨났으며, 위성방송 2개 채널, 스포츠 전문 채널인 KSTV를 포함 30여 개 케이블 채널이 있다.

신문은 스포츠 전문지 4개가 있고, 5대 일간신문을 중심으로 섹션화가 가속화되어 스포츠면도 최소한 2개면씩 할당되어 있다. 그 외에 라디오 방송국도 수적으로 증가하고 있으며, 스포츠 전문잡지를 포함해 잡지의 전체 숫자도 지속적으로 증가하고 있다.

오늘날 미디어의 존재 가치는 시청률과 시장점유율이 된다. 여기에서 광고와 스폰서링을 이용한 재원 마련은 재원 창출의 핵심으로 부상하고 있는데, 그 도구 중 하나를 스포츠에서 찾고 있는 것이다. 방송에서 스포츠 프로그램은 꾸준히 늘고 있으며, 일간신문의 스포츠 섹션 확대, 스포츠 신문의 창간 등이 이를 단적으로 증명해 준다.

특히 방송의 경우 스포츠를 선택하는 경제적 동기는 바로 시청률에 있다. 이것은 시청률의 향상이 바로 광고 수입의 증대로 이어지기 때문이다. 또한 방송사는 두 가지의 특별한 효과를 기대하는데 이것은 다음과 같다.

● 전파월경효과(Spillover Effect)이다.

다시 말해서 특정 프로그램을 시청하는 시청자도 올림픽 같은 빅 스포츠 이벤트를 중계하는 방송사의 채널을 먼저 살핀다는 것이다.

● 약탈자효과(Spoiler Effect)이다.

이 말은 국제적 미디어 이벤트의 경우, 주관 방송사가 된다는 것은 그 이벤트를 자사의 스케줄에 따라 조종할 수 있다는 걸 의미하기 때문에 다른 방송사의 광고를 그만큼 빼앗아 올 수 있음을 의미한다.

결국, 방송사들은 이러한 요인들 때문에 규모가 크고 국제적인 이벤트에 집착하는 것이다. 이러한 맥락에서 방송사가 직접 스포츠 팀을 운영하기도 하는 것이다.

스포츠 마케팅은 미디어 가치(Media Value)에 의해 지탱되는 상품으로서의 스포츠, 즉 스포츠 미디어를 전제로 하고 있다. 미디어로서 스포츠가 갖고 있는 상품성은 세 가지로 요약될 수 있는데, 그것은 사실적 특성, 시각적 특성, 비언어적·커뮤니케이션적 특성이라는 3요인으로 설명된다. 그 뜻을 살펴보면 다음과 같다.

- 스포츠는 뉴스와 함께 가장 사실성이 있는 프로그램이다. 한편, 뉴스의 가치 (Media Value)도 함께 있어 TV 뉴스, 신문기사로 취급된다. 그러므로 질적인 사실성과 각 미디어에의 노출이라는 양적인 확보가 가능하다.
- 스포츠는 동적이며 이해하기 쉬워서 영상에 적합한 프로그램이다. 신문에서도 현실감 있는 사진을 실을 수 있다.
- 스포츠는 비언어적 커뮤니케이션의 특성이 있으므로 언어, 국경, 인종의 벽을 뛰

어넘는 소구가 가능하다는 것이다. 스포츠가 방송의 소재가 되는 이유는 스포츠 경기 안에 감동적 요소가 있으며 적은 비용으로 프로그램을 제작할 수 있고 생동감이 있기 때문이다.

스포츠 프로그램 제작비는 드라마나 영화제작비와 비교해서 무척 저렴하다. 또한 스포츠는 드라마에 비해 시청률에 대한 사전 예측이 비교적 용이하다는 장점을 갖는다.

방송국 측에서는 스포츠 이벤트에 따라 시청률을 사전에 예측하는 것이 가능하기 때문에 경기단체측과 적정 방송료를 협상, 조정이 가능하다. 이 밖에도 스포츠 프로그램은 방송의 세 가지 장르인 저널리즘, 연예, 그리고 드라마가 이루는 삼각형의 중심에 있어 시청자의 다양한 욕구를 충족시켜 줄 수 있다.

스포츠의 즉시성과 자발성으로 인해 스포츠 프로그램은 저널리즘에 포함되고, 좋은 볼거리, 활기차고 생동감 있는 장면을 제공하기에 이것을 연예라 일컬으며, 드라마적 관행이 서사구조를 형성하면서 연상으로 전달되기에 드라마적 요소를 반영한다고 하는 것이다. 따라서 스포츠는 어느 장르를 막론하고 방송제작에 있어 좋은 소재가 되는 것이다.

〈그림 5-2〉 **방송 스포츠 프로그램의 3가지 장르**

2) 스포츠 미디어상품의 경제적 특성

스포츠 미디어 산업은 창구효과가 높은 분야이며, 공공재적 특성과 수요의 불확실성, 그리고 수용자 양극화 현상 등 일반 미디어 프로그램과 다른 경제적 특성이 있다.

(1) 스포츠 미디어의 창구효과

스포츠 미디어의 창구효과(Window Effect)란 스포츠 프로그램이 다른 미디어에 이용되어 부가가치를 창출하는 것을 말하고 이용가격을 차별화하는 방법을 경영전략으로 채택하게 된다.

방송의 생산물인 스포츠 프로그램은 패키지 상품의 역할을 하는 한편 네트워크를 통한 방송행위, 즉 편성에 의해서 또 다른 부가가치가 비디오 → 페이 케이블 → 베이직 케이블 또는 공중파TV 등의 순으로 연속 배포된다.

방송 스포츠 프로그램의 경우 가맹국에서 릴레이 중계하거나 초방(First-Run)이 끝난 뒤 독립국에서 오프네트워크 프로그램(Off-Network Program)으로 재방(Second-Run)되기도 한다. 또한, 다채널 VOD(Video On Demand) 서비스의 경우 대개 초창기에는 프로그램 활용도, 즉 창구효과를 높이기 위해 NVOD(Near Video On Demand) 형태로 진행하는데, 이것은 한 채널의 프로그램 편성을 일정한 시간 간격을 두고 여러 채널에 동시에 반복 편성하는 방법이다.

(2) 공공재적 특성

스포츠 미디어 프로그램은 공공재적 특성을 지닌다. 공공재는 많은 사람들이 동일한 재화와 서비스를 동시에 소비할 수 있다는 의미가 내포되어 있다. 스포츠 프로그램의 공공재적 특성은 소비의 측면에서 두 가지로 나누어 설명할 수 있다. 하나는 '비경합성의 원칙'이고 또 다른 하나는 '비배제성의 원칙'이다.

비경합성의 원칙이란 한 개인이 소비에 참여함으로써 얻는 이익이 다른 모든 개인들이 얻는 이익을 감소시키지 않음을 의미한다. 예를 들면 사유재인 '빵'의 경우 5개가 있다고 할 때 10명 중 5명이 한 개씩 먹어버리면 나머지 사람은 먹을 수 없게 된다.

이에 비해 공공재적 특성을 지니는 스포츠 프로그램은 10명의 사람이 보든 100명의 사람이 보든 자원의 고갈이 일어나지 않는다는 점이다. 즉 한계비용이 제로에 가깝다는 뜻이며, 많은 사람들이 동일한 재화를 동시에 소비하며 동일한 이익을 얻을 수 있다는 뜻이다.

공공재의 또 다른 측면인 비배제성의 원칙이란 재화의 소비에서 얻는 이익이 특정 사람에게는 돌아가지 못하도록 할 수 없다는 뜻이다. 일반적인 상품의 경우 선택적 소비의 기회가 주어지기 때문에 재화가 불충분한 사람들을 어쩔 수 없이 배제하게 되지만, TV 프로그램은 불특정 다수에게 동일하게 제공되기 때문에 배제하지 않게 된다.

(3) 수요의 불확실성

일반 상품의 경우 싸고 좋은 물건이라면 대략적인 수요예측이 가능한 것도 사실이지만, 스포츠 프로그램의 수요를 정확하게 예측하기란 쉬운 일이 아니다. 그러나 영상물의 경우 상품의 질과 소비가 반드시 정적 상관관계를 그리는 것이 아니기 때문에 수요 예측이 훨씬 어렵다.

한·일 축구중계와 비중이 낮은 아마추어 권투를 비교해 본다면 스포츠 종목이 다르기 때문에 단정적으로 말할 수는 없다. 하지만 시청자들의 선택은 선호도의 측면에서 한·일 축구경기를 선택할 것이다.

(4) 수용자 양극화 현상

수요의 불확실성에도 불구하고 스포츠 미디어는 점차 세분화되고, 이를 소비하는 수용자 시장은 양극화(Audience Polarization)하는 추세이다. 즉 수용자들이 특정 프로그램 유형이나 특정 전문채널에 극도로 치우치거나 그것을 배제함으로써 발생하는 시청행위의 극단화 현상이 다채널 상황에서 심화되고 있는 것이다. 이는 '스포츠 미디어 이용량의 상대적 불변성 원칙'과도 관련이 있다.

스포츠 미디어를 이용하는 시간은 자신의 여가시간 중에서 일정비율을 유지하고 있기 때문에 하나의 스포츠 미디어를 이용할 경우, 다른 스포츠 미디어의 이용량은 줄어들게 된다. 결국 보편적인 스포츠 미디어에 대한 이용량은 줄어드는 대신 자신의 취향을 적극적으로 충족시켜 주는 스포츠 미디어에 몰입하게 되는데, 이것이 뉴 미디어의 연속적인 등장에도 불구하고 스포츠 미디어에 소비되는 개인의 지출비용과 광고주의 광고비용은 비교적 일정한 수준을 유지하는 결과를 가져오게 된다.

새로운 미디어가 대체효과를 가지려면 기존 매체에 비해 경제성·편리성이 월등하게 우위에 있을 때 가능하기 때문이다. 그 밖에도 수용자가 가지는 시간적, 경제적 유한성과 습관성도 미디어 대체효과를 제약하는 요인이다.

3) 스포츠 미디어 산업의 현황

스포츠 미디어 산업은 부가가치에 따른 이익률이 높은 산업으로서 부각되고 있다. 더욱이 통신 및 컴퓨터 산업과 융합되면서 국가경쟁력을 좌우하는 견인차 역할을 하는 산업으로 확대·발전하고 있다. 스포츠 미디어 산업을 구분하는 기준은 다양하다.

포괄적으로는 스포츠 미디어 산업의 하위개념으로서 통신산업, 멀티미디어 산업, 패키지산업과 구별되는 분야로 정의될 수 있다. 스포츠 미디어 사업종류에 따라 제조업, 도·소매 및 소비자용품 수리업, 운수·창고 및 통신업, 기타 공공·사회 및 개인서비스업에 속하며 다음과 같이 세분되기도 한다.

● **제조업**
스포츠 관련 서적 출판·인쇄 및 기록매체 복제업, 영상, 음향 및 통신장비 제조업

● **도·소매 및 소비자용품 수리업**
스포츠 도구, 장비 도매업, 통신판매업(홈쇼핑 채널)

● **운수·창고 및 통신업**
스포츠 전기통신업(종합정보통신서비스, 화상전화서비스, 컴퓨터 등을 이용한 정보통신서비스, 유선방송전송서비스, 통신위성서비스, TV방송 전송중계 서비스 등)

● **부동산 임대 및 사업 서비스업**
스포츠 서적 및 기타 기록물 임대업, 광고대행업, 광고물 작성업

- **기타 공공, 사회 및 개인 서비스업**

스포츠 영화, 방송 및 뉴스 제공업

그 밖에도 스포츠 미디어 산업은 정보산업을 구성하는 핵심적인 세 분야인 방송, 통신, 컴퓨터산업 중의 하나로 분류할 수도 있는데, 요즘의 일반적 추세는 이들 세 분야가 기술발달에 따라 상호 융합하면서 사실상 개별적인 구분이 모호해지고 있다고 할 수 있다. 스포츠 미디어 산업은 스포츠 문화방송산업의 한 분야로도 분류된다.

예를 들면 도서, 신문잡지, 라디오, 텔레비전, 영화 등의 스포츠 미디어 산업에 속하는 분야이다. 정보통신산업의 한 분야로는 전기통신계(전기통신 산업, 스포츠 미디어 산업, 정보통신 산업의 한 분야로는 전기통신 관련업)로 분류하여 비전기통신계(신문, 출판인쇄, 영화, 광고)와 구분한다. 한편 실제 스포츠 미디어 산업을 구성하는 세부분야는 매체마다 차이가 있기는 하나, 대체로 4가지로 이해될 수 있다.

- 생산요소 공급산업(기자재산업, 전문인력 제공업)
- 생산업(프로그램 제작, 편성, 송출)
- 유통산업(통신산업)
- 지원산업(광고산업)

이렇듯 다양하게 분류되는 스포츠 미디어 산업의 범주 중에서, 스포츠 미디어 산업을 스포츠 미디어 산업, 문화산업, 정보통신산업이라는 상위개념에 모두 포함되는 개념으로 사용하고자 한다. 그것은 스포츠 미디어 산업의 가장 중요한 측면인 산업적 측면과 문화적 측면을 동시에 충족시키려면 어느 한 개념의 의미만으로는 제한적이기 때문이다. 방송을 포함하는 스포츠산업이 산업적·경제적으로 차지하는 중요성은 다음과 같다.

● **산업적·경제적 측면에서 스포츠 미디어 산업은 정보사회의 핵심자원이다.**
정보가 재화적 가치를 지니는 정보사회에서 스포츠 미디어 정보는 소프트웨어 및 하드웨어 차원에서 국가경제성장의 도약대 역할을 하게 된다. 영상산업은 초기 투자비용이 많이 들지만 계속적인 부가가치의 창출로 인해 평균 이익률 면에서는 산업사회의 제조업과는 비교가 되지 않기 때문이다.

● **문화적 측면에서 영상산업은 문화적 정체성을 확보하는 중요한 수단이 된다.**
맥루한이 설명한대로 한 시대의 지배적인 매체가 지배적인 사고방식을 낳을 수 있으며, 스포츠 미디어 산업의 종속은 곧 경제종속뿐만 아니라 스포츠 종속을 가져오는 첩경이 되기 때문이다.

4) 스폰서십

스폰서십의 개념은 기업이 사회의 다른 분야와 결합하여 그들의 기업적 목적을 보다 효과적으로 만들기 위한 차원에서 재원을 제공하여 공동협력을 행하는 것으로 강조되고 있다. 켈러(Kellers)는 스폰서십에 대해서 "스포츠, 예술, 문화 행사와 같은 여러 형태의 이벤트에 브랜드를 연결시킴으로써 브랜드 인지도를 높이고 브랜드에 대해 보다 호의적인 태도를 형성하게 하려는 일련의 행동"이라고 정의한다.

오늘날 스포츠에서 스폰서링(Sponcering)이라는 후원 행위를 빼면 무엇도 의논할 수 없다. 몇 년 전까지만 하여도 기업들이 스폰서링 영역에 참여하는 것과 관련하여 찬반논쟁이 있었지만 최근 기업과 스포츠 단체는 스폰서링 행위가 서로 다른 목적을 추구한다.

다시 말해서, 그 기업들과 스포츠 단체들은 이러한 목적을 효과적으로 달성토록 하는 매력적인 도구로 간주하고 있다. 스포츠 스폰서링은 스포츠 영역에서 경제, 사회, 문화적인 이해관계를 서로 접목시키며 응용시키는 이노베이션적 접근방법이라고 이야기할 수 있다. 스포츠 스폰서링이 내재하고 있는 이러한 기능은 이미 다수의 국민들이 수용하고 있는 상태이다.

기업이라는 사회의 하위시스템(Subsystem)이 고유의 본래적 기능을 벗어나 사회적 하위시스템인 스포츠의 문제점들을 해결하는 데 기업이 반드시 참여해야 된다는 필요성은 오늘날 사회적 시장 경제의 토대 위에서 빠르게 수용되고 있다.

우리 기업들이 국내외에서 다양한 스포츠 행사에 스폰서로 참여하고 있는 것은 스포츠 스폰서링의 기업 커뮤니케이션적 의미를 우리 기업이 간파하고 있음을 나타내는 것이다. 스폰서링이라는 용어는 아직까지 우리 모두에게 생소하고 낯선 말이다.

스폰서링은 단순한 지원을 의미하는 스폰서와 스폰서 사이의 스폰서십을 넘어서서 기업이 스폰서 행위를 통하여 반드시 반대급부를 요구하는 기업의 마케팅 전략과 접목된 새로운 개념이다. 단순한 후원행위인 스폰서십에 적극적 행위인 마케팅을 접목시킨 것이 스폰서링이며 이것은 적극적 커뮤니케이션 행위로 변화되고 있다. 스폰서링에 대한 개념정의는 학자의 관점에 따라 다소 다를 수 있지만 현재적 정의는 다음과 같이 서술할 수 있다.

스폰서링은 기업의 커뮤니케이션 목적을 달성하기 위하여 기업이 스포츠, 문화 그리고 사회복지 분야의 특정한 개인 또는 단체의 진흥을 위하여 제공하는 재원, 상품 또는 서비스 같은 일체의 행위에 대한 기획, 조직, 수행, 통제를 의미한다. 위의 현재적 정의에서 보듯이 스폰서링은 스폰서와 피스폰서가 계약 협정에 기초하여 피스폰서 행위를 커뮤니케이션 행위로 이용토록 하는 법제적 틀의 모습을 하고 있다.

이러한 개념 정의는 스폰서링을 기부금 같은 제3자에 의한 진흥기금 형태와는 확연히 경계선을 긋는다. 기부금은 애타주의적 동기에 기초한 반면에, 즉 경제적 이해관계를 추구하지 않는 반면에 스폰서링은 기업들이 추구하는 특정한 커뮤니케이션적인 반대급부와 밀접히 연결되어 있기 때문이다.

스폰서링이 내재하고 있는 특징은 계약조건에 따른 반대급부의 원칙을 철저히 고수한다는 것이다. 이러한 스폰서링의 정의는 여러 가지 사회분야로 이전시켜 접목시킬 수 있다. 스포츠 외에 예술, 상태 및 사회복지 분야는 스폰서링을 새롭게 접목시킬 수 있는 중요한 대상체가 되고 있다.

최근 스폰서링은 학술 연구와 연결되는 새로운 가능성까지 보여주고 있다. 스포츠, 예술, 생태, 사회복지, 그리고 학술분야는 스폰서링을 응용시키는 터전이 되고 있다.

[스포츠, 스포츠 스타, 그리고 '성공' 이데올로기]

스포츠, 특히 산업의 형식을 갖춘 자본주의 사회의 스포츠는 사회적 연대감을 극대화하는 기능뿐 아니라 높은 노동강도에 따라 나타나는 스트레스를 해소한다는 의미에서 오락의 기능을 수행하는 매우 중요한 영역이다. 월드컵 축구대회나 1984년 이후의 올림픽이 극명하게 보여주듯이, 스포츠는 국민의 통합과 오락을 제공하는 동시에 막대한 이익을 창출하는 부가가치가 높은 산업으로 성장한 것이다. 그래서 진지한 예술이나 고양된 정신적 산물로 문화를 보는 전통적 시각에 따르면 스포츠는 다분히 가볍고 진지하지 못한 문화적 산물이지만, 여가 없이는 생존이 어려운 사회적 현실 그리고 시장에서의 성공 가능성이 높은 산업의 현실상, 스포츠는 영향력 높고 가치 있는 문화산업으로 확고하게 자리잡고 있다.

그러나 '생존'의 문제와 직결된 전쟁을 형상화한 스포츠는 비록 "참여하는 데에 의의가 있다"는 올림픽 정신이나 공정한 자세로 게임에 참여하는 '페어플레이' 정신을 강조한다고 하더라도, 본성상 오직 승부가 목적인, 달리 말해 인류가 만든 최악의 비인간적인 문화산물일 수 있다. 스포츠는 '협력'과 '공존'이라는 유적 존재로서의 인간 본성과 일치하기 어려운, 살벌한 의미의 '경쟁'과 '승패'로 존재하기 때문이다. 그런 이유로 스포츠는 사유재산의 발생에 기인하는 '인간 스스로 자기 부정'하는 현상, 즉 다른 공동체의 재산을 강탈한다는 특성의 전쟁을 형상화했으므로 계급사회를 반영하는 문화산물이라는 비판으로부터 자유로울 수 없다.

이 점은 스포츠 스타 시장의 구조를 보면 더욱 극명하게 나타난다. 소수의 슈퍼스타가 '걸어다니는 기업'이라는 별칭이 암시하듯이 고액의 연봉과 천정부지의 광고료는 받는 반면에, 재능이 평범한 대다수의 선수들은 생계 유지에 걸맞은 또는 그 이하의 연봉을 받고 있다. 스포츠 스타를 포함한 모든 문화산업의 스타 시장은 자본주의 사회의 진화가 '소수의 부르주아지와 다수의 프롤레타리아트'로 계급이 양극화된다는 마르크스의 예언대로 구조화되어 있다. '사회 복지(Social Welfare)'라는 가치가 개입되기 어려운 스타 시장의 현실상 이러한 양극화는 당연한 귀결이다. 따라서 스타 시장은 시장의 논리만으로 자본주의를 구현할 경우 나타날 현실을 원형 그대로 보존하고 있다는 점에서 많은 시사점을 주고 있다.

그럼에도 불구하고 스포츠 스타는 한편으로는 자본주의의 '성공' 이데올로기를 강화하는 기제이기도 하다. "자본주의 사회에서 열심히 노력만 하면 성공한다"는 말은 스포츠 스타에게 예외 없이 적용될 수 있기 때문이다. 성공한 슈퍼스타는 두말할 필요없는 성공 이데올로기의 가장 명백한 증거일 뿐 아니라, 설령 재능이 있으면서도 스타로 성장하지 못한 선수가 있다고 하더라도 음주나 연애 등 자기 관리에 철저하지 못한 방종한 생활, 달리 말해 노력의 부족에 기인한 결과라고 치부되며 성공이데올로기는 강화된다. 그러나 문제는 열심히 노력하고 자기 관리에 철저한 선수가 스타로 성장하지 못한 사례들이 태반이라는 사실에 있다. '재능'이라는 인적 자본(Human Capital)이 결여된 선수들, 대다수는 성실한 노력과 무관하게 언제나 실패할 수밖에 없는 것이 현실이다. 자본주의 사회에서 성공할 수 있는 인간은 사실상 물적 생산수단과 같은 자본이나 특정한 재능, 특히 시장가치가 높은 인적 자본을 소유한 자일 뿐이다. 그러므로 "자본주의 사회에서 열심히 일하면 그에 비례하여 성공한다"는 말이 단지 이데올로기에 지나지 않는 것은 특수한 조건을 충족해야 가능한 일을 일반적이며 보편적인 현상인 양 현실을 호도하기 때문이다. 스포츠 스타는 이렇듯 자본주의 사회의 꽃인 동시에 모순을 극명하게 드러내는 실체이다. 특히 스포츠산업이 현재처럼 기분전환과 스트레스 해소에 좋다는 의미에서 유력한 오락산업 또는 문화산업으로 성장하는 현실을 놓고 볼 때, 스포츠 스타는 다른 문화산업의 스타보다도 영웅화될 가능성이 높고 실제로도 가장 선망되는 대상이자 직업인이다.

삶의 목적이 자본주의 사회에서는 '돈'과 명예'를 획득하는 것인 이상, 스포츠 스타는 NBA 최고의 스타인 마이클 조던이 보여주듯 재능만 있다면 양자를 손쉽게 확보할 수 있기 때문이다.

반면에 스포츠 사업이 규모에 있어서 성장하면 할수록 스포츠 스타 시장의 구조는 '소수의 부르주아지와 다수의 프롤레타리아트'로 보다 양극화되고, 성공의 이데올로기도 강화된다. 일례로 프로야구가 발생하기 이전 한국에서는 스타와 비스타 간의 소득 차이는 별로 없었다. 하지만 일단 프로화가 이루어진 후, 소득의 차이는 1998년 현재 1억 원대를 넘어섰다. 또한 스타에 초점을 맞추어 기사화하고 방송하는 매스미디어는 다수의 실패를 외면하고 소수의 성공만을 강조하므로 왜곡된 현실을 재생산한다. 보이는 것은 거의 대부분 성공한 자의 이야기이기 때문이다.

한편 최근 주목할 만한 현상은 스포츠산업이 단일국가 차원을 넘어 세계시장을 형성하기 시작했다는 사실이다. 프로축구와 NBA 프로농구는 이미 전 세계에서 통용되는 인기 스포츠이고, 그에 따라 각국의 스타들은 스포츠산업이 최고로 성장해 있는 미국과 유럽, 일본 등으로 진출하고 있다.

"영웅은 큰물에서 논다"는 것을 증명하듯이 각국의 스타들은 지역을 넘어 세계를 호령하기 위해, 오늘도 작은 시장에 만족하지 않고 큰 시장으로 이동하고 있다. 로웬탈(L. Lowenthal)과 보드리야르(J. Baudrillard)가 "현대의 영웅은 생산의 영웅이 아니라 영화와 스포츠 스타 등 소비의 영웅, 결국 대낭비가들에 대한 이야기로 바뀌었다"는 비판을 했음에도 불구하고, 스포츠 스타라는 소비의 영웅은 점점 더 위세를 떨칠 전망이다.

[자료 : 이동연 외, 스포츠, 어떻게 읽을 것인가, 2001 : 233-236]

6. 스포츠 미디어의 문화적 기능

인간이 만들어 낸 관습, 습관, 정서, 종교, 제도 등 생활양식 자체가 바로 문화라고 본다면, 스포츠 미디어 문화란 우리의 삶에 스포츠 미디어를 통해서 만들어진 문화라고 할 수 있다. 현대의 스포츠 대중문화를 이끄는 핵심매체는 방송매체인데 인쇄매체와는 다르게 감각적·서정적 작용을 통해 정보를 생동감 있게 전달한다.

특히, 텔레비전은 영상 중심의 매체가 문화적 측면에서 인간의 내적인 마음을 외적으로 표현하는 형식이라 할 수 있는 스포츠 경기의 특성을 잘 표현할 수 있는 도구라 할 수 있다. 또한, 스포츠문화의 생산과 분배를 확대시키는데 중요한 역할을 하고 있다.

스포츠 미디어의 발달로 인간의 스포츠양식도 변화하면서 새로운 스포츠문화의 형태로 변해가고 있다. 스포츠 미디어에 의해 반영되거나 소개되는 내용은 방송매체의 시간적, 공간적 확산성 때문에 신속하게 번져간다. 이를 통해 방송의 문화적 확산성의 위력을 알 수 있다. 스포츠 미디어의 문화적 역할은 크게 두 가지로 구분할 수 있다. 첫째, 사회의 규범을 형성하고 유지하는 역할 둘째, 새로운 스포츠문화창출과 확산에 기여하는 오락산업으로서의 역할이다.

1) 사회 규범적 형성 및 유지 역할

사회의 구성원들이 사회적 가치를 느끼기 위해서는 그 사회가 올바른 규범체계를 유지·관리해야 한다. 스포츠 경기에서 존재하는 갖가지 규칙들은 인간의 삶에 종종 반영되기도 하는데, 그러한 규칙들은 새로운 형태의 가치와 규범체계를 반영하고 재생산한다. 이렇게 재생산된 가치와 규범체계는 무엇이 자연스러운 것이고 무엇이 이질적인 것인지를 판별하는 문화적 준거틀을 제공한다.

우리는 일상생활 속에서 스포츠 미디어를 통해 사회의 지배적인 문화형태를 자연스럽게 습득하고 내면화한다. 이런 문화의 내면화 작용을 통해 그 속에 담긴 가치나 규범을 익히고 사회질서에 편입된다. 방송이 우리 생활의 일부가 되면서부터 이러한 현상은 자연스럽게 이루어져 왔다. 이러한 스포츠 미디어의 사회규범적 역할은 크게 정보제공기능, 해설기능, 문화전수기능으로 구분할 수 있다.

방송과 언론매체에서의 스포츠 담당부서는 스포츠에 관한 정보를 하루도 쉬지 않고 수집하여 시청자 또는 독자에게 전달한다. 경기 결과 및 선수들의 팀 이적 등 다양한 스포츠 정보를 대량으로 전해 주는 스포츠 미디어의 기능은 중요하다. 스포츠뉴스와 중계는 시청자에게 정보제공의 차원에 머물지 않고 더욱 심도 있게 스포츠에 관한 내용을 해석하며 평가하는 역할까지 한다.

특히 스포츠중계는 해설, 토론, 특별기획 프로그램 등을 통해 스포츠의 문화적 가치인 규범, 태도와 정보에 대해 시청자가 어떻게 생각하고 행동해야 하는가를 가르쳐준다. 방송사의 스포츠 해설위원이 특정사안에 대해 의견을 개진하는 방송해설, 스포츠 관심거리에 대해 해당 전문가가 모여서 자신의 의견을 피력하는 방송토론, 올림픽과 월드컵 때의 TV토론 등이 대표적인 경우이다.

예를 들면, 월드컵 경기장이 월드컵이 폐막된 후 어떻게 사용될지를 스포츠 토론에서 다루어서 수용자에게 자세히 알려줄 수 있다. 스포츠 방송은 프로그램을 통해 스포츠를 묘사함으로써 사회에 축적되어 있는 가치나 전통을 사회구성원들에게 전달하는 역할을 한다.

이러한 기능을 방송의 '교육기능' 혹은 '사회화 기능'이라고도 하는데, 이는 단기간에 이루어지기보다는 장기적이고 누적적으로 이루어진다. 스포츠 프로그램에는 사회구성원이 공통적으로 지향하는 규범과 가치관, 그리고 집단적인 경험이 담겨져 있다. 따라서 스포츠 방송을 지속적으로 시청하게 되면 방송이 담고 있는 내용을 자신의 것으로 받아들이는 효과가 나타난다. 어린이, 청소년은 스포츠를 통해 사회의 규범과 가치를 자연스럽게 배우고, 성인은 사회에서 지켜야 할 규범과 법칙을 체득하게 된다.

규범적 기능은 방송매체가 시청자들의 생각과 행동에 영향을 준다는 가정에 기초한다. 다시 말해서, 시청자는 스포츠 미디어가 보여준 규범과 가치관을 내면화하는 경향이 있다. 이러한 것은 다른 말로 표현하자면, 영향이나 효과로 말할 수 있다. 대표적인 이론들을 살펴보면 다음과 같다.

〈표 5-2〉 스포츠 미디어의 문화적 기능을 설명하는 규범적 역할이론들

규범적 역할이론들	내용
의제설정이론	붉은 악마의 시청앞 광장에서의 응원을 집중적으로 보도함으로써 시청자에게 중요하게 인식을 시켰다.
문화규범이론	월드컵 경기 중 비신사적 행위에 대한 경고카드나 퇴장명령카드는 시청자의 사회적 일탈방지에 영향을 준다.
모델링이론	안정환 선수의 헤어스타일을 청소년들이 모방하는 행위
문화계발효과이론	대중매체를 통해 경험한 수용자는 그렇지 않은 사람보다 스포츠를 통해 삶의 질을 향상시킨다고 보는 견해

2) 새로운 문화 창출과 확산

스포츠 미디어는 대중들에게 다양한 스포츠문화와 오락프로그램을 제공하고 있다. 스포츠 프로그램은 교양 프로그램 못지않게 사람들에게 새로운 삶의 방식을 제공하기도 하고 사람들의 문화적 욕구를 충족시켜 주는 예술적 기능을 하기도 한다.

텔레비전은 스포츠 뉴스, 스포츠 중계, 그리고 스포츠를 주제로 한 드라마 등의 장르를 통해 즐거움과 기분전환의 효과를 주는 오락적 기능을 담당한다. 스포츠 미디어의 문화적 기능 중에는 예술적 기능이 있다. 한 권투선수의 일생을 조명한 영화 '챔피언'이란 영화가 대중들에게 선보였는데 그 작품은 예술적 가치를 지니고 있다. 이처럼 스포츠 미디어는 문화적으로 예술성을 전파하는 기능을 수행하고 있다.

7. 향후 스포츠 미디어의 방향

우선, 21세기 스포츠 미디어의 방향은 철학적인 토대 없이는 불가능하다는 것이 지배적인 논리이다. 보이깃(Voigt, 1966)의 구분에 따른 미디어의 특성에 따른 스포츠 읽기는 어떠한가? 그리고 뉴밀레니엄 시대에 있어서의 스포츠 미디어의 한 대안인 컴퓨터 미디어(Computer Mediated Communication)의 기능성을 커뮤니케이션적 입장에서 인간과 미디어의 인터페이스가 스포츠를 어떠한 내용으로 받아들이는가에 대하여 살펴볼 필요가 있다.

맥루한(McLuhan)의 주장에 따르면 전자미디어, 특히 텔레비전이나 컴퓨터는 인간커뮤니케이션에 있어서 파괴된 감각의 균형을 복원시키는 데 결정적인 역할을 하였다고 주장하고 있다. 인간이 텔레비전을 시청하기 위해서는 시각 및 청각을 함께 사용해야 하기 때문에 시각(인쇄매체)으로 또는 청각(라디오)으로 단일화되었던 이전의 인쇄계 미디어와 라디오에 비해서 전자미디어의 등장은 인간커뮤니케이션에 있어서 재원형화를 가능케 한다는 것이다.

이러한 관점에서 미래의 스포츠 미디어는 인간커뮤니케이션의 재원형화를 완성하는 컴퓨터 미디어가 주요한 대안으로 부각된다는 것이다. 이러한 징후는 이미 각 스포츠방송 및 스포츠 인쇄매체가 인터넷을 통하여 스포츠 기사 및 내용을 실제시간(Real Time)으로 시간과 공간을 초월하여 보내고 있는 데서 알 수 있다. 스포츠는 인간의 신체를 매개로 하는 인간의 움직임이다. 이러한 다이내믹한 움직임을 커뮤니케이션하기 위해서는 가장 인간적인 커뮤니케이션으로 이러한 모습과 소리를 담아야 한다는 것이다.

이러한 기초하에 새로운 스포츠의 방향은 어떻게 진행되어야 하는 것인지에 대하여 "스포츠를 담는 미디어의 형태에 관한 연구, 권욱동"의 내용을 중심으로 살펴보고자 한다(스포츠사회철학연구회, 2000 : 258-286).

우리가 여기서 간과해서는 절대 안 될 사항은 앞으로의 뉴스포츠 미디어는 분명한 철학적 바탕 위에 그 방향을 정하여야 한다는 것이다. 이는 지금까지 스포츠와 미디어의 관계에 있어 절대적으로 스포츠가 주체적 입장을 견지하지 못하였다는 점(스포츠와 매스미디어의 결탁으로 스포츠의 변형이 요구되어지는 것), 스포츠와 미디어 사이에 인간적 커뮤니케이션이 가능하였으나 하는 점에 있어 어떠한 철학적 고려가 이루어져야 하는가에 대한 것이다.

스포츠와 미디어에 있어서 스포츠는 매스미디어의 종속적 관계에서 스포츠 자체의 변형(경기방식 및 룰의 변경 등)과 참여스포츠가 보는 스포츠 위주로 바뀌어 왔다. 이의 가장 대표적인 원인은 지금까지 매스미디어는 스포츠에 있어 가장 뛰어나고, 빠르고, 현란한 엘리트 스포츠만을 담아서 상품화하는데 가장 많은 역점을 두어왔기 때문이다. 하지만 미래의 미디어 스포츠는 뉴미디어와 테크놀러지의 기반 위에 미디어 스포츠의 수용형에서 참가형으로 바뀌어 갈 것이며, 기본적 욕구충족에서 선택적 욕구충족으로 변화하고 동시에 스포츠에서의 자아실현 욕구도 충족되는 미디어가 되어야 한다.

두 번째로 스포츠와 미디어 사이에 인간적 커뮤니케이션의 복원이 이루어져야 한다. 인류문명사적 입장에서 초기의 인간커뮤니케이션은 신체의 감각(오감)과 몸짓을 이용한 커뮤니케이션 방식으로 체육활동 및 무용 그자체가 바로 커뮤니케이션의 방식이었다. 그러다가 스포츠가 신문을 통하여 Mediated됨으로 인하여 인간의 감각은 시각중심적 커뮤니케이션의 방식을 취하게 되고, 이후 통신과 전자매체의 발달로 라디오의 등장으로 청각만의 커뮤니케이션이 등장하게 된다.

결국 현대에 이르러 스포츠에 있어서 가장 강력한 미디어로 등장한 것이 바로 TV이다. 이는 맥루한의 지적처럼 잃어버렸던 감각의 재원형화 (Retribalization)를 어느 정도 달성하였다.

지금까지 신문은 인쇄매체이고 텔레비전은 전자매체로 정확히 나뉘던 전통적인 매체 구분 방식이 인터넷 시대에는 별 의미가 없게 됐다. 신문도 컴퓨터 스크린으로 읽고 텔레비전 뉴스나 드라마까지도 컴퓨터로 보는 세상이다. 그야말로 "모든 매체는 인터넷으로 통한다"는 말이 과장이 아닌 시대가 온 것이다.

예전에는 신문, 라디오, 텔레비전, 출판, 영화, 컴퓨터, 전화 등이 각자 뚜렷하게 떨어진 원을 그렸다면, 인터넷 시대에는 각 매체가 공유하는 공간이 점점 커지고 있다. 앞으로 20년 정도만 지나면 이 모든 매체가 하나의 거대한 원으로 뭉쳐질 것(Convergence)이라는 예측이 신빙성 있게 들린다.

스포츠는 The art and science of human movement이다. 이는 인간의 의식이 함유된 신체의 경험을 스포츠를 통하여서 자신의 존재를 발견하는 매개이다. 마찬가지로 미래의 미디어는 인간커뮤니케이션의 재원형화를 가능하게 하는 미디어가 되어야 할 것이다. 맥루한의 주장에 따르면 전자미디어, 특히 텔레비전이나 컴퓨터는 인간커뮤니케이션에 있어서 파괴된 감각의 균형을 복원시키는 데 결정적인 역할을 하였다고 주장한다. 인간이 텔레비전을 시청하기 위해서는 시각 및 청각을 함께 사용해야 하기 때문에 시각(인쇄매체)으로 또는 청각(라디오)으로 단일화되었던 이전의 인쇄계 미디어와 라디오에 비해서 전자미디어의 등장은 인간커뮤니케이션에 있어서 재원형화를 가능케 한 것이다.

이러한 관점에서 미래의 스포츠 미디어는 인간커뮤니케이션의 재원형화를 완성하는 컴퓨터미디어가 주요한 대안으로 부각될 것이다. 이러한 징후는 이미 각 스포츠방송 및 스포츠 인쇄매체가 인터넷을 통하여 스포츠 기사 및 내용을 실시간(Real Time)으로 시간과 공간을 초월하여 보내고 있는 데서 알 수 있다.

앞에서도 지적하였듯이 스포츠는 인간의 신체를 매개로 하는 인간의 움직임이다. 이러한 다이내믹한 움직임을 커뮤니케이션하기 위해서는 가장 인간적인 커뮤니케이션으로 이러한 모습과 소리를 담아야 한다. 이제 스포츠는 지구촌의 단일언어로서 언어, 문화, 사회적 환경이 다를지라도 누구나가 쉽고 정확하게 이해할 수 있다. 바로 이러한 관점에서 인터넷은 지구촌 누구나가 접근할 수 있는 미디어로 다른 어떠한 콘텐츠보다 스포츠가 가장 적합한 장르로 인정될 것이다.

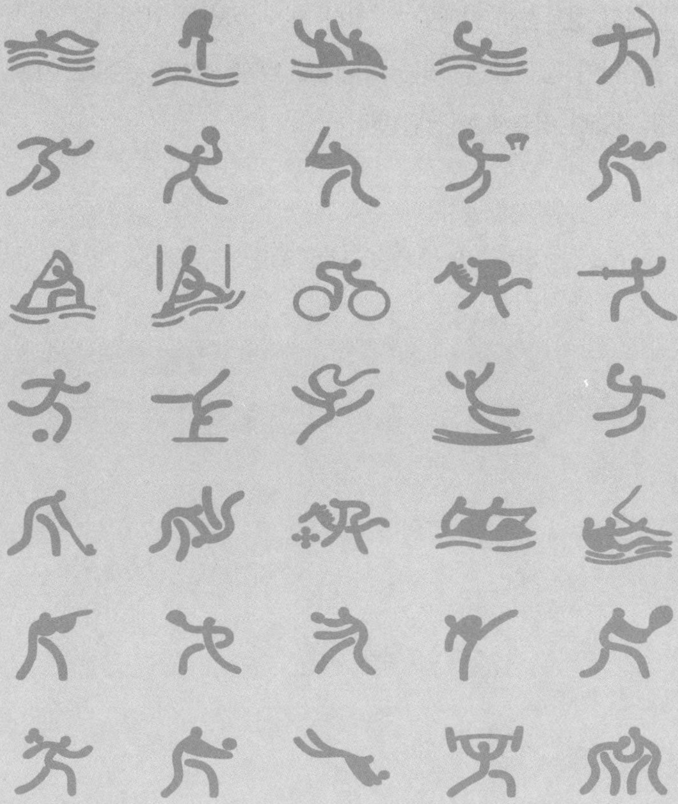

6

스포츠 여가

6 스포츠 여가

Ⅰ. 문제의 제기

우선, 인간은 왜 스포츠 활동에 참여하는가이다. 가장 원초적인 질문임에도 가장 어려운 대답이 아닐까 한다.

오늘날의 스포츠 활동에 다른 환경은 다양해졌고 그 동기를 이루어 내는 사회적인 분위기가 있을 것이다. 이때 보편적인 사회적 여건은 우선 여가라는 단어에서 찾을 수 있을 것이다. 이와 같이 여가는 현대사회를 살아가는 우리들에게 아주 중요한 문제로 다가왔으며, 또한 여러 가지 의의를 가지고 있다(고영복, 1991 : 448-449).

개인적인 차원에서는 다음과 같다.

- 건강증진과 체력향상에 도움을 준다.
- 심리적·정서적 안정을 도와준다.
- 원활한 인간관계의 유지 및 촉진에 도움을 준다.

- 새로운 생활양식에 접하게 되고 삶의 내용을 풍부하게 만든다.

사회 전체적인 차원에서는 다음과 같다.
- 국민 전체의 건강과 체력향상에 도움을 준다.
- 환경개선에 도움을 준다.
- 국민경제에 도움을 준다.
- 사회복지에 도움을 준다.
- 공공생활에서 삶의 질을 향상시키는 데 기여하고 있다.

이와 같이 인간은 여가라는 개념을 어떠한 다른 것과 연관시키고 있다. 한마디로 여가라는 것은 시간적 및 공간적 의미를 갖는다. 즉, 여가란 하루의 총체적 시간에서 노동시간이나 회복시간(잠, 식사)을 제외하고 남은 시간을 말한다.

남은 시간은 구속적 여가와 비구속적 여가로 다시 나눌 수 있다. 구속적 여가에는 노동하기 위한 활동시간 즉 집에서 일자리로의 이동에 소비되는 시간 또는 시장 보는 시간 등이 속한다. 비구속적 여가는 인간에게 실질적으로 남는 시간을 말한다. 이 시간에 인간은 어떠한 의무를 행할 필요가 없고 자기가 하고 싶은 대로 활용할 수 있는 시간을 말한다.

단지 비구속적이고 제한된 여가 속에서 스포츠를 이해하자는 논리는 사실상 상당한 논쟁의 소지가 있음에도 불구하고 그 관련성을 명확히 구분하는 것은 쉬운 일이 아니다. 누구나 스포츠를 다른 어떠한 것과 연상시킨다. 대부분은 스포츠 경기를, 다른 사람은 여가 스포츠 성격을 갖는 산책이나 사우나 등 또는 스포츠 이벤트의 방문이나 TV 시청이나 스포츠 서적의 독서 등 다양하게 스포츠와 연관시켜서 이야기할 수 있다.

이러한 어려움 이외도 나이나 시기에 따른 상이함을 고려해야 하고 여가 스포츠에 관한 많은 요소들을 서로 비교해야 한다. 일반적으로 스포츠는 인간의 여가행위에서 중요한 몫을 차지하는 것이 사실이다.

스포츠는 노인보다 젊은이에게 많은 의미를 갖고 남자들이 여자들보다 운동을 많이 한다. 스포츠는 중상층들이 많이 하고 이러한 일반적인 요소와 더 많은 특수하고 다양한 요소들이 존재한다.

스포츠는 여가선용의 한 핵심임에 틀림없다. 그러면 '인간은 왜 여가선용에 있어서 스포츠를 택하는가? 인간은 왜 운동을 하는가? 인간은 스포츠에 무엇을 기대하는가? 무엇이 그들을 재미있게 하는가? 또는 무엇이 인간을 스포츠로 끌어들이는가?'는 상당히 중요한 질문이다.

일반적으로 스포츠에 대한 관심이 주된 이유이다. 그러나 이러한 관심은 본질적인 '왜'에 대한 충분한 설명이 아니다. 결정적으로 중요한 것은, 바로 이 관심의 뒤에 숨어 있는 스포츠 행위를 일으키게 하는 내적인 요인인 동기(Motive)인 것이다.

동기는 주어진 상황이나 시간에 영향을 받지 않으며 목표지향적인 성격을 갖는다.

단순히 스포츠나 스포츠 행위를 재미나 오락의 요인으로만 파악하는 것은 스포츠의 다변성을 왜곡함이 분명하다. 우선 여가선용의 의미에서 그 동기를 알아보면 그 내용이 다양하다(송석측, 2002 : 15-16)(〈그림 6-1〉참조).

〈그림 6-1〉 **여가선용의 동기(자료 : Rothig, Grobing, 1995 : 37)**

스포츠를 즐기고 생활의 질을 높이기 위한 기본적인 조건은 자유시간의 증대와 경제적인 여유이다. 우리는 여가를 남아도는 시간이라고 생각하는 경향이 있으나 서구인들은 여가란 많은 대가와 희생을 치르고 손에 넣은 자유라고 생각한다. 여기에 서구와 우리의 여가에 대한 기본적인 태도에 차이가 있다. 여하튼 여가를 자유시간이라고 하는 것은 본래는 옳다고 생각한다. 영국인은 돈만을 가지고 있는 사람을 부자라고 하지 않는다. 경제적 여유와 아울러 자유로운 시간을 가지고 취미나 스포츠를 즐기고 생활을 즐길 수 있는 사람을 부자라고 하는 것이다(고재곤, 2005 : 219).

이렇듯 스포츠와 여가와의 관계가 개인은 물론 사회전 체적인 환경에서 그 추구하는 의미가 다양하게 변화를 가져왔다고 볼 수 있다. 이들에 대한 욕구를 충족시켜 가면서 미래 여가에 대비한 방법과 전략을 새롭게 수립해 나가야 할 때가 된 것이다.

2. 여가의 어원

우리가 보통 '레저'라고 부르고 있는 영어의 'Leisure'는 그리어 어인 'Schole'(Scole, 혹은 Scola)와 라틴어인 'Licere'에서 유래한 다. Scole(스콜레)라는 말은 '학교(영어의 School)' 혹은 '학자(영어의 Scholar)' 등을 의미하는 말이었고 때로는 학자들의 토론을 위한 장소를 뜻하기도 하였다 (Kraus, R., 1971 : 253).

Schole는 본래 '조용함(Quietness)' 또는 '평화(Peace)' 등을 의미하였으며 어

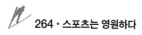

떤 경우에는 '남는 시간(Spare Time)' 혹은 '자유시간(Free Time)' 등을 뜻하기도 하였다. 그러나 여기서의 '남는' 혹은 '자유'라는 뜻은 시간에 대한 개념보다는 어떤 의무로부터 해방되어 아무런 구속이 없게 되었다는 상태를 더 강하게 내포하고 있다.

그리스의 철학자 아리스토텔레스(Aristotle, 1971)는 인간생활을 양분하여 '활동(Action)'과 '여가' 혹은 '전쟁'과 '평화'로 구별하였으며 'Schole'이란 말은 전쟁이나 그 밖의 활동을 포함한 노동에 반대되는 개념을 가진 말이었다. 그는 다음과 같이 말하였다.

> 인생은 두 갈래로 갈린다. 즉, 일(Work)과 여가, 혹은 전쟁과 평화인데 … 전쟁이란 평화를 위한 것이어야 하고, 일은 여가를 위한 것이어야만 한다. … 여가와 평화가 더 나은 것이지만 일과 전쟁에도 관여를 하게 된다. … 통치자들은 군대의 관리나 그 밖의 일들을 하는 데 있어서 여가를 대비하기 위해서, 그리고 평화를 이룩하기 위하는 데 그 목적을 두어야 한다.

라틴어인 Licere는 '자유롭게 되다(to be Free)', 혹은 '허락되다(to be Permitted)' 등을 뜻하는 말이었는데, 이러한 어원은 당시 사회의 계급의식에서 시작된 것이라고 볼 수 있다. 즉, 노동을 직분으로 하였던 하류층들은 항상 얽매여 있는 상태였으며 노동을 할 필요가 없었던 귀족층은 늘 자유롭고 무엇이든지 할 수 있는 형편이었다. 따라서 상류계급에 속한 사람들은 언제든지 마음대로 지적, 문화적 혹은 사회적인 활동에 참여할 수가 있었던 것이다. 이 말은 당시의 여가란 귀족에게만 허용된 것임을 뜻한다(Kraus, R, 1971 : 253).

하여튼 Leisure에 해당하는 모든 어원들은 '무료한 시간(Sheer-Idleness)'을 말하는 것이 아니라, '평화', '조용함', '의무가 없는', '자발적인 선택' 혹은 '강제성이 없는' 등과 같이 심리적인 상태를 의미하고 있다.

3. 여가의 개념

여가에 대한 관심은 인류문명의 시초라고 할 수 있는 고대 그리스에서부터 현재까지 계속되어 오고 있다. 이 여가에 대한 개념 규정은 현재까지 계속되어 오고 있다. 이 여가에 대한 개념 규정은 매우 애매하여 그 정의나 구분이 학자들에 따라 일정하지 않다. 그러나 현재까지의 학설들을 그 유형에 따라 분석해 본다면, 첫째, 아리스토텔레스에서부터 그레이지아(Grazia)나 피퍼(Pieper)와 같은 학자들로 이어지는 소위 고전적인 견해(the Classical View of Leisure), 둘째로는 듀마즈디에(Dumazedier)가 말하는 활동형태로서 여가(a Form of Activity), 셋째로는 베블렌(Veblen)에 의한 사회계급설(Symbol of Social Class), 그리고 현대적인 해석으로 자유시간, 혹은 비의무적인 시간으로서의 여가(Free Time, or Unobligated Time) 등으로 나누어 볼 수 있다.

그러나 오늘날의 여가, 더 나아가 미래의 여가를 정의하기란 그렇게 간단한 일이 아니다. 어떠한 현상에서 보느냐에 따라 그 개념이 달라지기 때문이다.

세섬과 핸더슨(Sessoms and Henderson, 1994)은 다원화되어 있는 현대사회에는 다양한 가치체계가 존재하며, 그중 가장 우세한 가치체계에 의해 여가를 포함한 인간행동이 영향을 받게 된다고 주장하였다. 특히, 개인이나 학과의 사상과 시대적 상황의 영향은 여가의 개념에 대한 다각적인 해석과 개념화를 초래하였다. 여가는 당연히 사회적, 경제적, 정치적인 배경에 따라 다르게 정의될 수 있다.

개념적 정의에 대한 통일된 합의가 존재하지 않는다는 것은 학문적 수준에서 볼 때 장점이 될 수도 있고, 단점이 될 수도 있다. 우선 장점으로는 어떠한 관점에서든 여가현상을 이해할 수 있는 상황이기 때문에 기존의 학문체계와는 전혀 다른 새로운 학문체계를 만들어 내는 데 도움이 될 수 있다. 그러나 통일된 정의가 존재하지 않는다는 것은 역설적으로 곧 지식의 축적을 어렵게 만들고 나아가 여가학의 정립을 어렵게 할 수도 있다(고동우, 2007).

따라서 여가를 정의할 수 있는 개념적 모델과 여가가 무엇을 의미하는지 이해를 정확히 하는 것은 여가연구의 필수과제이며(Arnold, 1991), 여기에서는 자유시간으로서의 여가, 레크리에이션 활동으로서의 여가, 태도로서의 여가개념을 중심으로 살펴보고자 한다(이철원, 2000 : 6-12).

1) 자유시간으로서의 여가

현대의 여가는 제약 또는 의무로부터 벗어난 자유시간으로 많이 지칭된다. 이러한 정의에 의하면 여가는 사람이 일을 해야 하는 시간으로부터 분리된 시간을 의미한다. 여가를 시간의 개념에서 생각하면 여가는 수량적이며, 시간을 얼마나 소유했는가의 관점에서 해석 가능하다.

우리가 가끔 주말이나 휴가를 기대하게 되는 것도 그만큼 많은 여가 또는 자유롭게 쓸 수 있는 시간을 가질 수 있기 때문이다. 또한, 우리가 은퇴한 후에 무엇을 할 것인가 하며 여가에 대한 계획을 설정해 보는 것도 시간의 개념에서 여가를 생각하고 있는 것이다.

사람들의 자유시간에 대한 인식은 그것을 어떻게 사용하는가에 대한 방식에 많은 영향을 받는다. 만약에 자유시간이 하나의 특권이라고 여겨진다면 그것을 좀더 지혜롭게 개인적으로나 사회적으로 유익한 경험을 할 수 있는 방향으로 사용할 것이다. 또한 자유시간을 신체적 그리고 정신적인 스트레스로부터 탈출할 수 있는 기회로 여기고 사용하게 될 것이다.

그와 반대로 자유시간을 무엇인가가 모자란 텅빈 상태라고 생각한다면 부정적인 이미지에서 자유시간을 사용하게 될 것이다. 이러한 사람들에게 여가라는 것은 반갑지 않은 것이고 그 공간을 채우기 위하여 걱정을 먼저 할 수밖에 없을 것이다.

2) 레크리에이션 활동으로서의 여가

여가는 참여에 근거해서 규정되어진다. 이 말은 여가는 일에서 벗어난 활동으로 간주되며 특히 레크리에이션 활동을 의미하는 것이다. 이 정의는 야외활동이나 레크리에이션을 전공하는 연구자들에 의하여 주로 제시된다. 많은 레크리에이션 전공 학자들은 여가를 게임, 스포츠, 사회작용, 예술, 공작, 휴식, 여행, 무용, 드라마, 취미 등의 활동적인 영역 안에서 제시하였다.

사람들이 여가를 위해 보내는 활동들은 실로 다양하다. 레크리에이션 활동을 즐기는 사람들의 유형은 모형 비행기를 제작하는 사람에서부터 카드놀이를 즐기는 사람까지 다양하게 나타나고 있다.

여가활동의 참여는 인구집단에 따라 다르게 나타난다. 보이드와 테드릭(Boyd & Tedrick, 1992)은 중장년층 11명의 흑인 여성들을 인터뷰했다. 그들은 대부분 미망인이거나 이혼한 상태로 미국의 도시 지역에서 경제적인 문제를 갖고 살아가는 사람들이었다.

그 연구에 따르면 그들은 대부분의 여가를 텔레비전을 보고 중년층을 위한 사회시설에 놀러 가며, 교회에 가고, 성경을 읽고 그리고 라디오를 들으며 보내는 것으로 나타났다. 그들에게 가장 기념할 만한 여가 경험이 언제냐고 물었을 때 그들 중 4명은 여행을 들었고, 3명은 종교적 경험을 들었다. 이와 같이 인구집단 및 계층에 따라 여가활동은 다양하게 제시되어진다. 만약, 여가 연구자들의 연구 대상이 청소년들이었다면 좀더 능동적인 활동영역이 여가활동으로 제시되었을 것이다.

일반적으로 여가를 정의할 때 활동에 대한 차원을 언급하게 되지만 많은 연구가들은 여가를 활동으로 규정하는 데 있어서 문제점이 존재한다고 한다. 그러한 문제점에 연관된 질문들은 다음과 같다.

활동으로서의 여가가 비노동을 의미한다고 해서 목적 없는 활동을 의미하는 것은 아니다. 듀마즈디에(Dumazedier, 1974)에 의하면 여가활동은 목적을 가지고 있는 것이라고 한다. 그래서 일정한 목적을 만족시켜 줄 수 있는 활동만이 여가로 간주될 수 있다고 주장한다.

3) 태도로서의 여가

자유시간으로서 또는 레크리에이션으로서의 여가라는 개념들은 우리에게 객관적이고 가시적인 상태에서 여가의 의미를 알 수 있게 해준다. 이와 반대로 태도 또는 마음의 상태로서의 여가라는 의미는 다소 주관적 차원의 문제이다. 이 정의는 다음과 같은 말에서 구체적으로 설명된다. "여가는 시간이나 활동 안에 있는 것이 아닌 행위자 안에 있다"(Kelly, 1982 : 22). 즉, 여가의 태도는 생활의 방식이며, 삶에 대한 철학이며, 그리고 심리적인 조건으로 이해해야 한다는 것을 의미한다.

거의 시적인 표현을 동원하여 피퍼(Pieper, 1963)는 다음과 같이 설명하고 있다. "명상과 같이 여가는 활동적인 생활보다 높은 경지이다. 그것은 마음껏 축하하며 날아오르는 듯한 능력, 일상생활의 경계를 무너뜨릴 수 있는 능력을 포함하고 있다." 또한, 헐, 스튜어드와 이(Hul, Steward & Yi, 1992)는 90명의 도보여행을 하는 사람들의 심적 상태에 대한 연구를 수행해서 심적 상태로서의 여가에 대하여 설명했다. 그들의 연구에 참여한 도보여행자들은 '완전한 만족상태'로 도보 중의 마음상태를 표현하며 그 상태를 진정한 여가라고 규정했다.

여가를 심리적인 조건하에서 좋은 기분이라고 규정지을 수 있지만 이것은 단순한 차원의 논제는 아니다. 왜냐하면 태도로서의 여가에 대한 정의에서 말하는 여가라는 것은 인간이 존재하는 전체 방식을 지칭하는 것으로 인생의 목적을 형성할 수 있는 기회를 부여해 가는 방식을 의미하기 때문이다.

아울러 자기표현, 자기성취 그리고 자기실현의 기회를 제공해 줄 수 있는 능력을 의미하기 때문이다. 심적 상태로서의 여가는 상상과 혼동의 세계를 제공하기도 하고, 능력을 발전시키고 무엇인가를 의미하기도 하고, 새로운 방식으로의 시도이기도 하며 그리고 우리의 모습 그대로를 반영하는 복잡한 상태인 것이다.

[Murphy의 여가 정의들에 대한 정리(여가모형도)]

● **자유재량적 견해(R. Kraus)**

사람들에게 여가를 물었을 때 가장 빈번한 대답은 자유시간, 또는 좋을 대로 하는 시간 등이다. 이러한 의미에서 여가는 삶의 필요불가결한 것을 해결하고 남겨진 시간이라고 할 수 있다.

● **사회도구적 견해(산업화 초기의 견해)**

인간은 기계와 같이 끊임없는 노동에 견딜 수 없다. 이러한 의미에서 인간은 적당한 휴식을 필요로 하며 휴식시간에 신체적, 심리적 에너지를 재충전할 수 있는 활동을 필요로 한다. 이러한 여가활동을 통하여 인간은 노동에 더욱 적극적으로 임할 수 있다.

● **사회계층적 견해(T. Veblen)**

여가는 상속된 부가 너무 많아서 매달 들어오는 모든 돈을 소비하는 방법만을 익힌 몇몇의 귀족들이 하는 행동이었다. 그들은 너무나 품위가 있어 일과 관련된 어떠한 것도 할 수 없다고 믿었다. 가난한 사람들은 부유한 사람들을 단지 모방하는 데 그쳤으며, 힘들게 번 돈을 유복한 사람들의 소비적 행동을 흉내내는 데 소비했다.

● **고적적 견해(Aristotle)**

고전적 견해에서는 여가를 마음과 정신의 수양으로 정의하였다. 여가는 시간을 필요로 하기는 하지만, 시간이 여가의 본질은 아니다. 시간은 여가를 위해서 당연한 것이다. 여가는 개개인의 상태와 조건, 습관이나 재능이다. 사색은 여가의 핵심적인 요소로서, 즐기기 위해서 사람은 사고와 감상을 위한 시간을 가져야 한다. 따라서 노예는 노동을 하지 않는 자유시간을 가진다 해도 여가를 가질 수는 없다.

● **심리적 견해(J. Neulinger)**

여가란 자유행위자로서 자기자신이 선택한 활동에 몰두하는 것을 의미한다. 이러한 여가는 개인이 자기성장과 자기개발을 위해 인생의 이면적인 목적을 세워서 하는 활동이기 때문에 목적적인 활동이며, 개인적으로 이로운 결과를 가져온다.

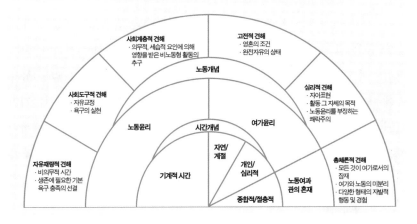

● 총체론적 견해(M. Kaplan)

자발적이고 즐거운 것은 어떠한 것이라도 여가의 요구를 만족시킨다. 그것은 고상하고 교양적이거나, 혹은 가치가 낮고 퇴폐적인 것일 수도 있다. 그러나 참가자들이 자유롭게 선택하고 즐기는 한 이것은 여가의 범주에 속한다.

[자료 : 김홍수, 현대사회와 여가·건강·스포츠, 홍경, 1999 : 15-17]

4. 여가가치관의 변화

지금까지 많은 사람들의 삶은 여가보다는 노동에 더 의존되어 왔다고 볼 수 있다. 즉, 인생의 가치 혹은 만족이 주로 그들의 직업에 의해 결정된다는 말이다. 직업 외에도 가정생활과 여가라는 부문이 있으나 많은 연구조사들은 노동이 생의 의미를 결정하는 첫째 요소라는 점을 지적하고 있다. 이러한 사실은 우리가 현재까지는 노동을 위주로 하는 생활을 해왔다는 것을 의미한다.

노동과 여가의 역사적 흐름으로 보아 여가가 노동보다 인간생활의 가치, 만족 혹은 질(Quality)을 좌우하는데 결정적인 역할을 한 시기는 없다. 고대 그리스 시대에는 노동이 전적으로 하류층에 속하였고 여가란 일부 상류층에 속하였으며 노동은 가치가 없고 여가란 가치가 있다는 이원론적인 관념이 당시 사회를 지배하기도 하였으나 이는 노동의 필요성이 없어졌기 때문이 아니라 가치를 판단하는 이론적인 주장이었고 실제로는 의식주를 비롯한 기타 경제생활을 고려한다면 가치가 없다고 여겼던 노동이 당시 사회를 지배했을 가능성도 있다.

대체로 원시사회에서는 노동과 여가가 뚜렷한 구별 없이 인간사회를 지배해 왔는데 노동과 여가가 각각 뚜렷한 성격을 띠기 시작한 것은 대략 봉건주의 사회로부터 산업사회, 그리고 현대사회를 전후한 시기라 할 수 있다. 이 시기는 봉건주의 사상을 배경으로 하는 자본주의의 출현과 함께 노동을 중시하고 여가를 죄악시하는 중세의 기독교 사상이 크게 작용해 왔다. 따라서 이 시기는 노동이 사회를 크게 지배했다고 볼 수 있다.

이러한 노동과 여가의 간격은 현대사회의 시작과 함께 좁아지고 있다. 경제발달로 인한 풍요로운 생활, 보다 흥미로운 직업의 선택, 인간의 레크리에이션에 대한 욕구발산, 노동과 여가에 대한 선택의 자유 등으로 인하여 노동과 여가에 관한 가치관이 변하고 있는 것이다. 이와 같은 현상을 비단 선진국들뿐만 아니라 우리나라의 경우도 마찬가지이다.

문화 관광부와 한국문화관광연구원(2007)의 『2007여가백서』에 따르면, 한국인들은 여가를 '주관적 느낌', '여가활동', '여가자원', '여가개념', '기능 및 효용' 등으로 그림과 같이 나누어 생각하고 있음을 알 수 있다. 이 중 국민들은 '여가'의 개념을 구체적인 활동과 관련하여 인식하는 경향이 제일 높게 나타났으며(41.5%), 그 다음으로 휴식, 자유시간의 '여가개념'으로 인식하는 비율이 31.9%로 나타났다. 또한 여가주체자의 주관적인 느낌(여유로움, 즐거움, 자유로움, 편안함)으로 여가를 인식하는 비율 또한 20.1%로 나타나, 한국인의 여가에 대한 인식의 시간적, 활동적, 주관적 혹은 총체론적으로 여가를 바라보는 학자들 간의 개념정의에서 크게 벗어나지는 않지만 취미, 오락활동 혹은 관광활동이라는 구체적인 활동으로써 여가를 인식하는 경향이 높은 것을 알 수 있다.

이러한 현상은 적어도 인간의 생활이 전적으로 노동에 의해서만 그 질과 가치가 결정되는 것은 아니라는 것을 의미한다. 머피(Murphy)는 여가와 노동에 관한 미래의 변화를 다음과 같이 예견하고 있다(Murphy, J.F., 1981 : 192-196).

노동과 여가의 미래에 대한 연구란 상당히 추상적이긴 하다. 그러나 변화라는 것은 늘 우리의 생활과 함께하는 것이기 때문에 미래를 위한 어떤 결정을 내린다는 일은 사회를 조직하는 사람이나 교육자들, 그리고 여가에 관한 정책을 수립하는 사람들에겐 중요한 것이다. … 현대사회가 당면한 미래에 대한 도전은 우리의 경제조직으로 하여금 생산에 의한 에너지 흐름의 변화와 또 그로 인해 필요하게 되는 노동과 여가에 대한 새로운 인식을 위한 방법을 인식하고 또 대처하게 하는 것이다. 후기 산업사회의 흐름은 인간이 물질문명의 이기에 의존하기보다는 개인의 정신적인 힘을 배양해야 할 것을 강조한다. … 현대사회의 많은 사람들에게 노동은 더 이상 삶의 의욕을 불러일으키는 핵심적인 것은 못 된다. 역사적으로 인간의 생활이란 경제능력, 그리고 직업상황에 의해 그 형태가 좌우되어 왔다.

여가에 대한 가치관의 변화는 여가가 노동을 위해 존재하는 사회가 아니라 노동이 여가를 위해 존재하는 사회를 예견하게 하며 이러한 사회에서는 여가가 인간생활을 지배할지도 모른다. 크라우스(Kraus, 1977 : 8)는 다음과 같이 설명하고 있다.

노동은 대부분 특수화되고 기계화될 것이다. 우리는 일을 하기 위해 사는 것이 아니라 놀이를 하기 위해 살게 된다. 그리고 여가시간을 창조적이고 자신을 만족시키기 위한 수단으로 이용하게 될 것이다.

라고 하여 여가를 위한 미래의 생활을 예측하고 있었던 것이다.

5. 여가와 레크리에이션 그리고 놀이

여가에 대한 의미는 앞에서 논의되었기에 여기는 레크리에이션과 놀이에 대한 의미를 논하면서 삼자(三者)의 관계를 모색해 보고자 한다.

1) 레크리에이션이란?

레크리에이션이 문제가 되기 시작한 것은 비교적 근대로 들어오면서부터라고 할 수 있으며 한국의 실정으로 본다면 레크리에이션이란 현대의 산물이 아닐 수 없다.

레크리에이션에 대한 정의나 규정은 현재까지 수많은 학자들에 의해 시도되어 왔고 또 계속되고 있다. 레크리에이션에 대한 종래의 많은 학자들의 학설은 레크리에이션이 여가 중에 행하는 활동으로서 개인적으로나 사회적으로 수긍할 수 있는 자발적인 활동이라는 것을 그 핵심으로 한다.

'새롭게 하다(Refreshes)', '저장하다(Restores)'라는 의미를 가진 라틴어 Recreatio에서 유래한 영어의 Recreation은 본래 그 관념이 노동을 위한 단순한 휴식 외에 별 가치가 없는 것이었다. 이러한 견해는 그레이지아(Grazia)를 통해서도 잘 알 수 있다. 그는 다음과 같이 정의를 내리고 있다.

레크리에이션은 인간이 노동으로부터 휴식하게 하는 활동인데, 참가자에게 노동을 대비한 기분전환(Diversion)이나 힘을 축적(Restores)하게 하기도 한다(Grazia, S. de, 1964 : 233).

즉, 그레이지아는 레크리에이션과 여가는 구분되어야 한다고 주장하였다. 이유는 그가 레크리에이션이 노동을 위한 하나의 준비인 데 반하여 여가란 아무런 필요나 속박이 있을 수 없다는 고전적인 입장을 취하고 있기 때문이다. 따라서 '새롭게 하다'라는 'Recreate'가 그레이지아(Grazia)에게는 단순히 심신의 피로회복과도 같은 것으로 인정되었다고 할 수 있다.

그런데 이와 같이 레크리에이션이 노동을 위한 심신의 피로회복이나 기분전환 정도의 가치밖에 없다는 관념은 오늘날까지도 많은 사람에게 인정되고 있다. 특히 레크리에이션에 깊은 관심을 가지고 있지 않은 일반인들 사이에는 상당히 보편화되어 있는 생각이다.

레크리에이션에 대한 이러한 관념은 근대가 시작되면서 그 성격을 달리하기 시작하였다. 근대 이후의 많은 학자들은 레크리에이션이 노동을 위한 심신의 피로회복이나 기분전환으로서만이 아니라 인간의 성장을 위해 그리고 사회의 안전을 위해 있는 것이라는 데 관심을 집중시키기 시작하였다. 특히 현대로 들어오면서는 레크리에이션의 범위가 확대되고 그 기능이 강조되고 있다.

현재까지의 레크리에이션을 정의하는 대부분의 이론들은 정도의 차이는 있을 수 있으나 다음과 같이 인식을 함께하고 있다.

- 여가 중의 활동이다
- 자발적이다
- 사회적으로 인정할 수 있어야 한다
- 참가자에게 만족을 준다

그 이외에 레크리에이션을 규정하는 다른 학자들의 이론은 다음과 같다.

레크리에이션은 가치가 있고 사회적으로 수긍할 만한 여가 중의 경험인데 참가자들에게 곧바로 만족을 줄 수 있는 자의적인 선택에 의해서 행해지는 활동이다 (Hutchinson, J.K., 1951 : 2).

개인적 혹은 단체적인 여가 중의 활동이다. 이것은 어떤 다른 목적이나 대가를 위한 것이 아니고 활동 그 자체에 목적을 갖는 자유롭고 즐거운 것이다. 레크리에이션은 놀이, 게임, 운동(Sports), 경기(Athletics), 휴식, 오락(Pastimes), 여흥, 예술적인 활동, 취미활동, 그리고 부업적인 활동(Avocation) 등을 포함한다. 레크리에이션 활동은 어떤 연령층에도 있을 수 있고, 그 내용은 시간, 참가자의 태도와 사정, 주위의 환경 조건에 따라 결정된다(The Nuemeyers, 1958 : 17).

레크리에이션은 활동 및 경험으로부터 이루어지고 있다. 통상은 참가자의 자유의지에 의해서 이루어지며, 이 활동 및 경험으로부터 직접적인 만족 혹은 개인 및 사회적 가치를 추구하기 위해서도 행하여지고 있다. 이것은 자유시간에 행하여지고, 즐거운 것이다. 또한, 지역 및 단체에서 조직활동의 일부로서 행하여질 때는 개개인, 클럽 혹은 그 지역 전반에 걸쳐 건설적이고, 사회적으로도 인정할 수 있는 가치 있는 목표에 합치되도록 의도된 것이다(Karus, R., 1977 : 5).

그러나 어원(語源)을 분석하고 그 개념을 규정하는 데는 레크리에이션에 있어서도 여가의 경우와 같이 애매한 점이 있게 마련이다. 그중에 하나는 어떤 특정한 레크리에이션 활동이 곧 모든 사람에게 똑같이 레크리에이션이 될 수 없다는 점이다. 한 사람에게 레크리에이션이 될 수 있는 활동이 어떤 사람에게는 지겨운 노동이 되기도 한다. 이러한 문제는 참가자의 연령, 성별, 그리고 한 개인의 성장에 따라서 발생할 수도 있다. 즉 어린 시절에 좋아했던 레크리에이션, 혹은 젊었을 때의 레크리에이션이 나이가 많아짐에 따라 그 형태나 내용이 달라질 수 있다는 말이다. 이러한 혼동은 레크리에이션을 정의하는데 그 규정을 어떤 활동종목 자체로 묶어 버리는 데서부터 온다.

레크리에이션 연구 시 발생하는 이러한 어려운 점들을 규명하기 위해서 데이비드 그레이(David Gray)와 같은 현대 학자들은 레크리에이션 정의 시 그 중심을 활동에 두지 않고 활동에 참가함으로써 얻을 수 있는 심적인 영향에 두고 있다. 즉, 레크리에이션은 어떤 형태의 활동이 아니고 활동으로부터 발생하는 심리적인 상태로 보아야 한다는 것이 그들의 주장이다.

즉, 레크리에이션은 어떤 활동이 아니다. 레크리에이션은 활동에서 오는 결과이다. … 활동이 수단은 될 수 있으나 참가자들에게 전달해야 할 모든 것은 될 수 없다. 우리는 레크리에이션에 대한 개념과 그 개선에 더욱 더 많은 관심을 가질 필요가 있다(Gray, D. 외 1인, 1973 : 6)라고 말하면서 다음과 같은 레크리에이션을 위한 정의를 제시하고 있다.

레크리에이션은 만족감과 행복감에서 오는 인간의 심리적 상태를 말한다. 레크리에이션의 성격은 정복감(Mastery), 성취감(Achievement), 유쾌함(Exhilaration), 수긍(Acceptance), 성공(Success), 그리고 개인의 가치와 즐거움(Personal Worth and Pleasure)이라 할 수 있다. 레크리에이션은 심미적인 경험, 개인적인 목적달성, 혹은 타인으로부터의 긍정적인 반응(a Positive Feedback)에 대한 대답이라고 볼 수 있다. 레크리에이션은 '활동', '여가' 혹은 '사회적인 수긍'이라는 개념들로부터 독립된 것이다.

데이비드 그레이의 레크리에이션에 대한 해석은 상당히 현대화된 개념이라고 볼 수 있는데 그 유형이 여가를 해석하는 고전적인 입장과도 같다. 즉, 여가가 어떤 활동이 아니고 활동을 통한 마음의 상태(A State of Being)라고 보는 것과 같이 레크리에이션도 활동종목 자체를 의미하는 것이 아니고 활동에 참가함으로써 발생하는 심리적인 변화가 되어야 한다는 주장이며 이러한 견해는 많은 현대 학자들 사이에 관심을 받고 있다.

레크리에이션의 개념을 규정하는 데서 오는 또 다른 문제의 하나는 레크리에이션이 개인적, 사회적으로 받아들여질 만한 가치가 있어야 한다는 조건이다. 이러한 '가치'에 관한 문제는 무엇보다도 그 가치의 판단기준이 어디에 있으며 또 누가 이 가치를 결정할 것인가 하는 것이다. 물론 우리 사회에는 도덕이나 어떤 단체, 혹은 종교적인 힘에 의해 그 가치 기준이 설정되어 있는 것만은 사실이다.

그러나 인간의 행동들은 어떤 경우에는 이미 통용되는 가치기준에 의해 판단하기 힘든 경우도 있으며 특히 개인적인 선택에서는 가치의 판단을 하는 사람이 바로 그 자신일 수 있기 때문에 가치의 판단이 각자의 기준에 따라 달라질 수 있다는 것이다. 레크리에이션은 개인적으로나 사회적으로 해로운 일은 하지 말라는 인간생활의 가장 기본적인 지침과도 같다. 사실상 우리가 보통 레크리에이션 활동으로 간주하지 않는 음주, 흡연, 섹스, 도박 같은 활동들도 참가자의 자발적인 선택과 만족 그리고 여가의 이용이라는 조건을 고려할 때 개인적으로 또 사회적으로 해독을 줄 정도가 아니라면 어떤 사람들에게는 분명히 레크리에이션이 될 수 있다는 의견도 가능하다.

또 여가는 노동이 존재함으로써만 가능하다는 전제에도 무리가 있다. 이것은 하나의 이론적인 해석이며 실제로는 노동을 하지 않는 사람이 여가를 갖게 되는 경우가 상당히 많다. 그 예로는 죄수나 은퇴한 노인, 무직자, 환자 그리고 어린이까지도 포함될 수 있다. 따라서 여가활동에 관한 문제는 노동에 관계없이 인간 모두를 위해 필요한 일이다(Kraus R., 1971 : 258-260).

지금까지 논의된 레크리에이션에 대한 학설들의 주장을 요약하면 다음과 같이 정리할 수 있겠다.

- 레크리에이션 활동은 그 범위가 다양하여 운동, 게임, 음악, 무용, 일반적인 놀이, 무대예술, 창조적인 예술, 여행, 사냥, 캠핑과 같은 야외 레크리에이션 활동, 취미활동, 그리고 사회적인 활동과 봉사를 포함할 만큼 광범위하다.
- 레크리에이션 활동의 선택은 완전한 자의(自意)에서 이루어지며 일체의 의무나 강제성을 배제한 여가 중의 활동이다.
- 레크리에이션은 어떤 형태로든지 활동에 따르는 보상을 목적으로 하지 않으며 활동을 통한 만족에 근본 목적을 둔다.
- 활동에 참가함으로써 얻는 만족이외에도 정신적, 신체적, 그리고 사회적인 이점이 따를 수 있다.
- 레크리에이션은 활동으로서만이 아니고 활동에 참여함으로써 발생하는 심리적인 변화로도 해석할 수 있다. 그 이유는 참가자의 조건 그리고 주위 환경에 따라 레크리에이션 활동의 종류와 성격이 각각 다를 수 있으나 활동을 통한 심적인 변화는 그 범위가 일정할 수 있기 때문이다.
- 레크리에이션은 여가 중에만 가능하다는 일차적인 제한을 들 수 있으나 참가자의 흥미와 선택의 동기 등을 고려하여 노동시간에도 레크리에이션이 가능하다는 이차적인 해석을 첨가할 수 있다. 따라서 어떤 사람에게는 노동과 레크리에이션이 동일할 수도 있다.

2) 레크리에이션의 활동과 분류

우선 활동의 형태로부터, 이것이 레크리에이션이냐 아니냐를 판단하는 것은 대단히 어렵다. 그 이유는 레크리에이션은 단순한 활동으로서만이 아니라 활동 참가의 체험 및 정신적인 만족감에 의해서도 결정되기 때문이다. 이 의미에서는 모든 활동이 레크리에이션으로 될 수 있다고 하는 의미이다. 또한, 레크리에이션 활동에 대해서도 여러 분류의 방법이 가능한 것을 시사하고 있기 때문이다.

분류의 기준으로서는 활동의 기능, 활동의 장 및 시설, 활동의 목적 및 결과 혹은 참가자의 특성 및 동기 등도 고려될 것이다. 그러나 일반적으로는 활동형식에 의한 분류가 이해하기 쉽고 잘 이용되고 있다.

예를 들어, 마이야와 블라이트빌의 활동형식의 분류에 의하면 레크리에이션은 '① 미술·수예·공작, ②댄스, ③연극, ④문학적 활동, ⑤음악, ⑥자연연구 및 야외활동, ⑦사교적 활동, ⑧스포츠 및 게임'의 8가지 활동영역으로 구분하고 있다.

또한, 마찬가지인 시점에서, 특히 운동 및 스포츠 활동을 내용으로 하는 소위 신체적 레크리에이션에 대상을 한정해 보면 다음과 같이 분류하는 것이 가능하다.

- 스포츠 및 게임 … 각종 스포츠·게임 등
- 야외활동 … 캠프·하이킹·등산·낚시 등
- 댄스 … 사교댄스, 발레, 재즈댄스, 에어로빅댄스 등
- 체조 및 기초적 운동 … 각종 체조, 산보, 조깅, 트레이닝 등

이와 같은 레크리에이션 활동의 분류는 여러 시점에서 가능하다. 그러나 분류된 결과가 서로 관련하여 만나는(Overlap) 것도 적지 않다. 이것은

레크리에이션의 성질상 어쩔 수 없는 것이다. 분류에 따라서는 그 목적을 분명하게 하고, 그것에 따른 통일적인 시점을 갖는 것이 필요하다.

3) 레크리에이션 기능

일반적으로 레크리에이션의 기능은 심신의 조화기능, 자기실현기능 그리고 사회화 기능으로 구분짓고 있다(이승훈, 2003 : 159).

(1) 심신의 조화기능

마음과 몸의 건전한 발달을 재촉하고, 양자의 균형을 조정하는 기능으로 있다. 현대의 노동환경은 화이트칼라화가 진행, 정보화의 물결이 밀려오고 있으며, 이와 같은 환경에서 정신적인 스트레스도 큰 문제가 되고 있다.

레크리에이션에서는 긴장을 적당하게 완화하여 심신을 릴랙스시키는 기능이 있는 것으로, 이런 스트레스로부터의 해방수단으로서도 유효하다. 또한, 조깅·수영 등의 신체적 레크리에이션(운동 및 스포츠)이 체력 및 건강육성에 크게 도움이 되는 것은 잘 알려져 있다. 운동 및 스포츠를 생활 속에 넣어서 그 정기적인 실시를 도모하는 것은 정신·신체의 양면에서 건강육성에 도움이 되고, 생활 자체에도 리듬을 가져오게 하는 것이다.

(2) 자기실현기능

자기실현이란 자신이 지닌 재능 및 능력을 실현하도록 하는 것을 의미한다. 심리학자 매슬로는 인간의 욕구는 몇 개의 계층으로 이루어져 있고,

자기실현의 욕구는 그 가운데서도 가장 차원이 높은 것으로 되어 있다. 현대사회에 있어서 산업화 및 정보화의 진전은 자칫하면 사람들의 자기실현의 기회를 박탈당하게 하는 것이다. 레크리에이션은 사람들에게 여러 가지 자기실현의 기회를 제공한다. 예를 들면, 평상시 신체활동과는 소원(疎遠)한 사무실 근무자(Office Worker)가 여가시간에 운동 및 스포츠 활동을 열심히 함으로써 일로는 얻을 수 없는 만족 및 자기실현의 기회를 찾는 것도 하나의 방법이 될 수 있을 것이다.

(3) 사회화기능

사회화란 개인이 다른 사람과의 상호 행위를 통해서 여러 가지 자질을 습득하고, 그 사회에 적합한 행동패턴을 발달시키는 과정이다. 사람들이 그 생애를 통해서 놀이 및 레크리에이션을 몸에 익혀가는 과정은 일반적으로 레저의 사회화라고도 부르고 있다. 생애를 통해서 사람들은 레크리에이션에 친숙, 실천하고 또한 거기서 새로운 것을 몸에 익혀간다고 하는 의미이다. 조깅 및 체조 등의 신체적 레크리에이션을 자기의 생활 속에 넣어서 건강한 라이프스타일을 확립해 가는 것도 레크리에이션의 사회화기능의 일례라고 할 수 있을 것이다.

4) 놀이

놀이라는 말은 흔히 레크리에이션이라는 말과 동일한 것으로 간주되어 있다. 그러나 놀이가 레크리에이션의 근본 개념이라고 볼 수는 있으나 양자 사이에는 어느 정도 차이가 있으며 서로를 구별하는 것이 레크리에이션 연구의 입장이다.

놀이라고 하면 보통 어린이들에게 주로 사용되는 말로 '장난'이라는 말과 흡사하다. 즉 놀이는 비교적 조직성이 약하고 그 내용이 단조로울 수 있는 반면 레크리에이션은 조직적이며 그 활동내용이 복잡할 수 있다. Grazia(1964; 233)는 놀이에 관하여 다음과 같이 설명하였다.

놀이란 어린이들이 하는 '장난'이나 '운동' 그리고 '물놀이' 같은 것을 말한다. 성인들도 놀이를 하지만 비교적 활동성이 약하고 어린이들의 놀이에 비하면 보다 난해한 편이다. 놀이는 여가와 특수한 관계에 있다. 사람들은 레크리에이션으로 게임과 같은 놀이를 하는데 이 놀이는 레크리에이션의 한 형태라고 할 수 있다. 여가에 관한 한 아리스토텔레스는 노동도, 놀이도 여가로 취급하지 않았다.

이러한 놀이는 모든 동물세계에서 볼 수 있는 본능과도 같은 것으로 인간의 학습과정과 성장을 관찰하는 데 중요한 연구대상이 되어 왔다. 이 점에 대하여 그레이티(Gratty, 1975 : 270)는 다음과 같이 말하였다.

놀이는 그 자체에 목적을 가진 무의식적인 활동이다. 그것은 동물세계의 전 생활과정을 통하여 다양하게 서로 다른 형태로 행해진다. 놀이에 대한 습관과 태도는 인류학자들, 자연연구가(Naturalists), 심리학자들, 그리고 아동발달 전문가들에 의해 연구되어 왔다. 놀이라는 것은 물고기가 물 위로 튀어오를 때나 원숭이들이 나뭇가지를 타고 이리저리 왔다갔다 할 때, 그리고 뒤뜰에서 어린이가 강아지들과 장난하는 과정에서 관찰되는 것이다. … 결론적으로 놀이란 어떤 동기(Motive), 동작(Move), 그리고 새로운 것을 찾으려는 노력, 그리고 주위환경에 대한 조절과 적응

(Manipulate the Environment)이라고 볼 수 있다.

클라우스(Kraus, 1971: 286)는 놀이를 다음과 같이 정의하였다.

놀이란 관례적으로, 여가 중에 행하는 것인데 즐거움과 자기표현(Self-Expression)을 위한 활동이다. 놀이는 비교적 능동적이며 그 내용 경쟁(Competition), 탐구(Exploration) 혹은 위장(Make-Believe) 등의 요소가 포함된다. 놀이란 보통 어린이의 활동을 의미하지만, 성인들도 놀이를 하는 경우가 있으며 어떤 경우에는 노동 중에도 놀이가 가능할 수 있다.

이와 같이 놀이는 인간의 본능이라고 할 만큼 원초적(原初的)인 활동으로 주로 아동들, 또는 유아기의 무의식적인 동작을 말하며 레크리에이션에 대한 인간의 요구는 바로 이 놀이의 본능에서부터 비롯된 것이라고 할 만큼 양자의 관계는 일직선상에 위치하고 있다.

초기의 놀이에 관한 대부분의 학설들은 주로 동물들의 세계나 어린이의 발달과정으로부터 관찰·정립되었으며 그 이론을 인간세계에까지 연관시키려고 한 것이 특징이다. 또 놀이가 인간생활, 혹은 인간사회와 어떤 관계를 갖고 있는가보다는 '놀이는 왜 하는가'라는 놀이의 동기를 발견해 내는 데 중점을 두고 있다.

놀이에 관한 이론을 정립한 학자들로는 Karl Groos, Stanely Hall, Herbert Spencer, Parrik 등을 들 수 있고 근대에 와서는 Sigmund Freud, 혹은 Jean Piaget 같은 심리학자들이나 Johan Huizinga와 Roger Caillois와 같은 사회학자들도 꼽을 수 있다. 초기의 학자들이 놀이의 동기를 발견해 내려고 노력한 데 비해 Freud나 Piaget는 놀이와 인간의 심리적인 관계를, Huizinga나 Caillois는 놀이와 인간사회와의 관계를 주로 연구하였다고 볼 수 있다.

지금까지 여가와 레크리에이션 그리고 놀이에 대한 의미를 살펴보았다. 이들 삼자(三者)의 관계에 앞서 각각에서도 명확하게 규명하기조차도 어려운 것이 사실이었다. 그러나 학문은 진화 발전하기도 하고 그 관계를 많은 학자들이 설정하려고 하였던 점을 되새기면서 논자가 감히 아래와 같이 모형을 제시하였다.

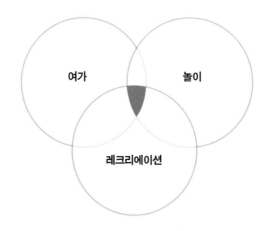

〈그림 6-2〉 여가와 레크리에이션 그리고 놀이의 관계

우리는 〈그림 6-2〉에서 보여주는 바와 같이 앞으로 이 삼자의 관계 속에서 그 공통점을 찾아내어 매진해야만 진정한 의미의 목적을 달성할 수 있으리라 여겨진다.

스포츠관광

I. 문제의 제기

오늘날 스포츠관광은 크게 유행하고 있으며, 두드러진 성장을 보이고 있다. 그렇다고 스포츠관광이 21세기에 들어 갑자기 마술처럼 등장한 것은 아니다.

지금까지 수많은 사람들이 스포츠를 관람하거나 직접 참여하여 왔고, 더불어 거의 모든 사람들이 휴가와 관광도 원하고 있다. 비록 스포츠와 관광의 관계가 오랜 기간에 걸쳐 형성되어 왔지만, 그 상호관계에 대한 중요성은 최근에 이르러서야 세계적 주목받고 있다고 해도 과언이 아니다. 언론의 관심도 증가하였고, 사람들도 스포츠와 관광이 제공하는 이익들, 가령 건강의 증진이나 여가를 통한 정신적 이익 등에 더욱 관심을 가지게 되었다.

한마디로 현대사회에서 스포츠와 관광은 공생의 관계에 있다. 관광객에게 계속해서 가치 있는 경험들을 광범위하게 제공한다고 해서 스포츠가 관광보다 우선한다고 결론내릴 수 있는 문제가 아니다. 관광 역시 스포츠를 돕기 때문이다.

우리의 모델을 통해 직접적으로 스포츠 활동에 참여하거나 스포츠시설을 통해 관광과 관련을 맺는 활동 등 상호작용을 보이고 있는 스포츠와 관광 간의 관계를 볼 수 있을 것이다. 스포츠와 관광은 복잡하게 얽혀 있다. 세계화의 추세에 따라, 또 새롭고 흥미있는 기회들이 점차 늘어감에 따라 서로의 발전에 도움을 줄 수 있다. 즉 스포츠를 통해 관광활동이 보다 풍요로워지기도 하며, 반대로 관광을 통해서도 스포츠가 성장발달하게 될 것이다(한상훈 외 1인, 2007 : 15).

〈그림 7-1〉 **스포츠관광의 기본 모델**

특히 세계는 생활수준의 향상, 교통·통신의 발달, 여가시간의 증대 등으로 인하여 점차 좁아지고 있어 관광산업은 세계 최대·최고속 성장산업으로 성장하리라 예상된다. 이것은 관광산업이 세계무역액의 7% 이상을 점하는 무공해산업으로서 석유, 자동차와 함께 세계 3대 무역상품으로 급성장하고 있음을 시사해 주고 있다.

이렇듯 관광산업은 우리가 기대하는 21세기의 새로운 산업의 축으로 자리매김해 갈 것이다. 그중에서도 스포츠 참가와 스포츠 관전 그리고 스포츠 관련 시설의 관광을 중심으로 한 '스포츠관광'은 앞으로의 성장이 기대되는 새로운 산업 카테고리이다. 이미 유럽에서는 스포츠관광에 관한 조사연구가 진행되고 있으며 투어리스트의 동향도 파악되고 있다. 또한 북미에서는 스포츠관광을 도시경제의 활성화에 이용하려고 하는 정책이 정착되는 경향이 있다. 이웃 일본에서도 니가타현(新潟縣) 지역 활성화 수단으로서의 스포츠관광에 관심을 갖기 시작했다는 사실을 주목해야 할 것이다.

우리나라의 '주 40시간 근무제 실시 이후 근로자 여가생활 실태조사'에 의하면, 운동 및 스포츠 활동이 가장 대표적인 여가활동(20.5%)으로 보고되고 있다(한국문화관광정책연구원, 2005). 이러한 관점에서 볼 때, 스포츠와 관광의 결합으로 나타난 스포츠관광은 개인적, 사회적으로 다양한 욕구를 충족시킬 수 있고, 최대의 시너지 효과를 낼 수 있는 거대한 잠재력을 지녔다고 할 수 있다. 이는 특히 지방자치단체가 지역경제 활성화 및 홍보, 특성화 전략을 기대하며, 각종 스포츠와 관련한 이벤트 및 행사를 개최하고 있을 정도로 스포츠관광 산업은 급속도로 발전해 갈 것이다(노용구 외 20인, 2008 : 197).

이러한 국내외의 현상을 올바로 파악하고 대처해 나가야 할 때가 된 것이다. 더욱이 스포츠관광의 활성화 및 정책적인 실효성을 거두기 위해서는 민관학 간의 상호연계는 물론 진흥을 위한 다각적인 측면에서의 연구가 이루어져야 하겠다.

2. 스포츠관광의 개념

스포츠관광 은 스포츠나 관광보다 최근에 만들어진 개념으로 보인다. 그러나 스포츠와 관광의 관계를 전문적으로 연구한 책자는 이미 1887년에 선보였다. 현대 스웨덴 스포츠의 아버지라 불리는 Victor Black은 이미 오래 전 스포츠에 대해 다룬 여러 책에서, '관광과 스포츠'의 관계도 다룬 적이 있다(Olson, 1993).

스포츠관광 또는 스포츠관광객이라는 용어는 비록 그 정의들이 불분명하긴 해도 최근의 연구에서 급속히 늘어나고 있다(Barnard, 1998 ; De Knop, 1987 ; Deveen, 1987 ; Glyptis, 1982 ; Redmond, 1990 ; Standeven and Tomlinson, 1994). 홀(Hall, 1992)은 다음과 같이 언급하고 있다(한상훈 외 1인, 2007 : 23).

> "스포츠관광에 대한 범주적 구분은, 일반적으로 '스포츠에 참여하기 위한 관광'과
> '스포츠를 관람하기 위한 관광'으로 나뉜다. 따라서 스포츠관광은 거주지를 떠나서
> 스포츠에 참여하거나 관람하기 위한 비상업적인 목적의 여행이라 정의될 수 있다."

또한 홀(1992)은 스포츠관광을 '어드벤처 관광'과 '헬스(건강) 관광'과 함께 '스페셜 관광'이라 부르며, '일상생활권 내에서 벗어나 스포츠에 참가하는 것과 스포츠를 관전하기 위하여 이루어지는 비상업적인 여행'이라고 정의하였다. 〈그림 7-2〉는 이들 3가지 스페셜 관광을 참가자의 '동기'와 '활동레벨'에 따라 9개의 셀로 구분한 것이다. 이 경우 스포츠관광은 경쟁적이며 그다지 활동적이지 않은 '보는 스포츠'에서 활동적인 '하는 스포츠'까지 활

동레벨에서 폭을 가진 개념으로 평가되고 있다.

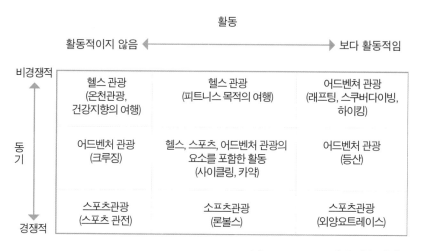

[자료 : Hall, 1992에서 인용 개변]

〈그림 7-2〉 어드벤처, 헬스, 스포츠관광의 활동과 동기의 개념 구조

    스포츠관광은 빠른 시대변화에 발맞춰 스포츠와 관광이 응용되고 서로 적용된 모습이라고 할 수 있다. 그러므로 스포츠관광은 대체로 관광의 정의와 일치한다. 그러나 보다 구체적으로 살펴보면 스포츠관광에서의 관광 목적은 스포츠와 직접적인 관련이 있는 것을 볼 수 있다. 예를 들어 우리가 시드니올림픽을 관람하기 위하여 호주로 갔다면, 그것은 관람형 스포츠관광이다.

    반면에 선수로서 시드니올림픽에 참여했다면, 참가형 스포츠관광이라고 볼 수 있다. 이처럼 스포츠관광은 스포츠를 관람하거나 직접 참여하여 즐기기 위한 목적을 가지고 거리공간을 이동하는 것을 말한다. 즉 거리를 이동하여 그곳에서 24시간 이상 체류하면서 스포츠활동을 즐기는 것을 스포츠관광이라고 정의할 수 있다(한철언, 2001 : 39).

또한 스포츠와 관광은 산업적 마인드만으로는 적절히 설명될 수 없다. 스포츠와 관광은 사람들이 참여하는 활동이기 때문이다. 스포츠는 대체로 신체활동의 체험이고 관광은 대략 여행과 여행지에서의 개별적인 체험이라고 규정할 수 있다.

우리들은 스포츠와 관광 모두에 대해서 비교적 폭넓은 정의를 사용해 왔다. 스포츠란 용어는 기술, 전술 또는 경기운을 포함하는 경쟁적 그리고 비경쟁적인 활동의 추구에 대한 포괄적이고 전체적인 범위의 개념으로 이해되는데, 사람들은 그들의 수준에 맞춰, 즉 단순히 오락과 단련을 위해서 또는 전문적인 수준에까지 그들의 경기활동능력을 높이기 위해서 활동에 참여하게 된다.

우리는 관광에 대해서 스포츠 개념과 비슷하게 넓은 의미의 정의를 사용하는데, 관광은 일상생활의 경험과는 다른 것을 포함하는 가정과 일터를 떠난 한시적 이동으로서 정의될 수 있다. 이러한 경험들은 휴가의 한 부분으로써 발생할 수도 있고 또는 사업상의 여행에 따른 부차적인 일로써 발생할 수도 있다.

스포츠관광에 대한 우리의 정의는 다음과 같다. 스포츠관광은 모든 종류의 스포츠 활동과 관련된 능동적·수동적 형태들의 활동에 포괄되며, 사람들이 우연히 또는 어떤 체계적인 방식으로, 비상업적 또는 사업적/상업적 이유로 이 활동에 참여하고, 집과 일터의 지역으로부터 여행을 수반하는 형태의 활동을 말한다(한상훈 외 1인, 2007 : 57).

국가발전과 관광활동 변화와 관련하여 후진국은 '놀이관광', 중진국은 '휴식관광', 선진국은 '움직임관광'의 3단계로 구분되며, 선진국 관광형태인 움직임관광의 특성과 기능을 갖는 대표적인 관광유형이 '스포츠관광'이라고 할 수 있다. 이러한 스포츠관광은 스포츠와 관광이 결합하여 스포츠 활동이 주목적인 형태로 스포츠산업의 일부 또는 개최목적, 기간, 장소 등에 의해 다양하게 개념화될 수 있다.

이렇듯 학자별, 나라별, 객체별로 다양하게 정의되고 있다. 그러나 주요 키워드는 스포츠, 관광 직·간접 참가, 탈일상적 행위 등으로 분류할 수 있다. 즉, 스포츠관광(Sport Tourism)이란 '스포츠와 스포츠여가가 중심 또는 매개가 되어 이루어지는 탈일상적이며, 주체적인 체험을 지향하는 적극적인 관광활동'으로 정의할 수 있다((표 7-1) 참고 노용구 외 1인, 2004 : 198).

〈표 7-1〉 스포츠관광의 주요개념

학자	개념
한국관광공사 (1996)	스포츠 참가나 관람을 목적으로 하고, 일시적으로 일상 생활권을 떠나 다시 일상 생활권으로 돌아오기까지의 사람들의 행동
Lisa (1998)	스포츠와 여행에 관한 여러 사람들의 해석에 따라 다양하게 나타나지만 직접 스포츠에 참여·관람하거나 모든 경쟁적·비경쟁적 스포츠관광 대상 활동에 참여하기 위해 집을 떠나 하는 여행
Gibson (1999)	개인이 일시적으로 일상 생활권을 벗어나 신체적 활동을 하거나 관람하거나 또는 그와 같은 활동에 관련된 매력물을 좋아하는 레저기관 여행
한철언 (1999)	스포츠를 관람하거나 모든 경쟁적·비경쟁적 스포츠관광 대상 활동에 참여하여 즐기기 위한 목적을 가지고 집을 떠나 24시간 이상 거리공간을 이동하는 것
WTO (2001)	일상생활에서 벗어나 비상업적으로 직접 스포츠에 참가하거나 관람하는 스포츠 활동을 위한 여행으로 스포츠관광을 활동영역, 경험영역, 시간범위, 공간범위를 통해 개념화할 수 있음
Higham과 Hinch (2002)	제한적 시간 동안 생활권을 벗어나 독특한 규정, 신체적 능력에 관련된 경쟁, 그리고 놀이적 특성을 지닌 스포츠중심 여행
이재형 (2003)	일정한 거리를 이동하여 그곳에서 24시간 이상 체류하면서 스포츠 활동을 즐기는 것
박수정 (2008)	스포츠와 스포츠 여가가 중심 또는 매개가 되어 이루어지는 탈일상적이며, 주체적인 체험을 지향하는 적극적인 관광활동

3. 스포츠관광의 특성

스포츠 관광객은 지난 30여 년 동안 일반 관광객의 한 유형으로 인정되어 왔다 (The United Kingdom and the World Tourism Organization, 1985, Worldwide). 영국에서의 한 연구는 활동휴가의 참여자를 주로 15~34세의 집단과 비육체노동자, 즉 상류사회의 경제적 집단 내의 사람들로 규정한다.

마지텔리(Mazitelli, 1987)는 스포츠 이벤트에 참여하는 관광객은 오랜 여행과 지속적인 적응을 선호하고, 더 많은 날을 머물고 싶어하고, 더 소비하고 싶어한다. 그러나 국제적 이벤트는 항상 높은 소비를 보이는 관광객 층을 매료시키지는 못한다. 레저컨설턴트에 의한 초기 연구도, 비록 그들이 활동적인 휴일에 참가하는 여성보다 더 많은 남성이 참가한다는 것을 지적하였지만 위와 유사한 규정을 내렸고, 일본의 스포츠 관광객과 관련있는 하기(Hagi, 1991)에 의한 관찰도 이 점을 지적한다. 프랑스 스포츠 관광객도 이와 비슷한 특징으로 규정된다.

이아나키(Yiannakis, 1992)는 네 가지 관광객 역할을 규정했던 미국 내 연구를 보고했는데, 네 가지 관광객들이란 행위추구자, 탐험가(모험가), 스포츠 애호가 그리고 조직적인 대중관광객들로 규정되었다. 그는 민텔국제그룹의 영국 참여자 유행구분과 비슷한 규정을 보인다. 이아나키의 분류에 따르면, 스포츠 애호가들은 대개 18~41세 사이의 남성으로 상대적으로 높은 수입의 남성 대학졸업자들이다. 그의 분류에서 탐험가(모험가) 관광객은 18세부터 42~49세까지의 사람 중 직업적으로 성공하였고, 재정적으로 안정적이며, 고등교육을 받은 사람들이라고 할 수 있다. 이러한 특징은 다른 범주에도 모두 해당된다. 그러나 홀(Hall, 1992)은 모험관광객의 프로필은 활동마다 그리고 장소마다 다르다는 것을 지적하였다. 특히 존스턴(Johnston, 1992)은 남성과 여성 산악인 사이에서 나타나는 활동우월성의 차이를 지적하였다. 남성들은 사냥과 등산집단이 지배적이다. 그리고 여성들은 대부분의 집단에 참여하지만 대개 걷기, 하이킹, 스키를 두드러지게 선호한다. 특별한 흥미 위주의 관광분야에서의 운영자는 이러한 일반적인 특성들이 나타나면서 동시에 다양하고 넓은 범위의 사람들이 활동휴가를 선택한다고 보고했다.

홀(Hall)은 그들의 활동수준에 기초해 활동적인 관광객을 다음과 같이 세가지 집단으로 구별하였다.

- 비참가자들(수동적인 관람자)
- 대체로 활동적인 관광객(게이트볼 등에 참여하는 사람들)
- 매우 활동적인 관광객(해양스포츠를 즐기는 사람들)

활동적인 관광객들을 구별하는 수단으로서 세 가지 기준척도에 맞춰 분류하는 것은 문제가 있을 수 있는데, 가령 경쟁이라는 기본가정을 가지고 행해지는 것이라고 해도 매우 다양한 수준의 활동이 발생할 수 있기 때문이다. 활동에 참가하는 강도의 정도를 확인할 수 있는 분명한 척도는 없다. 왜냐하면 물리적인 활동요구 수준에서 어떤 한 활동을 정의내리는 것은 매우 주관적이 되기 때문이다.

나이 많은 사람들 혹은 장애인들은 젊고 활동적인 사람들을 매우 활동적이라고 평가하는 것에 수긍할 것이다. 스포츠의 활동과 위험수준이란 참가자의 건강과 나이로 인해 결정되는 것일 수 있기 때문이다.

엘리엇(Elliott, 1944)은 영국의 상황을 언급하면서, 모험휴가의 최근 빠른 성장은 나이들고, 부유하고, 보다 섬세한 특징을 지니는 여행집단에서 이루어지고 있음을 발견하였다(한철언, 2007 : 42-44).

그러나 오늘날 국내외적으로 스포츠는 그 지역이나 국가적 측면에서 홍보수단화되어 가고 있다. 또한 스포츠 준비를 위한 각종 시설물과 개최지의 지역적 특성은 관광객 유치와 국가의 이미지 제고 및 경제적 이익을 창출하며, 더 나아가서 국제적 이해와 평화, 세계화 과정 등을 촉진하는 역할을 함께해 나가고 있다.

예를 들면, 스포츠에서 우수한 경기는 매체를 통한 우수경기 홍보와 함께 경제적 효과가 증대된다는 것이다. 즉, 우수경기로 어느 종목 스포츠의 인기가 상승하면 관람인구도 상승하고 그에 따른 스포츠용품의 수요도 폭증하게 된다. 따라서 우수경기에 대하여 연기, 상금, 사회적 지위 등의 강력한 인센티브가 주어지고 있다.

원래 관광은 경험지향적 측면에서 새로운 세계의 발견, 미지세계로의 충동, 문화, 모험 및 개인성취 등 사람들의 기본적인 본능에 관계되는 상품을 제공하고 일터에서의 스트레스와 단조로움에서 벗어나 스릴, 희열, 흥분 및 개인만족을 추구한, 경험에 기초한 행위로서 경험을 위한 환경을 제공하고 또 그 경험이 잊을 수 없는 추억으로 남게 한다.

관광은 전래적으로 정치적, 육체적 휴식에 기초한 치료적 서비스로 스트레스가 많은 오늘날에도 건강과 삶의 질이라는 측면이 더욱 부각되는 프로그램이다. 이러한 경향에 따라 관광상품에 물리적인 활동으로 스포츠가 포함된 스포츠관광의 특성을 살펴보면 다음과 같다(김범식 외 9인, 2004 : 218-219).

● 오늘날 여행에서 쉬는 휴가보다 무엇인가 재미있게 참여하는 휴가를 선호하는

경향이 늘어가고 있다. 따라서 골프, 조깅, 등산 등 스포츠 활동이 여행과 연계 프로그램이 유행을 타게 되었다. 이러한 추세에 따라 정적인 휴식보다 동적인 참여를 자극하게 되어 모험관광, 문화관광, 특히 스포츠관광이 각광받게 되면서 스포츠관광 참여인구는 계속 증가하고 있다.

● 신세대는 광범위하게 새로운 모험스포츠를 추구한다. 특히 전통적인 엘리트 스포츠에 관심이 적은 새로운 스포츠세대는 스케이트보딩, 스노보딩, 산악 사이클링, 서핑 등을 즐기기 위해 스포츠관광을 찾아나서고 있다. 즉, 스포츠 활동에 대한 기획과 관광업계의 상품 개발은 관광참여 인구에 대폭적인 확대를 가져온다. 주요 행사에서는 많은 관광객을 유치하게 되고 관광업계에서는 스포츠팬들을 상대로 관람할 수 있는 관광상품을 개발한다. 그 예로 올림픽과 월드컵 등 각종 국제 스포츠행사와 연계된 다양한 관광프로그램을 상품으로 한 스포츠관광 산업이 확대될 것이다.

4. 스포츠관광의 현상과 유형

스포츠는 세계에서 가장 큰 사회적 현상 중 하나가 될 것이다. 그 결과 관광의 발전에 대한 스포츠의 공헌 요소로 더욱 증대할 것이라는 가정하에서 스포츠와 관광의 두 분야가 각각 독립되어 작용한다기보다는 서로 간의 상호작용에 의해 시너지 효과를 창출할 수 있도록 노력하여야 할 것이다.

이미 우리는 1988년 서울올림픽과 2002년 월드컵을 계기로 스포츠관광에 관심을 갖게 되었으며, 이후 정부의 관광 개방화 및 자율화 정책이 수립되면서 해외여행에 대한 사람들의 관심이 폭발하면서 하나의 메가 이벤트로서 개인의 즐길 권리에 대한 욕구 충족은 물론 지역의 경제발전에 도움이 되는 행사로서 스포츠관광이 자리잡게 되었다. 그러나 스포츠관광이 더 이상 보는 것 그리고 일회 행사성 이벤트로만 그치는 것이 아니라 개인적·사회적·국가적 발전을 함께 도모할 수 있는 인프라 구축에 대해 많은 연구가 진행되어야 할 것이다.

이러한 시대상황에 직면한 가운데 어떤 현상과 형태로 스포츠관광이 전개되어 왔는지를 먼저 살펴보는 것이 스포츠관광 연구에 도움이 될 것으로 사료되어 설명하고자 한다.

지난 50여 년 동안 여가시간과 휴가기관의 발달과 이를 추구하는 모습의 변화는 다음과 같이 4가지 유형으로 구분하고 있다(한상훈 외 1인, 2002 : 112).

- **1950년대 후반까지의 전후(Postwar) 시대 :** 여가와 휴가는 기분전환과 고된 일을 한 후의 휴식을 가지기 위한 것이었다. 수영을 하거나 걷기 위해서 또는 하이킹을 하기 위해서가 아니라, 주로 휴식을 취하기 위해서다. 사람들은 집에 머무르거나 바닷가, 야외, 산으로 갔다.
- **1960년대 :** 이 시기의 주된 특징은 '소비'였다. 대중교통의 발달로 사람들의 이동이 훨씬 증가하였다. 관광은 집을 떠나는 것, 휴식을 취하는 것, 그리고 잘 먹는 것으로 특징을 이뤘다.
- **1960년대 후반에서 1980년대까지 :** 새로운 유행이 출현했다. 발전, 활동, 사회적 의무, 즐거움, 동료 간의 관계, 그리고 삶의 질 향상이 사회의 주된 개념을 이루었다. 즉 기분전환의 목적으로 사람들은 활동적인 여가를 즐기고 참여하기를 원했다. 집중적인 관람과 의식적인 즐거움을 원했다. 휴가기간 동안에 스포츠를 즐

기는 것이 점차 인기를 끌게 되었다. 주요 스포츠는 걷기, 하이킹, 수영이었다. 요트놀이와 테니스 같은 새로운 스포츠도 있었다.

- **1990년대 :** 이 시기는 여가활동의 증가라는 특징을 가진다. 스포츠와 관광 사이의 경제적 결합으로 인한 상호 이익이 확실히 드러났다. 스포츠관광이 상업화되었다. 관광산업은 스포츠지향 관광 프로그램을 많이 내놓고 있다. 스포츠는 관광과 빈번하게 연관되어 행해진다.

스포츠와 관광의 형태를 종합한 범위 설정은 여러 가지 문제점이 발생한다. 원래 스포츠와 관광이 독자적인 영역을 갖고 있는 것이 아니고 스포츠에서 관광자원을 산출하기도 하고 관광에서 스포츠를 생산하기도 하였다.

스포츠관광의 의미를 살려 스포츠관광의 영역을 스포츠관광 이벤트, 스포츠관광 매력물, 스포츠관광 여행, 스포츠관광 리조트, 스포츠관광 크루즈 5개의 영역으로 분류하고 있으며 구체적으로 세분하면 다음과 같다(윤희중, 2002).

- **스포츠관광 이벤트**

올림픽 및 월드컵 축구경기, 각종 스포츠경기, 마라톤·스포츠 페스티벌 등.

- **스포츠관광 매력물**

스포츠박물관, 명예의 전당, 스포츠컨퍼런스, 스포츠테마파크, 번지점프, 골프장, 스키장 등

- **스포츠관광 여행**

프로스포츠경기 여행, 스포츠모험여행, 사이클 및 도보여행, 트렉킹 및 등반 여행, 스쿠버다이빙, 바다낚시여행 등

● **스포츠관광 리조트**

골프, 스키, 스노클링, 스쿠버다이빙, 테니스 리조트 등

● **스포츠관광 크루즈**

골프 및 테니스크루즈, 세일링크루즈, 스쿠버 및 스노클링크루즈, 카누, 카약, 요트등

이와 같이 스포츠관광에 대한 영역을 분류하고 있으나 생활문화의 변화와 함께 그 영역 또한 확대될 것이다.

스포츠관광의 형태는 첫째, 올림픽, 월드컵, 세계육상선수권대회 등 국제 메가 이벤트 또는 지역 스포츠 이벤트에 관람을 위해 참가하는 것 둘째, 국내외 골프, 해양스포츠, 스키 등 스포츠 직접 참가를 목적으로 하는 것 셋째, 지역에서 행하는 각종 스포츠 관련 축제 등의 직·간접적 참가를 목적으로 하는 것 등으로 나눌 수 있다.

그 외에도 참가형태에 따라 관람형과 참가형으로 분류(남동현, 2002)할 수 있으며, 기브슨(Gibson, 2002)은 행동을 중심으로 활동스포츠관광(Active Sports Tourism), 이벤트스포츠관광(Event Sports Tourism), 향수스포츠관광(Nostalgia Sports Tourism)으로 구분하고 있다(노용구 외 20인, 2004 : 199).

그 외에도 스포츠관광은 진행목적에 따라 다양하게 분류(표 7-2) 참조) 될 수 있으나 스포츠관광 자체가 다양한 목적이 결합되어 나타나므로 명확하게 구분짓는 것은 어렵다. 예를 들어 만약 여름 휴가철에 친구들과 함께 바닷가로 여행을 떠나는 것은 스포츠관광의 분류 중 어디에 해당하는 것인가?

〈표 7-2〉 스포츠관광의 목적에 따른 분류

기준	유형	내용
참가 형태	직접참여	● 각종 스포츠 관련 대회에 자신이 직접 참가하거나 대회 운영진, 관계자로 참여하는 형태 ● 지역스포츠 이벤트, 스포츠축제 등에 참가하여 직접 스포츠를 즐기는 형태 ● 골프, 스키, 마라톤, 걷기, 스쿠버다이빙, 테니스 등의 스포츠 활동에 직접 참여하여 즐기거나 해당 지역에 방문하는 형태
	간접참여	● 올림픽, 월드컵, 아시안게임, 세계육상선수권대회 등의 메가 스포츠 이벤트 또는 지역 스포츠 이벤트에 관람을 위해 참가하는 형태 ● 메가 스포츠 이벤트나 지역스포츠 이벤트 개최 전후에 해당지역을 방문하는 형태
참가 목적	여가활동	● 자신에게 주어진 자유시간을 스포츠(경쟁 중심)나 스포츠여가(재미 중심), 레크리에이션(활동 중심) 등 여가활동과 관련한 스포츠관련 행사에 참여하는 형태
	건강증진	● 마라톤동호인화대회, 걷기대회 등 웰빙, 웰니스와 관련하여 자신의 건강을 유지하고 증진시키기 위한 목적으로 스포츠관련 행사에 참여하는 형태
참가 내용	콘텐츠 중심	● 각종 대회, 이벤트, 전시회, 박람회, 박물관 등 스포츠관광 콘텐츠 그 자체에 목적을 두고 직·간접적으로 참가하는 형태
	매력물 중심	● 스포츠 활동 자체에 참여하는 것과 함께 주변의 지역시설 및 공간 등을 방문하는 형태

야마시타 슈지는 스포츠관광을 〈표 7-3〉과 같이 참가형, 관전형 그리고 방문형으로 구분 설명하고 있다(이호영 외 3인, 2007 : 311).

〈표 7-3〉 스포츠관광의 3가지 타입과 3개 시장

	참가형	관전형	방문형
인바운드 시장	● 호주에서의 스키 관광객 (홋카이도 쿳찬쵸) ● 한국에서의 골프 투어	● 아시아 야구대회에서 한국·대만의 응원단 ● 2002년 월드컵 때 해외에서 응원 투어	'콘텐츠 부족의 미개척 분야'
아웃바운드 시장	● 호놀룰루 마라톤의 참가 ● 마우이섬에서의 골프 ● 해외에서의 시민 스포츠 교류	● 양키스의 마츠이 선수와 마리너즈의 이치로 선수의 응원 투어	● 유럽과 북미의 스타디움 견학 투어
국내 시장	● 각 지역의 마라톤대회와 트라이애슬론 대회에 참가 ● 스포츠 합숙	● J리그와 프로야구의 어웨이 경기에 관전 투어	● 스포츠 박물관과 스타디움의 견학 투어

이렇듯 스포츠관광의 현상과 유형은 시대별, 학자별, 국가별 등에 따라 그 구분을 하는 내용들이 다양함을 알 수 있었다. 이들을 하나의 공통된 틀 속으로 집약하는 것은 오히려 사고와 연구의 폭을 줄이는 것 같아 이들에 대한 내용을 사실대로 소개하는 데 그치고자 한다.

5. 스포츠관광의 효과

1) 스포츠관광의 경제적 효과

스포츠 와 관광은 각각 세계경제에 지대한 공헌을 하여 왔다. 그중의 하나가 스포츠관광도 경제에 중요한 효과를 미쳤다는 것이다. '스포츠관광'이 가지는 경제적 효과에 대해 논의하려고 한다.

특히, 관광에서 스포츠와 연결된 상품소비가 증가하고 있다. 즉, 스포츠관광을 통해 스포츠에서 필요한 복장이나 장비 등을 소비하는 경향이 커지고 있다는 것이다.

영국관광공사의 발표에 따르면 관광의 참여이유로 응답자 26%가 스포츠 활동 참여가 주목적이라고 하였으며, 더욱이 휴가를 이용한 여행은 20% 수준에서 활동적인 관광에 참여한 것으로 밝혀졌다(한상훈, 2002). 또한 윤이중(2002)이 델파이(Delpy)의 문헌을 인용한 내용을 보면 북미의 전체 관광객 중 25%가 스포츠관광에 참여하거나 관계가 있다고 보고하였다.

이와 같이 국제적으로 스포츠관광에 대한 경제적 지출의 효과는 대형

소득산업으로까지 이어져 발전하고 있는 것이다. 사용된 많은 자료들은 스포츠관광의 자료가 일천하여 거의 영국의 사례를 기반으로 하였다(한상훈 외 1인, 2007 : 227-232 요약).

　오늘날 여러 나라의 관광상품 중에서 스포츠가 점차 중요한 위치를 차지하고자 역할을 잘 수행하고 있다. Longleat(가장 최근의 영국 Center Parcs)가 좋은 예인데, 이는 모든 건설계약의 약 25%, 3억 8,500만 파운드(5억 5,750만 달러) 정도가 일자리나 상품, 서비스 등의 창출을 위해 지역 이용을 목적으로 이루어졌다. 1,000개의 창출된 일자리 중 870개가 영속적이며, 그중 92%가 지역 내이거나 15마일 내에서 일어나는 것이었으며, 3,600만 파운드(5,400만 달러) 상당의 재화와 서비스가 지역적인 수준에서 구매되었다. 25만의 관광객들이 추가적으로 3,100만 파운드(4,650만 달러)의 소비를 보이며 관광지를 찾았다(PAEC, 1991).

　그러나 명확한 통계자료의 부족으로 인해, 스포츠관광의 공헌도와 잠재력에 대해 측정하기는 힘들다. 스포츠관광의 효과를 파악하기 위해 필요한 자료는 실망스럽게도 스포츠와 관광 각각의 통계 속에 묻혀서 파악하기 힘들다. 국가적인 수준에서조차도 통계상황은 매우 부정확하고 상호 연관된 자료도 구하기 힘들다.

　관광조사는 거의 대부분이 관광활동을 세밀하게 기록해 두지 않기 때문에 스포츠관광의 명확한 경제적 중요성을 평가할 수 있을 만큼 정교한 자료를 얻기가 힘들다. 최근의 몇몇 조사에 이르러, 최소한 가장 일반적인 스포츠(플레이 또는 관람)여행 비율을 파악할 수 있게 되었고, 차츰 스포츠관광의 개념을 다른 광범위한 의미의 활동들, 예를 들어 유람이나 일반적인 수영 등의 것과 구분할 수 있게 되었다. 따라서 영국의 경우를 예로 들어 우리가 가장 잘 알고 있는 관점에서 스포츠관광의 규모를 평가해 보겠다.

　과거 영국 관광조사연구에서는 응답자의 26%가 스포츠를 주요 목적이라고 대답했다(British Tourism Authority/English Tourist Board[BTA/ETB], 매년 정기발행).
Mintel International Group(1993)은 영국에서 휴가를 이용한 여행의 20%
가량이 특별한 흥미를 가지고 활동적인 관광을 하는 것으로 밝혀졌고, 이
에 따라 25%의 소비가 지출되었다고 보고했는데, 그만큼 관광이 중요한
경제적 가치시장을 다루고 있음을 의미한다.

물론, 보다 보수적인 평가들도 있다. 4일 이상의 휴가에 초점을 맞추고
진행된 '휴가동기에 관한 연구'에서는 4%의 국내 관광객과 5%(영국 이외의)의
해외 관광객들만이 야외 스포츠가 휴가여행의 주요 목적이었다고 보고했
다(BTA/ETB, 1987). 그러나 사실상 휴가여행 목적으로서의 스포츠는 더 높
은 수치를 보였다. 그리고 스포츠가 짧은 여행이나 여행목적지를 선택하
는 데 더 큰 영향력을 미치고, 이렇게 선택된 여행지는 스포츠 활동 시장
의 10~40%에 이르게 된다(BTA/ETB, 1988; MEW Research, 1993). 그리고 일시적
이거나 평범한 스포츠 활동은 가치나 비율을 측정하는 데서 제외되어야
한다.

자료와 관련해 영국에서 스포츠 활동과 관련된 휴가여행의 정확한 비율
을 파악하기는 어려울 것이다. 우리의 자료는 이전의 측정수치가 통계치
속에서 많은 틈새를 보이고 있고, 그와 관련해 다양한 주장이 생겨날 수
있음을 보여주는 것이다.

우리의 가정을 모두 세부적으로 설명하기에는 공간적인 한계가 있지만,
〈표 7-4〉에서 볼 수 있듯이 우리는 영국의 시장가치가 26억 파운드(29억 달
러) 정도 된다고 평가한다.

그러나 관계된 관광객의 규모가 방대하기 때문에, 이 수치들이 정확하다
고 볼 수는 없다. Mintel International Group(1995)은 스포츠 활동으로 인
해 영국 내외 더 많은 휴가관광이 생겨났다고 보고했다. 스포츠 활동에
의해 야기된 영국 국내 휴가관광의 비율은 점차 증가해서 35억 파운드(53

그러나 스포츠관광의 가치를 활동휴가에만 국한시킬 수는 없다. 관광은 관광목적에 따라 필요한 의류나 신발, 장비 등의 소비를 유발하는 역할을 하기도 한다. 스포츠 분야는 민간부문(상업적)이나 자발적인 참여부문뿐만 아니라 정부(국가, 지역)에 의한 지원을 받으며, 대부분의 국가경제에서 매우 복합적인 성격을 가진다. 스포츠와 별도로 스포츠관광을 구분하고 그 개별적인 흐름을 파악하는 것은 비거주민의 활동을 파악하지 못하는 현재의 능력수준으로는 불가능한 일이다. 그러나 모든 소비자 지출의 10% 정도가 관광목적의 스포츠상품에 집중되어 있다는 추정은 다음의 가정에서 가능하다.

〈표 7-4〉 영국에서 스포츠관광과 활동휴가의 가치평가

항목	가치(백만)
스포츠관광	
1. 단기, 장기 국내 휴가(우연한 스포츠 활동 제외)	1,640
2. 독립적인 해외관광객	142
3. 당일 방문객	831
합계	2,611

수상스포츠는 보트를 사용하면 비용이 더욱 커진다(많은 고가의 요트는 바다를 '여행'하여 외국 항구에 정박된다). 1991년 영국에서 수영은 다섯 번째로 소비적인 스포츠였고, 해변가나 수영장에서 패션의류의 가치를 보여주는 것이었다(Sports Council, n.d.). 만일 단 20%만이라도 관광과 연결되어 있었다면, 약 2,600만 파운드(3,900만 달러)의 소비를 창출할 수 있었을 것이다.

스키의류, 부츠, 그리고 장비에 있어서 20% 이상의 소비가 관광과 연결되어 발생하는 것이며, 스키뿐만 아니라 산책, 골프, 테니스, 사이클, 그리고 기타 여러 스포츠들에 있어서 의류와 장비를 구입하는 것도 모두 연결된 소비행동이다. 영국에서 스포츠 활동 또는 그와 관련된 상품에서 소비자의 지출은 1992년 97억 파운드(146억 달러)에 이르는 것으로 집계되었다(Henley Centre for Forecasting, 1992). 이 중에서 40억 파운드(61억 달러)는 장비와 의류, 부츠 부분에 대한 소비이다. 이 중 4억 7백만 파운드(6억 1천만 달러)는 관광이 스포츠 소비를 유발시키는 부분을 보여주는 것으로 파악된다.

결국 1990년대 초기의 영국에서 스포츠관광 시장의 가치는 30억 파운드(45억 달러) 정도로 평가되며, 이는 스포츠 활동에 소요되는 경비 26억 파운드(39억 달러)에다 4억 파운드(6억 천만 달러)에 해당하는 스포츠관련 분야의 소비를 나타낸다. 만일 산책과 같은 반 스포츠 활동이나 다른 목적으로 여행을 하던 중 우연히 하게 된 스포츠참여(이 분야의 시장에서는 별개로 생각하는 문제가 논쟁이 되고 있다)까지 더한다면 이 분야의 가치는 현저하게 커질 것이다. 뿐만 아니라 조사에서 높은 수준의 선수들인 '중요한 스포츠 관광객들'은 포함하지 않았다. 이들은 한 해의 1/3을 각종 대회에 참가하기 위해 돌아다니며 이들에게 스포츠는 레저로서의 의미보다는 하나의 목적으로서 가치를 가진다(Jackson & Reeves, 1998).

이 수치와 가치평가는 영국에서 나온 것이고, 파악되는 기회나 문제점들은 유럽과 대부분의 선진경제를 통해 드러난다. 예를 들어 프랑스에서는 4백만의 체재 여행객과 5백만의 휴가여행객들이 외곽지역 관광을 통해 1년에 5,200만 번의 숙박과 180억 프랑(20억파운드, 30억 달러)을 소비 하며, 이들 관광객은 유럽연합의 주요 8개 국 국민들이다(Davidson, 1995). 가장 인기 있는 활동(문화관광적 방문) 뒤에 영국 방문객(전체의 40%)과 독일 방문객(30%)을 위해 수영과 하이킹이 준비되며, 스칸디나비아 방문객들을 위해 다른 야외활동 프로그램도 갖추어져 있다. 델파이(Delpy, 1995)는 보다 야심차게 북아메리카의 관광수익 중 25%는 스포츠관광과 연결되어 있다고 주장했다. 이 말이 맞는다면, 이는 매년 3,500억 달러에 이르는 시장가치를 지니며

8~10%의 성장률을 예상할 수 있다.

요약에서 나타나 이 광범위한 평가조차 스포츠관광이 계속 증가할 틈새 시장을 가지고 있을 가능성과 그것을 평가하는 데 어려움이 따른다는 두 측면을 모두 보여주고 있다.

2) 스포츠관광의 사회문화적 효과

스포츠관광은 경제적 영향 이상의 힘을 갖는다. 관광객들은 관광주에 직·간접의 영향을 끼치며, 또한 어떤 면에서는 관광주가 그들에게 영향을 끼치기도 한다. 피어스(Pearce, 1994)는 관광객과 거주민 간의 상호영향을 다룬 연구가 증가하고 있다고 지적했으며, 이익부분에 대하여 다루고 있는 글들도 200여 개 이상 찾을 수 있다고 했다. 비록 부분적으로 스포츠관광에 대해 논하고 있다고 해도 보다 전반적인 차원에서 피어스의 연구는 논의되어야 할 필요가 있다고 보는 것이다.

여기에서 다루어지는 기본내용은 윤리적 행동에 대한 강조인데, 이는 효과에 대한 논의에 있어서 분명 중요한 요소이다. 하지만 이것이 사회문화적 영향을 고려하는 데 있어 유일한 이유는 아니다. 많은 스포츠관광 활동은 관광지 지역사회가 제공하는 서비스를 필요로 한다. 그래서 그들은 예전에는 존재하지 않았을 일자리를 창출할 수 있고, 이로써 사회적 이익을 낼 수 있는 잠재력을 갖는다.

올림픽 게임이나 다른 국제 챔피언십 등의 유명한 이벤트에서 많은 관중을 유치하기 위해 제공되는 요소들이란 인프라스트럭처의 건설과 환경적 개선을 의미한다. 그래서 단기적인 이익수준의 새로운 고용창출뿐 아니라 그 이상으로 지역사회에 유물을 계승한다는 차원의 폭넓은 발전 및 개선과도 연결되는 것이다.

이외의 또 다른 이익은 문화적 관습이나 이벤트, 그리고 놀이 등 오랫동안 사장되어 있을 만한 문화적 요소의 보존이나 재생과정에서도 드러날 수 있다. 하지만 사회문화적인 영향은 보다 폭넓은 중요성을 지닌다.

피어스(Pearce, 1994)는 이런 중요한 영향력을 무시하는 몇몇 주요 경제·정치적 요소들을 지적하고 있다. 예를 들면, 지역사회에서 관광지원책이나 진흥요원을 철수하는 경우가 있다. 이는 관광객과 거주민 사이에 적개심을 불러일으키게 할 수도 있다. 또한 관광시설 건립과정이 불필요하게 지연될 수도 있다. 적절하게 훈련받고 자격이 부여된 인적 자원의 부족문제 또한 그들의 서비스를 제공하려고 하지 않는 사람들에 의해서 발생할 수도 있다.

트래비스(Travis, 1982)는 관광의 사회문화적·정치적 영향과 관련된 문헌을 연구한 결과 거의 3.8 : 1의 비율로 관광이 부정적인 영향을 끼친다는 것을 발견했다. 스포츠관광과 관련해 베일(Bale, 1992)는 몇몇 부정적인 영향을 제시했는데, 특히 교통 혼잡과 인구밀집 등과 관련된 문제들을 강조했다. 대개의 경우, 경기장은 도시 한복판에 위치하고 이것은 혼잡을 더욱 가중시켜, 결과적으로 지역사회의 생활의 질을 떨어뜨리는 악영향을 끼쳤다.

아마도 가장 심각한 부정적 영향은 범죄의 증가와 스포츠 관광객들의 행동에서 기인되는 문제들이다. 입장권의 부족으로 인한 암시장의 형성, 도둑질, 야만행위 그리고 폭력이 이런 부정적 행동의 예들이다. 스포츠관광 자체도 암시장을 통해 구매되는 티켓가격의 상승으로 인해 문제가 발생된다. 더 큰 문제는 응원하는 사람이 잘못된 응원석 입장권을 구입했을 경우이다. 상대 응원단과 구분되어 있지 않은 곳에서는 통제가 힘들고 관객들의 행동도 문제를 일으키기가 더욱 쉽다.

증가하는 스포츠관광의 인기와 그에 따라 늘어나는 소비량은 문화적 소비의 관점에서 살펴볼 수 있지만, 모든 사람이 이득을 얻을 것으로 기대할 수는 없다. 우리는 이제 특별한 제공과 서비스들이 이루어지는 지역사회의 요소들을 살펴볼 것이다. 균형의 문제는 부유한 국가에서도 소수에 의해서만 스포츠관광이 일어나고 있다는 점을 통해 볼 때 분명히 언급되어야 한다.

종종 세계의 외지에서 일어나는 어드벤처 활동과 관련해 많은 문제들이 발생한다. 흥미로운 휴가프로그램을 제공하는 여행사는 자연환경만큼이나 문화적 환경도 균등하게 보호해야 할 필요가 있음을 점차 인식하게 되었다.

스포츠관광이 문화적 쇄신의 기회를 주는가 아닌가에 대해서, 혹은 글로벌 문화가 골고루 확산하는데 기여를 하는지의 여부에 대해서는 많은 의문이 있다. 스포츠관광은 문화적 다양성과 관련해 긍정적인 기여를 하는가, 아니면 문화적 정체성을 동질화시키는가? 만일 문화적 다양성이 사라지고 우리가 비슷한 경험이나 지역을 가지게 된다면 스포츠관광의 매력은 파괴되지 않을까?에 대해 집중적으로 논의되고 있다(한상훈 외 1인, 2007 : 265-267).

[긍정적/부정적인 효과들]

스포츠관광 경험이 증가하는 것과 멀리 떨어진 매우 낯선 문화에서의 관광경험을 제공하는 것은 스포츠관광의 잠재적 긍정성과 부정적인 사회문화적 영향의 양 측면에서 고려해야 할 중요한 사항이다. 이 장에서 우리는 스포츠관광의 이익과 불이익을 어느 한 면에 치우쳐서 강조하지 않도록 공정한 평가를 시도했다.

1) 스포츠관광의 잠재적인 긍정적 효과들은 무엇인가?

① 스포츠관광은 토지를 새롭고 가치 있게(경제적으로나 사회적으로) 이용하게 하며, 그 지역경제를 부흥시키는 역할을 한다.

② 스포츠관광은 지역주민들이 그들의 문화를 진흥시키기 위해 서로 뭉치게 하여

국가유산, 정체성, 그리고 지역사회 분위기 조장에 이바지한다.

③ 스포츠관광은 외국인들이 지역주민과 그들의 문화를 알 수 있도록 하는 역할을 한다.

④ 스포츠관광은 지역 기반시설을 구축하고 국가 환경과 시설을 개발·개선하는 데 자극제가 된다.

⑤ 스포츠관광 활동에서 정부의 개입을 배제하는 것은 내부개혁과 개선의 자극제가 된다.

⑥ 스포츠관광은 문화적 전통을 보존하고 발전시키는 분위기를 만든다.

2) 스포츠관광의 잠재적인 부정적 효과들은 무엇인가?

① 보다 수익성이 높은 스포츠관광과 관련된 일자리는 기존의 전통적 고용구조와 지역사회에 혼란을 주어 지역경제의 균형에 문제를 낳을 수 있다.

② 스포츠관광은 문화적 정체성과 문화유산을 상실하게 할 수도 있다.

③ 스포츠관광에 맞추기 위해 전통적인 문화적 요소를 변형시킬 소지도 있다.

④ 스포츠관광은 이벤트에서 혼란과 무질서를 야기하기도 한다.

⑤ 스포츠관광에서 도를 넘는 폭력이 일어나기도 한다.

⑥ 스포츠관광은 지역주민들과 관광객 간의 긴장관계를 유발하기도 한다.

스포츠 관광객들이 관광지역에 영향을 끼치듯 스포츠관광도 사회적 변화의 한 원인이 될 수 있다. 관광지역의 거주민들 스스로가 종종 딜레마를 겪게 되는데, 이는 관광객들이 가져다주는 경제적 혜택에 대해 의존적인 입장을 취할 것인지, 아니면 이러한 효과를 버리고 그들의 문화유산과 정체성을 보존할 것인지에 대한 문제이다. 사람들은 문화적 차이를 종종 서로 다투는 배타적 인종그룹의 갈등으로 바라보려는 경향이 있다. 잠재적으로 스포츠관광이 가져오는 사회문화적 혜택과 손해 사이에서의 균형 유지 필요하다.

[자료 : 한상훈 외 1인, 스포츠관광, 백산출판사, 2001 : 297-298]

스포츠관광과 환경 모두 사람들이 깊이 관여하고 관심을 갖는 삶의 요소들이다. 또한 이 둘은 밀접한 관계를 가지고 있기도 하다. 스포츠관광과 환경과의 연계는 침략자이자 피해자의 관계로서 생각되는 면도 있다(Priester, 1989).

여기에서 우리는 먼저 환경과 관련한 스포츠관광의 희생에 대해 살펴보겠는데, 이 말은 점차 증가하고 있는 자연환경에 대한 관심이 스포츠관광의 존속을 얼마나 위협하고 있는지를 살피는 것을 의미한다.

둘째로, 스포츠관광이 자연환경에 끼치는 해로움에 대해 살펴볼 것이다. 증가추세에 있는 야외스포츠 참여도를 일반적인 참여와 휴일의 참여로 구분해, 세계적 관점에서 스포츠관광이 자연환경에 미치는 해로움과 스포츠관광이 자연환경에 미치는 영향을 구분하여 연구가 진행되었고, 그 결과 스포츠, 관광, 그리고 스포츠관광은 자연환경에 잠재적으로 악영향을 끼치는 요소라고 보고되었다. 야외스포츠와 스포츠관광이 환경에 미치는 부정적 영향을 해결하기 위해 수많은 해결책들이 제시될 수 있다.

마지막으로, 스포츠관광이 도시환경에 미치는 영향력은 높아질 것이다. 생태학적인 관점에서뿐만 아니라, 어떤 종류든 야외스포츠에 참여하는 스포츠 관광객의 입장에서도 자연의 보전은 매우 중요한 문제가 아닐 수 없다. 자연환경이 훼손될수록 야회활동이 지속될 수 있는 가능성도 그만큼 적어지기 때문이다. 스포츠관광은 오늘날 자연환경에 심각한 부담을 주고 있으며, 한편으로 환경을 파괴하기도 한다. 결국 이 때문에 스포츠관광 역시 곤경에 처하게 되었다.

레저활동에 참여하는 사람들의 수가 증가하고 특정한 시간에 집중적으로 행해지면서 종종 자연환경에 해를 끼치게 된다. 그리고 많은 새로운 스포츠들이 생겨나고 일반화됨에 따라 그에 대한 정책을 확충하거나 환경을 보호할 시간은 더욱 없어지고 있어 결과적으로 더 많은 해를 끼치고 있는 실정이다.

하이킹, 사냥, 카약, 스키, 요트와 같은 몇몇 야회활동은 거의 모든 면에서 자연환경에 의존하고 있으며 산, 숲, 강이나 바다와 같은 자연자원에 의존하고 있다. 점점 더 많은 사람들이 결과적으로는 자연환경에 의존하여 자연환경에 해를 끼치면서도 이 활동에 더욱 많이 참여하기 시작했다.

더욱이 새로운 형태의 야회활동까지 생겨나고 있어 환경적 부담이 더 커지고 있다(예를 들어 윈드서핑, 스노보딩). 미래에 훼손되지 않은 아름답고 좋은 환경에서 스포츠관광에 참여하려 한다면, 지금 당장 예방차원의 수단이 강구되어야 한다. 그렇지 않으면 스포츠관광 자체가 소멸되고 말 것이다(한상훈 외 1인, 전게서 306-307).

6. 스포츠관광의 활성화 방안

스포츠관광은 전략적으로 발전시켜야 할 매우 중요한 요인으로 부각되었고 이의 진흥을 위해서는 스포츠관광에 대한 인식제고, 다양한 프로그램 및 콘텐츠 개발, 지역 및 인프라 구축, 전문가 양성, 스포츠관광진흥법 제정 등의 많은 노력이 요구된다. 왜냐하면, 스포츠관광은 지역 내 경제발전은 물론 국가 간 문화교류, 인류화합, 자연보호 등의 총체적인 목적을 달성할 수 있기 때문에 지역 관광산업의 새로운 관광요소로서 각광받고 있음은 물론 스포츠 산업과 관광산업의 새로운 블루오션으로 등장하게 되었다.

특히 개인소득의 증대, 편리한 교통망 발달, 여가시간의 증가, 정보통신의 발달, 건강에 대한 관심 증대 등으로 인해 전 세계적으로 스포츠 관광객이 급증하고 있기 때문에 스포츠관광은 지속적으로 발전할 수 있는 가능성을 내포하고 있다.

관광의 국제적 효과, 경제적 효과, 삶의 질 향상, 문화적 혜택 등 스포츠관광이 주는 효과가 매우 다양함에도 불구하고 심도 있고 체계적인 연구와 정부, 민간단체, 대학 간의 인프라 구축이 제대로 이루어지지 않는다면, 자칫 스포츠관광이 하나의 일회성 이벤트 행사나 지역의 홍보수단, 정치적 목적으로 활용될 수 있다. 한국은 세계 스포츠관광의 연구, 정책, 현장과 비교해 볼 때 아직 걸음마 수준에 머물러 있는 것이 사실이다.

따라서 스포츠관광의 활성화를 위해서는 다음과 같은 노력이 요구된다 (노용구 외 20인, 2004 : 203-204).

첫째, 대학에서는 스포츠와 관광 간에 통섭의 연구풍토가 정착되어야 하며 이와 관련된 각종 세미나, 학술대회 개최는 물론 스포츠관광 관련 통계자료의 구체화, 자연환경을 고려한 콘텐츠 개발, 스포츠관광백서 출간 등에 관한 연구가 필요하다.

둘째, 정부에서는 스포츠관광 법규 개발 및 시설, 공간 확보는 물론 전문가 양성을 위한 자격 규정 등의 통합적인 정책이 요구된다. 아울러 스포츠 관광산업에 대한 규제완화 및 민영화 방안, 세금규제 완화, 국민 세금의 적절한 활용 등에 대한 노력이 요구된다.

셋째, 민간단체에서는 스포츠관광 개발을 위한 지역주민 그리고 관광 관련업체 종사자들의 적극적인 참여가 필요하며, 자유시장 경쟁체제하에서 스포츠관광의 적극적인 홍보 및 관광객 유치를 위해 힘써야 하며, 정부와 대학 간의 긴밀한 협조체제하에 현장에 바로 적용할 수 있는 스포츠관광 아이템 개발 방안을 강구해야 한다(그림 7-3) 참조).

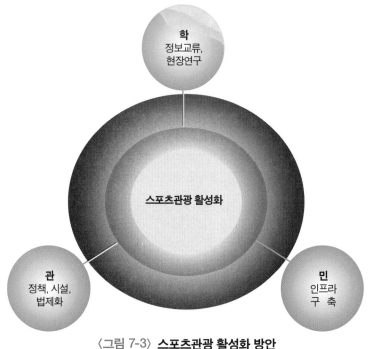

〈그림 7-3〉 **스포츠관광 활성화 방안**

관광 분야에서 가장 빠르게 발전하고 있는 스포츠관광은 스포츠, 건강, 휴식, 캠프, 여행 등의 다양한 목적을 동시에 만족시킬 수 있는 잠재력을 지니고 있기 때문에 사람들의 참여가 증가하고 있다. 그러나 스포츠관광에서 간과해서는 안 될 것이 있다. 즉, 시설, 환경 등의 정적인 측면과 함께 역동적이고 다양한 체험을 할 수 있는 콘텐츠의 개발이 뒷받침되어야 이벤트성 행사 또는 잠시 머물다 가는 지역사업으로 전락하지 않는다는 것이다.

우리나라도 대규모 스포츠행사의 유치 및 개발사업을 통하여 세계적인 관광도시로의 위상을 강화시키고자 스포츠관광 활성화를 위한 국제 스포츠 이벤트들의 유치 및 개최를 지속적으로 전개해 나가고 있다. 이에 파급효과를 최대화할 수 있도록, 스포츠와 관광이라는 양대 콘텐츠를 통한 대규모의 스포츠 이벤트, 스포츠 축제의 유치·기획·신규 개발이 이루어져야 하겠다.

스포츠는 세계에서 가장 큰 사회적 현상이며, 관광이 세계 최대산업으로 부각되고 있는 이때 두 분야의 결합은 최고의 시너지 효과를 생산해 낼 수 있기 때문에 적절한 스포츠관광 콘텐츠의 개발은 스포츠관광의 활성화를 위한 첩경이라 해도 과언이 아니라는 것이다.

이에 스포츠관광 성공을 위한 콘텐츠 개발은 다음과 같이 이루어져야 할 것이다(상게서, 202).

첫째, 스포츠관광의 성공적인 개최를 위한 조직체계의 확립이다. 즉, 스포츠관광은 스포츠나 관광 어느 한 분야만으로는 그 성공을 기대하기 어렵다. 특히 국제 이벤트 유치의 경우 그와 관련된 조직적인 관리체계가 더욱 요구된다.

둘째, 스포츠와 관련된 매력적인 콘텐츠를 적극적으로 개발하여 많은 사람들이 관광을 즐길 수 있도록 해야 한다. 예를 들어 MTB 스포츠마니아를 위한 토너먼트 대회 개최, 가족단위로 즐길 수 있는 해양 스포츠 이벤트 프로그램 개발, 세계적으로 유명한 국제대회유치 등을 들 수 있다. 더불어 이와 같은 프로그램에 관광객도 직접 참여해서 즐길 수 있는 기회를 마련해 준다면 최대의 시너지 효과를 얻을 수 있을 것이다.

셋째, 스포츠 관광객을 위한 숙박시설, 안내, 교통, 가격할인은 물론 지역적 특색을 고려한 특산품 또는 캐릭터 개발 등의 종합적인 관리체계가 요구된다.

스포츠관광의 활용목적에 따라 다양한 콘텐츠를 개발할 수 있으며, 다음과 같이 결정, 세부계획, 실행설계, 운영, 평가 등의 체계적인 계획에 의해 개발·운영되어야 할 것이다.

첫째, 결정단계에서는 행사의 틀을 규정하고 행사의 비전, 목표, 전략을 수립하는 등의 행사기획의 방향을 설정하고 구체적인 행사명과 주제 선택, 행사주제에 합당한 프로그램 구상, 행사일정과 장소, 홍보방법 결정 등의 행사내용을 설계해야 한다.

둘째, 세부 계획단계에서는 행사 진행을 위한 현장계획으로 업무계획 수립, 체크리스트 작성, 행사장 운영, 편의시설 운영, 행사의 재정계획, 행사의 예산구성, 행사를 위한 마케팅 전략을 계획한다.

셋째, 실행 설계단계에서는 행사의 조직체계, 위원회 및 사무국 구성, 자원봉사자 등의 인적 관리는 물론 행사 홍보전략, 구체적인 프로그램 실행계획 관리 등에 힘써야 한다.

넷째, 운영단계에서는 프로그램 운영, 안전사고 관리, 행사 후 관리 등이 요구된다.

다섯째, 평가단계에서는 평가표를 활용한 행사평가, 전문가들에 의한 행사평가 시스템을 구축하여 이미 실행한 행사에 대한 평가와 함께 추후 이루어질 행사에 대한 사전점검을 실시해야 한다.

7. 21세기 스포츠관광

웨일러와 홀(Weiler and Hall, 1992)은 스포츠, 모험 그리고 건강프로그램을 포함한 관광에 대한 논의에서 보다 광범위하면서도 간략한 예측을 하였다. 사회 내의 인구통계학적·경제적 그리고 기술적 변화로 인하여 여행객들은 매우 세련된 기호를 가지고 있으리라는 것이다. 특별한 흥미를 자극하는 관광은 이러한 여행객들과 문화적·자연적 한계나 기호에 의하여 좌우될 것이다. 한편, 이런 특별한 관광 아이템은 흥미로우면서도 역동적인 스포츠관광의 미래를 나타낸다(Weilrer and Hall 1992).

우리는 스포츠관광의 미래에 관하여 세 부분으로 나누어 보았다.

- 경험의 본질
- 참여, 그리고
- 하부구조

이런 방식으로 우리는 스포츠관광의 기본적 형태를 일관성 있게 설명하며 현상들에 대한 종합적인 시각을 제공하고자 한다(한상훈 외 1인, 전게서, 435-442 요약).

1) 스포츠관광의 미래본질

스포츠관광의 성격은 앞서 살펴보았듯이 미래에도 본질적으로는 비슷하게 남아 있을 것이다. 그것은 지역의 문화적 특성과 연관되어 물리적이면서도 문화적인 이차원적 모습으로 남아 있을 것이다. 새로운 물리적 환경변화가 지상과 수중으로 나뉘어 고안되는 한 우리는 새로운 스포츠의 상태가 등장하기를 기대한다. 그러나 이런 새로운 형태의 스포츠 종목들은 스노보딩이 서핑과 스키를 그리고 스키서핑이 스카이다이빙과 서핑을 콤비, 결합하여 이루어낸 것과 마찬가지로 혼성이 될 것이다.

우리는 관광지가 동부유럽과 라틴아메리카, 아프리카 그리고 아시아를 포함하여 다양화되기를 바란다. 우리가 바라는 스포츠관광의 본질은 다른 스포츠 형태의 종류수나 그들것이 실행되고 있는 지형적·문화적 조형을 제한하는 것이다. 그렇지만 이대로 가는 것은 스포츠관광의 새로운 형태를 받아들이거나 거부하는 그 어떤 것도 모호한 형태로 남을 뿐임을 주지하여야 한다.

모든 형태의 스포츠 활동은 한 가지 공통점을 가지고 있다. 그것은 사람을 포함하고 있고 그 사람들은 각기 다른 역할을 맡는다는 점이다. 관람객들은 스포츠에 영향을 미치지만, 물질적으로 그 본질을 바꿀 수 있는 존재는 아니다. 따라서 우리는 미래의 스포츠관광의 관람을 그 자체의 범주 안에서 생각하기보다 참여의 한 형태로 간주하는 것이다.

2) 스포츠관광의 미래참가

스포츠 관광객들은 점차적으로 그 수가 늘어날 것이며 그들의 참여와 구성 역시 그 다양성을 더해 갈 것이다. 이는 Algar(1988), Burton(1995),

Churchil(1990), Holloway(1994), Jackson & Glyptis(1992), 그리고 Jolley & Curphey(1994) 등에 의해 지지되어 왔다.

중국, 인도, 러시아, 아프리카, 라틴아메리카 같은 나라들로부터의 새로운 관광객의 추가로 관광시장은 더욱 광범해지고 있으며, 스포츠관광 시장은 이와 더불어 증가할 것이다. 그러나 그런 다양해진 관광객들만을 우리가 현재 통계로 얻을 수 있는 것은 아니다. 유럽인, 일본인, 다른 아시아인들, 남아프리카인들 그리고 다른 많은 국적의 관광객들이 증가하고 있으며, 그들이 즐기는 일반적인 관광의 형태로서 스포츠관광을 즐기려는 이들은 늘어날 것이다. 이들의 구성 역시 새로운 그룹의 사람들이 관광을 시작함으로써 다양화될 것이다.

우리는 이 그룹의 더 많은 중산층 관광객들이 더 많은 시간과 경제적 여유를 가지고 확대되어 나갈 것으로 예상하고 있다. 이른 정년퇴직과 더 활발한 세대인 이들은 스포츠관광의 시장을 증가·다양화시킬 것이다. 소산(小産)으로 인한 핵가족화는 중요한 영향을 미칠 것 같지 않다.

왜냐하면 소수의 가족들이 간혹 그렇긴 하지만, 대부분의 가족끼리 스포츠관광을 즐기러 오지는 않기 때문이다. 그러나 이미 스포츠 관광객의 대부분을 차지하는 성인들끼리의 그룹이나 독신자층의 확대와 같은 가족구조의 변동은 다소 시간적 여유가 제한되더라도 스포츠관광 시장의 증가를 더욱 심화시킬 것이다. 건강에 대한 붐과 건강 프로그램에 대한 공공 재정지원의 감소는 사람들로 하여금 육체적 활동과 건강의 연계에 대해서도 각성하게 하는 주요한 계기가 되었다. 즐거움의 문제는 별도로 한다 해도 이는 노년층을 위한 강한 동기가 될 것이며, 그것은 스포츠관광에 있어 개인의 참여를 늘릴 것이다.

새롭게 확대되는 시장은 새로운 기호와 새로운 수요를 창출할 것이다. 개인화의 경향은 그다지 새로운 일도 아니지만, 최근 이른바 '스스로 스포츠하기'의 붐에 불을 당긴 것은 사실이다. 리비네트(Ribinett, 1993)는 미국의 레저시장의 경향에 대하여 언급하면서, 고객들은 가장 특별한 개인으로 다루어지길 바라며 자신들의 가치와 연관된 경제적 문제들이 단지 그들에게 바쳐지는 충실함보다도 우선한다고 하였다. 일반적으로 보다 좋은 교육을 받고 보다 식별력을 가진 참가자들은 특별하면서도 맞춤형의 기회를 요구한다는 것이다.

기존의 2주 또는 한 달 휴가는 변화할 것이다. 시간적 여유를 누릴 수 있는 이들은 일반적으로 그 체류기간이 더 긴 스포츠휴가를 찾게 될 것이다. 즉 저예산의 하이킹과 사이클링 사파리로부터 부유층을 위해 스포츠를 겸한 프로그램에 이르기까지 다양화됨을 의미한다. 주말 여행이나 5일 여정의 여행도 증가할 것이다.

영국부터 유럽대륙까지의 주말 스키여행은 점차 대중적인 인기를 얻고 있으며, 이제는 두 시간 비행을 포함한 슬로베니아로의 1일 여행도 제공되고 있다. 일본인 관광객들은 이미 주말 국제골프투어를 즐기고 있다. 어떤 스포츠 관광객들은 점차 전문화되는 반면에 다른 여행객들은 Center Parcs와 같은 클럽에 있는 다양한 스포츠 활동의 기회를 선호하기도 한다. 후자의 경우는 보다 예산에 민감하면서도 한 번에 다양한 스포츠를 즐기고 싶어하는 이들이 대부분이다. 그러나 보다 경제적 여유가 있는 이들 역시 점차 넓어진 기회에 더욱 접근하려 할 것이다.

'조직화된' 그룹은 그들 조직의 레벨이 다양해짐에도 불구하고 점차 늘어날 것이다. 가족이나 친구로 구성된 그룹들은 각 개인적인 여행계획을 만드는 동시에 스포츠관광을 즐길 것이다. 더 조직화된 패키지관광은 새로운 선택사항을 스포츠의 기회에 첨가할 것이다. 네팔을 방문하는 동안의 뗏목타기라든가, 남아프리카, 뉴질랜드, 극동아시아 그리고 미국의 Kuoni의 볼링휴가와 같은 스포츠 프로그램들이 바로 그런 예가 될 것이다.

스포츠클럽들은 국내관광을 계속 즐기겠지만, 그들의 게임이라든가 관광과 사교적 기회를 겸한 국제관광을 계속적으로 추진하려 할 것이다. 프로팀들도 이와 마찬가지일 것이다. 외국과 계약을 체결하는 기회가 증가하면서 세계 각지에서 오는 프로선수들이 점차 증가할 것이다. 이는 또 국내 관광객이 그들의 경기를 관람하러 외국으로 가는 것을 부추기는 계기가 된다. 이와 더불어 다른 나라와 벌이는 스포츠경기도 점차 늘어날 것이다. 예를 들어 미국과 오스트레일리아 간의 축구경기는 점차 유명해지고 있다.

따라서 스포츠관광 관람은 대중적으로 바뀔 것이며, 스포츠를 보기 위해 방문할 만한 새로운 스포츠, 새로운 팀, 새로운 스타 그리고 새로운 여행지가 점점 늘어날 것이다.

인터넷과 더불어 기술적인 발전도 바로 '의자여행'이 도래함을 의미하는 것처럼 보인다. 단지 컴퓨터 화상으로 여행을 즐기는 것도 이제는 가능해졌다. 그러나 컴퓨터상의 여행은 가상 여행객들에게 실제적으로 물리적 안락감을 제공할 수 없다.

또 어떤 '가상체험적'인 활동도 그곳에 실제로 있는 것처럼 느끼게 하는 것은 불가능하다. 노박(Novak, 1988)은 미국에서 벌어지는 축구경기에 참관하는 것이 후각적 자극을 통해 어떻게까지 실현 가능한가를 매우 실감나게 묘사하였다. 물에 젖은 풀잎들과 따사로운 태양, 이제 막 나온 잉크가 덜 마른 프로그램 전단지, 새 앙고라 스웨터, 팝콘, 맥주, 담배, 플라스틱, 레인코트, 커피, 땅콩껍질, 핫도그와 새 콘크리트의 알카라인 등이다.

그러나 아직까지 컴퓨터 네트워크로 이러한 감각과 기분을 느끼게 할 수는 없다. 아무리 인터넷 상으로 사람을 만나는 것이 흥미롭다 할지라도 산과 해변에서 사람을 만나는 것만큼 재미있을 수 있겠는가?

3) 스포츠관광의 미래 하부구조

　스포츠와 관광의 하부구조는 서로간에 공통점이 많다. 둘 다 이용시설과 장소, 자연과 인력을 필요로 하며 제공자와 관리자, 기획자, 리더 그리고 다른 인력들이 동원된 서비스를 필요로 한다. 점차 대중적 인기를 얻어가고 있는 새로운 형태의 스포츠관광은 몇 가지 사항을 암시하고 있다.

　즉, 스포츠 관광객들의 수와 그 유형이 점차 확대되는 것은 곧 시장의 상품이 세분화됨을 의미한다. 계획자들이나 운영자들 모두 그들이 제공할 수 있는 기회를 매우 구체적이면서도 별개의 시장으로 조정할 필요가 있으며, 이후 세분화된 시장을 적절한 목표로 활용할 줄 알아야 한다는 것이다.

　상품의 생산자들과 운영자들이 관여되는 한 스포츠관광이 가지고 있는 관계에 대한 자각은 수직적 통합(즉, 그 회사가 그 활동을 하나의 서비스부터 더 부가적인 서비스를 제공하는 활동으로)이 점차 증가하며 동시에 가격이 하락됨을 의미한다.

　예를 들어 운영자들은 숙박을 제공할 것이며 그 목적지까지 교통을 제공할 수 있고, 숙박제공자들은 여러 가지 활동을 제공해 줄 수 있다. 이러한 종류의 시장의 확대를 통하여 우리는 더 확대된 협동을 창출해낼 클럽들이 대중화와 더불어 성장할 것을 기대할 수 있다. 그러나 스포츠관광시장의 크기, 다양화 그리고 양극화는 작은 사업규모의 전문가들이 그들의 질적 향상을 가져올 수 있다는 것을 의미한다.

　더 많은 장소와 활동에 참여하고자 하는 사람들은 장소와 이용시설에 대한 수요를 더욱더 늘릴 것이다. 장기간 여행이 점점 더 가능해지고 대중화되는 것은 산업화가 덜 된 사회에서는 두 가지 관점에서 보아질 수 있다. 한편으로는 외국인 국내 스포츠관광을 통해 저개발 국가가 발전할 수 있는 역량을 개선시킬 수 있다.

숙박시설과 상품들 그리고 서비스 등을 제공해 줄 기회는 새로운 고용을 창출해 내며 그들의 경제역량을 강화시킬 수 있다. 한편, 지방 인구와 서비스가 사용되지 않고 그들의 문화환경이 존중되지 않는 경우 스포츠관광은 지역 간의 불공평한 관계를 악화시킬 수 있다. 그러나 윤리적 문제가 고려되는 곳이라 할지라도 우리가 아프리카와 중동에서 골프장의 유지를 위한 물의 사용을 막을 수 있을까?

또 네팔 관광객들의 온수 사용을 위한 원목의 채벌을 막을 수 있을 것인가? 산업화된 국가의 내부 도시들이 황폐화될 것이라는 예상은 다른 도시들이 새로운 스포츠 이용시설을 건설하거나 이미 오염된 공간에 또다시 새로운 스포츠 활동 사업을 마련하게끔 하였다. 한편, 다른 곳에서는 거대한 경기장과 다른 건물들이 사용되지 않은 채 남아 있기도 하다. 이러한 문제들은 스포츠, 관광, 그리고 스포츠관광의 미래 발전계획에 이어서 국내뿐만 아니라 국제적인 행정적 통제를 받을 필요가 있음을 의미하는 것이다.

대규모의 그리고 환경 비우호적인 사업개발에 대한 통제가 더 많이 부과될수록 더 작은 규모와 지방을 중심으로 하는 사업체들은 살아남을 수 있을 것이다. 사게(Sage, 1994)는 "사업의 목적은 사회정의와 환경의 유지를 개선시키기 위하여 세워져야 한다"고 하였다.

스포츠관광이 경제, 환경, 보건 그리고 문화사회적 환경과 함께 경제에 미치는 영향은 모두 잠재적으로 긍정적이고 부정적인 결과를 가지고 있다는 것에 대하여 설명하였다. 우리는 우리의 정치경제적 질서에서 일어난 변화들이 스포츠 관광객들에게 기회를 제공할 수 있는 사영역의 발전으로 이어질 것을 기대한다. 옷과 장비의 상품화와 시장화는 새로운 참여자들이 새로운 지역의 새로운 활동에 참여함에 따라 매우 열렬히 추구되어지는 것이다. 사게는 이런 상품의 제조업이 가져야 할 윤리에 대하여 언급하였다. 스포츠상품과 장비 제조업에 관한 리서치에서 그는 그들의 관행에 대하여 비판하였다.

우리는 제조자들이 안전하지 못하거나 그것을 사용하는 이들에게 불편을 주고 환경에 유해한 상품들을 계속 사용하면 우리는 우리 자신을 해치는 것과 마찬가지이다. 우리는 측정할 수 없는 방식으로 윤리적인 균형을 깨어버리고 있는 것이다(Sage, 1994).

그러나 환경 재활용의 발전에 대한 국제적인 관심은 일반대중, 국제기구, 그리고 정부와 관여하도록 유도하기 시작했다. 1910년 이 개념은 『우리의 공동미래(Our Common Future)』라는 저서에서 World Commission on Environment and Development(세계의 환경과 발전위원회)에 의해 진척된 바 있다.

1992년 '세계 환경과 발전을 위한 UN회의'와 1995년 코펜하겐에서 열렸던 '사회발전을 위한 세계정상회의'는 바로 그 뒤를 따른 대표적 사례였다(Cushman, Veal, & Zuzanek, 1996). 언론은 정책에 협조해야 하고 국제적인 전략은 국가정부와 국제적 기관을 포함하게 됨을 보여준 것이다. 인터넷은 국민들에게 스포츠관광을 교육하면서 동시에 상품화하기 위한 해답이 될 수 있다.

이는 소비자들을 위하여 편리하게 모든 일을 처리하는 여행사에 대한 잠재적인 대용물이 될 것이지만, 그렇다고 해서 스포츠관광이 인터넷 때문에 그 자리가 취약해지지는 않는다. 영국으로부터 미시간까지의 여행을 준비하던 한 저널리스트는 그가 사용하는 인터넷 서치 사이트에 '미시간'을 쳤더니 12,000개의 사이트 반응이 왔다(Diamond, 1995). 그는 다음과 같이 말했다.

나는 미시간에서 내가 필요한 골프코스, 낚시, 사냥, 숲들과 같은 많은 정보를 얻었다. 미시간 골프코스협회는 영국 여행사들이 각 주마다 여러 골프코스가 적힌 카탈로그를 가지고 있을 확률이 거의 없다는 것을 알았다. 그렇지만 나는 인터넷을 통하여 모든 골프 여행자들이 얻을 수 있는 만큼의 정보는 다 얻을 수 있었다.

이는 인터넷을 통하여 잠재적인 수요가 지역사회발전에 접속할 수 있고 흥미를 느낄 수 있다는 것을 알려준 것이다.

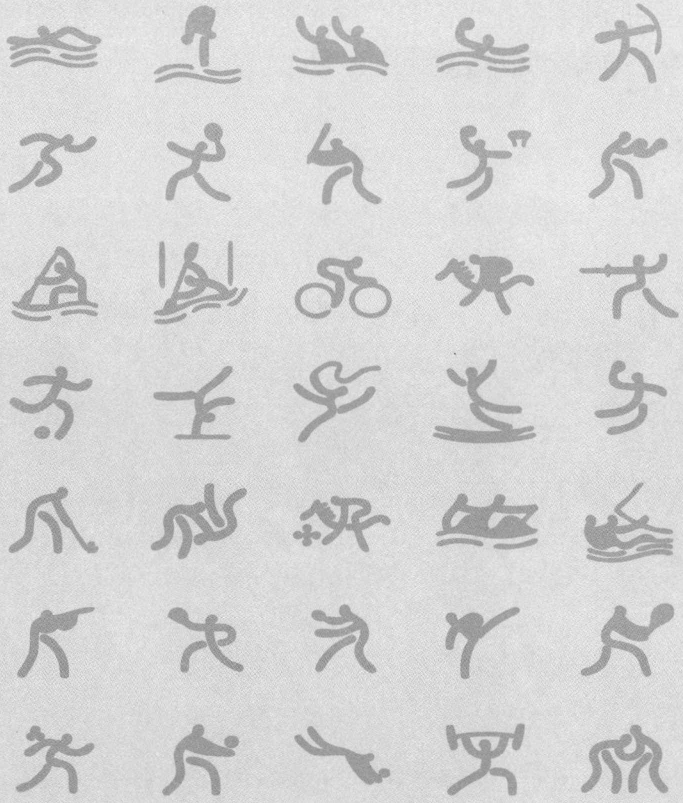

8

스포츠 Dr. 이야기

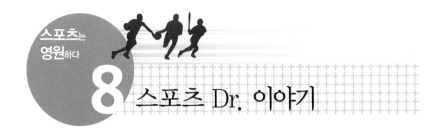

스포츠는 **영원**하다

8 스포츠 Dr. 이야기

1. 삶의 중요한 가치와 스포츠

스포츠 분야 의 모든 교사와 코치, 건강 전문가, 사업가들은 이런저런 방법으로 사람들의 삶의 질을 향상시킬 기회를 가지고 있다. 사실, 이것은 스포츠 분야에 종사하든 그렇지 않든, 전문적 일을 하는 사람들의 기본적인 책임이라고 할 수 있다. 아마도 여러분은 생활을 영위할 뿐만 아니라 차별화하기 위해 이 전문적인 일을 시작했을 것이다. 차별화하는 것—일정한 방법으로 사람들의 삶들을 향상시키는 것—은 돈을 벌거나 이익을 얻는 것보다 더욱 만족스럽고 가치 있는 일이다.

전문가로서 여러분은 여러 가지 상품과 서비스가 여러분의 학생들이나 고객들에게 보다 좋은 쪽으로 영향을 미칠 수 있는 방법에 대한 판단을 해야만 한다. 여러분은 자신이 가지고 있는 것 중 어떠한 가치들이 영향력 있는지를 이해해야 하며, 어떠한 상품들이 여러분의 선수나 고객들이 좋은 삶이라고 하는 것을 성취하는 데 도움이 될 것인지를 이해하려고 노력해야 한다.

좋은 삶은 마술에 의해서 또는 어떤 신비스러운 과정을 통해서 만들어지지 않는다. 그것은 가치를 통한 가치의 창출이다. 즉 좋은 삶은 인간의 삶을 구성하는 많은 개별적 가치의 복합체이다.

가치란 좋음(Goods)이다. 그것은 인간 존재가 구하고자 하는 것들이다. 두 가지 종류(Classes)의 가치가 존재한다. 도덕적 가치(Moral Values)는 어떤 인격적 특성과 인간적인 동기이다. 도덕적 가치는 우리가 종종 도덕적으로 착한 사람의 특성을 묘사한다. 이러한 특성에는 정직, 양심, 애정, 검약, 절약, 근면함, 용기와 같은 것들이 있다. 도덕과 무관한 가치(Nonmoral Values)는 삶에서 우리가 소망하는 것들이다. 그것은 사람의 동기들을 묘사하는 것이라기보다 오히려 사람들이 원하는 즐거움, 지식, 부, 안전, 우수함, 우정과 같은 항목들을 가리킨다.

좋은 삶에 대한 대부분의 정의에서 우리는 많은 두 가지 종류의 가치를 찾을 수 있다. 예를 들면, 성실함이나 좋은 평판뿐만 아니라, 안전, 우정, 즐거움 없이 좋은 삶을 산다는 것은 어려운 일일지도 모른다.

[스포츠 가치의 실현]

현재 스포츠문화가 정치주의적, 상업주의적으로 이용되고 왜곡되어 대중의 소외상황을 형성하는 것은 부정할 수 없는 사실이다. 여기에서 문제는 이러한 스포츠의 개선방안을 모색하는 것이다.

가게야마 등은 "승패를 결정하고, 서열화를 본질로 하는" 스포츠는 부정되어야 하고, 이를 대신하는 경쟁이 없는 스포츠를 국민의 것으로 해야 한다고 주장하지만, 경쟁의 부정, 즉 문화의 핵심적 부분의 부정은 문화의 전면 부정이고, 이렇게 해서는 스포츠의 현실이 변화되지 않는다. 전면 부정보다는 창조가 요구된다. 창조란 옛것을 활용하고, 옛것에서 새로운 것을 형성하는 것이며, 옛것, 즉 전통과 "상호 매개적, 상호 침투적이고, 변증법적인 통일을 이루고 있다". 새로운 스포츠는 기존의 스포츠와 긴장관계가 아니다. 즉, 신구 양자가 변증법적 통일을 이루고 있지 않기 때문에 기존의 스포츠에 대한 혁신과 창조의 방향을 제시할 수 없다.

따라서, 스포츠문화의 오랜 역사 속에서 축적되어 온 가치의 계승, 발전이라는 측면에 중점을 두고, 내재적인 분석과 비판을 통하여 혁신과 창조의 방향이 명확히 설정되어야 한다.

노동과정에는 인간에 의한 자연의 가공과 인간에 의한 인간의 가공이라는 두 가지 측면이 있으며, 전자는 기술적 과정, 후자는 노동의 조직적 과정으로 규정되어 있듯이, 스포츠도 스포츠의 기술적 과정과 조직적 과정으로 구별된다.

기술적 과정은 주체가 대상에 작용하여 스포츠 기술을 획득하는 과정이며, 스포츠 문화의 본질적인 부분이다. 조직적 과정은 기술적 과정을 성립시키는 인간과 인간의 관계이며, 예를 들어 볼 게임의 포메이션에서부터 클럽의 운영방법, 상부조직과의 관계, 통괄조직의 바람직한 모습, IOC까지 다양한 수준에서 존재한다.

스포츠의 가치를 대중에게 실현하기 위해서는 두 가지 과정의 문제성과 상호관계가 해명되어야 한다. 기술화 과정은 스포츠 기술의 끝없는 고도화 과정에서 대중이 빨리 즐겁게 기술을 획득하고 문화의 본질에 접할 수 있는 방법의 과학화가 문제이며, 조직적 과정은 모든 측면에서 민주주의를 관철시키는 방법의 고안이 문제이다.

클럽의 예에서 우수 선수만을 우대하는 엘리트주의, 서툰 사람을 배제하는 비민주적인 운영, 혹은 전체의 민주적인 의견에 의하지 않는 리더의 방향 설정과 이에 따른 활동, 재정적 기반의 취약함에 의한 보스 지배의 횡행 등은 기본적으로 승리 지상주의라는 스포츠의 개념에 근거한다.

스포츠에서 승리 지상주의는, 가게야마 등이 생각하듯이, 경쟁에서 필연적으로 초래된 것이 아니고, 스포츠를 하는 사람들 안에서 어떤 과정을 거쳐 형성된 관념적 형태이다. 이는 시합에서의 승리를 모든 가치보다 위에 두고, 비인간적인 훈련을 해도,

서툰 사람을 배제해도, 모든 사람의 의견을 듣지 않아도, 보스 지배를 허용해도 이기기 위해서는 당연하다는 관념이다. 이러한 관념은, 승리와 민주적인 모습(인권의식)이 모순된 관계에서 출현하는 경우, 민주적인 모습을 포기함으로써 해결하려는 사고이다. 한편, '反올림픽 선언'의 경우는 반대로 승리를 포기한 것이다.

스포츠에서의 승리와 민주적인 모습(인간의 존엄성)을 국민적 창조와 발전의 모순으로 받아들이고, 양자를 변증법적 통일에 의해서 해결하는 방향이 추구되어야 한다. 그리고 이 원점에는 기술적 과정에서의 인간의 존엄, 인권의식의 기반이 되는 인간적 생명의 자각, 삶의 의욕과 활력의 자각이 필요하다.

[자료; 김현덕 외 1인 역, 스포츠의 개념, 홍경, 2001 : 62-63]

좋은 가치들을 찾는 것이 어려운 것은 아니다. 어려움이 있다면, 아마도 앞의 목록에서 5가지를 선택하는 것이리라. 그러나 여러분의 예정된 전문적 일이 그 5가지 가운데 몇 가지—모두 다일 수도 있고, 적어도 하나나 그 이상일 수도 있다—를 향상시킬 수 있다는 것을 확인하는 것은 어렵지 않을 것이다.

그러나 여러분은 좋은 삶에 대한 여러분의 정의를 어떻게 옹호했는가? 우리는 여기에서 옹호하는 방법 하나를 살펴볼 것이다. 적어도 운동관련 전문직에 의해서 증진될 수 있거나 어느 정도는 향상될 수 있는 모든 가치들에 대해서 여러분은 어떻게 할 것인가? 이 장의 서두에서 설명하였던 것처럼 그것 모두를 지지하는가? 아니면 우선적으로 관심이 가는 몇 가지를 선택하는가?

스포츠란 그것의 주요 가치를 기술함에 있어 상당한 일관성을 보여 왔다. 아래에 3가지 진술을 하였다. 하나는 오래 전인 1900년대 초반에 유행했었고, 다른 하나는 21세기를 향하는 과정에서 줄곧 쓰였다. 그리고 세 번째는 다른 두 진술 속에 있는 근원적 가치를 밝히는 것이다.

▶ 공식 1: 체육의 네 가지 주요 목적(Hetherington, 1910 : 350-357)

- 유기체적 목적(Organic Ends)이란 생물학적 목표(Objectives)이다.

  예: 체력, 건강, 장수, 삶 자체, 근력, 파워, 지구력, 고통이나 불안이 없
  음, 이동이나 기능작용의 용이함

- 심동적 목적(Psychomotor Ends)은 기술 목표이다.

  예: 기술, 효율적 행동, 능력, (숙달된 운동경험에서 또는 숙달된 운동경험으로 부터의)
  자유와 표현, (예를 들어, 스포츠와 춤의 문화적 형태에의) 참여나 관계, 창조성

- 정의적 목적(Affective Ends)은 태도, 경험적 목표이다.

  예: 성격 발단, 감상, 의미, 향유, 재미

- 인지적 목적(Cognitive Ends)은 지적 목표이다.

  예: 지식, 사실, 지혜, (지혜에서 그리고 지혜로부터) 자유, 통찰, 이해, 진실

▶ 공식 2: 신체적으로 교육된 사람(NASPE, 1992 : 7)

등급이 매겨지지 않고 전체로서 간주되는, 신체적으로 교육된 사람은

- 다양한 신체활동을 수행하는 데 필요한 능숙한 기술들을 가지고 있다.
- 신체활동에 정기적으로 참여한다.
- 신체적으로 준비가 되어 있다.
- 신체활동 참여의 함축적인 의미와 그로부터 얻는 이점을 안다.
- 신체활동과 그를 통한 건강한 생활양식에 가치를 둔다.

▶ 공식 3: 네 가지 주요 가치들

여러 측면에서 진술 1과 2는 같은 맥락에 있다. 내가 이러한 가치들을
파악하는 데 발견한 최상의 용어는 건강—그리고 활동—관련 체력, 지식,
운동 기술 그리고 즐거움이다. 나의 판단에 의하면, 이러한 도덕과 무관한
네 가지의 가치들은 여태까지 우리 분야에서 가장 중요한 가치였고, 앞으
로도 그럴 것이다. 각각의 가치가 매우 다른 근원적 가치에 의존하는 것,

각각의 가치는 스포츠, 운동과학, 체육에서 어떻게 나타나는가를 알아보기 위한 논의가 더욱 필요하다.

- 체력(Fitness)은 생물학적 가치를 가리키고 공식 1의 유기체적 목표들과 일치한다. 관련된 가치들: 삶 자체, 생존, 영원한 젊음, 장수

우리 분야에서 높은 가치를 두고 있는 건강은 각 기관의 건강, 유산소성 체력과 무산소성 체력, 근력, 유연성, 체중 감소, 젊은 외모 그리고 낮은 혈압과 같은 것들에 대한 관심에서 볼 수 있다. 생물학적 건강과 삶 자체에 대한 보다 근본적인 합의는 대통령체력자문위원회(President's Council on Physical Fitness), 미국체육학회(AAHPERD)의 체력검사프로그램(Physical Best), 다양한 체력테스트, 운동·다이어트 프로그램, 에어로빅댄스와 조깅, 다양한 자습서 그리고 다이어트, 젊음, 육체미, 운동, 건강 등과 관련된 그 밖의 성과들에 의해서 촉진된다.

- 지식(Knowledge)은 정보를 제공해 주는 가치와 공식 1의 인지적 목표와 일치하는 가치들을 말한다. 관련된 가치들: 진리, 과적 사실, 이해, 계몽, 지혜 그리고 계몽에 따르는 자유

우리의 전문 분야에서 지식에 대한 높은 가치 부여는 연구에 대한 관심, 학문적 위상의 제고, '바보 같은 녀석'이라는 통념의 해소, 이론의 확산, 다양한 형태의 인간 운동학습에 대한 관심 확대 등으로 나타난다. 이 가치

들―그리고 궁극적으로 진리를 밝히려는 노력―은 다음에서 확인할 수 있다. 학습에 대한 인지적 접근, 기초 지식(Basic Stuff) 교육과정, 전공 프로그램, 운동선수나 활동프로그램에 대한 관심의 축소, 실험적인 목적을 위한 게임이나 놀이. 이는 그 자체의 목적이나 학생들이 단지 운동기술이나 습관이 아닌 놀이와 관련된 원리들을 확실히 배우게 하기 위한 노력의 연장선에 있다.

- 기술(Skill)은 행동 또는 수행 가치를 가리키고, 공식 1의 심동적 목표와 일치한다. 관련된 가치들: 실용적인 지혜, 방법적 지식(Know-How), 영리함, 수행(Doing)과 실천(Making), 성취 그리고 창조적 능력에 수반하는 자유

우리 분야에서 기술에 둔 높은 가치는 운동기술 개발, 스포츠, 춤, 운동, 놀이, 경기기술의 학습, 일반적인 운동의 습득, 자세 습관 그리고 기술의 습득, 탁월한 경기의 달성에 대한 관심 등으로 나타난다. 실용적 지혜를 추구하는 노력은 기술개발에 관련된 목적들을 지닌 커리큘럼에 반영된다. 그것은 수많은 서적, 영화, 비디오테이프를 통해서 볼 수 있고, 지도 조언(Coaching Tips)은 운동, 경기, 춤, 스포츠 기술을 향상시키는 데 도움이 될 수 있다.

- 즐거움(Pleasure)은 경험적 가치들을 가리키고 공식 1의 정의적 목표들과 연관된다. 관련된 가치: 만족, 재미, 감각적인 즐거움, 흥분, 유의미함, 휴식, 명랑함

우리 분야에서 즐거움에 대한 가치 부여는 재미, 유의미한 참여, 자기 개발, 흥분, 다양한 종류의 미적 만족에 대한 관심으로 나타난다. 만족과 연관된 더 근원적인, 이러한 가치들은 놀이(특히 위협적인 경쟁과는 대조적으로), 자기 향상, 안전한 도전들에 대한 프로그램에 반영된다. 새로운 경기 프로그램들, 초·중등학교와 대학의 체육에서 성적 부여에 대한 일상적인 접근들, 경쟁을 자제하는 오락적인 프로그램, 교내경기와 같은 기회들 역시 광범위한 즐거움과 기쁨을 증진시키고자 하는 관심을 전형적으로 반영한다.

[자료 : 김창룡 외 2인, 스포츠철학, 대한미디어; 2001 : 141-147]

2. 스포츠 관전의 동기

스포츠팬을 파악하기 위한 정보로 '관전 동기'를 들고 있는 것처럼 '왜 사람이 스포츠를 보는가'라고 하는 것은 프로야구 구단이나 일본 J클럽 등의 미팅담당자에게는 항상 고민해야 하는 문제이다. 이 문제에 대해 적절하게 대답할 수 있는 것이 성공적인 관중동원전략으로 이어진다 해도 과언이 아니다.

〈표 8-1〉 스포츠 관전 동기의 구성 요소

동기의 구성 인자	정의
달성(Achievement)	팀의 승리나 성공을 자신과 연관시켜 달성감을 느낀다.
미적(Aesthetic)	스포츠(예 : 야구) 플레이가 가지고 있는 아름다움, 화려함, 훌륭함을 본다.
드라마(Drama)	예측할 수 없는 드라마틱한 시합 전개를 봄으로 인해서 흥분이나 긴장감을 즐긴다.

도피(Escape)	일상생활에서 벗어나 여러 문제에 대해서 일시적으로 잊어버린다.
지식(Knowledge)	스포츠(예 : 야구)의 기술을 배우거나 지식을 심화시킨다.
기능 수준(Skills)	선수의 수준 높은 플레이를 즐긴다.
교류(Social Interaction)	스포츠 관전을 통해 친구·애인과 즐거운 시간을 보낼 수 있다.
소속(Team Affiliation)	자신이 팀(또는 클럽)의 일원인 것처럼 느낀다.
가족(Family)	스포츠 관전을 통해서 가족과 즐거운 시간을 보낼 수 있다.
엔터테인먼트 (Entertainment)	스포츠 관전을 엔터테인먼트(오락)로서 단순하게 즐긴다.

[자료 : 마츠오카(松岡) 외, 2002]

사람들이 스포츠 관전하는 동기를 이해하기 위해서 지금까지 많은 연구
가 진행되어 왔다. 스포츠를 보는 이유는 단순하게 야구, 축구 등 그 경기
나 플레이를 보고 싶어서만은 아닌 것 같다.

후지모토(藤本) 외(2002)와 마츠오카(松岡) 외(2002)의 연구는 북미에서 야구
관전에 대해서 연구된 프레임워크(Trail & James, 2001)를 기초로 일본의 프로
야구 관전 동기에 대한 해명을 시도하고 있다. 그 결과 〈표 Ⅷ-1〉에서 나
타나고 있는 것과 같이 '달성(達成)', '미적(美的)', '드라마', '도피', '지식', '스킬',
'교류', '소속', '가족' 그리고 '엔터테인먼트'의 10요소가 스포츠 관전 동기로
보고되고 있다.

스포츠 종목이나 그 경기의 수준 차이 등에 의해서 주요 동기는 다르게
나타날 수 있는 가능성이 있지만 몇 가지 사례 연구의 결과에서 나타나고
있는 공통된 주요 동기는 '스포츠 관전을 엔터테인먼트(오락)로서 단순하게
즐긴다' 그리고 '스포츠(경기 종목이나 선수)가 가지고 있는 아름다움, 화려함,
훌륭함을 본다' 등이 있다.

스포츠 종목, 경기 수준, 혹은 지역이나 나라 등의 문화적 배경의 차이
에 의해서 스포츠 관전 동기는 다르게 나타날 수 있다. 여기서 제시한 열
가지 타입의 동기 이외에도 관전 동기가 존재한다고 생각한다. 예를 들면

아이스하키, 아메리칸풋볼, 럭비, 그리고 스모 등 격한 신체 접촉이 많은 경기에서는 격한 공격적인 플레이를 즐긴다거나 보는 사람 자신이 공격적인 감정을 표현한다거나 하는 등 '공격성(Aggression)'이 관전 동기의 하나가 된다(Milne & McDonald, 1999). 한편 아름다움이 추구되는 스포츠 등에 있어서는 스포츠 선수의 '육체적인 매력(Physical Attraction)'이 관전을 하도록 끌어들이는 요인이 되기도 한다(Trail & James, 2001). 또한 갬블의 대상이기도 한 경기는 '경제적인 요인(Economic Factor)'이 작용한다(Wann, 1995). 그리고 올림픽이나 월드컵의 경우 많은 사람들이 나라의 대표선수나 대표팀이 출장하는 시합을 보거나 응원하는 주요 이유는 '자국에 대한 긍지(National Pride)'때문이라 할 수 있다(Funk et al., 2002).

여기서 확인해 두고 싶은 것은 1명의 관전자가 한 가지의 이유만으로 스포츠를 보고 있는 것은 아니라는 것이다. 각각의 관전자는 〈표 8-1〉에서 나타나고 있는 10요소와 같은 동기를 복수로 가지고 있으며, 그것들의 강도는 각각 다르다. 또한 1명의 관전자라도 보는 대상이 되는 스포츠에 따라서 동기가 다른 경우도 있다.

예를 들어 기아 타이거즈의 시합을 볼 때는 '소속'과 '도피'가 주요 동기이지만 한국 대표 야구팀의 시합을 볼 때는 '자국에 대한 긍지', 여름의 고교야구는 '드라마', 메이저리그 시합은 '미적'과 '스킬'과 같이 같은 야구 관전이라도 그 동기는 다양하다고 할 수 있다. 이와 같이 스포츠 관전의 동기는 복잡하지만 리그나 구단·클럽의 마케팅 담당자에게 있어서는 그에 대한 이해가 필요하다.

[자료 : 이호영 외 3인 옮김(야마시타 슈지), 스포츠매니지먼트, 시간의 물레 : 2000 : 118-119].

3. 미래스포츠의 형태

현대사회에서 스포츠가 사회적으로 확산되고 두드러진 현상이라는 점은 의심할 여지가 없다. 그러나 인류 역사를 통해 과거에도 다양한 형태의 스포츠 관행이 존재해 온 것 또한 사실이다. 다시 말하면, 스포츠 관행이 행해지고 이해되어 온 방식은 시간과 장소에 따라 상이할 수 있지만, 스포츠 및 유사 스포츠 관행은 문화적 맥락과 역사적 시점에 관계없이 어느 사회에서나 사실상 존재해 왔다.

로이(Loy)는 문화적, 역사적 맥락을 초월하여 모든 유형의 스포츠에서 공유되는 스포츠 관행의 내재적 특성을 밝혀내고자 하였다. 그리하여 그는 스포츠가 의미있는 사회문화적 현상으로 간주되는 이유로서, '집합적 표상', '감흥' 그리고 '탁월성 추구' 등 스포츠 관행에서 공유되는 세 가지 내재적 특성을 들고 있다.

현대 스포츠의 유형 및 의미가 새롭게 전개되고 있는 21세기 새 천년에 스포츠가 정확히 어떠한 양태로 변화될지는 아무도 알지 못한다. 그러나 문화체계로서의 스포츠 및 유사 스포츠 관행이 인류 역사를 통하여 존속해 왔고 또 앞으로도 지속될 것이라는 데 대해서는 이견이 없다.

스포츠 관행이 본원적 인간욕구의 표출과 정체성을 일깨워주는 수단이 된다는 점에서 인간의 개인성에 깊이 뿌리를 두고 있으나, 다른 한편으로는 구조적, 문화적 그리고 역사적 요인들에 의하여 크게 영향을 받고 있다는 점에서 또한 사회적 속성을 강하게 띠고 있다.

미래의 스포츠 형태는 과학과 기술의 발달에 기초한 기교스포츠와 인간과 환경 사이의 자연적 관계를 바탕으로 한 자연스포츠의 형태로 양분될 것이다(임번장, 1994).

1) 기교스포츠(Technosports)

급격히 진전되어 가고 있는 산업화 사회에서 과학과 기술은 우리의 실생활에 중요한 일부가 되었으며, 이는 미래에도 지속될 전망이다. 근래에 와서 과학과 기술은 사회의 모든 측면으로 계속 확산되어 가고 있으며, 특히 스포츠에서도 과학과 기술의 활용이 급격히 증대되어 가고 있는 실정이다. 즉, 과거에 있어서 기술은 선수의 운동 수행능력을 향상시키고 관중들의 스포츠 참여를 증가하도록 유도하였으며 스포츠를 보다 즐거운 것으로 향유하고 소비하도록 촉진하였다.

또한 스포츠 의학은 의사나 트레이너가 부상을 효과적으로 치료할 수 있게 하고 선수의 경기력 향상을 위한 조언과 지도를 가능하게 할 것이다. 스포츠 심리학자는 생체 피드백 기기를 이용하여 선수가 경쟁활동인 경기에서 받는 정서적, 인지적 도전을 제어하도록 처방할 것이다. 이처럼 미래의 코치와 선수는 과학적인 훈련방법과 장비를 접할 수 있도록 처방할 것이다. 이처럼 미래의 코치와 선수는 과학적인 훈련방법과 장비를 접하게 될 것이며, 특히 선수들의 운동 수행능력과 인내력을 증대시키기 위해 약물이나 혈액 등이 주입되기도 할 것이다.

한편 컴퓨터는 선수의 잠재력을 분석·평가하고 복잡한 경기계획의 수립 및 작전의 결정을 정교하게 계산된 확률에 근거하여 분석이 가능하도록 조력할 것이다. 따라서, 스포츠에 있어서 미래의 기술은 선수들로 하여금 초인적인 힘을 가질 수 있도록 화학적 혹은 기계적 방법을 동원할 것이며 선수들의 신체는 오로지 운동수행력의 향상만을 위해서 구사될 것이다. 심지어는 부상으로 인해 최고 기록에 대한 도전이 방해받지 않도록 상처

부위의 신경계통을 휴대용 충전 습포제를 사용하여 임시처치하게 될 것이다. 이처럼 기교스포츠는 스포츠의 획기적 발달을 가져오는 반면, 역기능적 요소도 포함하고 있다. 즉 운동수행능력을 위해서 선수들의 인간적인 요소는 제거되어야 하며, 선수를 기계와 동일하게 취급함으로써 인간이 갖고 있는 잠재력이나 창조력은 파괴되는 것이다.

그러나 스포츠의 미래는 단순하게 기술적으로 어떻게 되리라고 결론을 내릴 수는 없다. 왜냐하면 과학과 기술 및 스포츠의 결합은 선수나 관중의 스포츠 참여의 결정적 요인을 파괴할 수도 있기 때문이다. 즉, 관중들은 자신이 보고 있는 선수가 자신과 얼마나 유사한가에 중요한 관심을 갖고 있는데, 기교 스포츠의 발전은 관중들로 하여금 선수와 동일시하는 것을 저해하거나 제한하기 때문이다.

2) 자연스포츠(Ecosports)

자연스포츠란 비조직적이고 자연적인 놀이형태의 스포츠로서 놀이적 행동이 중심이 되어 주로 야외에서 이루어지는 스포츠라 할 수 있다. 또한 일정한 규칙이 없이 경쟁보다는 협동과 참여에 최고의 목적을 두고 개방적, 유동적으로 행하여지는 스포츠이다. 이러한 자연스포츠는 현대사회의 인위적이고 물질만능적인 산업사회의 정형화된 생활형태에서 벗어나 구성원들로 하여금 자연과 접하게 함으로써 가치혼란으로 인한 인간의 긴장감 및 소외감을 해소시켜 주는 기능을 갖고 있다. 자연스포츠의 유형에는 자연과 밀접한 관계를 맺고 있는 스포츠로서 행글라이딩, 윈드서핑, 스킨스쿠버다이빙, 스키, 캠핑, 오리엔티어링, 하이킹 등이 포함된다.

자연스포츠는 즉흥적인 행동을 강조하며 특히 행동의 구조는 규칙에 의해 계획된 것이라기보다는 돌발적인 것이다. 또한 많은 사람들이 동시에 참가할 수 있으며, 전문화되고 값비싼 장비를 필요로 하지도 않는다. 특히 자연스포츠의 경기활동에는 기록이나 득점, 나아가서는 승자나 패자도 없다(Johnson, 1974). 즉, 자연스포츠의 목적은 참여나 활동 그 자체와 같은 내면적 보상에 있는 것이지 영광이나 보수와 같은 외면적 보상에 있는 것이 아니다.

그러나 자연스포츠는 기교스포츠보다 사람들에게 덜 매력적이고 유인력이 적을지 모른다. 왜냐하면, 사람들은 신체활동의 개인적인 참여를 즐기기도 하지만 대부분의 스포츠 참가자들은 다른 사람의 능력이나 운동수행 수준을 자신의 것과 비교하는 데 더욱 큰 관심을 갖고 있기 때문이다. 즉, 현대사회의 지배적인 가치가 성취나 정상에 대한 도전을 강조하고 있기 때문에 자연스포츠를 받아들이지 않을 경향성이 다분히 내재되어 있다. 그럼에도 불구하고 우리나라에 있어서 자연스포츠의 인구는 점차 늘고 있는 실정임에 반하여 시설의 확보는 거의 부진한 상태이다. 자연스포츠의 활성화를 위해선 공원, 호수, 바다, 산 등 자연공간의 개발이 중요한 과제라 할 수 있다.

4. 스포츠와 유행

유행 이라고 하면 걱정되는 것이 하나 있다. 예를 들면 Sports for all이란 말이다. 즉 '모두의 스포츠'이다.

유행이 어떻든 간에 스포츠에 있어 다가올 21세기는 어떤 세기인가? 또는 21세기는 스포츠에 있어 희망을 가질 수 있는 세기인가?

다가올 인간의 세기는 물리적 현상과는 달리 비약적으로 출현하지 않는다. 인간의 역사는 결국 이름 없는 대중의 무의식적인 생산적 행위를 억척스럽게 쌓아가는 것이다. 그리고 그들은 후에 계속되는 여러 가지 현상을 규정해 마지 않는다.

스포츠 현상도 또한 이 인간의 운명에서 빠져나올 수 없다. 지금 어떤 사람이 21세기의 스포츠 동향을 예측할 때 광범위하게 확산된 대중 스포츠보다도 현대에 있어 '영웅적인 사건'으로서의 높은 수준의 스포츠 활동을 그 실례로, 그 현상으로 받아들이는 쪽이 보다 분명할 것 같다.

그리고 21세기의 스포츠를 생각하는 데 있어 동시현상으로서 '스포츠 영웅'을 출현케 할 처지와 전 세계적인 사회현상으로서의 스포츠상황을 보고 싶다고 생각한다. 그리고 그것들을 밟고서 다가올 21세기의 스포츠 실천의 방향성을 찾으려고 해야 할 것이다(김동선 외 6인 역, 2004 : 297-298).

유행은 획일화인 동시에 개성화이다. 그것은 사람들을 비슷하게 묶기도 하고 서로 구별되게 나누기도 하기 때문이다. 짐멜에 따르면 "유행이란 어떤 그룹은 이미 그것을 따르고 있자만 대부분의 사람들은 아직 시선을 준 채 마음만 끌리는 경향"을 뜻한다. 유행을 따르는 사람들의 심리는 매우 복합적이지만 그 본질적 기능은 '구별 짓기'를 통한 자신의 드러냄이다. 한마디로 유행이란 차이를 만들어 내려는 노력인 것이다. 그리고 그 차이는 대개 사회계급적 특성을 지닌다.

1980년대까지만 해도 유행은 대개 의류나 화장 등과 같이 육체를 덮거나 가리거나 치장하는 일과 밀접한 관련이 있었다. 그러나 1990년대에 들어서면서 상황은 많이 달라졌다. 이제 유행에서 관건은 육체를 가리거나 치장하는 것이 아니라, 치장을 벗어버린 맨몸, 벌거벗은 육체 그 자체가 유행의 대상이 되어 가고 있다. 이제 유행에 있어서 육체는 그 위에 걸쳐지거나 치장된 모든 차림보다 중요하게 되었다.

유행의 선두에 있는 육체는 무엇보다도 스포츠로 다듬어진 육체이다. 갈색으로 그을린 군살 없는 육체, 적당한 근육질과 매끈한 피부는 유행에 뒤지지 않는다는 증명서이다. 반면에 처진 뱃살 또는 허옇고 앙상한 상체는 그 사람이 유행에 뒤떨어진 삶을 살고 있다는 인상을 준다.

한 개인의 육체는 그 개인의 생활을 전적으로 보여준다. 계산된 식사(다이어트), 특정한 신체부위의 단련을 목적으로 하는 헬스트레이닝, 건강하고 청결하게 외모 가꾸기 등으로 코디네이션된 육체가 드러내주고 있는 정보들은 한 개인의 사회적 지위를 추정할 수 있게 만들어준다. 육체 하나만으로 한 개인이 어떤 사회계층 또는 계급에 속해 있는지 알 수 있게 된 것이다. 이런 의미에서 육체는 사회적 기호들로 가득 채워진 텍스트이다.

한 개인의 사회적 지위는 벌거벗은 육체에 의해 그 토대가 닦이며, 그 위에 덧씌워진 속옷, 정장, 외투 등에 의해 더욱 확고하게 다져진다. 인간의 사회적 지위를 평가하는 방식이 전과는 완전히 반대가 되어버린 것이다. 사람을 판단함에 있어서 전에는 외부에서 시작해서 내면에 있는 것을 보려고 하였다.

즉 모피코트나 외투와 같은 외적인 차림새를 통해 그 사람의 내면을 판단하려고 하였다. 여기서 내면이라 함은 의복 속에 감추어진 육체가 아니라 피부 깊숙한 곳에 감추어진 정신을 의미한다. 사람을 판단하는 데 있어서 육체적 외모가 그리 중요한 비중을 차지하지는 않았다. 중요한 것은 육체 내면에 담겨 있는 정신과 마음이었다. 그러나 이러한 관찰방식은 스포츠적 유행을 따르는 현대인들의 육체를 판단하는 데에는 더 이상 적합하지 않다.

유행을 선도하는 스포츠적 '정신', 즉 건강, 능력, 젊음, 강함, 아름다움 등과 같은 스포츠적 정신은 매끈하고 탄력적이며, 근육으로 굴곡을 이루고, 잘 빠진 육체로만 나타낼 수 있다. 스포츠적 '정신'을 스포츠적이지 않은 육체에서 찾을 수는 없다.

이제 다양한 가치들을 표상하게 된 육체는 개인을 지켜주는 일종의 방어막이 된다. 이 방어막의 과제는 개인을 질병, 노화, 매력상실, 무능력해짐, 죽음 등으로부터 보호하는 일이다. 개인을 위협할 가능성이 있는 모든 것들을 막아내기 위해서 피부, 근육, 머릿결 등이 강하고 활력있게 만들어져야만 한다.

스포츠트레이닝을 통해 강하고 활력있는 것처럼 보이게 된 육체는 마치 튼튼한 갑옷과 같이 개인을 비만, 무기력, 피로, 노화 등과 같이 그 누구도 원하지 않는 것들로부터 지켜주며, 그 누구도 속하고 싶어하지 않는 사회계급의 특징들이 드러나지 않도록 막아준다.

현대사회에서 육체는 과거에 다른 전담기구들이 담당했던 세 가지 기능을 담당하게 되었다. 먼저 개인의 사회적 지위를 나타내주는 상징적 표현의 기능을 담당하게 되었고, 다음으로 전에는 내적인 것으로 보았던 개인의 생활태도를 겉으로 드러내주는 기능을 담당하게 되었으며, 마지막으로 자연적 또는 사회적 위협에 대한 불안감이 생기는 것을 막아주는 기능을 하게 되었다.

사회적 서열화기능, 태도의 육화(肉化)기능, 방어기능, 이 세 가지로 말미암아 육체는 개인에게 있어서 매우 중요한 것이 되었다. 이제 나체의 평등이란 말은 더 이상 설득력을 지니지 못한다. 육체는 철저하게 사회적 신분, 계급적 차이를 드러내주는 표식이 되었다. 역사상 그 어떤 시대에도 오늘날과 같이 사회적 불평들이 인간의 육체에까지 깊숙하게 영향을 미치지는 못했다.

이제 스포츠에서 육체는 그 위에서 사회적 지위와 구별 짓기, 다른 사회적 지위들과의 차이가 상연되는 무대가 되었다. 아니 그 이상이다. 자신이 수행하는 스포츠 활동을 통해 사람들은 자신의 사회적 지위를 만들어낸다. 스포츠 활동은 전통적으로 교육 정도나 직업이 주로 담당했던 사회적 지위를 규정하는 역할을 여가영역으로까지 확장시켰다.

이러한 관점에서 스포츠는 이상으로부터 더욱 독립적이며, 특별한 권리를 지니고, 모든 계급에 개방된 자유로운 놀이가 아니다. 그것은 '진지함'을 특징으로 하는 사회적 일상에서 습득한 목적합리적 성향을 '놀이성'을 특징으로 하는 여가의 영역으로까지 확장시키는 기재가 되었다. 여가스포츠는 더 이상 계급 없는 활동이 아니며, 오히려 계급 간에 분명한 경계를 드러내주는 활동이 되었다.

[자료 : 스포츠사상연구회, 스포츠 反문화, 무지개사, 2005 : 131-133]

5. 페어플레이 정신

스포츠 경기 에서 우리는 어떻게 행동해야 하는가?

이 물음에 대해 다양한 방식의 답변이 있을 수 있다. 균형 잡힌 공중회전을 하며 평행봉을 내려와 안착하는 체조선수는 좋은 기술을 위해 일정한 기준에 따라 행동한다. 날카로운 40미터 패스를 성공시키는 축구선수는 '게임을 보는 안목'을 지니고 있고, 전술적으로 정확한 선택을 할 줄 안다. 그러나 훌륭하고 적합한 기술과 전술에 대한 평가는 어떤 기준에 의해 내려지는가? 그 답변은 통상 해당 스포츠에서 우수하다고 판정하는 기준을 참조해서 이루어진다.

체조와 축구에서 난이도가 높은 공중회전과 기막힌 패스는 그와 관련된 전문적인 기술과 전술에 속한다. 그러나 철학적 관점에 입각한 스포츠 이론가들은 이러한 질문에서 한 걸음 더 나아가 좀더 본질적인 물음을 제기하게 된다. 우리는 왜 경기에서 전문적인 기술과 전술을 사용하는가? 이런 운동의 의미와 가치는 무엇인가? 그리고 근본적으로 인간의 삶이라는 더 광범한 틀 안에서, 스포츠가 하는 역할이 있다면, 그 역할은 무엇인가?(손한 외 1인 옮김, 2008 : 15)

우리는 이러한 질문에 직면하여 인간이 자유롭게 활동할 수 있는 무대로서의 스포츠를 생각하지 않을 수 없게 된다. 그것은 바로 페어플레이 (fair play)에 대한 재정립 논의가 있어야 한다는 것이다. 왜냐하면 스포츠 경기의 가장 큰 덕목이 페어플레이 정신이기 때문이다. 여기에서는 박갑철 (1995) 기자가 기고한 페어플레이 정신을 중심으로 살펴보고자 한다(박갑철, 1995 : 56-58).

페어플레이를 하지 않는다면 운동경기의 참 의미를 찾을 수 없다고까지 말하는 사람들도 있다. 페어플레이에 반(反)하는 그라운드의 폭력사태와 관중의 무질서한 태도는 그만큼 우리 스포츠계를 어둡게 하고 있다. 그동안 고질적인 병폐로 경기장을 어지럽혔던 심판에 대한 불복종과 난투극, 관중들의 합세는 90년대 들어선 요즘에도 여전히 판치고 있는 것 같다.

사실 운동경기에서 최선의 목표는 '승리'하는 것이라고 할 수 있다. 상대편을 이기는 것에 집착하는 심정은 우리나라뿐만 아니라 선진국 선수들도 마찬가지인 것이다. 그런 만큼 경기장은 선수들의 승부욕과 관중들의 열띤 응원과 관심이 어우러져 항상 격렬해질 수밖에 없다. 그러다 보면 자연히 예상 밖의 트러블이 일어나기 일쑤인데, 이를 해결하는 방법을 보고 그 나라 스포츠문화의 수준을 가늠하게 된다.

다음의 이야기는 외국의 경기장에서 있었던 일화들이다. 물론 해외 선진국들이 모두 이 같지는 않겠지만 퍽 인상 깊은 장면으로 지금까지 뇌리에 남아 있다.

격렬하기로 이름난 미국 미식축구 경기장에서 있었던 일이다. 상대팀의 과격한 태클에서 시작된 두 팀의 대립이 점차 악화되자 대회본부에서는 방송을 통해 미국 국가를 내보냈다. 관중들이 국가를 따라 부르기 시작하자 경기장의 분위기는 숙연해졌다. 곧이어 선수들의 싸움은 진정되었고 경기가 속개됐다.

미국과 소련의 아이스하키 경기장에서 있었던 일도 기억에 남는다. 두 나라 기량 면에서 세계 최강국인 만큼 국가적인 체면마저 걸려 있는 경기라고 해도 과언이 아닐 정도였다. 아이스하키는 스틱 경기인 만큼 자칫 감정을 억제하지 못하면 순식간에 몸싸움으로 번지기 십상이다.

이런 판국에 경기장에서 두 나라 선수들간에 패싸움이 붙자 관중들은 재빨리 경기장의 전등을 껐다. 그러자 싸움은 곧 중지되었고 잠시 후 경기가 다시 시작됐다. 그 순간 관중석에서는 기다렸다는 듯이 뜨거운 박수가 터져 나왔다.

물론 미국이나 유럽 선진국이라고 해서 경기장 난동을 모두 그런 식으로 해결하는 것은 아니다. 그러나 우리나라에서처럼 그렇게 첨예한 감정대립을 하고, 경기 후까지 응어리를 풀지 않는 사태는 좀처럼 목격하기 힘들다. 외국의 경기장에서 그 나라 스포츠문화 수준을 부러운 심정으로 실감할 때가 있다.

우리 경기장에서 선수·임원·관중이 한덩어리가 되어 싸우는 것을 보면 우리나라 스포츠문화 수준은 아직 멀었다는 자조적인 기분마저 든다.

경기 전적에 따라 상급학교 진학 순위가 달라지고, 급여의 액수가 차이나며 보상금액이 차별적으로 배분된다. 그뿐 아니다. 한번 기회를 잃으면 영영 되찾을 수 없는 '입지'에 빠지게 되기 때문에 선수들은 전전긍긍해

할 뿐이다. 이렇게 절박한 상황이고 보니 죽기 살기로 경기에 임하지 않을 수 없는 게 우리네 선수들의 사정이다. 관중석에 앉아 있는 가족들도 마찬가지일 것이다. 그래서 경기장은 거친 매너로 살기마저 감돌고, 사활이 걸린 결과인 만큼 경기 후에도 감정의 응어리는 풀리지 않게 된다.

이 때문인지 우리나라 경기장 한쪽에는 경찰의 지정석이 있다. 적게는 1, 2명에서 큰 대회의 경우 수백 명 이상의 경비 경찰이 구색 맞추듯 나와 있다. 우리는 이런 풍경을 무심하게 넘기지만 외국인들은 이에 대해 꼭 의문을 제기한다. 그럴 때마다 서글픈 심정마저 든다. 경기의 승부는 곧 페어플레이 정신에 있다는 '넉넉한 심성으로 경기에 임할 수 있다면 그라운드의 살벌한 풍경은 사라질 수 있을 텐데……'라는 아쉬운 마음이 든다.

경기장의 질서는 선수 혼자만이 창출해낼 수 있는 것은 결코 아니다. 선수와 임원과 관중이 삼위일체가 되어 페어플레이 정신을 존중할 때 비로소 스포츠 경기의 진면목을 발견할 수 있을 것이다.

6. 스포츠는 종교인가?

조물주 께서 사람에게 신을 사모하는 마음을 넣어주었기에 사람은 누구나 태어날 때부터 종교심을 갖고 있다고 한다. 그래서 모든 종교의 궁극적인 목적은 최고의 신이며 조물주인 지존자를 찾아나서는 각각의 길이라고 한다.

그러므로 세상에 수많은 종파가 생겨난 것이다.

목적지는 결국 궁극적인 실체인 지존자를 찾는 길 하나뿐이다.

최고의 신인 조물주이며 창조주를 찾으려는 노력이다.

따라서 모든 종교(기독교·불교·유교·힌두교·유대교·이슬람교 등)는 각각 구원의 길을 제시하고 있다. 어떤 길이 생명의 길인지는 본인이 선택해야 한다. 모두 경험하고 선택하기에는 인생이 너무 짧다. 그래서 전문가의 조언을 구하고 경전을 읽고 지혜를 얻어 값진 지주를 찾듯이 하면 반드시 발견할 수 있는 것이다.

흔히 인간들은 자신이 설명할 수 없는 것들을 신의 뜻으로 돌렸고 신에게 자신의 슬픔과 두려움 등을 호소했고 잘 안 풀리는 것이 있으면 신에게 부탁을 드렸다.

사람들은 이러한 식으로 궁금증을 모두 신에게 맡겼지만 시대가 바뀌면서 많은 자연현상들을 증명할 수 있었다. 이리하여 신은 우리에게 더 이상 필요하지 않은가? 아니다. 신은 여전히 우리 인간들에게 안식을 주고 바른 길로 인도해 주며 사람들이 믿음을 갖고 열심히 일할 수 있도록 도와주고 있다.

이처럼 분명하게 설명을 하기는 어렵지만 종교에는 강력한 힘이 존재한다는 것이다. 여기에서는 그 힘의 존재에 버금가는 스포츠의 위력을 종교에 비유하여 그 해답을 찾고자 하였던 "스포츠는 종교인가"라는 테마를 가지고 논의되었던 내용을 중심으로 살펴보고자 한다(이동연 외 1인, 2001 : 55-57).

"스포츠를 무시하면, 현재 미국 사회의 가장 중요한 여러 측면 가운데 한 가지를 빠뜨리는 것이 될 정도로 (스포츠는) 침투도가 높은 인간 활동이다. 그것은 교육과 정치, 경제, 예술, 매스미디어, 그리고 국제적인 외교 관계에 이르기까지 폭넓게 퍼져 있는 하나의 사회 현상이다. 직접 선수로서 운동에 참여하든지 관객으로 관전을 하든지 간에, 스포츠에 관련된 것은 대부분 미국인들에게 거의 공공적 의무로 여겨지고 있다. 만약 오늘날의 미국에 종교가 존재한다면, 그것은 바로 스포츠라고 말할 수 있다.

스포츠는 오늘날에 들어서 종교적 의례를 완전히 대신하지는 않으나 세속적 의미에서 대체해 가고 있으며, 경기규칙이 복잡해지면서 관료제가 점차 증가되어 가고 있으며, 혈연지연적 관계에서 비혈연지연적 관계끼리 경기를 하게 되는 경우가 늘어나고 있으며, 다양한 사회적 구성원이 존재할수록 스포츠 경기는 확산될 가능성이 크며, 점차로 전문화되어 가고 있고, 도구는 점점 정교해지고, 과거 창던지기처럼 사냥꾼의 능력에 의존하는 사회에서의 적응능력처럼 직접적인 연관을 갖기보다 실생활과 관련하여 간접적이고 산만하고 애매해지고 있으며, 모든 것이 수량화되어 가고 있는 추세이다"(스포츠인류학, pp. 268-277 요약).

오늘날 많은 사람들이 21세기를 전망하면서 종교가 사멸되기는커녕 더욱 활발해질 것이라고 말한다. 오늘날 미국에서 가장 영향력 있는 종교를 들라면 스포츠와 UFO인지 모른다.

종교의 가장 특징적인 점은 어떠한 현실법칙도 순식간에 무용화시킬 수 있는 힘을 갖추고 있다는 것이다. 외계인이 존재한다는 믿음만으로 우리가 사는 현실이 아무리 현실적이라도 순식간에 비현실적이 되고 만다. 아무리 비참한 지경에 이르러도 예수만 믿으면 구원된다는 단순한 논리는 그 어떤 복잡한 논리보다도 우선된다. 그래서 종교는 어느 시대, 어느 곳에서도 막강한 대중 동원력을 갖추고 있다. 스포츠도 엄청난 대중 동원력을 갖추고 있다. 선전 선동에 누구보다 자신만만했던 히틀러가 1936년 베를린올림픽을 유치하고자 했던 것은 너무나 당연한 일이었다.

웅장한 올림픽 경기장, 수많은 군중, 선수들에게 집중되는 이목, 거기서 개회선언을 하는 히틀러를 상상해 보라. 종교는 보통 교리, 교단, 교주, 즉 성경, 코란, 불경 등과 같은 교리와, 그것을 받들고 가르치는 선교장소인 교단, 그리고 예수, 마호메트, 석가모니와 같은 카리스마적 존재인 교주로 구성되어 있다. 스포츠 또한 스포츠맨십이나 올림픽헌장, 스포츠협회, 그리고 카리스마적인 인기 스타들이 있다.

물론 차이가 있다. 지난날 종교 지도자들이 존엄한 존재라면, 오늘의 종교 지도자인 인기 스타들은 우상이다. 종교 지도자들이 남성적이고 이성적이며 숭고한 존재라면, 인기 스타들은 여성적이고 감성적이며 또 숭고하지도 않다. 아울러 교리라는 것도 심오한 의미가 있는 것이 아니라 매우 단순하다. 순전히 이미지적이다. 이것이 오늘날의 종교, 즉 매체 이데올로기인 '이마골로기(Imagology)'의 정체이기도 하다.

기존 종교가 종교 안에 무언가 있기에 생명력을 갖추고 존립해 왔다면, 현대 종교는 종교 안에 아무것도 없기에 생명력을 갖추고 있다. 도대체 현대 종교 안에 무엇이 있던가? 교회에 갈 때 부담을 느껴야 하는 역사성이 스포츠에서는 느껴지지 않는다. 기존 종교는 엄숙한 자리에서 경건함을 부담으로 느껴야 하지만, 스포츠에서는 그러한 부담이 없다. 나아가 스포츠는 기존 종교까지 탈바꿈시킨다. "종교 또한 즐겁지 않으면 의미가 없다"는 "할리우드 영화가 쏟아지고, 우리 주변에서도 쉽게 이런 현상을 찾아볼 수 있다", "재미가 없으면 왜 교회에 가나? 즐거움과 함께 영적 구원을!"

그리하여 사람들은 주말이면 가족과 함께 경기장으로 가서 아낌없이 헌금을 내고, 신자들과 오징어를 씹으면서 담소를 나누고 목사들이 뛰어다니는 모습에 열광한다. 이러한 모습은 단연코 괴로움을 신에게 의지하고 절대자에게 귀의함으로써 스스로의 마음을 위안하려는 행위임이 분명하다. 고대 경기를 보자면, 오늘날 스포츠 행위라 불릴 수 있는 것들이란 명백히 제의적이었다. 그 점에서 스포츠는 역사적인 산물이다. 따라서 스포츠의 종교성 또한 이러한 역사성의 반영이다.

오늘날 세속화하여 거의 찾아볼 수 없다 하여도 스포츠에 결코 종교성이 결여되어 있다고 할 수 없다. 오히려 찌든 '삶' 속에서 부차적이던 '포즈'가 '삶'을 밀치고 주인이 되어가는 오늘날, 스포츠의 종교성은 비로소 그 신비를 드러냈다고 할 수 있다. 가장 대표적인 예가 프로레슬링이다. 이는 전적으로 이벤트적이다. 프로레슬링이야말로 '삶'과는 전혀 상관이 없기에 '구원'을 줄 수 있는 '종교'로서의 본질을 회복한다고 할 수 있다. 이렇게 해서 21세기에 종교가 더욱 활발해진다는 견해가 '엉뚱한' 만큼 현실적인 이야기가 되고 있다.

7. 스포츠의 탄생, 변질 그리고 대안

"인간의 문화적 삶에서 발달되고 제식화된 투쟁의 특수형식이 스포츠이다. …… 본능에 따르는 행동방식은 현대사회에서 위험하기 그지없다. 그것은 무의미한 전쟁을 유발시킬 수도 있다. 그런 의미에서 스포츠는 축복이다" 로렌츠의 말이다. 그의 말처럼 스포츠는 아무리 노력해도 폐기되지 않는 공격욕구의 합법적인 배출기제라고 할 수 있다.

문명화과정에서 인간의 공격욕구 배출방식은 전쟁과 같은 인간 살육에서 사냥을 통한 동물살육으로, 동물의 직접 살육에서 사냥개를 통한 간접 살육으로, 그리고 실제적 살육에서 상징적 살육(사격, 양궁, 축구, 농구 등과 같은 스포츠)으로 계속해서 변화해 왔다. 그런 의미에서 축구와 같은 집단 스포츠는 살육의 대표적 수단인 전쟁 또는 사냥행위와 많이 닮았다.

스포츠 이전의 공격욕구 분출기제 또는 초창기의 스포츠는 매우 폭력적이고 반문명적인 요소를 담고 있었을 것이다. 따라서 이러한 행위들은 한편으로 환영받지만 다른 한편으로는 비난의 대상이 되기도 하였을 것이다. 비난을 면하기 위해서는 스포츠도 문명화되어야 할 필요가 있다. 문명화과정에서 억압된 본능을 해소하기 위해 고안된 스포츠가 역설적이게도 문명화의 요청을 받게 된 것이다.

공격욕구 배출방식이 문명화되면서 이를 통해 얻어지는 쾌감의 강도가 점차 약화되는 것은 당연한 것이다. 이러한 문제에 대해 근대 스포츠는 쾌락의 원천을 다양화하고, 쾌락의 시간을 연장하는 방식으로 나름대로의 자구책을 마련하였다. 이러한 근대 스포츠의 특성을 가장 잘 구현하고 있는 것이 여우사냥이다. 여기서 말하는 여우사냥은 단순히 여우를 잡는다는 의미에서의 사냥행위가 아니다.

여우사냥은 사냥꾼이 자신과 자신의 사냥개에게 수많은 제한을 부과한 형태이다. 사냥은 그 자체로 인간 살육을 대치한다는 점에서 문명화의 산물이라고 할 수 있지만 직접적인 동물살육은 문명화된 사회에서 비난받아 마땅한 행위가 된다. 여우사냥에서 여우 살육은 사냥개의 몫이 되고 여우 사냥꾼의 쾌락의 원천은 공격적 충동의 직접적 충족에서 추격행위로 이전된다. 즉 사냥꾼과 사냥꾼, 사냥개와 사냥개, 사냥개와 여우라는 3중 경합구조를 지닌 추격행위는 그 자체로 흥분감과 쾌락의 원천으로 작용한다. 그리고 이러한 흥분감 그 자체를 극대화하기 위해 수많은 규칙을 부과하여 여우의 추적을 고의적으로 어렵게 만든다(김종엽, 1998 : 31-33).

대표적인 스포츠의 하나인 축구도 이러한 과정을 차근차근 밟아가면서 발전해 왔다. 현대축구의 전신이라고 할 수 있는 민속경기는 그야말로 무자비한 패싸움을 방불케 했다. 경기의 장소와 시간, 인원을 규정하는 최소한의 규칙마저도 없었던 이 경기에서 매번 부상자들이 속출하였다고 한다. 수십 명이 떼를 지어 몰려들어 서로 치고, 차고 넘어뜨리는 과정에서 발과 다리가 부러지는 것은 예사였으며, 그 와중에 머리를 다쳐 사망하는 사람도 있었다. 오죽했으면 국가가 나서서 축구 금지령까지 발동했을까.

20세기로 들어서면서 발로 상대방을 걷어차는 행위(Harking)나 고의적으로 상대방을 잡는 행위 또는 발을 거는 행위가 금지되었으며, 업사이드 규칙이 강화되었고, 경기 스타일도 공격중심에서 수비중심으로 바뀌게 되었다. 폭력적이고 역동적인 경기의 요소들이 점차로 약화되기 시작한 것이다. 이를 보충하기 위해 백패스한 공을 골키퍼가 잡지 못하게 하거나, 공이 아웃되었을 때 예비로 준비한 공을 신속하게 투입하도록 규칙을 개정함으로써 경기의 흐름이 끊기지 않도록 했지만 '거친경기'에서 '기교경기'로의 변화는 막을 수 없는 대세가 되었다.

서구사회가 전반적으로 문명화된다면 서구사회의 하위문화 역시 문명화될 것이다. 서구사회의 하위문화로서 스포츠 역시 예외일 수 없었다. 여기서 하나의 아이러니가 발생하게 된다. 스포츠는 억압되고 통제된 공격성을 해소하기 위해 고안된 것이다. 따라서 초창기의 스포츠는 다분히 야만적이고 폭력적인 특성들을 갖추고 있었다. 그러나 문명화과정이 계속적으로 진행되면서 초창기의 스포츠가 견지하고 있던 공격욕구의 적나라한 배출방식은 점차 세련되고 순화되어져 갔다. 여기에 페어플레이, 스포츠맨십, 다양한 경기 규칙 등이 부과되면서 폭력성이 많이 감소하였다.

또한 스포츠 전반을 살펴보면 네트를 사이에 두어 신체접촉을 최소화시키는 비폭력적 스포츠가 새롭게 나타나고 있는 것을 볼 수 있는데, 이러한 정황을 총체적으로 고려할 때 스포츠 역시 문명화과정에서 자유로울 수 없다는 점을 깨달을 수 있다. 요약해서 말하자면 스포츠에서는 규칙이 허용하는 범위 내에서 공격욕구를 배출할 수 있도록 허락되어진다.

근대 초기의 스포츠에서는 공격욕구의 적나라한 배출이 중요한 관건이었다면, 근대 후기의 스포츠에서는 허락된 범위의 강화가 주요 관건이 된다. 앞서 언급한 아이러니란 바로 이 점이다. 세련되고 문명화된 현대 스포츠는 더 이상 공격본능을 적절하게 배출시켜 주는 카타르시스 기제로서 기능하지 못하게 된 것이다.

합법적인 범위 내에서 공격욕구의 자유로운 발산이 현실적으로 불가능하다면 이를 대체할 수 있는 다양한 비현실적 기제를 통해 공격 욕구를 해소시켜 줄 수 있는 방법을 모색해야만 한다. 서구화, 근대화, 문명화된 사회에서 큰 성공을 거두고 있는 공격욕구의 자유로운 발산을 소재로 하고 있는 영화들은 이러한 공격욕구를 간접적으로 대변해 주고 있다.

전쟁, 서부사나이들의 결투, 형사와 마피아의 대결, 자연재해 등을 소재로 한 영화들이 등장하여 억압당한 공격욕구를 대신해서 해소시켜 준다. 그러나 이러한 소재로는 한계가 있다. 폭탄이 터지거나 총에 맞아 죽는 장면은 카타르시스의 강도가 다소 약하다.

맨주먹이나 칼로 차고 때리고, 찌르는 장면이 훨씬 리얼하고 보는 이들을 더욱 흥분시킨다. 그래서 최첨단 장비를 이용하여 전쟁을 벌이는 SF영화에서조차도 이러한 '원시적' 격투장면이 어렵지 않게 관찰될 수 있다. 텔레비전 시리즈물인 "쿵푸"와 부르스 리의 등장 및 성공은 이러한 맥락에서 이해될 수 있다.

존 웨인의 서부물이나 스타워즈가 해소시켜 주지 못한 부분을 쿵푸의 케인이나 용쟁호투(Enter the Dragon)의 리가 해결해 주었다. 영화 이외에도 만화, 소설, 게임, 프로레슬링, 이종격투기 등과 같은 다양한 카타르시스 기제들이 등장한다. 그러나 이것들 역시 공격욕구의 직접적 배출이 아니라 스펙터클한 볼거리를 통한 간접적 대리만족이라는 점에서 한계를 지닐 수밖에 없다. 대리만족기제만으로는 더 이상 만족할 수 없는 이들은 공격충동을 직접적으로 해소할 수 있는 행위기제를 찾아나서기 시작한다.

바야흐로 맨손으로 상대를 치고, 박고, 때리고, 찰 수 있는 동양무예가 관심거리로 등장하고 있다. 그러는 가운데 동양무예를 배울 수 있는 도장이나 클럽도 서서히 늘어났다. 미국사회에서 동양무예를 소재로 한 영화가 절정에 다다를 때쯤 해서 동양무예를 가르치는 도장의 수가 급격하게 늘어난 것도 결코 우연이 아니다.

[자료 : 송형석. 체육스포츠이야기, 계명대학교출판부 2006 : 89-93]

8. 스포츠 대리만족에 관한 원인

스포츠는 본래 놀이하는 인간으로서 욕망으로부터 시작되었다고 말할 수 있다. 인간에게 있어서 놀이의 의미는 육체적인 건강뿐만 아니라 정신적 쾌락과 안정을 가져다준다는 점에서 반드시 필요하다. 복잡하고 다원화된 현대사회에서는 그보다 훨씬 많은 중요성을 내포하고 있다(Pociello 1981).

지금의 수많은 놀이문화 중에서 가장 중요한 축을 이루고 있는 스포츠에 대해 살펴보면, 스포츠는 더 이상 놀이라고 할 수 없을 정도로 개별화된 하나의 장르로써 온 인류에 뿌리를 내리고 있다고 해도 과언은 아니다(호이징하, 1993). 또한 스포츠는 인류의 화합과 평화 유지에 큰 역할을 담당하고 있으며 근래에 들어서는 하나의 산업으로, 하나의 과학으로 인식되어질 정도로 전문성과 체계성을 갖추어 가고 있다(최정호·김형국, 1989).

현대 스포츠의 가장 큰 특징 중 하나는 과거에 비해서 사회체육의 중요성이 많이 강조되고 있음에도 불구하고 여전히 스포츠 엘리트주의가 그 중심을 이룬다는 점이다(임재구, 1999). 대부분의 사람들은 스포츠에 직접 참여하지 않음에도 불구하고 단순히 그것을 구경하는 것만으로 희열과 성취감을 맛보기도 하고, 때로는 패배감과 절망감을 맛보기도 한다. 그렇다면 사람들은 왜 다른 선수들의 경기를 보면서 그렇게 흥분하는 것일까? 그것을 한마디로 표현하기는 힘들겠지만 아마도 대리만족이라는 단어가 가장 어울릴 듯하다.

대리만족이란 자신이 할 수 없는 일을 다른 사람이 해낼 때 그것을 보면서 느끼는 만족감이라고 말할 수 있다. 그 사람에게 호감을 가지고 있느냐, 적대감을 가지고 있느냐에 따라 그것은 대리만족으로 나타날 수도 있고, 시기심과 질투심으로 나타날 수도 있다. 즉, 대리만족은 호감을 가지고 있는 사람에게서 느껴지는 감정인 것이다.

대리만족은 비단 스포츠에만 국한되는 것은 아니다. 자식의 성공을 절실히 바라는 부모의 마음도 일종의 대리만족을 기대하고 있는 것이며, 우리가 소설이나 영화를 보면서 느끼는 즐거움도 또한 대리만족이라고 할 수 있다. 그렇다면 스포츠에서의 대리만족은 구체적으로 어떠한 원인에서 생겨나는 것일까? 여러 가지 요인이 있겠지만 그중에서도 가장 큰 요인을 다음의 세 가지로 나누어 보았다(스포츠사회철학연구회, 2000 : 170-172).

1) 탁월한 플레이와 탁월한 마인드

우선적으로 꼽힐 수 있는 요인으로는 운동선수들은 일반인이 가지지 못한 월등한 운동능력을 가지고 있다는 점이다. 일반인들 자신으로서는 도저히 흉내낼 수 없는 선수들의 환상적인 플레이를 보면서 나도 저런 능력이 있으면 얼마나 좋을까 하는 선망을 갖게 된다. 이런 경우 특정 선수에 대한 우상화가 이루어지기 쉬운데, 예를 들면 농구를 좋아하는 많은 사람들이 과거 NBA를 평정했던 '마이클 조던'의 플레이를 보면서 열광했고, 그의 일거수 일투족에 관심을 가졌다.

축구에 있어서는 브라질의 '호나우두'나 프랑스의 '지단' 같은 선수들이 많은 축구 팬들의 우상이 되고 있으며, 골프에 있어서는 '타이거 우즈', 우리나라의 '박세리', '김미현' 등이 세인들의 부러움을 한 몸에 받고 있다. 이러한 종류의 대리만족은 흔히 선수들의 탁월한 플레이와 더불어서 그들이 지니고 있는 사회적인 명예와 부 등도 한 몫을 한다. 만일 어떤 사람이 한 가지 일에 대해서 타의 추종을 불허하는 실력을 가지고 있다고 하더라고, 사람들이 그것을 대단하다고 인정해 주지 않으면 그것은 결코 대리만족의 대상이 될 수 없을 것이다(Thonas, Haumnt, & Levet, 1994).

이상과 같은 대리만족의 문제점은 그 선수의 플레이에 대한 선망이 너무 큰 나머지 한 인간으로서의 선수를 제대로 평가하지 못할 수 있다는 것이다.

2) 스포츠관람을 통한 소속감

대리만족의 두 번째 요인을 찾는다면 그것은 아마도 소속감이라는 감정 속에서 찾아볼 수 있다. 인간은 본래 사회적인 동물이기 때문에 여러 사람들과 어울려 살아가기를 희망한다(신성휴·한왕택, 1993). 어떤 집단에 속해 있다는 것은 각각의 개인에게 자신들과 같은 처지에 있는 사람들이 많이 있다는 사실을 알게 함으로써 심리적인 두려움을 덜어주는 역할을 한다(Pociello, 1995).

스포츠에 있어서도 소속감은 참으로 중요하다. 축구를 별로 좋아하지 않는 사람들도 대 일본전에 많은 관심을 가지게 되며 올림픽에서 우리나라가 어느 정도의 성적을 거두느냐 하는 것도 중요한 관심사 중의 하나이다. 축구 국가대표가 월드컵에서 16강에 들기를 간절히 기원하기도 하고 '박세리', '박찬호'의 승리소식도 우리를 흥분시키는 요인 중 하나이다.

자신이 경기에서 이긴 것도 아닌데 사람들이 그렇게 열광하는 것은, 그것은 바로 우리가 한국인이라는 테두리 안에 둘러싸여 있기 때문일 것이다. 대한민국이라는 한 국가의 일원으로 다른 국가의 선수를 이겼다는 것은 온 국민의 승리로 인식되는 것이다.

3) 현실도피의 수단

대리만족의 마지막 세 번째 요인을 살펴본다면 그것은 바로 현실도피의 수단이다. 스포츠에 있어서 현실도피는 긍정적으로 작용할 때가 많다 (Dumazudier, 1961). 무기력한 생활 속에서 잠시 벗어나 치열한 스포츠를 만끽함으로써 삶에 대한 활력을 불러일으키는 경우도 있다. 때때로 생사를 고민하는 사람들에게 스포츠가 미치는 영향력은 실로 어떠한 보석보다도 값지다고 말할 수 있다.

일제시대에 이루어낸 '손기정'옹의 마라톤 우승은 우리 민족의 사기를 드높였으며 독립에 대한 의지를 불태우는 데 한 몫을 담당했다(KOC 50년사, 1996). 또한 세계대전을 거치면서 극도로 피폐해진 세계의 여러 나라들이 스포츠를 통해서 잠시나마 현실을 잊을 수 있었고 부활에 대한 다짐을 할 수 있었다. 동구 공산권의 여러 나라들이 인간으로서의 기본권이 제대로 지켜지지 않는 상황에도 스포츠 강국들로 군림했던 사실도 이러한 측면을 반영하고 있는 것이다(Defrance, 1995).

현재도 브라질을 비롯한 남미의 여러 나라들이 불안정한 정치, 경제적 상황에도 불구하고 축구라는 스포츠를 통해 국민 간의 결속을 다지고 있는 것을 볼 수 있다(Pociello, 1995). 지금까지 말했던 현실도피는 현실로부터의 완전한 결별을 말하는 것은 아니다. 오히려 그것은 현실에 더욱 충실하기 위해서 스포츠라는 청량제를 사용하고 있는 것이다.

9. 미국 스포츠의 변화

스포츠는 미국인의 생활에 뿌리를 내리고 있다. 따라서 스포츠가 어떤 의미로 생활과 밀착되어 있고, 위치 설정되어 있는가를 검토할 필요가 있다. 미국은 이민에 의해서 형성된 나라이다. 이민들은 항상 미국인이 되기를 원했고, 이러한 바람은 다음 세대에 반영된다. 따라서 이민 1세대보다 2세대가, 2세대보다는 3세대가, 세대가 바뀔수록 미국인화가 진행된다.

이러한 상황에서 자녀로부터 부모로의 문화전달, 즉 "부모를 부정함으로써 미국인에 근접할 수 있다"는 다른 문화권에서는 볼 수 없는 특별한 관계가 창출되고 있다. 이는 문화전달의 역전현상이며, 젊음과 새로운 것이 가치를 갖는다는 사상의 표출이다. 'go west!'라는 표현은 밝은 미래를 바라보고, 새로운 기대와 희망을 채워줄 자유로운 세계가 전제이다. 여기에는 새로운 것과 꿈을 향해 낙천적으로, 그러나 결코 멈추지 않는 젊음과 활력을 표현하는 사상이 포함되어 있으며, 신천지를 개척하는 젊음과 활력의 가치가 추구되고 있다.

Frontier 이후의 미국에서 개척정신(Frontier spirit 혹은 American spirit)은 스포

츠에 의해서 구체화되고 추구될 가능성이 커졌다. 미국인의 형성, 국민의 통합적 기능을 가진 스포츠가 등장하는 것은 이러한 배경이 있었기 때문이며, 이에 의해서 스포츠는 점점 그들의 생활에 깊게 침투하고 정착된다. 미국인이 스포츠에 관여할 때, 다음의 세 가지 경우를 생각할 수 있다.

① 미국인이 되고 싶다는 바람

법적, 제도적으로는 미국인이어도 항상 사회에 동화하기 위해서는 공통적인 문화의 획득이 필요하다. 이를 달성하려는 바람이 스포츠 관여라는 형태를 취한다.

② 미국인이 되기 위한 수단

되고 싶다는 바람보다 발전한 것이고, 게임의 관람과 실천에 의해서 스포츠에 내포된 정신성을 배우기 위하여 적극적으로 위치 설정한 상태이다.

③ 미국인이라는 증거

미국 문화를 지탱하는 하나의 사상이 젊음과 활력이다. 이의 구체적인 표현이 스포츠이며, 스포츠에 적극적으로 관여하는 것이 미국인이라는 증거, identity이다.

한편, 미국인이면서 특별한 상황에 처한 흑인에게 스포츠는 미국인이 되는 것 이상으로 적극적이고 절실히 필요한 것이었다. 그들은 스포츠를 삶과 결합시키고, 사회적 신분상승의 수단으로 위치 설정했지만, 현대 백인의 스포츠 체체하에서는 흑인 혹은 흑인사회의 신분상승효과를 거두기 어렵다(김현덕 외 1인, 2001 : 131-132).

20세기의 지난 몇 십 년간 미국 사회의 상황에 초점을 맞추어 쓴 글에서 코클리(Coakley, 1990)는 2000년에 스포츠가 어떤 형태가 될 것인가에 대하여 다양한 관점에서 논하였다. 그의 자체 평가에서 "세기의 전환 자체는 스포츠의 기본적인 목적이나 규칙에 있어 커다란 변화를 가져올 것 같지 않다. …… 스포츠와 스포츠의 내부조직은 상당부분은 그대로일 것"이라고 하였다. 이러한 견해는 주로 로버트(Roberts, 1994)를 비롯한 유럽에서 지지를 얻었다.

더 자세하게 코클리는 스포츠 관람은 인기 있는 분야로 남아 있을 것이며 스포츠팬들은 자신들의 흥미를 나타내고 더 많은 권한을 행사할 수 있도록 지방과 국가적인 조직을 결성해야 할 것이다. 올림픽과 같은 이벤트, 주요 대학 간의 스포츠경기는 관객들의 흥미를 끌고 상업적인 재미를 보기 위하여 더욱 진척될 것이다.

프로선수들은 그들의 사회경제적인 위상을 높이려 할 것이며, 야구와 같은 전형적인 미국의 프로스포츠는 미디어의 영향과 발전된 교통수단에 힘입어 더욱더 국제적인 양상을 띠게 될 것이다. 하키, 미식축구, 농구, 야구 그리고 축구는 국제적인 게임으로 확대될 수도 있다. 개입(관여)이 비교적 낮은 스포츠에서는 점차 스포츠 참여와 종목의 다각화가 일어날 것이다. 이러한 개입은 상당부분은 '올바르게' 경기를 치르는 것에 강조점을 둔 매우 조직적인 양상을 보일 것이라고 코클리는 예측한다.

로버트(Robert)는 그의 유럽 내의 스포츠에 관한 논의에서 지금과 같은 나이, 성, 사회경제적 위치가 비슷한 그룹 위주의 낮은 참여도를 보이는 관람객을 더 늘리기보다는 기존의 참여자들에게 더욱더 스포츠에 참여하거나 또는 더 자주 스포츠 활동에 참여할 것을 설득하는 것으로 바뀔 것이라 예상하였다. 그는 스포츠 참여에 있어 엄청난 증가나 감소를 예상한 것이 아니었다.

그는 코클리가 레저를 즐기는 스포츠광들, 그리고 이 그룹들과 프로선수들 간에 더 획기적이고, 구조적인 질적 변화를 예측한 것에 동의하였다. 덧붙여서 그는 "아마추어와 프로선수들 간에 분명한 구분이 있을 것이다.

그리고 프로선수들 간에 그들 자체로부터 생겨난 특별한 스포츠와 분파가 있을 것이다"라 하였다. 로버트의 견해에서 보자면, 더 많은 선수들이 더 열성적인 참여를 하게 되는 것은 그들의 여가시간 부족으로 쉽지 않을 것이라는 것이다.

코클리는 미국에서 스포츠의 상업적 측면—예를 들자면 스포츠상품이나 이벤트 그리고 후원 등의 상품화—은 그대로 남아 있을 것이나, 공적으로 자금을 지원받던 스포츠 프로그램은 곧 삭감될 것이라 예측하였다. 그는 또 스포츠는 더욱더 자본주의화될 것이라 하였다. 그는 즐길 여유가 있는 자를 위한 스포츠가 적절한 소비의 형태를 통해서 사회경제적 지위와 지식이 표명되고 과시되는 상황을 제공할 것이라 하였다.

유럽 내에서 공공영역의 개입 역시 감소될 것임을 비슷하게 예언했던 로버트는 정부가 점점 젊은이들의 수요와 열성적인 참여자를 위한 서비스의 공급만을 담당할 것이라고 하였다. 그는 상업적 운영자들의 성공은 제공자들로 하여금 스포츠 참여자 모두를 위한 차별화되지 않은 기회를 제공하기보다 틈새시장 수요자를 찾을 것을 요구할 것이라 하였다.

그가 보기에는 유럽에서의 스포츠 참여는 재산증식, 사용료와 교통비 그리고 장비와 의상비를 감당할 실수요자의 증가, 또 한편으로 그들의 여가시간 가지기와 자신들의 여가생활을 위해 쓸 수 있는 현금의 소유와 같은 이유가 뒷받침되어 있다는 것이다. 따라서 스포츠가 지금으로부터 10년 또는 20년 후에 어떠할 것인가를 예상하는 것은 미국과 유럽이 매우 비슷하다. 세계화의 영향을 고려해 볼 때 이는 물론 놀라운 일이 아니다.

10. 서비스기업의 미래과제

서비스 경제화는 앞으로 더욱 추진되고 또 심

화될 것이다. 그런 과정에서 서비스 기업을 둘러싼 환경변화는 매우 급속하게 변하고 있어 서비스기업은 이제 보다 큰 성장의 기회와 위협을 동시에 맞게 될 것이다. 그러한 상황 속에서 서비스산업이 생존하고 성장·발전하기 위해서는 기업이 이제까지 갖고 있던 것에서 탈피하여 새로운 변신을 시작해야 한다. 제조업에 비해 낙후된 여러 가지 측면을 쇄신하려면 서비스기업은 규모에 관계없이 새로운 혁신적 사고와 행동으로 출발해야 한다.

우선 서비스기업은 '크게 생각하고 작게 행동하는 법'을 배워야 한다. 이것은 다름 아니라 이제 글로벌한 시각으로 사업을 해야 한다는 것을 의미한다.

① 서비스기업은 기업과 환경, 기업과 사회에 대한 보다 깊은 인식과 이해가 있어야 한다

무한경쟁시대라고 해서 단순히 기업의 이익에 몰두하는 단기적 시야를 벗어나야 한다. 그것은 기업의 규모와는 상관없다. 결국 이것은 서비스기업의 서비스 문화 확립이 있어야 한다는 것이다. 서비스기업도 사회환경의 일부이고 그것으로부터 생존과 번영의 에너지를 받는다는 인식을 갖고 있어야 스스로 사회적 책임을 다할 수 있는 의식이 생긴다. 이런 기업의 경영철학과 경영이념에 대한 논의와 확립은 우리나라 서비스기업들에 있어 앞으로 매우 중요한 과제이다. 왜냐하면 그동안의 서비스 기업의 성장과정에서 볼 때 경영철학과 경영이념이 확립되어 있지 못했기 때문이다.

② 고객만족, 고객지상주의를 철저히 실천해야 한다

이상문 교수는 고객중심경영을 '단순히 고객의 기대수준에 부응하는 상품이나 서비스를 제공함으로써 고객을 만족시키는 차원을 넘어, 고객이 전혀 기대하지 못했던 가치를 제공함으로써 고객에게 기쁨을 주는 것을 최고의 경영목표를 삼고 기업의 모든 활동이 이를 달성하기 위해 끊임없이 노력하는 것'으로 정의했다.

나구라 야스노부 씨는 고객만족의 3가지 포인트를 '고객에게 감동을 제공한다(말투, 태도, 동작 등에서 고객에게 감동을 준다). 고객에게 만족을 제공한다(편리함과 좋은 느낌, 기쁨을 만들어 낸다). 고객에게 메리트를 제공한다(무엇인가 이득을 보았다는 기분을 준다)'라고 더 구체적으로 고객만족을 설명하고 있다.

여하튼 이제 기업은 고객의 개념을 넓혀 외부 고객과 내부 고객을 만족시켜야 한다. 단순하게 자기 기업의 서비스를 구매하는 최종고객만이 아니라 기업과 관련된 모든 조직을 만족시켜야 한다. 특히 서비스에서는 직원이 바로 내부 고객이기에 이들에 대한 철저한 내부 마케팅을 실천해야 한다. 직원이 곧 사업이고 서비스 관리자라는 사고를 갖게 해야 한다.

③ 고객지상주의와 고객만족경영을 실현하려면 지속적으로 경영을 혁신해 나가야 한다

경영혁신의 중심은 바로 서비스 질을 향상시키는 데 있다. 일반적으로 서비스의 생산성이 낮은 기업도 품질향상을 통해 이루어지고 고객의 만족도 서비스 질에 의해서 결정되기 때문이다. 서비스기업은 낙후된 경영방식을 혁신하여야 하며 그것은 최고경영자의 강력한 의지가 있어야 한다.

경영혁신은 최고경영자의 의지와 리더십, 지원에 대한 철저한 교육, 훈련, 고객지향적이고 환경적응적인 유연한 조직을 만드는 데 초점을 맞춰야 한다. 특히 서비스기업에서는 직원에 대한 창조적인 인사관리에 기업의 사활을 건다는 인식을 갖고 있어야 한다. 성공한 서비스기업이 모두 창조적이

며 강한 인사관리를 무기로 하고 있다는 사실에 유념해야 한다.

우리나라 서비스기업들은 선진 서비스기업에 비하면 경영기법이 낙후되어 있다. 따라서 그들의 앞선 경영방식을 빨리 배워서 우리 것으로 만드는 일이 시급하다. 소위 말하는 벤치마킹(Bench Marking)을 통해 새로운 것을 습득하여 현실에 맞게 재창조하는 능력을 길러야 외국 서비스기업들과 경쟁을 할 수 있게 된다.

④ 마지막으로 미래정보사회에서 기업이 효과적으로 관리해야 할 부문이 바로 정보 기술 분야이다

서비스기업도 예외가 아니다. 오히려 더 필요하고 중요한 영역이 될 것이다. 서비스 기업이 급변하는 환경에 효과적으로 대처하려면 시장과 고객 그리고 경쟁자에 대한 신속하고도 정확한 정보가 더욱 필요해진다.

내부적으로도 서비스 배달시스템을 효율적으로 운영하고 지원하려면 정보통신기술은 필수적이다. 또 그런 정보기술은 이제 소수의 전문가만이 독점하는 것이 아니라 전 구성원이 함께 공유하고 활동해야 한다. 첨단의 정보기술을 활용함으로써 서비스기업은 고객에게 보다 만족스런 서비스를 제공할 수 있고 생산성도 향상시킬 수 있는 것이다.

서비스기업의 노력은 끊임없이 계속되어야 한다. 성공에는 끝이 없다는 말처럼 발전에 대한 노력이 계속되지 않으면 한 번의 성공은 무의미해진다. 바야흐로 우리는 모두 서비스 혁명시대로 가고 있는 것이다.

II. 인간을 위한 스포츠의 길 : 웃음의 회복

웃음은 평화·행복·안녕·사랑 등을 의미한다고 할 수 있다. 이와 같은 의미에서 첫째, 생활 속에 웃음이 없으면 하고자 하는 일 모두가 고통이요 쓰라림이다. 웃음으로 생활을 가득 채우면 그곳에는 즐거움이 있어 평안하고 화목하게 된다는 것이다. 즉 인생을 즐겁게 살려면 웃음이 끊이지 않도록 노력해야 한다.

둘째, 웃음을 잃고 찡그린 모습을 하면 근심걱정이 가득 찬 병자처럼 보인다. 웃음을 잃지 않으면 정신건강과 소화작용에도 큰 역할을 하게 된다.

일례로 일노일로 일소일소(一怒一老 一笑一少)는 사람들에게 웃음이 얼마나 중요한 것인가를 한마디로 나타내주고 있다. 의학적으로도 웃음은 건강과 밀접한 관계가 있다고 한다. 신경증이나 위장병, 스트레스 등은 웃음이 없는 사람들의 병이다. 특히 여자의 웃음은 신(神)이 인간에게 특별히 내려준 선물이 아닌가 한다.

자연스럽게 얼굴에 감도는 미소, 수줍은 듯 머금은 미소, 자제하며 호호 웃는 웃음 그리고 여자의 특권인 양 거침없이 웃는 높고 맑은 웃음 등은 모두 사랑받아야 마땅하다.

셋째, 사회생활에서 때때로 난처한 입장이나 어려운 경우에 처했을 때 상냥한 웃음은 어색하고 거북한 순간의 위기를 넘길 수 있도록 해준다.

즉, 웃음은 원만한 대인관계를 유지해 나가는 데 있어 초석이 된다. 그러나 오늘날 많은 사람들은 웃음이란 존재를 잊고 살아간다.

웃음엔 조건이 필요치 않다. 우리가 웃을 수 있는 기회는 얼마든지 많다. 어린아이의 천진난만한 웃음소리를 들어보라. 그들은 작은 것에도 감사하며 곧잘 웃음을 터뜨린다.

밝은 웃음을 지니고 있다는 것은 무엇보다 소중하고 커다란 재산이 되는 것이다.

그러나 오직 부와 명성, 권력을 향하여 달려온 우리의 얼굴은 필연적으로 웃음을 상실할 수 밖에 없었다. 너무나 힘들게 앞만 보고 달려왔을 뿐만 아니라 살길은 이 길밖에 없다는 굳은 신념으로 매진하였다.

그러나 그것은 인간의 얼굴을 한 스포츠의 모습이 아니라 웃음을 상실한 비인간적 모습과 물질적인 욕망의 늪에 빠져서 갈 곳을 찾지 못하는 스포츠에 불과하였다. 이처럼 왜곡된 현상 때문에 인간존중, 인간애의 스포츠는 현실적 삶에서 멀어져만 갔으며 우리는 그것을 추종하는데 너무 많은 시간을 소비하였다.

우리의 얼굴에서 상실한 웃음을 회복하고 인간의 얼굴을 한 스포츠를 만들기 위해서는 무엇보도 웃음을 상실하게 한 문제의 원인을 찾아내고 그 대안을 마련하는 일이 시급하다. 웃음 상실의 원인을 기존의 경쟁, 승리, 기록, 결과 중심의 스포츠에서 찾았고, 이를 극복하기 위한 방법은 상생, 의미, 감동, 과정 중심의 스포츠에서 찾을 수 있었다(이학준, 2004 : 391-403 요약).

1) 경쟁중심에서 상생중심으로

현대 스포츠의 윤리적 문제가 발생되는 근본적인 이유 중 하나는 과도한 경쟁이라고 볼 수 있다. 경쟁은 운동선수 혹은 운동주체의 상호 우월성을 위한 공동의 노력이 없이는 윤리적으로 정당화될 수 없다. 그렇기 때문에 과도한 경쟁은 선의의 경쟁처럼 그 자체가 가지고 있는 긍정적인 효과는 이미 상실되었고 결과에만 중점을 두게 되었다. 이런 이유 때문에 스포츠에는 끊임없이 비윤리적인 문제들이 발생하게 되었다.

과도한 경쟁이 승리지상주의의 근원이 되는 것은 말할 필요도 없이 자명한 이야기이다. 과도한 경쟁은 승리하는 사람(팀)과 패배하는 사람(팀)이라는 이분법이 적용되어 즐거움을 향유하는 사람(팀)이 있는가 하면, 반대로 슬픔과 좌절에 빠지는 사람(팀)이 있게 된다. 이러한 과열의 경쟁의식을 어떻게 희석시킬 수 있는가 하는 문제가 가장 중요한 사항이다. 그 희석의 방법은 스포츠의 근본원리라고 할 수 있는 기존의 경쟁원리에서 공생 혹은 조화, 상생원리에로의 전환에서 찾을 수 있을 것이다.

이런 의미에서 인간의 얼굴을 한 스포츠를 위한 선행조건으로서 과도한 경쟁이 아닌 공생 혹은 조화, 상생 중심의 스포츠로의 전환이 필요하다. 이러한 예는 택견의 무예동작 혹은 스포츠를 집중적으로 살펴보면 알 수 있는데, 그 속에는 상생과 조화의 원리가 중심사상으로 용해되어 있다. 달리 말하면 나도 행복하고 상대도 행복하고, 나의 기술의 향상과 상대방의 기술의 향상을 도모한다는 의미이며, 모두가 승리자가 될 수 있다는 것이다.

2) 기록 중심에서 의미 중심으로

현대 스포츠는 점차적으로 기록 중심의 스포츠로 변화하고 있다. 이런 이유 때문에 사람들의 주된 관심은 일차적으로 선수들의 기록에서 찾는다. 왜냐하면 그 기록에 의하여 프로선수들의 연봉, 즉 몸값이 책정되기 때문에 다른 무엇보다도 기록에 관심이 집중될 수밖에 없다. 선수들에게 현상적으로 나타날 수 있는 성적은 기록밖에는 없기 때문에 선수들은 기록을 위해 경기에 임해야 한다. 그렇기 때문에 선수들에게서 스포츠하는 즐거움이 많이 제거되었다고 볼 수 있다.

기록 중심의 스포츠는 운동선수 혹은 운동주체들을 억압하는 구조가

되고 있다. 학교 스포츠는 물론 현대 스포츠가 대략적으로 기록 중심의 패러다임 위주로 되어 있는데, 이것은 자본주의 시장경제와 유용성의 중심논리에 의해서 생겨난 결과라고 볼 수 있다. 이는 학생 혹은 선수 중심, 수요자 중심의 교과편성과 지도체계가 이루어지지 않았기 때문에 발생한다고 볼 수 있다.

기록은 의미가 없는데도 불구하고 많은 선수와 코치 그리고 스포츠과학자들이 기록 단축을 위하여 노력하고 있다. 그 이유는 이미 인간의 생물학적 진화를 한계에 봉착하였고 기록 향상은 과학적인 연구와 장비 개량을 통하여 찾을 수밖에 없기 때문이다. 그래서 운동경기에서의 기록경신을 인간의 기록경신이 아니라 운동장비의 기록경신이라고 할 수 있다. 이러한 예는 수영의 전신 수영복, 자전거 바퀴의 변형, 탁구 라켓의 변형 등 다양하게 찾아볼 수 있다.

기록에 매달리는 또 다른 이유는 스포츠 저널리즘의 조작이라고 할 수 있다. 광고를 팔기 위해서, 관중을 동원하기 위해서, 아니면 신문사의 이익을 위해서 사람들의 관심을 집중시킬 수 있는 방법은 신기록이란 호기심을 자극하는 것이다. 이러한 이유로 기록은 지금까지 중시되고 있는 것이다. 이러한 현상은 운동선수들의 영웅 만들기와 신기록 조정을 통하여 기록에 대한 왜곡된 이미지를 국민들의 환상에 젖도록 마음속에 심어 놓았다고 볼 수 있다. 학교 스포츠 혹은 현대 스포츠, 미디어 스포츠를 포괄하는 모든 스포츠는 인간의 얼굴을 한 스포츠로서의 전환이 시급하며, 이를 위하여 기존의 과도한 기록 중심의 스포츠에서 의미 중심의 스포츠로의 전환이 필요하다.

3) 승리 중심에서 감동 중심으로

　현대 스포츠 문제의 근본적인 원인들 가운데 하나로 승리지상주의를 말할 수 있을 것 같다. 그렇다면 왜 이러한 승리지상주의가 문제로 제기되는가. 승리지상주의가 문제가 되는 이유는 승리를 위하여 수단과 방법을 고려하지 않는다는 점과 공정하지 못한 경기조차도 승리를 위하여 정당화된다는 점에 있다. 게다가 이러한 현상은 사회 전체가 공정한 경쟁을 통한 승리의 중요성보다는 어떻게든 이기면 된다는 의식이 일반화되게 만들 수 있는 위험성을 가진다.

　이러한 문제는 스포츠 전체의 책임 또한 크다고 할 수 있다. 승리지상주의의 문제는 스포츠 자체 내에서 해결책을 찾아야 하는데 지금까지는 스포츠 외적인 문제에서 그 해결책을 찾아왔다. 왜냐하면 그 자체 내에서 해결책을 찾지 못한다면 그것은 자체적인 포기를 의미하기 때문이다. 승리지상주의는 승리를 유일한 절대가치로 인식하고 수단과 방법을 고려하지 않는 것을 의미한다. 수단과 방법 자체가 윤리적으로 문제가 되어도 결과적으로 승리하였다면 모든 것이 정당화된다. 승리를 위한 수단으로 도핑, 반칙, 폭력 등이 정당화될 수 있는 스포츠 현실에 문제가 있는데, 이처럼 승리를 유일한 목적으로 보는 견해는 선수들을 비인간화시킬 가능성이 매우 높다.

　이상과 같이 살펴보았을 때 현대 스포츠의 문제를 극복하는 대안 가운데 하나가 기존의 승리 중심의 스포츠에서 감동 중심의 스포츠로의 전환이다. 여기서 감동은 운동선수 혹은 스포츠 활동에 참여하는 참가자들의 승리에 대한 인식을 새롭게 하는 데에서 찾을 수 있다. 달리 말하면 승리를 어떻게 볼 것인가 하는 문제가 바로 감동 중심의 스포츠가 성립될 수 있게 하는 근거가 된다. 지금까지 승리가 결과와 현상 중심에서 인식되었기 때문에 의미와 실제로서의 승리에 대한 지식이 상대적으로 부족하였기 때문에 많은 문제를 가질 수밖에 없었던 것이다.

4) 결과 중심에서 과정 중심으로

스포츠 현장에서 자주 볼 수 있는 장면 중에서 들을 수 있는 소리가 감독이나 선수들 간에 사용하는 굿 파울(Good Faul,)이라는 용어이다. 우리말로 번역하면 좋은 반칙에 해당하는데 이런 상호모순을 가진 어울릴 수 없는 합성어이다. 그럼에도 불구하고 이런 용어를 자주 들을 수 있는 과정보다는 결과에 따라 모든 가치를 평가하기 때문이다.

승리만을 위해서 수단과 방법을 가리지 않고 사용되는 모든 파울은 용납된다는 말이다. 만약 결과가 승리라면 과정의 잘못은 정당화되고, 또한 과정의 잘못은 승리를 위한 행위가 되는데 문제가 있다. 이처럼 결과 중심주의에서 파생된 문제는 스포츠에서의 폭력의 문제로 나타난다.

이와 같이 폭력을 체벌로 미화하고 그 정당성을 옹호하는 분위기가 지속되는 스포츠계의 관행은 있을 수 있는 일로 치부하는 데 문제의 심각성이 있다. 이와 같은 사건을 통해 우리는 운동선수 출신의 지도자들이 그들의 선수시절의 경험을 되풀이하는 모순을 가지고 있음을 확인할 수 있다.

이런 문제들이 발생되는 근본적인 이유는 스포츠 그 자체를 즐기려 하지 않고 결과 중심의 성적을 올리려는 데 주된 목적이 있기 때문이다. 결과만 좋으면 된다는 사회적 인식은 운동선수들을 운동기계로 만들어 놓고 오로지 운동만 할 뿐 다른 건 생각할 수도 없게 만들었다. 코치나 감독들은 선수들의 실력을 최대한 끌어올리기 위해 강압적 수단인 폭력(체벌)을 사용하고 선수들 역시 그것을 묵인한다.

이상과 같이 살펴보았을 때 인간의 얼굴을 한 스포츠를 위해서, 지도자들은 선수 양성에 있어 끊임없이 자신의 윤리의식 혹은 지도자 철학을 잃지 않기 위해 노력해야 할 뿐만 아니라 선수들 역시 스포츠윤리 안에서의 페어플레이 정신과 스포츠정신을 고양해야 한다는 것이다.

그리고 우리 사회 또한 결과보다 과정을 더 중요하게 생각하여 선수들의 정당하지 못한 승리보다 스포츠정신에 입각한 패배를 인정하고 최고보다는 최선을 높은 가치로 인식하는 분위기를 만들어야 한다. 이것은 결국 성적지상주의로 인한 결과 중심의 스포츠가 퇴조하고 과정 중심의 스포츠가 필요함을 의미한다.

12. 한국스포츠관광산업의 개선방안

스포츠관광은 지역의 문화적 특성과 연관된 물리적이면서도 문화적인 이차원적 모습으로 남아 있을 것이다. 새로운 물리적 환경의 변화가 지상과 수중으로 나뉘어 고안되는 한에는 우리는 새로운 스포츠의 형태가 등장하기를 기대한다. 그러나 이런 새로운 형태의 스포츠 종목들은 스노보딩이 서핑과 스키를 그리고 스키서핑이 스카이다이빙과 서핑을 콤비로 결합하여 이루어낸 것과 마찬가지로 혼성이 될 것이다.

모든 형태의 스포츠 활동은 한 가지 공통점을 가지고 있다. 그것은 사람을 포함하고 있고 그 사람들은 각기 다른 역할을 맡는다는 점이다. 관람객들은 스포츠에 영향을 미치지만, 물질적으로 그 본질을 바꿀 수 있는 것은 아니다.

따라서 우리는 스포츠관광 관람의 미래를 그 자체의 범주 안에서 생각하기보다 참여의 한 형태로 간주하는 것이다.

효과적인 스포츠관광 정책개발을 위해 정부 산하에 '스포츠관광정책개발위원회'를 구성하고 스포츠관광을 주제로 한 세미나, 토론회, 포럼 등의 학술대회를 정기적으로 개최하여야 한다.

체계적인 스포츠관광의 발전을 위해 강원도와 경기도를 스키관광 특구로, 제주도와 경상남도 그리고 전라남도를 골프관광 특구로 지정하고 관련시설 확충에 따른 규제 완화와 세제 및 금융지원이 필요하다.

스포츠관광 마케팅 전략으로 문화체육관광부와 전국 여행사가 주도하여 다양한 스포츠관광 패키지를 상품으로 개발하고 이의 홍보를 위한 국내외의 인터넷 사이트 개설은 물론 다양한 홍보방안을 강구된다.

분단국가의 긴장해소와 양국의 국제적 이미지 향상을 위해 남·북간의 스포츠관광 교류정책을 적극 추진해야 한다. 특히 북한이 보유 중인 천혜의 관광자원과 남한의 산업기술능력이 어우러진다면 이 지역은 세계스포츠 관광객의 유인력이 클 것으로 기대된다.

스포츠관광과 환경의 갈등을 해소하기 위해서는 보다 전문적이고 신뢰성이 높은 환경영향평가제를 도입하고 환경친화적인 스포츠관광 프로그램을 개발하여야 하며 스포츠관광자의 환경교육이 우선적 과제이다.

이와 같은 개괄적인 내용에 대한 구체적인 실천방안을 제시하면 다음과 같다(이장춘 외 1인, 2009: 109-114).

● 체계적인 마케팅 전략 수립

● 다양한 상품 개발

● 정부의 재정적 지원과 스포츠관광 관련 전문가 양성

● 관광행정의 일원화와 스포츠관광의 중요성 인식

1) 체계적인 마케팅 전략 수립

스포츠관광 육성 전략은 스포츠를 매개로 홍보, 관광, 판촉 등 여러 가지 활동을 전개하는 스포츠마케팅이 절대적으로 중요하며 스포츠마케팅을 스포츠와 관광을 연계해 추진하는 방안이 제시되어야 한다. 소비자의 다양한 욕구에 따른 과학적인 시장관리방식에 의거한 시장별 소비자 행동 분석을 통하여 특정대상 소비자를 전략목표로 삼고 별도의 상품을 수시로 탄력성 있게 개발해야 하며, 특히 특별관심종목 관광(SIT)상품의 개발에 박차를 가하여야 할 것이다(박준동·이재형, 2000).

스포츠 매니지먼트의 시각으로 소비대상이 일반인이 된다. 관람 스포츠(주로 프로 스포츠)와 참여 스포츠(레저 스포츠 및 사회체육센터 등)에서 많은 관중이나 스포츠참여자를 확보하기 위해 행하는 활동을 비롯하여, 스포츠 제조업 분야에서는 스포츠용품이나 시설 및 프로그램을 판매하기 위한 마케팅 활동, 그리고 각종 스포츠 단체가 재원을 확보하기 위해 집행하는 마케팅 활동 등을 의미한다. 스포츠를 이용한 마케팅은 일반기업을 소비자 대상으로 함으로써 중계권 및 스폰서십 등과 같이 스포츠를 활용하여 사업을 홍보 및 촉진하는 활동으로 자사의 이미지 제고 및 매출 증대를 목적으로 행하는 것이다. 이때 발생하는 교환은 스포츠 선수 및 이벤트는 미디어를 포함한 일반 기업들로부터 현금 및 물품 또는 조직적인 서비스 등을 받게 되며, 일반 기업들은 특정 권리를 부여받아 스포츠 선수 및 이벤트를 수단으로 하여 수익창출 및 촉진의 수단을 이루게 되는 것이다.

2) 다양한 상품개발

오늘날 관광상품의 소재는 실로 무궁무진하다고 할 수 있다. 자원성이나 접근성 중심에서 이제는 문화, 역사, 이벤트, 축제, 요리, 공연, 스포츠, 의료 등의 SIT(Special Interest Tours)상품까지 분야가 실로 다양화되고 있는 실정이다.

예를 들어 어떤 관광객이 호텔에서 숙박하고 인근의 식당에서 식사를 하고, 카페에 들러 커피 한 잔을 마시고, 부근의 가게에서 기념품이나 옷, CD판, 김치나 인삼 등을 산다고 했을 때, 또는 소극장에서 펼치는 공연을 보고 난 후 택시를 타고 다시 호텔로 돌아온다고 가정하면, 관광객의 행위 대상이나 구매대상이 된 전체가 관광상품이 되는 것이다.

우리나라의 경우, 계절적 요인, 날씨에 따른 제한점을 극복하기 위해 성수기와 비수기의 가격차별과 종합리조트개발, 한 종목의 한정된 상품보다는 다른 상품과 연계된 프로그램을 진행하여 비수기 때의 대책으로 세워야 할 것이다(송혜진, 2003). 또한 산과 바다는 체험관광과 휴식을 함께할 수 있다는 장점을 지니고 있다.

이렇게 보면 관광상품이 되지 않는 것이 없을 정도로 관광상품의 범위가 넓어지고 경계가 모호해지는 어려움이 발생한다. 따라서 관광상품을 논하기 위해서는 먼저 관광상품이란 무엇인가에 대한 정의를 살펴보는 것이 필요하다.

관광상품의 본질로 언급되는 기본적인 특성으로는 무형성, 생산과 소비의 동시성, 계절성, 이질성, 모방성, 소멸성(비저장성) 등을 들 수 있다.

무형성이란 일반적인 소비재와는 달리 소비자의 체험으로 소비되고 관념적인 추억으로만 남는 관광상품의 특성을 말하며, 생산과 소비의 동시성이란 상품의 생산과정 및 소비과정에 여행자의 안내원, 관광자원, 시설 등이 모두 조합되어야만 관광상품의 생산, 판매가 이루어짐을 의미한다.

계절성은 상품의 구성 자체에 절기가 미치는 비중을 나타내며, 이질성은 관광객의 가치판단이 지극히 주관적이어서 관광목적지, 관광자, 이동시간의 변수에 따라 관광상품의 품질이 변동될 수 있음을 말한다.

모방성은 관광상품의 구성요소인 호텔, 항공, 관광목적지 등의 여건이 거의 비슷한 특성을 말하며, 소멸성(비저장성)은 숙박시설이나 운수기관의 객실이나 좌석을 저장할 수 없어 당해 시간이 지나면 소멸하는 특징을 말한다.

관광상품을 구성하기 위해서는 다음의 세 가지 조건이 전제되어야 한다.

첫째, 효용성이 있어야 한다. 즉 출발 전 기대 이미지 보다 감정이 투입되어 현장에서 자극된 이미지의 강도가 클수록 관광자의 즐거움과 만족감의 정도가 커지게 된다.

둘째, 차별성 내지 고유성이 있어야 한다. 모방성의 특징으로 차별화에 어려움이 따르지만 다른 상품과 차이가 없다면 상품의 판매는 기대하기 어렵다. 그러므로 관광상품마다 독특한 특성을 만들어 내는 노력이 절대적으로 요구된다.

셋째, 서비스가 있어야 한다. 이는 고객지향적인 제 활동 즉 사전, 소비시점, 사후까지를 포함하는 전 과정이다.

이 세 요소가 균형과 조화를 이루어 하나의 완벽한 관광상품을 만들어 내야 한다. 그리고 세계적인 스포츠 스타를 이용한 팬 사인회나 코칭스쿨, 강연회, 우리 민족 고유의 민속경기인 태권도, 씨름, 활쏘기 경기 등의 정기적인 연중개최와 국제생활체육동호인대회 및 국제세미나 개최 등 테마를 중심으로 한 상품의 개발도 요구된다(이재형·박준동, 2000).

최근의 관광형태가 단순히 보고 즐기는 관광에서 점차 참여하고 활동하는 동적인 관광형태로 변해 체험지향적 관광상품 수요가 급증하는 추세이다. 따라서 추세에 맞는 관광상품의 개발이 뒤따라야 한다.

3) 정부의 재정적 지원과 스포츠관광 관련 전문가 양성

스포츠관광의 패턴이 보고 즐기는 관광에서 직접 체험하는 관광으로 변화되고 있음에 따라(송재진, 2003) 관광객들을 안전하고 전문적으로 가이드할 수 있는 인력을 배치하기 위해 이들의 양성이 필요하다.

한국의 관광업계는 88년 올림픽을 기점으로 정부의 설립요건의 완화로 인하여 우후죽순처럼 생겨났으나 대부분의 관광업체가 영세성을 변치 못하고 있는 실정에 있으며 전문가의 부재, 경영악화, 지적 자본의 빈약, 노하우의 빈약으로 인하여 잡화점식 경영을 하고 있다.

그리고 대부분이 해외조직망을 갖추고 있지 않아 많은 문제점을 지니고 있다(황용구, 1989). 이러한 문제점을 개선하기 위해서는 스포츠관광 관련 벤처기업의 육성, 집중적인 스포츠관광 예산의 확보로 재정적인 지원이 우선적으로 이루어져야 한다(이재형, 2003).

4) 관광행정의 일원화와 스포츠관광의 중요성 인식

한철언(1999)의 연구에서 스포츠관광에 대한 공무원들의 인식을 보면 스포츠관광 실현 가능성의 어려움은 관광상품으로서의 스포츠 역할이 현재까지 크게 인식되고 있지 않음에 기인된 것으로 나타났고, 한국관광공사와 문화체육관광부의 공조체계가 원활히 이루어지고 있지 않은 것도 문제점으로 나타났다.

우리나라의 스포츠관광 시장의 수준이 아직은 성숙되지 않았고, 스포츠관광 자체가 워낙 다양한 구성요인에 의해 이루어지는 부분인 만큼 적극적인 정책적 지원과 조정이 있어야 하는데 현실은 그렇지 못하다. 영리창출이 궁극적 목표인 민간기업에게 떠 맡긴 채 방임하는 것만으로는 고품격 스포츠관광을 이룰 수 없으며, 대규모의 관광형태를 수용하는 데 한계가 있다.

윤이중(2002)은 한국 스포츠관광이 발전하기 위해서는 이원화된 스포츠와 관광산업이 한국관광산업의 발전을 저해하는 중요한 요인이 되어 왔다고 주장하며, 스포츠관광정책개발위원회 기구 설립의 필요성을 강조하였고, 우리나라 스포츠관광의 전문성 확보의 필요성을 제기하였다.

이러한 연구결과를 볼 때, 행정의 일원화와 스포츠관광의 중요성과 전문성을 깊이 인식하기 위해서는 정기적이 스포츠관광 관련 전문가의 세미나, 공청회, 포럼 등을 분기별로 개최하여 스포츠관광의 인식을 새롭게 해야 한다. 또한 정책 입안자들이 외국에서 선진 스포츠관광정책의 도입을 위해 정기적인 학술교류나 해외 연수를 지속적으로 실시할 수 있는 여건을 마련해 주어야 한다.

[왜 스포츠산업이 부상하는가?]

스포츠산업에 대한 폭발적인 관심을 가져오게 한 사회문화적 동력(Socio-cultural forces)은 무엇인가?

첫째, IMF관리체제시대를 맞이하여 스포츠의 국가사회적 기대가 스포츠산업에 대한 관심을 촉발한 것으로 보인다. 스포츠의 국가사회적 역할은 시대상황에 따라 변모해 왔다. 70년대 수출지상주의 시대에는 스포츠를 통한 국위선양 역할이 요구되었고, 사회적으로 혼란과 불안이 가중되었던 80년대에는 사회통합의 역할이 강조되었으며, 90년대에 이르러 스포츠의 국가사회적 역할은 국민 개개인 삶의 질을 향상시키는 측면이 부각되었다. 그러나 IMF경제위기는 스포츠의 국가사회적 역할로 스포츠가 국가경제에 기여할 것이 강조됨으로써 스포츠산업이 초미의 관심사로 떠오른 것으로 보인다.

둘째, 스포츠가 창출하고 있는 고부가가치가 미래의 유망산업으로서 스포츠산업의 무한한 성장 잠재력에 대한 기대를 갖게 하고 있다는 점이다. 마이클 조던의 부가가치가 100억 달러에 달하고, 박찬호, 박세리 등 스포츠스타들이 관련 기업에 기여한 경제적 효과를 통해 스포츠상품은 다른 상품들과 비교할 수 없을 정도의 고부가가치 상품으로 인식되었다. 1986년 이후 일본의 스포츠산업 증대 속도가 GNP보다 빠르게 성장하고 있다는 사실은 스포츠산업이 후기 자본주의 사회의 유망산업임을 예증한다. 한국의 세계10위 경기력으로 보아 스포츠산업은 타 문화산업보다 세계시장에서 경쟁력을 더 갖게 될 가능성이 있고, IMF경제위기 이후에 활성화될 스포츠부문의 국내 내수시장을 감안하면 스포츠산업을 21세기 성장유망산업으로 기대하는 것에 이론의 여지가 없다.

셋째, 체육재정의 감소로 인한 체육단체의 위기감이 스포츠산업에 대한 적극적인 관심을 유발하고 있다. 지난해 엘리트 체육의 경우, 국고 및 진흥기금의 대폭 축소, 경기단체 출연금 대폭 삭감 등으로 인한 재정 악화와 98년 한 해 동안 27개 종목, 89개 팀에 이르는 실업팀 해체는 체육단체 재정자립구조에 대한 절실한 필요성을 환기시켰다. 이러한 시점에서 스포츠 마케팅을 통한 체육 위기 극복이라는 공감대는 체육계에 아주 빨리 확산되었다. 이 경우 스포츠 마케팅이란 스폰서십에 국한되지 않고 체육활동의 수요, 공급과 관련된 제반활동을 말한다. 앞으로 체육단체 및 경기단체는 수익성을 제고하기 위한 방편으로 적극적인 마케팅을 통한 재정 확립, 확보라는 절실한 과제를 안고 있으므로 스포츠산업에 대한 비중은 증대할 것이다.

이처럼 스포츠산업은 체육계뿐만 아니라 기업과 정부 및 국민들에게 초미의 관심사로 등장하고 있다. 그러나 스포츠산업에 대한 실태 파악조차 미흡한 현실은 이 부분에 대한 기대를 무색케 하고 있고, 무엇보다도 스포츠산업에 대한 체계적인 현황조사가 시급하다는 여론이 팽배하다. 스포츠산업에 대한 학계의 관심을 보면 체육학계의 경우 스포츠 행정 및 경영학분과, 사회체육학회분과, 스포츠사회학분과 등 제 분야에서 다루고 있으나 한국 스포츠산업에 대한 체계적 분석이 미흡한 실정에 있다. 일반 경영학 등 비체육학계에서는 경영학 분야에서 90년대 중반 스포츠 마케팅

관련 소수의 연구가 진행되었을 뿐이다. 즉 스포츠산업의 중요성에도 불구하고 이 부분의 연구는 아직 체계적이고 전문적으로 수행되지 못하는 실정에 있다.

[자료: 권혁중, 스포츠산업·마케팅론, 오성출판사, 2001 : 30-32]

13. 스포츠연구의 새 동향

스포츠를 연구하기 위해서는 먼저 보편성과 개별성을 포함하여 이론화해야 한다. 그러나 일반적으로 스포츠 연구는 현상의 일부분을 다루며, 연구자의 개성, 흥미, 관심, 문제의식, 입장과 사회적 요청, 그리고 연구자의 연구방법과 지식의 축적에 좌우되어 왔다.

연구자는 역사적으로 제약된 존재이기 때문에 연구도 역사적으로 제약되었다고 볼 수 있다. 더욱 중요한 것은 스포츠가 인간의 생활활동이기 때문에 모든 것이 관련될 가능성을 갖고 있어야 한다. 명확하게 스포츠라는 용어를 연구 주제에 포함시키지 않아도 스포츠 연구의 배경을 구성하는 기초적 연구가 있어야 한다.

예를 들어, 뉴턴 역학은 스포츠의 역학적 연구의 기초인 것이다. 그러나 우리는 이러한 연구를 스포츠 연구라고 하지 않는다. 스포츠 연구의 경계는 스포츠적인 선(善)의 달성에 관련되는 지식의 생성 여부에 의해 설정된다. 뉴턴의 법칙은 연구방법을 제공하지만, 스포츠에 관한 지식이 아니다. 그러나 문제는 간단하지 않다.

예를 들어 체력 증진의 연구는 노동력의 육성에도, 군사력의 양성에도, 스포츠 능력의 향상에도, 혹은 동물의 훈련에 관해서도 이루어질 수 있기 때문이다. 이러한 연구가 스포츠학의 지식체계에 포함될 때, 스포츠 지식의 일부가 되는 것이다. 그러나 지식체계 안에서는 연구의 필요성을 서술하면 충분하고, 실용 가능성의 유무는 문제가 아니다. 동기는 연구의 영역을 결정하지 않는다. 오히려 연구가 동기를 생성한다. 연구가 독자적인 체계로 이루어지기 때문에 축적된 연구 결과 안에서 목적 달성을 위해 이용할 수 있는 것을 찾거나, 이용할 수 있다고 느끼는 것이 많기 때문이다. 따라서, 어디에서 스포츠의 문제해결에 도움이 되는 지식이 출현할지, 혹은 어디에서 스포츠 지식을 이용하려 할지는 알 수가 없는 것이다.

이러한 전제하에 여기에서는 새로운 스포츠 사회학에서 논의된 '스포츠 연구의 새 동향'이라는 주제의 내용을 중심으로 살펴보고자 한다(안민석 외 2인, 2002: 17-22).

스포츠사회학의 성격을 규정할 때 가장 손쉬운 방법 중 하나는 그것을 사회학의 한 분과로 보는 것이다. 그러나 스포츠사회학은 심리학, 인류학, 의학 등 인문·사회·자연과학 제반 지식의 복합체이다. 우리의 경우만 보더라도 해방 이후 스포츠에 관한 저간의 연구는 체육의학적인 것에서 행동과학적인 것으로, 그리고 사회과학적인 것으로 그 흐름이 바뀌어 왔다. 이는 물론 한국학계의 스포츠 연구 후발성에서 기인하는 불가피한 '성장지체(Growth Retardation)의 단면이기는 하지만, 기본적으로는 스포츠사회학에 내재해 있는 종합학문적 성격에서 연유한다.

일찍이 G. 캐년(Kenyon, 1974)이 "스포츠사회학은 알맹이 있는 지식체계도 구성하지 못하고 있으며, 또한 명확히 규정된 연구영역도 확보하고 있지 못하다"고 했던 자기비판은 바로 그러한 후발 종합학문의 맥락에서 이해될 필요가 있다. 그러나 최근 들어와 스포츠사회학은 스포츠에 대한 전 세계적 관심의 폭발과 함께 그 연구가 시대의 각광을 받고 있다(Steele, 1999). 미국의 경우 스포츠에 대한 논의는 비단 사회학뿐만 아니라 역사학, 여성학, 철학은 물론 생물학, 생리학, 심리학, 생물역학 등으로 그 외연을 확대해 일종의 체육과학(Sports Science)으로 정립해야 한다는 것을 시사해 준다.

그럼에도 불구하고 한국의 스포츠 연구는 답보상태를 벗어나지 못하고 있다. 스포츠현상에 대한 학문적 조사나 연구에 대한 관심의 결여와 아울러 각종 놀이, 게임, 체육활동을 분석하기 위한 전문인력의 부족으로 인해 한국사회에서 스포츠가 지니는 여러 가지 의미를 문화, 교육, 법, 가족, 종교, 성, 세대, 정치, 경제, 언론 등의 측면에서 다루지 못하고 있는 형편이다.

우리 체육 전반에 총론적 접근 외에 각론 차원에서의 구체적인 연구를 거의 찾아보기 어려운 것이 스포츠 연구의 현실이다. 예컨대 한국인들이 좋아하는 대표적인 프로 스포츠라 할 야구, 축구, 농구, 씨름 중 그 어느 것도 사례연구가 매우 빈약하다. 또한 스포츠 종목이나 선수 혹은 지역별 연구도 거의 희박한 실정이다.

한국에서 스포츠에 대한 관심은 황색주의를 깔고 있는 일간 스포츠신문에 의해 대중 마취적으로 소비되고 있을 뿐 그에 대한 기초와 응용연구는 불모상태에 있다고 해도 과언이 아니다. 그동안 소수 연구자들이(조성식, 1994; 안민석, 1997; 임수원, 1999) 새로운 연구의 지평을 점진적으로 확대해 왔으나, 이제는 스포츠현상에 대한 기술적(Descriptive)·탐색적(Explorative)·설명적(Explanatory) 연구를 본격적으로 시도해야 되리라 본다.

스포츠에 대한 연구는 여러 가지 이론적 관점에 의해 이루어질 수 있다. 사실상 사회현상의 복잡다단성으로 인해 시공을 초월하는 보편타당성을 지니는 일반 이론은 존재하지 않는다. 이 점에서 필자들은 거대이론(Grand Theory)과 협대이론(Narrow-Gauged Theory) 사이에서 중간율을 갖는 사회 이론의 가능성만을 확인하는 입장에서 스포츠 연구의 주요한 패러다임의 변화를 아래의 〈표 8-2〉와 같이 정리하고자 한다.

여기서 패러다임이란 문제틀과 이론과 방법을 모두 포괄하는 의미로 쓰인다. 따라서 하나의 패러다임은 두 가지 이상의 이론을 포함할 수 있다.

〈표 8-2〉 **스포츠 연구의 변화하는 패러다임**

가. 한국: 체육의학적 연구 → 행동과학적 연구 → 사회과학적 연구 = 스포츠사회학
나. 스포츠사회학
1) Giddens : 산업사회론과 자본주의사회론, 급진화된 근대론 2) Gruneau : 질서전망과 갈등전망 3) Coakley : 기능주의·갈등이론·비판이론·여성학·상호작용론

21세기에 들어선 현대사회의 스포츠현상을 정확히 탐구하기 위해서는 기존의 산업사회론과 자본주의사회론이라는 이분 틀을 넘어설 필요가 있다. 자본주의에 의한 전지구화(Globalization)가 이루어지고 있는 마당에 우리는 '역사의 종말'로서 자본주의 존재를 인정하지 않지만, 사회주의로의 이행이나 그와 정반대로 자본주의의 완전승리라는 서로 다른 목적론 아래 현대사회의 역동태를 이해·파악하기는 쉽지 않다고 본다.

그러므로 베버를 대부로 하는 산업사회론이 주장하고 있듯이 산업사회의 합리적 구현으로서 현대사회를 인식하기도 어려울 뿐만 아니라, 나아가 마르크스를 비조로 하는 자본주의사회론이 역설하고 있듯이 자본과 노동의 모순적 실체로서 자본주의 붕괴를 인정하기에는 대안체제에 대한 확실한 전망이 서지 않고 있다.

기든스 자신이 이러한 이분 틀을 지양하고 있는 이유도 현대사회가 탈근대는 아니라 하더라도 적어도 근대적 모순이 응축되어 나타나는 '급진화된 근대(Radicalized Modernity)의 시기에는 자본주의와 사회주의를 넘어 다층화된 민주적 참여, 과학기술의 인간화, 탈군사화, 그리고 후기—절약체제를 담아낼 수 새로운 패러다임이 요구되고 있기 때문이다(Giddens, 1977).

그러므로 1980년대까지 스포츠 연구의 두 가지 주도적 패러다임인 질서전망(Order Perspective)과 갈등전망(Conflict Perspective)도 근대와 아울러 탈근대의 놀이, 게임, 체육활동을 취급할 수 있어야 한다. 그러나 스포츠를 '자유의 영역(Realm of Freedom)'에서 움직이는 것으로 보는 갈등전망으로는 신·구 스포츠가 공존하는 21세기 스포츠현상을 충분히 다루는 데 미흡하다(Gruneau, 1979).

이 점에서 코클리(1998)는 스포츠 연구에 변화를 가져오고 있는 네 가지 사실에 대해 언급했다. 첫째, 유럽 중심적인 사회이론에 아시아, 아프리카, 라틴아메리카의 경험이 추가되어야 한다. 둘째, 새로운 정보통신기술의 발달은 가상적 실재(Virtual Reality)를 가져오고 있다. 셋째, 기성 권력과 특관을 타파하고 다수를 위한 공정한 사회를 만들어야 한다. 넷째, 남성우위의 관점으로부터 탈피해 여성차별을 넘어서는 이론화가 필요하다. 이런 견지에서 그는 다섯 가지 스포츠연구 패러다임을 제시하고 있다. 기능주의, 갈등이론, 비판이론, 여성학, 상호작용론이 그것이다.

필자들은 코클리(J. Coakley)의 다섯 가지 사회이론에 1980년대 이후 대두된 네오마르크스주의, 국가론, 문화연구, 포스트모더니즘을 추가해(Cantelon & Gruneau, 1982; Hargreaves, 1985) 아홉 가지 패러다임을 스포츠연구에서 중요한 패러다임으로 제안하고자 한다.

① 기능주의

스포츠는 사회의 기능적 요건을 위해 움직이는 부분적인 체계이다. 그러므로 스포츠는 개인과 사회를 위해 필요하다. 그러므로 기능주의는 체제유지를 위해 사회성원들에게 동조적인 가치와 규범을 심어주는 자본주의 지배 이데올로기의 작용을 잡아

내지 못하는 결함이 있다.

② 갈등이론

스포츠는 지배계급의 체제유지를 위해 가치와 관계를 주입하는 수단으로 활용된다. 스포츠는 자본의 요구를 위해 봉사하므로 자원과 권력의 평등화에 역행한다. 그러나 갈등이론은 스포츠가 지닌 본래의 신명성이나 자발성을 부정하고 모든 활동을 경제결정론적으로 보는 한계를 지닌다.

③ 네오마르크스주의

자본주의체제뿐 아니라 사회주의체제하에서도 스포츠는 지배와 조작의 도구로 이용된다. 스포츠의 본질이라 할 놀이문제에 대해서는 함구하고 있다.

④ 국가론

스포츠는 자본주의 사회에서 계급, 집단 혹은 엘리트의 이해를 반영한다. 그러므로 국가론의 이점은 정부의 스포츠정책에 숨겨져 있는 조직이해를 찾아내는 데 있다. 그러나 국가론은 시민사회의 능동적 측면을 경시한 나머지 스포츠의 주체적 기능과 역할에 관심을 기울이지 못한다.

⑤ 비판이론

스포츠의 자발성과 억압성을 모두 인정하면서 그 원인을 자본주의체제에 내재한 도구적 합리성에서 찾는다. 비판이론은 스포츠를 단순히 '사회적 반영'이라기보다 '사회적 발명'으로 볼 것을 제안한다. 그럼에도 불구하고 비판이론 스포츠를 통한 저항과 변화의 가능성만 지적하지 그 대안을 구체적으로 제시하지 못한다.

⑥ 문화연구

스포츠뿐만 아니라 노동, 여가 등 인간의 모든 활동이 만들어지고 재생산되고 변화되는 과정에 관심을 갖는다. 특히 스포츠를 인간을 억압하거나 해방하는 문화적 실천으로 본다. 그 이상의 대안적 설명에는 취약하다.

⑦ 여성학

스포츠는 남성의 가치, 경험, 이해를 반영한다. 따라서 남성우위의 사회관계 속에 매몰되어 있는 스포츠를 변화시키는 것을 중시한다. 그러므로 스포츠 자체의 속성이나 전체 사회와의 관계에서 스포츠의 의미를 경시하는 경향이 있다.

⑧ 상호작용론

스포츠행위와 활동적·미시적 기초를 밝히는 데 상호작용론은 큰 장점을 지닌다. 그러나 상호작용론은 스포츠행위와 활동이 놓여 있는 지배구조라든가 물적 조건에 대해서는 침묵한다는 단점이 있다.

⑨ 포스트모더니즘

스포츠의 본질을 자본주의사회주의적 문맥에 한정해서 논의하는 것을 거부한다. 새로운 정체성이 성, 종교, 민족, 인종, 문화, 지역 등에 바탕해서 나타나고 있다는 점에서 구스포츠 못지 않게 뉴스포츠의 등장을 중시한다. 그러나 정체성 차원으로 좁혀진 스포츠에서 포스트모더니즘이 주장하는 해방적 가능성은 애매해진다.

1. 국내문헌

고동우(2007), 여가학의 이해, 세림출판.

고영복(1991), 현대사회문제, 사회문화연구소출판부.

고재곤(2005), 현대사회문화와 스포츠 이해, 사람과사람.

권혁중(2001), 스포츠산업·마케팅론, 오성출판사.

김경동(1996), 현대의 사회학, 박영사.

김광득(1998), 여가와 현대사회, 백산출판사.

김도현(2003), 스포츠와 생활, 홍경.

김동규(2002), 스포츠사회 철학담론, 영남대학교 출판부.

김동선 외 6인 역(2004), 21세기의 스포츠, 한국학술정보.

김범식 외 9인(2004), 현대사회의 스포츠, 홍경.

김복수(2003), 문화의 세기, 한국의 문화정책 보고서.

김석희(2005), 스포츠 매니아의 세계, 한국학술정보.

김원인(1998), 관광학원론, 학문사.

김창룡(1997), 스포츠철학, 대한미디어.

김창룡 외 2인 옮김(2001), 스포츠 철학, 대한미디어.

김현덕 외 1인역(2001), 스포츠의 개념, 홍경.

김홍백(2008), 레저스포츠총론, 형설출판사.

김홍수(1999), 현대사회와 여가·건강·스포츠, 홍경.

김화섭(2002), 스포츠마케팅전략, 박영사.

노용구 외 20인(2008), 여가학총론, 무지개북스.

박갑철(1995), 스포츠 세계, 샘터사.

박남환 외 1인 옮김(2004), 문화로서의 스포츠, 무지개사.

박승환(1993), 운동백과사전, 학문사.

박홍규 외 2인(1994), 스포츠사회학, 나남.

손한 외 1인 옮김(2008, 지그문트 롤랜드), 스포츠 윤리학, 철학과현실사.

성낙훈(2004), 스포츠미디어, 홍경.

송성록(2002), 스포츠 스폰서십, 신일상사.

송형석 외 1인(2006), 스포츠 철학, 북스힐.

송형석(2006), 체육스포츠의 이해, 계명대학교 출판부.

스포츠사회철학연구회(2000), 스포츠사회철학담론, 21세기 교육사.

안민석 외 2인(2002), 새로운 스포츠 사회학, 백산서당.

윤득헌(2008), 스포츠와 미디어, 레인보우북스.

윤이중(2002), 한국 스포츠관광의 발전을 위한 과제, 한국스포츠학회.

육조영 외 3인(2001), 스포츠경영·마케팅, 홍경

이동연 외 1인(2001), 스포츠 어떻게 읽을 것인가, 삼인.

이승훈(2003), 스포츠사회학, 홍경.

이장춘 외 1인(2009), 관광세미나론, 리빙북스.

이학래외 5인(1990), 21세기의 스포츠, 한국학술정보.

이학준(2002), 스포츠와 행복, 북스힐.

_____(2002), 인간의 얼굴을 한 스포츠, 북스힐.

_____(2004), 스포츠 속으로, 북스힐.

이호영 외 3인 옮김(2007, 야마시타 슈지), 스포츠매니지먼트, 시간의 물레.

임번장(1994), 스포츠사회학개론, 동화문화사.

조선일보, 2009년 10월 7일자.

정응근 외 1인(2002), 스포츠와 인간, 이문 출판사.

체육사상연구회(2005), 스포츠 반 문화, 무지개사.

국민여가생활의 실태분석과 대책(1985), 한국관광공사.

한상훈 외 1인 옮김(2007, Joy Standeven and Paul De Knop), 스포츠관광, 백산출판사.

한창호(2008, 한스 니 굼브레히트), 매혹과 열광, 돌베개.

한철언(2001), 21c 스포츠관광, 백산출판사.

황옥철(2004), 미국스포츠문화의 이해, 홍경.

2. 국외문헌

Arnold, S.(1991), The Dilemma of Meaning, In T. L, Goodale, and P. A. Witt(ed.),
    Recreation and leisure ; Issues in an era of Change, State College, PA : Uenture
    Publishing.

Cratty, B. J.(1975), Movement Behavior and Motor Learning, Philadelphia Lea &
    Febiger.

Gray, D., and Pelegrino, D. A.(1973), *Reflecting on the Recreation and Park Movement,*
    USA, Wm C. Brown Company Publishers.

Grazia, S. de(1964), *Of Time, Work, and Leisure,* NY : Doubleday & Company.

Hutchinson, J. K.(1951), *Principles of Recreation,* New York : The Ronald Press

Company.

Kraus, R.(1971), *Recreation and Leisure in Modern Society*, NY : Appleton-Century-Crofts.

_____(1977), *Recreation Today*, California : Goodyear Publishing Company Inc.

Murphy, J. F.(1981), *Concepts Of Leisure*, New Jersey : Prentice-Hall Inc.

Rothing P., and Gro Bing, S.(1995), *Sport and Gesellschaft*, 2, Aufl. Wiesbaden.

Sessom, H., and Henderson, K. A.(1994), *Introduction to Leisure Service*, State College, PD : Venture Publishing Inc.

The Neumeyers(1958), *Leisure and Recreation*, New York : The Ronald Press Company.

靑城 이 한 경

용인대학교 격기학과를 졸업(학사)한 뒤 명지대학교 대학원에서 체육학과를 졸업(석사)하였고, 한국체육대학교 대학원을 졸업했다(이학박사). 용인대학교 체육과학대학 체육학부장 겸 스포츠미디어학과장, 용인대학교 대학원, 교육대학원, 체육과학대학원, 체육학과장 등을 역임했으며, (UNC) 미국 북 콜로라도대학교에서 교환교수로 있었다. 2005년에 대통령 표창을 받았고, 2009년에는 교육과학기술부장관의 표창장을 수상하였다(제7934호). 현재 용인대학교 체육과학대학 스포츠미디어학과 교수와 용인대학교 사회교육원 퍼스널 트레이너 지도자과정 주임교수, SBS 역도 해설위원으로 있다. 운동과 건강(2002, 공저), 스포츠 스폰서쉽계획(2005, 공역), 역도(2007, 공저), 근력과 운동수행력 향상을 위한 체력관리(2008, 공역), 보디빌딩의 과학(2008, 공저) 등을 포함한 다수의 저서가 있다.

仁山 원 융 희

경기대학교 관광경영학과를 졸업(학사)한 뒤 경희대학교 경영대학원 관광경영학과를 수료(석사)하고, 세종대학교 대학원(경영학과)에서 관광경영 전공으로 경영학 박사학위를 받았다. 2005년도에는 미국 남 일리노이주립대학교 관광학과에서 교환교수로 있으면서 폭넓은 견문을 접하는 기회를 갖기도 하였다. 일찍이 서울 프라자호텔과 서울 밀레니움 힐튼호텔에서 현장업무를 익혔으며, 우송정보대학 관광경영과 교수를 거쳐 용인대학교 관광학과에서 교수로 강의에 임한 지 20여 년이 넘다 보니 남다른 이론이 뒷받침된 가운데 실무와 강의의 감각 등이 어우러져 강의의 내용이 실용적이고 생동감 있게 학생들에게 전해지게끔 하고 있으며, 서비스, 호텔경영, 식음료, 실버산업, 그리고 병원경영학 관련 서적에 이르기까지 더욱 품격 있고 가치 있는 글을 찾기 위해 다방면의 저술활동에 혼신을 다하고 있다.

스포츠는 영원하다

2009년 12월 10일 초판 인쇄
2009년 12월 15일 초판 발행

저 자　이 한 경 · 원 융 희
발행인　(寅製) 진 　 욱 　 상

발행처　🔖 백산출판사

서울시 성북구 정릉3동 653-40
등록 : 1974. 1. 9. 제 1–72호
전화 : 914-1621, 917-6240
FAX : 912-4438
http://www.baek-san.com
edit@baek-san.com

값 18,000원
ISBN 978-89-6183-242-7